동북아역사 자료총서 23

後漢書 外國傳 譯註 上

譯註 中國 正史 外國傳 3

동북아역사재단
NORTHEAST ASIAN HISTORY FOUNDATION

간행사

동북아역사재단은 전통시대 중국의 정사(正史)에서 외국이나 인근 종족과 관련된 열전(列傳)을 추려 '외국전'으로 정의하고, 2007년부터 장기적으로 외국전 전체를 번역, 주석하여 역주서를 발간하는 일을 추진하고 있습니다. 이번에 『사기(史記)』, 『한서(漢書)』, 『후한서(後漢書)』, 『삼국지(三國志)』, 『진서(晉書)』의 '외국전'을 역주하여 『사기 외국전 역주』, 『한서 외국전 역주』 상 · 하, 『후한서 외국전 역주』 상 · 하, 『삼국지 · 진서 외국전 역주』를 발간하게 되었습니다.

전한(前漢)의 『사기』 이래 중국의 왕조에서는 기전체(紀傳體) 형식으로 이전 왕조의 역사를 편찬하여 이를 정사라 하고, 중화민국(中華民國) 시기에 편찬된 『신원사(新元史)』까지 포함하여 '25사'라고 통칭하였습니다. 이들 정사에는 이웃 국가나 종족에 관한 기록이 별도의 열전으로 편제되어 있습니다. 열전의 명칭은 종족의 이름을 따서 붙이기도 하고, 지역적 구분에 따라 붙이기도 하고, 사방을 중국 중심의 관념체제로 이념화한 '사이(四夷)' 의식에 따라 붙이기도 하였습니다. '외국전'이라는 명칭은 『송사(宋史)』 이후 분명히 나타나지만, 이후에도 '외국'과 더불어 '사이' '만이(蠻夷)' '외이(外夷)'라는 명칭이 쓰였습니다.

중국 정사의 편찬 목적은 기본적으로 국가권력에 의한 통일적 역사인식의 확립에 있었기 때문에 그 체제와 내용에 중국 왕조의 입장이 강하게 반영되었습니다. 특히 외국이나 다른 종족과 관련된 부분은 철저하게 중국 왕조의 시각에서 정리되고 표현되었습니다. 이것은 외국전에 나타난 외국에 대한 인식이 단순히 당시의 실제적 상황만을 반영하는 것이 아니라, 중국 중심의 당위적 이념이 크게 반영되었음을 의미합니다. 그런 점에서 중국 정사 외국전은 중국 중심의 역사인식, 변경인식, 세계인식의 실체를 담고 있는 자료로 평가할 수 있습니다.

오늘날 동아시아에서 역사 귀속을 둘러싼 갈등이나 분쟁을 해소하고 상호 이해의 증진과 공동 발전의 기반을 마련하기 위해서는 상대방의 역사를 존중하면서 객관적 시각에서 역사 연구를 진행해야 할 것입니다. 그런데 역대 중국의 왕조들이 정사에 '외국전'을 두어 상대적으로 풍부한 기록을 남긴 데 비해, 인접 국가나 종족들은 그들 스스로의 입장에서 정리한 역사 기록을 충분히 남기지 못했습니다. 이런 점에서 중국 정사 외국전에 대한 정확한 이해와 연구는 전근대 동아시아 각국의 역사와 문화는 물론, 한중 관계를 포함하여 다양한 층위의 동아시아 국제관계를 이해하는 데 절대적으로 중요한 의미를 지니고 있습니다.

역주 중국 정사 외국전은 바로 외국전에 실려 있는 외국의 실체에 대한 이해와 함께, 외국 인식의 이념적 원리와 구조를 정확히 파악하려는 목적에서 기획되었습니다. 아울러 다른 국가나 종족에 대한 서술을 통하여 중국 사서에 기록된 한중관계에 관한 내용이 어떠한 이념적 원리에 의해 서술되었는지 파악하려는 목적도 포함되어 있습니다. 한국사 특히 한국 고대사와 한중관계 연구에 매우 중요한 사료인 중국 정사 '조선전(朝鮮傳)'은 이미 국사편찬위원회에서 역주하여 출간하였습니다. 그러나 조선전만으로는 한중관계의 실체를 파악하기 어렵습니다. 중국 정사 외국전 전체의 맥락 속에서 조선전을 이해할 필요가 있으며, 그렇게 할 때 전근대 한국의 대외관계 및 한중관계의 실상을 보다 종합적으로 파악할 수 있을 것입니다.

국내외적으로 중국 정사 외국전에 대한 전체적인 역주는 처음으로 시도되는 일입니다. 중국 정사 외국전 기사의 방대한 분량과 원문의 난해함, 걸쳐있는 시간적 길이와 공간적 폭을 생각할 때, 외국전 전체를 역주하는 것은 결코 용이한 일이 아닙니다. 처음인 만큼 번역상의 오류나 체제상의 미비점도 있을 것으로 생각합니다. 그렇지만 역주 중국 정사 외국전은 한문 원사료에 대한 가독성을 높이고 전근대 동아시아 여러 국가와 종족에 대한 전문 지식을 제공하여, 전문 연구자에게는 연구 분야의 확대와 연구 수준의 심화를 가능하게 하고, 일반 시민에게는 동아시아 각국의 역사와 문화 및 교류에 대한 보다 정확한 이해를 가능하게 할 것입니다.

중국 정사 외국전은 외국전 상호간에 내용적, 시대적, 지역적 연계성이 두드러져 그 역주에는 개별 작업과 더불어 공동 작업이 병행되어야 하며 그런 만큼 많은 시간과 노력을 필요로 합니다. 이러한 어려움에도 불구하고 외국전 역주에 참여해주신 학계 연구자들과 재단의 김정희 연구위원에게 진심으로 감사드립니다. 동북아역사재단은 역주 중국 정사 외국전이 중국의 역사인식과 세계인식 연구, 민족문제와 변경문제 연구, 전근대 동아시아 국제관계 연구 등 관련 분야의 연구기반 확충에 크게 기여할 것으로 기대하고, 학문적으로 수준 높은 역주가 이루어지도록 모든 노력을 다할 것입니다. 앞으로 더욱 좋은 역주가 이루어질 수 있도록 지속적인 관심과 격려를 부탁드리며, 이 역주서들이 학문 발전에 유용한 역할을 할 수 있기를 바라마지 않습니다.

2009년 2월 13일

동북아역사재단 이사장 김용덕

後漢書 外國傳 譯註

역자 서문

이 역주서는 전통시대 중국의 정사(正史)에서 외국이나 인근 종족과 관련된 열전을 추려 '외국전(外國傳)'으로 정의하고 번역 주해한 것이다. 『송사(宋史)』 이후 열전의 편명으로 분명히 나타난 「외국전」만이 아니라 지역, 종족명칭이 붙여진 모든 열전이 여기에 포함된다. 역대 중국 왕조에서는 기전체(紀傳體) 형식의 정사(正史)를 만들어 왔는데, 이것은 『사기(史記)』 이래 '25사(史)' 혹은 『청사고(淸史稿)』도 포함하면 '26사'로 근대까지 계속 이어진다. 이들 정사에는 대부분 인근의 종족이나 국가권력과의 관계에 대한 기록이 열전 가운데 편제되어 있다. 그리고 중국의 인접 국가나 종족들은 자신들에 의해 정리된 고대사 기록이 충분하지 못하여 중국 정사의 내용에 의존하여 역사를 복원하는 경우가 많았다. 우리나라에서도 『삼국사기』나 『삼국유사』의 찬술 때 이들 중국 정사를 이용하기도 하였고, 현재까지도 삼국시대 이전의 역사에 대해서는 중국 정사의 기록이 매우 중요한 사료로 간주되고 있다.

중국 정사들의 편찬동기나 과정은 시대별 편차가 없지 않지만, 결과적으로 국가권력에 의해서 최종적으로 정사로 흠정되었다. 이에 따라 『후한서』나 『진서』가 최종적인 정사로 뒤늦게 확정된 뒤 기왕에 편찬되었던 많은 사서들이 모두 인멸되어 버린 예에서 볼 수 있듯이, 정사의 편찬은 원칙적으로 국가권력에 의한 통일적 역사인식의 확립이라는 의미가 강하였다. 물론 위진남북조시대 각 개별 왕조사와 함께 『남사』와 『북사』가 편찬되었고, 신·구의 『당서』와 『오대사』가 병존하기도 하지만, 이는 왕조적 관점에서

두 가지 정사가 모두 유용하다는 판단에 기인하였기 때문이다.

그렇기 때문에 정사의 체제나 내용도 중국 왕조의 입장이 강하게 반영될 수밖에 없었다. 특히, 외국이나 다른 종족과 관련된 부분은 대상 종족의 선택, 그 호칭, 풍습이나 사회구조, 대외관계와 교류 등에 대해서 철저하게 중국 왕조의 시각에서 정리되고 표현되었다. 더욱이 정사라는 역사 서술 체제 자체가 시간과 공간적으로 '천하일가(天下一家)'의 왕조적 정통성을 확립하기 위한 이념적 역사 인식에 근거하였기 때문에, 중국의 다른 기록에 비해서도 중화주의(中華主義)적 관념이 더욱 두드러지는 것이 일반적이었다.

중국 정사 외국전은 초기에 '흉노(匈奴)', '남월(南越)', '오환(烏桓)' 등과 같이 종족단위, 혹은 '서역(西域)', '서남이(西南夷)', '동이(東夷)' 등 지역 관념에 입각하여 독립된 열전으로 편제되었다. 그러나 7세기 당왕조(唐王朝)에서 편찬된 정사에서는, 『진서(晉書)』「사이전(四夷傳)」, 『양서(梁書)』「제이전(諸夷傳)」, 『남사(南史)』「이맥전(夷貊傳)」, 『주서(周書)』「이역전(異域傳)」처럼 외국과 인근 종족을 통합적으로 파악하는 개념으로 편제되었다. 또 『수서(隋書)』에서는 「동이전(東夷傳)」, 「남만전(南蠻傳)」, 「서역전(西域傳)」, 「북적전(北狄傳)」으로 나누어 사방을 중국 중심의 관념체제로 이념화한 편제를 채택하였다. 이는 현실적으로 존재하는 대외관계의 실상보다는 천하질서를 당왕조 중심으로 이념화하여 파악하려는 의지의 표현이었다.

그러나 오대(五代)와 송초(宋初)에 편찬된 『구당서(舊唐書)』와 『신당서(新唐書)』에서는 중국 중심의 사이(四夷) 구분 외에 '돌궐(突厥)', '토번(吐蕃)', '회골(回鶻)', '사타(沙陀)' 등이 별도의 열전으로 편제되었다. 이는 관념적인 사이의식(四夷意識)과 왕조의 현실적인 대외관계가 혼합된 의식을 반영한다. 특히 당왕조가 자기 중심의 천하질서를 강조한 것과는 달리, 오대와 송대에서는 국제질서의 현실을 인정하였기 때문에, 자신들의 관점에서 당대(唐代)를 서술하면서 나타난 절충적인 인식이었다.

민족국가적 의식이 강한 송대(宋代)에 들어서 현실적인 이해관계에 입각한 국제관계를 중시하였는데, 이를 반영한 것이 원대에 편찬된 『송사』였다. 여기에 처음으로 '외국전(外國傳)'이란 명칭으로 대외관계를 모두 포괄하는 체제가 나타나, 청초에 편찬한 『명사(明史)』에 이르기까지 정사의 일반적인 편제방식으로 지속되었다. '외국(外國)'이라는 표현은 『사기』에서부터 보이는데, 대체로 '이적(夷狄)', '만이(蠻夷)'와는 구분되는 국가 혹은 종족집단으로, 중국 왕조와 우호적인 관계를 유지하는 범위에 국한하여 사용되는 개념이었다. 적대적인 관계 혹은 전쟁 상황에서는 곧바로 '이적'으로 그 호칭이 변화되었다.

'외국'이라는 개념에는 예적(禮的) 관념도 포함되어 있었으므로, 외국도 만이와 동일하게 직공(職貢)의 주체로 파악되었다. 이는 국제관계의 현실 상황과 이념적인 천하질서의 개념을 이중적으로 설정하는 중화주의 관념의 독특한 수사(修辭)였다. 청대에 편찬된 『명사』에서는 유럽의 국가들도 대거 '외국전'에 포함되는데, 청말에 전통적인 천하질서의 관념과 현실적인 국제관계가 충돌하는 의례분쟁이 나타났던 것은 바로 '외국'에 대한 이러한 이중적 관념이 그 요인이었다.

물론, 이 와중에도 비교적 가치관념이 배제된 외국이라는 개념을 부정하는 기류도 나타났다. 화이(華夷) 관념을 특별히 강조한 구양수(歐陽修)에 의해 다시 편찬된 『신오대사(新五代史)』에서는 「사이부록(四夷附錄)」이라는 명칭으로 바뀌기도 한다. 또 명초에 편찬된 『원사(元史)』에서는 '외이전(外夷傳)'이라는 명칭을, 민국초에 편찬된 『청사고(清史稿)』에서는 '속국(屬國)'과 '번부(藩部)'의 개념을 채택하기도 하였다. 이들의 공통점은 한족의 민족적 위기가 커지거나 혹은 중화주의적 관념이 강조되는 시기에 편찬되었다는 점이다. 즉 한족의 위기가 확대되고 중화주의적 관념이 강조될 경우에 외국과 주변 종족에 대한 표현을 감정적으로 비하하는 경향이 확대되었다.

한편, 『송사』에서는 「외국전」 외에 「만이전(蠻夷傳)」이 별도로 설정되어 있는데, 여기에는 과거 '남만(南蠻)'의 후예인 운남(雲南)·귀주(貴州)·광서(廣西)의 여러 종족들이 포함되어 있다. 이들은 독자적인 정치체제를 확보하지 못하고 생활공동체 단위로 분산 거주하였고, 송왕조의 입장에서는 중앙조정에서 관장하는 국제교류가 아니라 지방조직에 의해 통제되어야 한다는 점에서 외국과 차이가 있었다. 이는 송대에 들어

독립된 정치체제가 확고해진 북방지역의 종족 상황과는 달리, 남방의 제종족은 종족적 통합이 확대되지 못한 현실을 반영하는 것이 분명하다. 그래서 역대로 남월, 서남이, 남만의 후예로 크게 만이(蠻夷)의 범주에 들어 있었지만, 송대에 독립적인 국가권력을 형성하였던 교지(交趾), 대리(大理) 등은 『송사』에서는 「외국전」에 포함되게 되었다.

『명사』에서는 이전에 「외국전」에 편제되어 있던 서역지역을 분리하여 별도로 「서역전」으로 편제하였다. 명대 들어 서역과의 관계에서 공식적인 교류와 관계가 축소되면서 나타난 변화를 반영하는 것이었다. 이와 함께 『송사』에서 「만이전」에 포함되었던 남방의 종족에 대한 기록을 위해 『명사』에서는 새로이 「토사전(土司傳)」을 설정하였다. 토사(土司)는 일정 지역 종족집단의 수령을 명조가 지방관으로 임명한 자로서, 결국 종족집단을 하급지방으로 포섭하여 더 적극적으로 통제하는 방식이었다. 이러한 통치 방식은 이미 남조 송(宋), 제(齊) 시기에 시행된 '좌군(左郡)', '좌현(左縣)'에서 그 기원을 찾을 수 있는데, 명대 들어 토사제도(土司制度)로 남방의 여러 민족에게 통일적으로 시행하였다. 이러한 정책의 변화가 반영된 정사의 편제는 『청사고』에서도 계승되었다.

이처럼 외국전의 편제가 해당 왕조의 다른 종족이나 국가에 대한 인식과 정책에 입각하기도 하였지만, 때로는 훗날 편찬 당시의 관념이 반영된 경우도 있었다. 이것은 외국전에 나타난 외국에 대한 인식이 단순히 당시의 실제적인 상황을 반영하는 것이 아니라, 중국 중심의 당위적 이념을 위해 편제되고 기술되었음을 의미한다.

그럼에도 이를 역주하고자 하였던 것은 정사에 나타나 있는 외국의 실체에 대한 이해와 함께 그 이념의 원리와 구조를 정확히 파악하려는 이유 때문이다. 즉 이 역주작업은 일차적으로 해당 종족에 대한 연구와 이해를 추구하는 것을 지향하지만, 한편으로 다른 국가와 종족에 대한 서술을 통하여 한중관계(韓中關係)에 대해 중국 사서에 기록된 내용이 어떠한 이념적 원리하에 서술되었는가를 파악하려는 목적도 있다. 따라서 가능하면 중국과 여타 국가나 종족의 관계에 주목하고 이를 서로 비교함으로써 한중관계의 본질과 특징을 규명할 수 있는 근거를 찾고자 한다.

중국 정사 외국전 모두에 대한 전체적인 역주는 기왕에 출간된 것이 확인되지 않는다. '25사' 중 『신원사(新元史)』를 제외한 '24사'가 『이십사사전역(二十四史全譯)』(北京漢語大詞典出版社, 2004)으로 번역되어 있지만 자세한 주석은 포함되어 있지 않다. 단 『사기』, 『한서』, 『후한서』가 별도로 역주본이 출간되어 있고, 고대를 중심으로 하여 「서역전」과 「흉노전」 등 부분적으로 중국, 일본 및 영어의 역주본이 나와 있다. 우리의 역주작업에서는 이들 역주본은 물론 기타 관련연구들은 가능하면 최대한 참고하여 최상의 역주가 되도록 노력하였다. 국내에서는 우리나라와 관련된 부분만을 모아서 『중국정사조선전역주(中國正史朝鮮傳譯註)』 전5책(국사편찬위원회, 1986~1990)이 출간되어 있다. 이는 매우 상세하게 주석하면서 번역하였기 때문에 여기에 포함된 부분은 이번 역주작업에서는 제외하였다.

이 역주작업은 사업의 목적에 부합하고 정확성을 확대하기 위해 원칙적으로 공동의 작업으로 진행되었다. 전체 사업의 1차 단계로 김정희, 김유철, 하원수의 책임하에 『사기』에서 『신오대사』까지를 그 범주로 하여, 역주원칙을 정하고, 편장별로 역주담당자를 선정 의뢰하였다. 그리고 일부분의 가역주(假譯註)를 통하여 문제점을 파악한 다음 역주원칙을 수정 확정하였다. 역주작업은 편장별 담당자에 의해 초벌 역주가 진행된 다음 동북지역과 서남지역으로 나누어 윤독을 통하여 정확성과 통일성을 기하려고 노력하였고, 최종적으로 하원수와 김유철이 각각 교열하였다. 그렇지만 역주에 대한 최종적인 공과는 역주 담당자의 몫이다.

전체적인 역주는 다음의 원칙하에 진행하였다.

첫째, 역주작업은 외국전 전체를 철저히 자료에 근거하여 당시의 역사적 상황과 관념을 한글의 현대적 관념과 용어로 번역한다.

둘째, 역주의 텍스트는 원칙적으로 중화서국(中華書局)의 표점교감본(標點校勘本)을 저본으로 사용한다. 문장의 교감과 표점에 대해 견해를 달리할 경우, 주석을 통하여 이를 설명하도록 한다.

셋째, 역주 대상은 원칙적으로 모두 본문에 한정한다. 중화서국본에 나와 있는 주를 비롯하여 본문에 대한 이전의 주석은 역자의 주석에 포함하여 알기 쉽게 설명하고, 필요한 경우 주석의 원문을 제시하고 번역한다. 다만, 사실관계의 내용이 많이 포함된 『삼국지』 배송지(裵松之)의 주는 원문과 동일하게 역주한다.

넷째, 한자로 표시된 인명과 지명에 대해 번역문에서는 원문을 살리되 주석에서는 당시 현지 언어와 문자에 의한 표현과 발음을 복원하는 데 노력하여 한글 발음으로 적고 괄호 안에 로마자 알파벳으로 표기한다. 특히 지명은 현재의 지명으로 정확히 고증하도록 한다.

다섯째, 가능한 현대의 개념으로 번역하는 것을 원칙으로 하지만, 시대나 지역성이 분명하게 드러나는 특수 용어나 개념 그리고 표현법은 원래의 용어를 번역문에서 살리되 주석을 통하여 현대적 관점에서도 이해가 가능하도록 한다. 인명, 역사적 사건, 종족의 관직이나 사회조직, 풍속 등 주요사항에 대해서는 주석에서 전체적인 이해를 돕도록 설명한다.

여섯째, 중국의 문화나 국가권력의 입장에서 설정된 가치 관념이 반영된 표현들에 대해 번역에서는 원문에 충실하되, 주석을 통하여 그 실체를 설명하도록 한다. 특히 이들 종족들의 신화나 전설, 역사에서 중국 정사 외국전의 기술뿐만 아니라 그 종족 식자층까지도 중국의 고전에 입각하여 서술하는 경향이 자주 나타난다는 점에 주의하여, 이에 대한 역사적 실체를 가능한 한 확인하여 주석에서 설명하도록 한다.

일곱째, 외국전 이외에 다른 사서나 정사 내 다른 열전기록 등을 주석에서 보충하고 그 차이를 설명한다. 특히 해당 국가나 종족의 역사기록이나 고고유물을 최대한 검토하여 중국 정사 외국전이 갖는 한계를 넘어서는 이해를 추구한다. 이때 필요한 경우 다른 문헌의 원문을 전재하고 번역하도록 한다. 다만, 내용상 큰 차이가 없을 경우 번역을 생략할 수 있다.

여덟째, 역주는 철저하게 원문의 이해를 돕는 데 한정하고, 세밀한 사항에 대한 주관적 의견은 가능하면 배제한다. 다만, 학계에서 논란이 되는 문제는 대표적인 참고문헌과 함께 이를 소개한다.

아홉째, 각 편별로 해당 종족의 실상에 대한 간단한 소개, 편장 전체의 줄거리와 구성 그리고 저술과정의 특징, 이전 정사와 중복된 부분이나 차이, 사료적 가치 등을 설명하는 〈해제〉를 포함한다. 아울러 말미에 참고문헌을 덧붙이고, 〈연표〉, 〈세계표〉와 〈지도〉를 작성하여 본문의 이해를 돕도록 한다.

2009년 1월 15일

김유철 · 하원수 · 김정희

일러두기

1. 역주문의 순서는 저본의 문단 단위로 한문 원문을 앞에 두고 이어서 본문 역주를 배치한다.
2. 원문의 구두점은 중화서국 표점본의 체제를 따르되, 전각기호는 모두 반각기호와 띄어쓰기로, '。'은 '.'로, '、'는 '·'로 바꾼다. 서명과 인명에 대한 기호는 없앤다.
3. 번역은 직역을 원칙으로 하되, 문투를 어색하게 하지 않기 위하여 가급적 현대적 표현으로 바꾼다. 번역문에서 내용의 이해와 문맥의 순조로운 연결을 위해 말을 보충할 경우에는 [ ]에 넣어 처리하고, 부연설명일 경우에는 ( )에 넣는다.
4. 번역문의 문단은 기본적으로 저본에 따르지만, 한 문단이 너무 길어 읽기에 불편한 곳은 단락 전체의 내용 이해에 곤란을 주지 않는 범위 내에서 적절히 문단을 나눈다.
5. 번역문도 원본의 표점과 구두에 맞추는 것을 원칙으로 한다. 그러나 전체적인 문장의 가독성을 높이기 위해 필요에 따라 문장을 끊어 번역할 수 있다.
6. 모든 번역문은 한글을 원칙으로 한다. 다만, 인명, 지명, 국명, 서명, 개념어, 역사적 용어 등의 경우, 그 의미가 명확해질 수 있도록 ( )에 한자를 병기한다. 주석문의 경우 전문가를 대상으로 내용 이해에 중점을 두기 위해 국한문을 혼용한다.
7. 번역문과 주석문에서는 일반적으로 한글의 구두점을 사용한다. 서명은 『 』로, 편명은 「 」로 표기한다.
   예1) 『史記』「西南夷傳」, 편명 안에서 내용을 구분할 필요가 있을 때: 『史記』「西南夷傳」〈노래명〉 "노래구절"
   예2) 주석문의 사례: 원문은 '必'인데 안사고는 그 뜻이 '極'이라고 했다. 그에 따라 해석하였다([顏]師古曰, "必, 極也. 極保之也").
8. 번역문이나 주석문에서 황제나 인물 그리고 연호에 대해 그 생졸년이나 재위 기간 등을 ( )에 병기하여 이해를 돕는다.
   예) 광무제(光武帝: 劉秀, 전6~후57; 재위 25~57), 유흠(劉歆, ?~25), 영제(靈帝: 劉宏, 재위 168~189)
9. 왕조명(王朝名)은 번역문에서는 원문의 표현법을 따르고, 주석문에서는 前漢, 後漢, 曹魏, 孫吳, 蜀漢, 西晉, 東晉, 劉宋, 南齊, 梁, 陳, 北魏, 北周, 北齊로 통일한다.

10. 번역문의 숫자 표기방법은 일, 십 단위까지 구체적으로 나열되어 있을 경우 아라비아숫자로 표기하지만, 관용적이거나 포괄적인 범위를 나타내는 경우 한글로 표기한다. (예: '천만인', '팔십만 병사', '천승지국')

11. 번역문에서의 연도 표시는 '본문의 연도표기법(서력기원)'으로 표기한다. 연월일(年月日)이 모두 나타날 경우 사료에 표시된 대로 음력을 그대로 표기하되, 정월, 이월, 시월 등의 표현으로 음력임을 나타낸다.

예) "건초(建初) 원년(76)", "원봉(元封) 6년(전75) 시월 5일", "영수(永壽) 3년(157, 후한 환제)"

12. 주석의 항목이 인명, 지명, 관명, 역사적 사건, 개념어 등 구체적인 용어에 해당될 경우, 이를 먼저 표기하고 쌍점을 찍은 뒤 설명하여 이해의 편의를 돕는다.

예) 吳起: 전국시대 군사전략가.

13. 주석과정에서 필요한 경우 과거 주석가들의 주석내용이나 다른 문헌을 소개하는데, 그 내용의 요점을 정리하여 설명한다. 자세한 소개가 필요하다고 판단하는 경우 원문과 함께 제시하고 번역문을 병기한다. 이때 보기 편하도록 괄호 안에 원문을 제시하거나 해설을 첨가할 수도 있다.

예1) 賨布: 李賢注에서는 『說文解字』를 인용하여 南蠻의 賦라고 하고 있는데, 그 내용이 구체적으로 드러난 것은 晉代 戶調之式이다. 戶調之式에서는 "丁男之戶, 歲輸絹三匹, 緜三斤, 女及次丁男爲戶者半輸. 其諸邊郡或三分之二, 遠者三分之一. 夷人輸賨布, 戶一匹, 遠者或. 一丈." (『晉書』 卷26, 「食貨志」: 790)로 규정하고 있는데, 夷人賨布가 戶 1匹이라고 하여, 賨布는 전국시대 이래 1匹로 고정된 것으로 보인다.

예2) 武谿: 李賢은 『後漢書』 다른 곳의 주석에서 武谿는 강이름으로, 辰州 盧谿縣에 있다고 하였다((『後漢書』 卷18, 「吳蓋陳臧列傳第」: 695)). 史書에선 '武溪'라고도 표현되어 있는데, 武陵의 五溪 중의 하나이다. 五溪는 沅水유역의 雄溪, 樠溪, 辰溪, 酉溪, 武溪를 가리키는데, 蠻夷의 거주지로 이를 五溪蠻으로 불렀다((『南史』 卷79, 「夷貊下」 〈荊雍州蠻〉: 1980)).

14. 주석과정에서 다른 문헌을 인용하거나 참고문헌이 필요한 경우, 일반적으로 파악할 수 있는 방식으로 단순하게 병기하고 반드시 말미의 〈참고문헌〉에 그 책의 자세한 서지사항을 밝힌다. 이때 쌍점(:) 뒤의 아라비아 숫자는 쪽수를 의미한다. 제자서나 유교 경전일 경우 권수와 쪽수를 생략한다. 다만, 사전이나 일반적인 공구서에 나와 있는 연대나 단순한 사실에 관한 설명은 특수한 내용이 아닌 경우 이를 생략하되, 〈참고문헌〉에는 그 책을 포함시킨다.

예) (方國瑜, 1927: 34~39), (內藤湖南, 1944: 55), (다니카와, 1988: 37~40), (디코스모 2005: 123), (Hartwell, 1977: 12), (『南史』 권79, 「夷貊下」 〈荊雍州蠻〉: 1980), (『鹽鐵論』, 卷14 「論功篇」, "刻骨卷木, 百官有以相記"), (『孟子』 「梁惠王上」)

차 례

● 서역전

[하권 차례]

『후한서』 외국전 해제

현존 『후한서』는 남조 유송(劉宋)시기 범엽(范曄)이 찬술한 것으로, 이 안에 권85 「동이열전(東夷列傳)」, 권86 「남만서남이열전(南蠻西南夷列傳)」, 권87 「서강전(西羌傳)」, 권88 「서역전(西域傳)」, 권89 「남흉노열전(南匈奴列傳)」, 권90 「오환선비열전(烏桓鮮卑列傳)」 등의 외국전이 있다. 열전의 맨 마지막에 편제된 이 외국전들은 해당 국가나 종족에 대한 기록으로서 여타 인물 중심의 열전들과는 성격이 다르다. 이와 같은 체제는 『한서(漢書)』를 계승한 것이다.

이 『후한서』가 저술되기 이전에 이미 8종의 기전체 『후한서』가 편찬된 적이 있기 때문에, 범엽은 이것들을 많이 참조하였다고 한다. 그러나 다른 저작들의 내용이나 편제를 확인할 만한 것이 남아 있지 않아 비교할 근거가 없다. 원래 범엽은 10기(紀), 10지(志), 80열전(列傳)을 편찬할 것을 계획하였는데, 10지는 사엄(謝儼)에게 위탁하여 대신 찬술하도록 하였다. 그러나 사엄 역시 범엽과 함께 모반죄에 연루되어 주살되는 바람에 범엽의 서례(序例)와 함께 10지의 원고는 산일되었다. 후에 양대(梁代) 유소(劉昭)가 범엽의 『후한서』에 주를 달면서 서진(西晉)시기 사마표(司馬彪)가 찬술한 『속한서(續漢書)』의 8지(志)도 함께 주석을 달았다. 당대(唐代)에 이현(李賢)이 『후한서』에 주를 달면서는 사마표의 8지는 범엽의 찬술이 아니라고 하여 이를 제외하였는데, 북송(北宋) 진종(眞宗) 건흥(乾興) 원년(1022)에 유소가 주를 단 사마표의 『속한서』 8지를 「후한서지」라고 하여 이현이 주를 단 『후한서』와 합간하여 현재에 이르고 있다.

범엽은 동진(東晉)시기 서자로 태어났지만, 고조 범구(范晷) 이래 고관을 역임한 귀족 가문으로 뚜렷한 가학(家學)의 전통이 있었다. 범엽은 『범씨가전(范氏家傳)』을 찬술하였던 것에서 보듯 이러한 가학의 전통하에서 성장하였다. 동진말 부친 범태(范泰)가 당시 집권자이던 환현(桓玄)에 의해 관직을 박탈당하고 단도(丹徒)로 이주하여 유유(劉裕) 세력하에 들어갔다. 유유가 환현세력을 물리치고 유송(劉宋)을 창건하자, 범씨 집안은 공신으로서 승승장구하였다.

부친인 범태는 유유의 집권 시기에 국자박사(國子博士)로 출사하여 결국 시중(侍中), 상서상시(尙書常侍), 사공(司空)의 직위까지 이르렀다. 범엽 역시 유유의 아들 팽성왕(彭城王) 유의강(劉義康)의 벽소를 받아 상서이부랑(尙書吏部郎)으로 승진한다. 하지만 유의강의 모친상 때 즐겁게 만가(輓歌)를 불렀다는 이유로 관직을 박탈당하였는데, 바로 이 시기에 기존의 역사서를 종합 정리하여 『후한서』를 찬술하기 시작하였다고 전한다. 이후 다시 관직에 복귀하였지만 원가(元嘉) 22년(445)에는 팽성왕을 황제로 추대하려 한다는 고발을 당하여 48세의 나이로 처형된다. 이 팽성왕 모반사건은 유송 초 친왕(親王) 중심으로 권력체계가 재편되면서 발생한 소위 황제파와 재상파 사이 권력투쟁의 한 모습이었다. 범엽의 죽음은 모반을 도모한 구체적 의지나 행동 때문이 아니라, 일찍부터 팽성왕을 고리(故吏)로 모셨던 경력 탓이었던 것이다.

이처럼 서자 출신이고, 중간에 좌천된 경험도 있으며, 모반죄로 처형되는 등 외면상 불운해 보이는 범엽의 일생이 그의 역사 저술에 어느 정도 영향을 미쳤다고 설명되기도 한다. 즉, 『후한서』 열전에는 왕충(王充)을 비롯한 이단적인 지식인들의 이야기에 많은 지면을 할애하고, 후한 환제(桓帝)의 불교 수용이 망국의 원인이라고 비판하였던 사실 등에서 보듯, 범엽은 당시의 주류사회에 대해 상당히 비판적인 의식이 강하였다는 것이다. 그러나 그가 자신의 생애를 비관적으로 인식하였다고 볼 수 있는 확실한 근거는 별로 없다. 서자이지만 부친의 정치세력을 배경으로 국자박사(國子博士)로 등용되었고, 관직 역시 귀족자제로서 손색없는 지위를 유지하였다. 특히, 자신의 『가전(家傳)』을 저술한 것을 보면 집안에서의 위치 또한 큰 문제는 없었을 것이다.

범엽의 비판적 의식은 그의 사관(史觀)과 관련하여 이해함이 더 타당할 것이다. 범엽은 옥중에서 생질들에게 보낸 편지에서 『후한서』의 「순리열전(循吏列傳)」과 각 외국열전의 「외국전」의 서(序)와 논(論)에 대해 “실로 천하의 기작(奇作)”이라고 자부한 것에서 보듯, 『후한서』 찬술과정에서 각 편의 말미에 첨부한 ‘논(論)’과 ‘찬(贊)’에 많은 심혈을 기울였다. ‘논’은 역사문제와 역사인물에 대한 평가를 위주로 하고, ‘찬’은 네 글자를 한 구절로 하여 사실을 개괄하거나 새로운 의미를 부여하기도 하였다.

「광무제기(光武帝紀)」부터 「효헌제기(孝獻帝紀)」까지 본기의 논찬에서 범엽은 후한의 건립, 발전, 쇠망의 과정을 명확히 구분하고 이와 관련된 역사적 사건 등을 설명하고 있다. 또 「당고열전(黨錮列傳)」에서는 춘추시대에서 한말(漢末)까지의 사풍(士風)의 변천과정을 모순의 대립과 그 지양이라는 변증법적 논리로 설명하고 있다. 이는 통시적 시각에서 사회의 발전법칙을 탐구하는 방법론적 특징을 드러내며, 『후한서』의 찬술이 단순한 자료의 집합이 아니라 자신의 사론(史論)에 입각한 정리였다는 평가를 받을 수 있게 하였다.

또, 열전에서 하나의 사건이 여러 곳에서 중복되지 않게 한다거나, 동일한 인품으로 평가한 사람을 한 열전에 삽입하는 등, 체계적으로 분류하여 서술하는 방식을 보이고 있다. 이는 『후한서』에서 「당고열전」, 「환관열전」, 「문원열전(文苑列傳)」, 「독행열전(獨行列傳)」, 「방술열전(方術열전)」, 「일민열전(逸民列傳)」, 「열녀열전(列女列傳)」 등 인물들을 유형별로 분류한 특이한 '유전(類傳)'들이 증가한다는 점에서 분명히 나타난다. 그리고 본기에서 황후기(皇后紀)를 따로 편제하여 화제(和帝) 이후 6회에 걸쳐 계속된 태후의 섭정을 서술한 것도 역사적 사실에 충실한 분류와 서술의 특징을 잘 보여 준다.

이와 같은 『후한서』의 성격은 불교의 신불멸(神不滅)과 인과응보(因果應報)를 부정하고, 천명(天命)과 도참(圖讖)설을 반대한 범엽의 사론과 연관하여 이해할 수 있다. 그는 역사를 인간의 모든 활동의 분류와 그 시간적 변화에 입각하여 서술되어야 한다고 보고, 인간의 인식과 능력의 범위를 벗어나는 관념적인 국가권위나 신(神)적 원리로 해석하는 것을 부정하였던 것이다. 뿐만 아니라 개인에 대한 서술과정에서 역사적 사실과 결과를 근거로 음양금기(陰陽禁忌)나 신선의 존재 그리고 무사(巫師)의 말을 부정하는 논증을 하기도 하였다.

외국전의 편제와 서술에서도 이러한 그의 사론이 투영되어 있다. 가장 대표적인 것이 『사기』나 『한서』와는 달리 「서강전」, 「오환선비전」을 새로 만들고, 호남 · 호북 지역의 남만을 서남이 · 동월 · 남월과 함께 기술하였다는 점이다. 외국전을 인물 중심으로 서술하였던 『사기』와는 달리, 『후한서』는 외국과 그 종족에 대한 기술이라는 외국전의 특성을 명쾌하게 드러내고 있는 것이다. 이러한 변화의 원인으로 범엽이 살았던 위진남북조시대는 민족문제가 가장 첨예하게 노출되어 이에 대한 관심이 그만큼 컸던 것도 생각할 수 있다. 위진남북조시대에는 이들 남만이 대거 북상(北上)하여 남조의 역내에서 활동하였기 때문에, 범엽은 이들의 존재를 인식하고 『후한서』에 포함하였을 것이다.

범엽은 서남이와 남월에 관한 내용을 남만과 통합하여 편제하였는데, 서남이는 물론 남월과 동월까지 별도로 편제하였던 『사기』와 차이가 있다. 특히, 단순한 편제뿐만 아니라 그 내용에 있어서도 이들 세 계통의 종족간의 관계나 교류에 대한 내용을 많이 포함하고 있다. 남방의 소규모 민족을 단순하게 하나로 묶었다기보다, 이들 상호간의 유사성과 관련성을 강조하였던 것이다. 또한 오환(烏桓)과 선비(鮮卑)에 대해서도 『후한서』에서 처음 편제된 것이라든가, 근원과 풍속에서 동일한 속성을 파악하여 동일하게 편제하였다는 점에서 남방민족의 경우와 동일한 방식으로 이해할 수 있다. 특히 이들 종족의 기원과 조상에 대해 선진(先秦)시대까지 소급하여 기술하고, 종족들의 풍속, 사회조직, 중국과의 전통적인 관계 등에 대해 많은 지면을 할애하고 있는 것이 특징이다. 따라서 이들 종족에 관한 정보로서 매우 이른 시기의 내용이 많아 그 사료적 가치가 크다고 할 수 있는데, 인물중심의 이전의 외국전과 비교할 때 하나의 민족지(民族志)적 특성을 갖는다고 볼 수도 있다.

그렇지만 흉노나 동이열전의 내용을 보면 범엽 이전 위대(魏代)에 편찬된 『삼국지(三國志)』나 『위략(魏略)』과 비교하여, 오히려 『후한서』가 소략할 뿐 아니라 이를 참조하여 정리한 것에 지나지 않는 측면도 있다. 이는 법엽의 『후한서』가 이전에 저술된 8종의 사서를 참조하여 정리하는 방식으로 찬술되었다는 사실과 연관하여 보면, 범엽은 『후한서』 집필에서 자신이 직접 자료를 조사 확보하기보다는 이전의 자료를 종합하여 자신의 관점으로 정리하는 방식으로 작업을 진행하였음이 분명할 것이다. 그렇지만 이미 이전의 많은 사서가 현재 전해지지 않는 상황에서 종족에 관한 한 『후한서』의 사료적 가치를 결코 경시할 수 없다.

『후한서』는 당대(唐代) 이현(李賢)의 『후한서주(後漢書注)』, 청대(淸代) 혜동(惠棟)의 『후한서보주(後漢書補注)』, 청대(淸代) 왕선겸(王先謙)의 『후한서집해(後漢書集解)』 등의 주석서가 있다. 특히 당대(唐代) 장회태자 이현의 주석에서는 유소(劉昭)를 비롯한 이전의 주소를 종합하면서, 이민족에 관해서는 단순한 훈고 외에 본문의 내용과는 직접 관련이 없더라도 해당 종족의 당대(唐代) 실상이나, 이들 종족에 대한 당대인의 인식과 관련된 내용이 많이 첨가되어 있다. 『후한서』「동이열전」에서도 기왕에 역주된 한국사 관련 부분은 이 역주의 대상에서 제외하였다.

후한서(後漢書) 권85

동이열전(東夷列傳)

• 역주: 이근우·이재성
• 교열: 하원수

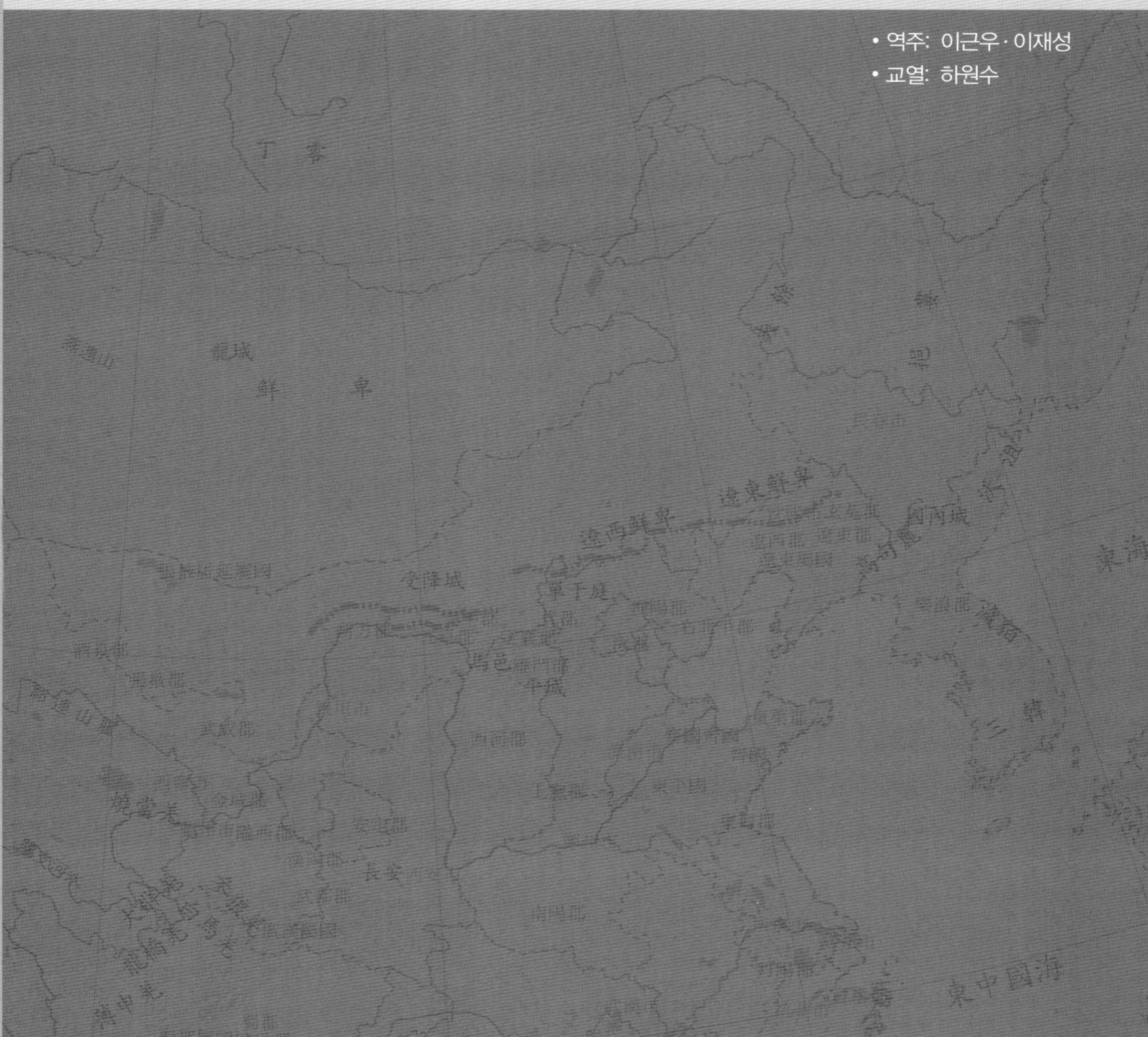

「동이열전(東夷列傳)」 해제

『후한서(後漢書)』에 실린 여섯 편의 외국전 가운데 첫 자리를 차지하는 것이 「동이열전」이다. 이것은 부여(夫餘), 읍루(挹婁), 고구려(高句麗), 동옥저(東沃沮), 예(濊), 삼한(三韓)과 왜(倭)를 대상으로 삼는데, 그 대부분을 차지하는 부여부터 삼한까지의 내용은 한국사라고 하여도 과언이 아니다. 따라서 『중국정사조선전역주(中國正史朝鮮傳譯註)』가 일찍이 이를 자세히 번역하고 주석을 달면서, 「동이열전」 전반의 성격에 관하여서도 아울러 언급해 두었다. 그러므로 여기에서는 왜에 관한 기록만을 번역하며, 〈해제〉의 설명 또한 이로 제한하고자 한다.

일본열도(日本列島)의 왜가 본격적으로 역사무대에 등장하는 것은 기원전 1세기경이다. 『한서(漢書)』 「지리지(地理志)」에 따르면, 이 무렵 왜는 낙랑군(樂浪郡)을 통해 정기적으로 조공하였다고 한다. 중국(中國) 사서에서 왜의 출현은 고조선(古朝鮮)의 멸망과 이에 따른 낙랑군의 설치와 연동되어 있는 셈이다. 낙랑군이 고조선 고지(故地)의 중심지에 설치되어 이른바 '동이(東夷)' 지역과 빈번히 접촉하게 된 결과인 것이다. 이후 『후한서』를 비롯한 15종의 중국 정사(正史)들이 왜 혹은 일본에 관한 전(傳)을 세웠다.

이를 간략히 표로 정리하면 다음과 같은데, 여기에서 특히 주의할 것은 그 편찬 순서이다. 예를 들어, 후한이 망한 뒤 삼국(三國)으로 분열되었으나 삼국시대를 다룬 사서인 『삼국지(三國志)』가 『후한서(後漢書)』보다 먼저 나왔다. 그리고 내용을 보더라도, 『후한서』 〈왜전(倭傳)〉의 90% 이상 문장이 『삼국지』의 왜에 관한 서술에서 찾을 수 있다. 따라서 일반적으로는 이 『삼국지』의 기록을 바탕으로 『후한서』의 〈왜전〉이 만들어진 것으로 이해된다. 자구(字句)를 바꾸거나 후한시대에 해당하는 내용을 추가한 부분이 있다고 해도 극히 미미한 것이다.

	서명	찬자	권차	호칭	편찬·간행 순서(시기)
1	후한서(後漢書)	범엽(范曄, 398~445)	85	왜(倭)	2(445)
2	삼국지(三國志)	진수(陳壽, 233~297)	30	왜인(倭人)	1(297)
3	진서(晋書)	방현령(房玄齡, 578~648) 등	97	왜인	7(646)
4	송서(宋書)	심약(沈約, 441~513)	97	왜국(倭國)	3(492～493)
5	남제서(南齊書)	소자현(蕭子顯, 489~537)	58	왜국	4(537)
6	양서(梁書)	요사렴(姚思廉, ?~637)	54	왜	5(636)
7	남사(南史)	이연수(李延壽, ?~?)	79	왜국	8(659)
8	북사(北史)	이연수(李延壽, ?~?)	94	왜국	8(659)
9	수서(隋書)	위징(魏徵, 580~643) 등	81	왜국	5(636)
10	구당서(舊唐書)	유후(劉昫, 887~946) 등	199上	왜국 · 일본(日本)	10(945)
11	신당서(新唐書)	송기(宋祁, 998~1061) 등	220	일본	11(1060)
12	송사(宋史)	탈탈(脫脫, 1314~1355) 등	491	일본국(日本國)	12(1345)
13	원사(元史)	송렴(宋濂, 1310~1381) 등	208	일본	13(1370)
14	신원사(新元史)	가소민(柯劭忞, 1850~1933)	250	일본	15(1920)
15	명사(明史)	장정옥(張廷玉, 1672~1755) 등	322	일본	14(1739)

그런데 구체적인 내용을 살펴보면, 『후한서』와 『삼국지』의 문장이 완전히 일치하는 경우가 없고, 『삼국지』의 인용 · 요약이 극단적으로 편중되어 있으며, 『삼국지』에 없는 내용들도 『후한서』에 적지 않다는 점 또한 사실이다. 따라서 이를 근거로 『후한서』는 단지 『삼국지』와 동일한 사료를 바탕으로 하였을 뿐 그 내용 자체를 단순히 정리한 것은 아니라는 견해도 있다. 그렇지만 『후한서』 첫머리의 "왜는 한(韓)의 동남쪽 큰 바다 가운데 있고, 이들은 산이 많은 섬에 의지하여 살아가고 있는데, 무릇 100여 나라이다. 무제가 조선을 멸망시킨 후에 사역을 이용하여 한(漢)과 통한 것이 30여 개 나라이다.(倭在韓東南大海中, 依山嶋爲居, 凡百餘國. 自武帝滅朝鮮, 使驛通於漢者三十許國)"라는 기록은 『삼국지』의 "왜인은 대방군 동남쪽의 대해 중에 살고 있는데, 산이 많은 섬에 의지하여 살면서 나라와 마을을 이루었다. 이전에는 100여 나라였는데, 한대에 이들 중에서 중국의 조정에 알현하는 나라가 있었고, 지금은 사역이 통하는 나라가 30개 나라이다.(倭人在帶方東南大海之中, 依山島爲國邑. 舊百餘國, 漢時有朝見者, 今使譯所通三十國)"라는 내용을 베낀 것이 분명하다. 왜냐하면 『후한서』는 공손씨(公孫氏)가 204년에 설치한 "대방군"을 그대로 쓸 수 없어 "한(韓)"으로 고쳤다고 생각되는데,

이 과정에서 명백한 오류가 발생하였기 때문이다.

이 문제를 좀더 자세히 설명하면 다음과 같다. 『한서』의 "왜인은 100여 국으로 나뉘어져 있었는데, 세시(歲時)에 와서 공물을 바치고 알현하는 자가 있었다."라고 한 내용을 바탕으로 한 위 『삼국지』의 기록에서 "지금"은 위(魏)나라 시기를 가리킨다. 그런데 『후한서』에서는 이 부분을 "무제가 조선을 멸망시킨 후에 사역을 이용하여 한(漢)과 통한 것이 30여 개 나라이다."라고 문장을 바꾸었는데, 그 결과 왜의 30국이 찾아온 때를 위에서 한대로 앞당겨 버림으로써 사실과 어긋나게 된 것이다. 대마국(對馬國)부터 구노국(狗奴國)까지 30국의 나라 이름을 일일이 기록한 『삼국지』와 달리 『후한서』의 경우 국명은 물론이고 지리적 상황에 대한 구체적인 내용도 모두 생략할 수밖에 없었던 까닭은 바로 여기에 있다. 즉 왜의 30국이 교통한 시기를 후한시대로 볼 수 있는 근거를 『후한서』는 전혀 제시하지 못한 것이다. 따라서 후한 말기에 일본열도에서 대란이 일어났고, 이 과정에서 100여 국이 30국으로 통합된 것으로 보인다.

아울러 무제가 조선을 멸망시킨 뒤 낙랑군을 통해서 여러 나라들과 교통하였을 가능성이 있지만, 당시 한(漢)의 동방에 대한 직접적인 관심은 고조선의 영역을 크게 벗어나지 않았으리라고 생각된다. 일본열도의 왜인들에 대한 적극적인 관심은 위(魏)와 오(吳)의 대립과정의 소산으로서, 특히 위가 고구려를 공격하여 '동이' 사회에 대한 보다 구체적인 지식을 갖게 된 이후의 일인 것이다. 그리고 잠재적으로 오를 협공할 수 있는 세력으로 상정하였기 때문에 위가 적극적인 외교공세를 펼쳤고, 그 결과 처음으로 『삼국지』에 왜인에 관한 기록이 포함되었으리라고 짐작된다. 만약 후한대에 이미 왜의 30여 국이 중국과 교통하였다면, 전한대의 100여 국이 한무제 이후 후한시대 전·중기 사이에 30국으로 감소하였다는 이야기가 된다. 그러나 이 시기에 일본열도에서 이처럼 커다란 변화가 있었다는 고고학적인 증거가 전혀 확인되지 않는다.

따라서 통설과 같이 『후한서』「왜전」의 내용은 『삼국지』의 왜인 관련 기록을 상당 부분 산삭(刪削)하거나 윤문(潤文)한 것으로 보아야 마땅하다. 『후한서』에는 『삼국지』에 나오는 대마국으로부터 야마대국(邪馬臺國)에 이르는 시간, 거리나 개별 소국들의 관제(官制), 풍속, 식생(植生) 등에 관한 내용이 없는데, 바로 이러한 『후한서』의 편집과정에서 생략된 것이 아닌가 한다.

「동이열전(東夷列傳)」 역주

— 夫餘·挹婁·高句麗·東沃沮·濊·三韓에 관한 기록이 〈왜전〉 앞에 있으나 국사편찬위원회, 『中國正史朝鮮傳譯註』 1, 신서원, 2004(1990 초판)에 이미 역주되었으므로 생략한다. —

倭在韓東南大海中, 依山㠀爲居, 凡百餘國. 自武帝滅朝鮮, 使驛通於漢者三十許國, 國皆稱王, 世世傳統. 其大倭王居邪馬臺國. 樂浪郡徼, 去其國萬二千里, 去其西北界拘邪韓國七千餘里. 其地大較在會稽東冶之東, 與朱崖·儋耳相近, 故其法俗多同.

왜(倭)[1]는 한(韓)[2]의 동남쪽 큰 바다 가운데 있고, [이들은] 산이 많은 섬에 의지하여 살아가고 있는데, 무릇 100여 나라〔國〕이다. 무제(武帝)[3]가 조선(朝鮮)을 멸망시킨[4] 후에

---

1) 倭: 唐代(618~907) 이전에 중국인이 일본인 및 그 국가를 일컫은 呼稱이다. 『漢書』 권28下, 「地理志 下」〈燕地條〉에는 "樂浪海中有倭人, 分爲百餘國, 以歲時來獻見云."이라 기재되어 있고, 이 기사에 顔師古는 "『魏略』云倭在帶方東南大海中, 依山島爲國, 度海千里, 復有國, 皆倭種."이라 注記하였다. 『三國志』에서는 "倭人在帶方東南大海之中, 依山島爲國邑. 舊百餘國, 漢時有朝見者, 今使譯所通三十國."라고 하였다. 이러한 내용에 입각하여 『後漢書』는 "倭在韓東南大海中, 依山㠀爲居, 凡百餘國. 自武帝滅朝鮮, 使驛通於漢者三十許國."라고 한 것이다. 『後漢書』「倭傳」의 내용은 대체로 『三國志』의 내용을 간결하게 정리하고, 후한시대의 외교관계 기사를 더한 정도로 이해하고 있다(石原道博, 1975: 12). 한편, "나라에 여자가 많다."거나, "會稽의 바다 바깥에 東鯷人이 있다."고 한 것 등은 『後漢書』에만 보이는 내용이다.

2) 韓: 고대에 韓半島 南部에 있던 三韓을 가리키는데, 여기에서는 주로 馬韓(지금의 京畿道, 忠淸道 그리고 全羅道 지역)을 가리킨다.

3) 武帝: 前漢의 제7대 皇帝(재위 전147~전81).

4) 기원전 108년, 즉 衛滿朝鮮의 右渠王 治世(?~전108)로서 前漢 武帝 元封 3년의 일이다. 그 결과 전한은

사역(使驛)[5]을 이용하여 한(漢)과 통한 것이 30여 개 나라〔國〕이다.[6] [이] 나라들의 [수장(首長)]은 모두 왕(王)을 칭하였는데, 대대로 왕통(王統)이 이어졌다. 그 대왜왕(大倭王)[7]은 야마대국(邪馬臺國)[8]에 있다. 낙랑군(樂浪郡)[9]의 변경에서 그 나라는 만 2천 리[10] 떨어져 있고,[11] 그 나라의 서북방[12]에 있는 구야한국(拘邪韓國)[13]에서는 7천여 리 떨어져 있다. 그

이해에 예전 朝鮮의 版圖 안에 樂浪郡, 眞番郡, 臨屯郡을 설치하고, 이듬해(전107)에는 濊의 땅에 玄菟郡을 설치함으로써 이른바 '漢四郡'이 完置된다.

5) 使驛: '使者와 通譯' 혹은 '通譯'을 가리킨다. '驛'은 '譯'의 誤字이다(石原道博, 2005: 55).

6) 이 總序의 記事가 『三國志』(권30 「東夷傳」 〈倭傳〉: 854)에 의거한 것은 분명하다. 그런데 "帶方[郡]"을 "韓"으로 고쳤으며, 또한 『漢書』 「地理志」를 參照하여 三國時代의 기록을 後漢時代의 상황처럼 "使驛을 이용하여 漢과 通한 것……"으로 쓴 것은 范曄의 造作 결과라고 보기도 한다(石原道博, 2005: 55).

7) 30여 개 나라[國]들의 首長[王]들 중의 大首長을 '大倭王'으로 표현한 것으로 보인다.

8) 邪馬臺國: 3세기 전반 일본열도에 있었던 伊都國 등의 여러 소국들을 통솔하였던 나라. 여왕 卑彌呼가 주재하였던 나라이며 大和政權의 前身으로 보고 있다. 『三國志』에는 '邪馬壹國'으로 기록되어 있는데, 邪馬壹은 邪馬臺의 誤字란 것이 定說이었으나, 근래에 邪馬壹(야마이)라고 보는 說도 있다. 邪馬臺國이 九州(규슈)에 있었다고 보는 입장과 大和(야마토)에 있었다는 설로 나누어지는데, 九州說에서도 日向이나 大隅의 一角에 해당된다는 견해와 薩摩나 豊前이라고 하는 견해가 있으며, 大和說에서도 瀨戶內海 航行說과 東海(日本海) 航行說이 있다(石原道博, 2005: 55). 한편 『三國志』에는 "南至邪馬壹國, 女王之所都, 水行十日, 陸行一月, 官有伊支馬, 次曰彌馬升, 次曰彌馬獲支, 次曰奴佳鞮, 可七萬餘戶. ([投馬國에서] 남쪽으로 가면 邪馬壹國에 이르는데, 女王이 都邑한 곳으로 바닷길로 20일 동안 가고 [다시] 육상으로 1개월 동안 간다. [그 大]官으로 伊支馬가 있고, 그 다음은 彌馬升이라 부르며, 그 다음은 彌馬獲支라 부르고, 그 다음은 奴佳鞮라 부른다. 7만여 호 정도가 있다.)"라고 기재되어 있다. 이처럼 『三國志』에서는 거리와 경로, 관직명, 호수 등을 구체적으로 기록하였으나, 『後漢書』에서는 大倭王이 있는 곳이며, 낙랑군과 구야한국으로부터 거리가 얼마라는 내용만 실려 있다. 女王이라고 하지 않고 大倭王이라고 한 것은 『後漢書』의 성립시기가 『三國志』보다 늦다는 점을 생각한다면, 새로운 정보에 의거했다기보다는 卑彌呼가 재위한 시기를 잘 알 수 없기 때문에 고친 것으로 보인다.

9) 樂浪郡: 漢四郡의 하나로서 보통 지금 北韓의 平壤을 중심으로 한 平安南·北道와 黃海道에 걸쳐 있었다고 한다. 그 후에 대체로 黃海道 지역에 帶方郡이 설치되었다. 樂浪郡은 기원전 108년에 설치된 후 약 400여 년 동안 韓半島 北西部 지역을 통치하다가 313년에 高句麗 美川王에 의해 축출되어 사라졌다.

10) 里: 『春秋穀梁傳』을 위시한 고대 문헌에는 300步라고 하지만, 후대에는 360步를 1里로 적은 기록이 많다. 기본 단위인 尺의 길이가 시대에 따라 조금씩 변화하기는 하지만 개략적으로는 前漢의 1尺이 23cm, 後漢의 1尺이 23.5cm, 魏의 1尺이 24.2cm, 晉의 1尺이 24.5cm라고 한다(山尾幸久, 1972: 62~68). 5尺 1步, 360步 1里로 하면 後漢의 1里는 423m 정도인 셈이다. 그러나 『後漢書』 「倭傳」의 기록은 『三國志』의 기록을 거의 그대로 인용하고 있기 때문에 魏의 1里인 435m와 동일한 것으로 간주할 수 있다.

11) 『三國志』에는 이 부분이 "自郡至女王國萬二千餘里"로 되어 있다.

땅은 대략 회계[군](會稽)[14] 동야[현](東冶縣)[15]의 동쪽에 있고,[16] 주애[군](朱崖郡)[17] 및 담이[군](儋耳郡)[18]과 서로 가깝다. 따라서 그들의 법속(法俗)은 같은 것이 많다.

土宜禾稻·麻紵·蠶桑, 知織績爲縑布. 出白珠·青玉. 其山有丹土. 氣溫腝, 冬夏生菜茹. 無牛馬虎豹羊鵲. 其兵有矛·楯·木弓, 竹矢或以骨爲鏃. 男子皆黥面文身, 以其文左右大小別尊卑之差. 其男衣皆橫幅結束相連. 女人被髮屈紒, 衣如單被, 貫頭而著之. 並以丹朱坋身, 如中國之用粉也. 有城柵屋室. 父母兄弟異處, 唯會同男女無別. 飮食以手, 而用籩豆. 俗皆徒跣, 以蹲踞爲恭敬. 人性嗜酒. 多壽考, 至百餘歲者甚衆. 國多女子, 大人皆有四五妻, 其餘或兩或三. 女人不淫不妒. 又俗不盜竊, 少爭訟. 犯法者沒其妻子, 重者滅其門族. 其死停喪十餘日, 家人哭泣, 不進酒食, 而等類就歌舞爲樂. 灼骨以卜, 用決吉凶. 行來度海, 令一人不櫛沐, 不食肉, 不近婦人, 名

---

12) 『三國志』에서는 "其北岸"이라고 하였다. '北岸'은 왜 영역 내의 '북쪽 기슭'이 아니고 왜 영역의 '북쪽 대안'이라는 뜻으로 쓰인 것이지만(森浩一, 1985: 108), "西北界"라고 한 것은 의미를 정확히 알 수 없다. 北岸은 對岸이라는 뜻으로 쓰이지만, 西北界라고 하면 구야한국이 倭의 영역 속에 포함된다고 볼 수도 있다. 방향이 북쪽에서 서북쪽으로 바뀐 점도 지리적인 정보가 증가한 결과일 수 있다.

13) 『三國志』에는 "拘"가 "狗"로 되어 있다. 狗(拘)邪韓國은 弁辰(韓) 12國의 하나인 加羅(지금의 慶尙道 남부의 金海)를 가리킨다(石原道博, 2005: 55).

14) 會稽: 會稽郡은 지금의 浙江省과 江蘇省에 걸쳐 있었다. 이것은 秦代에 처음 설치되었고, 치소는 吳縣(지금의 江蘇省 蘇州市)이었다. 後漢 順帝 永建 4年(129)에 치소를 山陰縣, 즉 지금의 浙江省 紹興市로 옮겼다. 雒陽에서 동으로 3,800리 떨어져 있으며, 14개의 城과 123,090호, 인구 481,196명이었다고 한다(『後漢書』 志22 「郡國4」: 3489). 후한 말기에 王郎이 회계 태수로 임명되었으나, 세력을 키운 孫策이 그를 몰아내고 대신 회계 태수를 자처하였다.

15) 東冶: 會稽郡의 屬縣으로 秦代에 처음 설치되었다. 그 治所를 冶縣으로 보고 지금의 福建省 福州市라고 하는 주장과 福建省 閩侯縣으로 추정하는 견해가 있다. 전한 초기에는 東冶라고 하였으나, 武帝 때 會稽 東部都尉의 치소를 두었으며, 후에 치소가 回浦로 옮겨지면서, 東冶縣에는 都尉의 속관인 候官의 치소가 있었다. 후한에 들어서 이곳을 東部候官이라고 하였으나, 후한 때부터 삼국시대의 사람들도 이곳을 과거의 이름인 동야라고 불렀다(森浩一, 1985: 118~119).

16) 『三國志』에는 "計其道里, 當在會稽·東冶之東"으로 되어 있다.

17) 朱崖: 朱崖郡으로서, 지금의 海南省 海口市 일원에 해당한다.

18) 儋耳: 儋耳郡으로서, 지금의 海南省 儋州市 일원에 해당한다.

曰持衰. 若在塗吉利, 則雇以財物. 如病疾遭害, 以爲持衰不謹, 便共殺之.

땅은 벼, 모시〔麻紵〕[19] 그리고 양잠에 적합하며 [왜인들은] 천을 짜는 법과 실 잣는 법을 알아서 좋은 비단〔縑〕[20]과 베를 만들었으며,[21] 백주(白珠)[22]와 푸른 옥이 산출되고[23] 산에는 붉은 흙〔丹土〕[24]이 난다. 기후가 온난하여 겨울과 여름에 채소〔菜茹〕가 생산된다.[25] [그러나] 소,[26] 말, 호랑이, 표범, 양 그리고 까치[27]는 없다.[28] 무기로는 창, 방패, 나무로 된 활, 대나무로 된 화살이 있고, 뼈로 화살촉〔鏃〕을 만들기도 한다.[29]

남자는 모두 얼굴과 몸에 문신(文身)을 하는데, 왼쪽과 오른쪽, 크고 작음에 따라서 존비(尊

19) 麻紵: 모시만을 뜻하는지, 삼베를 짜는 大麻도 포함하여 모시와 대마를 뜻하는지 분명하지 않다.

20) 縑: 일반적으로 아주 가는 비단실로 짠 좋은 비단을 뜻한다.

21) 『三國志』에는 “種禾稻紵麻, 蠶桑 · 緝績, 出細紵 · 縑緜”으로 되어 있다.

22) “白珠”를 井上秀雄 등은 眞珠라고 번역하였으나, 조개로 만든 작은 玉 종류라고 해석하는 사람도 있다(井上秀雄 등, 1977: 286).

23) 『三國志』에는 “出真珠 · 青玉, 其山有丹”으로 되어 있다.

24) 丹土: 붉은색 안료의 원료가 되는 광물을 뜻한다. 적철광을 원료로 한 鐵丹(bengala)과 유화수은을 지칭하는 辰砂(cinnabar)로 크게 나누어진다. 진사는 朱砂, 丹砂, 丹朱라고도 하며, 심홍색의 육방정계 광물로서 덩어리로 산출되는 경우가 많다. 수은 제조나 적색 안료를 만드는 대표적인 광물이다. 그런데 일본열도의 경우는 후자인 진사를 의미할 가능성이 크다. 이 지역에는 佐賀県 多良岳부터 嬉野町, 松浦市로 이어지는 九州 西部 水銀鑛床群, 大分市 ‘坂ノ市(사카노이치)’부터 始良郡 溝辺町 丹生에 이르는 九州 鑛床群, 阿波 吉野川 주변 若杉山遺跡地 일대의 阿波 鑛床群, 그리고 伊勢부터 ‘紀ノ川(기노카와)’에 이르는 大和 鑛床群 등이 존재한다. 또한 丹生, 丹生川과 지명과 丹生神社와 같이 수은광 산출과 관련된 신사들이 여기에 분포하고 있다. 일본열도에서 진사는 시신에 바르거나 묘광 안에 뿌리거나, 묘실의 벽면이나 관에 칠하는 등, 장례의례와 관련하여 다양하게 사용되었다. 우리 나라의 고분에서도 辰砂 및 朱砂의 흔적이 확인되고 있다.

25) 『三國志』에는 “倭地溫暖, 冬夏食生菜”로 되어 있다.

26) 일본열도에서도 이미 繩文時代부터 소뼈 등이 출토되고 있어서, 소가 전혀 없었던 것은 아니다. 다만 중국과 같이 농경에 널리 쓰인 것이 아니라, 제사의례용으로 적은 수만을 사육하고 있었다. 따라서 이 서술은 중국 사신들이 보지 못한 탓으로 이해해야 할 것이다.

27) 李賢은 “까치[鵲]는 어떤 곳에서는 ‘닭[雞]으로 씌어져 있다.”고 注記하였다.

28) 『三國志』에는 “其地無牛馬虎豹羊鵲”으로 되어 있다.

29) 『三國志』에는 “兵用矛 · 楯 · 木弓, 木弓短下長上, 竹箭或鐵鏃或骨鏃”으로 되어 있다.

卑)의 차이를 구별한다.[30] 그들 남자의 옷은 모두 가로의 폭이 넓은 천을 묶어서 서로 이었다. 여인은 머리카락을 풀어헤치거나 말아서 뒤로 묶었는데, 옷은 홑이불과 같고[31] 머리를 넣어서 입는다.[32] 붉은 가루를 몸에 바르는데, 중국에서 분(粉)[33]을 쓰는 것과 같다.[34] [이 나라에는] 성책(城柵)[35]과 옥실(屋室)[36]이 있다.[37] 부모와 형제는 거처하는 곳을 달리 하지만, 단 한 곳에 모일 때에는 남녀의 차별은 없다.[38] 마시고 먹을 때 맨손으로 하지만, [음식을 담는 것은] 대나무와 나무로 만든 그릇[39]을 이용한다.[40] 풍속은 모두 맨발로 다니고, 양 무릎은 꿇고 허리를 낮추는 것〔蹲踞〕[41]으로 공경을 나타낸다. [이] 사람들은 천성적으로 술을 즐긴다. 대부분이 장수(壽考)하여, 1백여 세가 된 자도 대단히 많다.[42] [이] 나라에는 여자가 많아

---

30) 『三國志』에는 "諸國文身各異, 或左或右, 或大或小, 尊卑有差"로 되어 있다.

31) 單被: 원래 홑이불인데, 여기에서는 그들의 옷이 안감이 없는 하나의 천으로 만들어졌음을 뜻한다.

32) 『三國志』에는 "其衣橫幅, 但結束相連, 略無縫. 婦人被髮屈紒, 作衣如單被, 穿其中央, 貫頭衣之."라고 되어 있다.

33) 粉: 일반적으로 여자가 단장할 때 쓰는 가루분을 가리킨다.

34) 『三國志』에는 "以朱丹塗其身體, 如中國用粉也"로 되어 있다. 『三國志』에서는 주단을 몸에 바른다고 하였는데, 『後漢書』에서는 뿌린다고 하여 서로 다르게 기록하고 있다.

35) 城柵: '城'은 흙을 版築法으로 쌓아 견고하게 만든 것이고, '柵'은 나무로 빽빽하게 만든 울타리를 말한다. 그러나 이 시대에 일본열도에는 城이 없었다. 현재 발굴된 유적을 통해서도 木柵과 구덩이만 확인될 뿐이다. 부여나 진한의 경우도 성책은 토벽을 두른 것이 아니라 나무로 만든 柵인 것으로 추측된다.

36) 屋室: 집을 뜻하는 말이지만, 단순히 집이 있다는 것은 왜인 사회의 특성으로 적합하지 않다. 따라서 집이 있고 그 안이 개별적인 방으로 나누어져 있는 사실을 지적한 것이거나, 『論語』「先進編」에 나오는 "昇堂矣, 未入於室也"의 용법처럼 '屋'은 평지에 건축된 가옥(수혈식 주거), '室'은 高床式 가옥을 나타내는 것으로도 볼 수도 있을 것이다. 실제로 일반인의 가옥은 수혈식 주거였던 데 대하여, 집회장소나 공적인 건물 등은 다층의 누각식 건물이 존재하였다(吉野ヶ里遺蹟).

37) 『三國志』에는 "有屋室, 父母兄弟臥息異處."라고 되어 있다.

38) 『三國志』에는 "其會同坐起, 父子男女無別."이라고 되어 있다.

39) 籩豆: '籩'은 대나무로 만든 그릇으로 굽이 높고 뚜껑이 있어 주로 과일을 담는 데 쓰며, '豆'는 나무로 만든 굽이 높은 접시로 고기를 담는 데 주로 쓴다고 한다. 굽이 높은 접시는 일상적으로 좌식생활을 하므로 음식을 먹기 편하도록 고안된 것으로 볼 수 있다.

40) 『三國志』에는 "食飮用籩豆, 手食"이라고 되어 있다.

41) 蹲踞: 漢字 語義는 '웅크리다'이지만, 井上秀雄(1977: 286)은 위와 같이 해석하였다.

42) 『三國志』에서는 "其人壽考或百年或八九十年"이라고 하여 사람들의 수명이 8~90년에서 100세에 이른다고 하였으나, 야요이시대 인골을 통해서 확인된 왜인의 평균 수명은 4~50세에 불과하였다. 『魏略』에서

서, 대인(大人)[43]은 모두 4~5명의 처를 두고 있고, 그 나머지 남자들도 [처를] 2명 혹은 3명 두고 있다. [그러나] 여인들은 간음(姦淫)을 하지 않고 투기(妬忌)도 하지 않는다.[44] 또 풍속이 도둑질을 하지 않으며, 다투고 소송(訴訟)하는 일이 적다. 범법자는 그 처와 자식들을 몰수하고, [죄가] 무거운 자는 그 가문의 사람들이나 일족을 족멸(族滅)한다.[45] 사람이 죽으면 10여 일 동안 매장하지 않고, 그 집안사람〔家人〕들은 곡을 하며 울고, [죽은 사람에게] 술과 음식을 바치지 않으며,[46] [그들의] '등류(等類)'[47]는 노래하고 춤추면서 즐겁게 논다.[48] 뼈를 불로 지져서 점복(占卜)을 치는데, 그것으로써 길흉(吉凶)을 결정한다.[49]

사행〔行〕이 바다를 건너서 [중국으로] 올 때에는 한 사람에게 머리를 빗거나 목욕하지 못하도록 하고, 고기〔肉〕를 먹거나 여자와 가까이 하지 못하도록 하는데, [그를] '지최(持衰)'[50]라고 하였다. 만약 [여행] 도중에 좋은 일과 이로운 일이 있으면, 재물을 가지고 그에게 보답한다. 만약 질병이 생기거나 재해를 만나면, 지최(持衰)가 삼가하지 않았다고 여겨서 곧 함께 그를 죽였다.[51]

는 "其俗不知正歲四節, 但計春耕秋收爲年紀"라고 하였으므로, 이 시대의 왜인들은 현재의 1년 동안 나이를 두 살 먹는 것으로 셈하였다고 해석하는 견해도 있다.

43) 大人: 일반적으로 한 사회집단의 長老를 가리키는 말이다. 그러나 문장의 내용에 따라서는 한 집단 세력의 族長, 部落長 나아가 部族長을 가리킬 수도 있다. 중국 고대 사서에 기재되어 있는 大人에 관한 보다 상세한 내용은 松田壽男의 논문(1986: 327~332)을 참조.

44) 『三國志』에는 "其俗, 國大人皆四五婦, 下戶或二三婦, 婦人不淫不忌."라고 되어 있다.

45) 『三國志』에는 "不盜竊, 少諍訟. 其犯法, 輕者沒其妻子, 重者沒其門戶."이라고 되어 있다.

46) 『三國志』에서는 "當時不食肉"라고 하여, 장례를 치르는 집안사람들이 고기를 먹지 않는다고 하였으나, 『後漢書』에서는 죽은 사람에게 음식을 바치지 않는 것으로 기록하였다.

47) 喪主 및 그 가족들의 친구들이나 같은 연배의 사람들을 가리킬 것이다.

48) 『三國志』에는 "始死停喪十餘日, 當時不食肉, 喪主哭泣, 他人就歌舞飮酒."라고 되어 있다.

49) 『三國志』에서는 보다 상세하게 "其俗擧事行來, 有所云爲, 輒灼骨而卜, 以占吉凶. 先告所卜, 其辭如令龜法, 視火坼占兆."라고 기재되어 있다.

50) 持衰: '衰'는 喪服을 말한다. 상복을 벗는 것을 '解衰'라고 하기 때문에, "持衰"는 아마 상복을 입는 것이나 喪事를 치루는 것을 가리키는 듯하다.(石原道博, 2005: 46~47). 『三國志』에는 이 기사가 "其行來渡海詣中國, 恆使一人, 不梳頭, 不去蟣蝨, 衣服垢汚, 不食肉, 不近婦人, 如喪人, 名之爲持衰"라고 기재되어 있어 조금 다르다.

51) 『三國志』에는 이 기사가 "若行者吉善, 共顧其生口財物, 若有疾病, 遭暴害, 便欲殺之, 謂其持衰不謹"라고 기재되어 있어 다소 차이가 있다.

建武中元二年, 倭奴國奉貢朝賀, 使人自稱大夫, 倭國之極南界也. 光武賜以印綬. 安帝永初元年, 倭國王 帥升等獻生口百六十人, 願請見.

[광무제(光武帝)[52]] 중원(中元) 2년(57)에 왜(倭)의 노국(奴國)[53]이 공물(貢物)을 바치고 조하(朝賀)[54]하였는데, 사인(使人)은 대부(大夫)[55]를 자칭하였다. [노국은] 왜국(倭國)에서 가장 남쪽에 있는 나라이다. 광무제는 [노국(奴國) 사자에게] 인수(印綬)를 하사하였다.[56] 안제(安帝) 영초(永初) 원년(107)에 왜(倭)의 국왕(國王)[57] 수승(帥升)[58] 등이 생구(生口)[59]

---

52) 建武: 後漢 光武帝의 연호(25~56)이나 여기에서는 光武帝 劉秀를 가리키는 것으로 보인다. 前漢의 外戚으로서 前漢을 찬탈하여 新朝를 세운 王莽(재위 8~23)이 지나치게 非現實的인 儒教의 교리에 의거한 理想政治를 추구하여 內·外政에서 失政함으로써 전국 각지에서 赤眉의 난을 위시한 農民蜂起와 南陽劉氏 등의 豪族叛亂이 일어나자, 南陽의 호족 劉秀도 擧兵하여 점차 사방의 경쟁 세력을 制壓하면서 25년에 後漢의 제1대 皇帝(재위 25~57)에 즉위하였다.

53) 奴國: 『三國志』의 "奴國"(현재의 博多)으로서, 1784년에 北九州 博多灣 志賀島에서 발견된 金印 '漢委奴國王'의 나라이다. 이 奴國은 甕棺, 箱式石棺, 돌멘 등을 특징으로 하는 北九州 연안에 있었던 諸國聯盟體의 盟主였을 것으로 추정되고 있다. 그리고 『三國志』에 "東南至奴國百里, 官曰兕馬觚, 副曰卑奴母離, 有二萬餘戶."란 기사가 보인다.

〈漢委奴國王의 金印〉

54) 朝賀: 臣下된 자가 天子의 朝廷에 들어가서 帝王에게 축하의 의례를 하는 것을 말한다.

55) 大夫: 중국에서 사용된 신분 호칭의 한 가지. 卿의 아래이고 士의 상위에 있는 신분. 주대에는 주왕실 및 제후를 섬기는 소영주를 지칭하였는데, 그 중에서 상위에 있는 자를 卿이라고 하였으며, 이들은 國政에 참여하였다. 『禮記』「王制」에는 제후로 上大夫卿, 下大夫, 上士, 中士, 下士가 있다고 하였다. 秦漢 이후에는 卿 아래에 大夫, 官大夫, 公大夫, 五大夫 등 大夫라는 명칭의 작이 존재하였고, 위나라에도 오대부라는 작이 있었다. 한편 漢代에 이르러 지방에서 경제력을 가진 자들이 세력을 떨치게 되고 鄕擧吏選制를 통해 자제를 중앙관료로 보내면서 지배계층을 형성하게 되는데, 周代의 士大夫라는 용어를 빌어 자신들을 士大夫라고 부르게 되었다.

56) 北九州 博多灣 志賀島에서 "漢委奴國王"이라는 명문이 있는 金印의 발굴이 이 기사의 사실성을 뒷받침하고 있다(주53) 참조).

57) 57년 후한에 조공한 주체는 "倭奴國"이었던 것에 비하여, 107년에는 "倭國王" 즉 왜국 전체를 대표하는 존재로 기록하고 있다. 특히 전쟁포로로 생각되는 生口를 160인이나 바치면서 직접 황제를 알현하기를 청하고 있는 점에 주목할 필요가 있다. 많은 生口를 바친 것은 일본열도가 107년 직전 단계에

160인을 바치고 황제에게 알현하기를 원하였다.

桓·靈間, 倭國大亂, 更相攻伐, 歷年無主. 有一女子名曰卑彌呼, 年長不嫁, 事鬼神道, 能以妖惑衆, 於是共立爲王. 侍婢千人, 少有見者, 唯有男子一人給飮食, 傳辭語. 居處宮室樓觀城柵, 皆持兵守衛. 法俗嚴峻.

환제(桓帝)[60]와 영제(靈帝)[61]의 치세에[62] 왜국(倭國)에서 대란(大亂)[63]이 일어나서 서

내전을 거쳤으며, 그 내전의 결과로 왜국 전체의 대표임을 자처하는 왜국왕이 출현하게 된 것으로 볼 수 있다. 그리고 이때 왜국왕은 『三國志』에 "대대로 왕이 있다."고 한 伊都國의 왕이었을 가능성이 크다.

58) "倭國王帥升"에 대해서는 몇몇 사료에 그 기록이 조금씩 달라 井上秀雄 등(1977: 287)은 "倭國 王帥升"으로 해석하는 등 여러 가지 견해가 제시되고 있다. 『翰苑』에 인용된 『後漢書』에는 "倭面上國王師升"으로 北宋版 『通典』에서는 "倭面土國王師升"으로, 또 『釋日本紀』「開題」에는 "倭面國"으로 기재되어 있는 것이다. 內藤湖南은 "倭面土"를 '야마토'로 읽어야 한다고 주장하였고, 周鳳과 松下見林은 "倭國王師升"을 景行天皇으로 추정하였다. 白鳥庫吉은 九州의 '이토'(回土－怡土－伊都)를 가리킨다고 주장하였고, 志田不動麿는 黥面文身하는 습속에서 비롯된 말이므로 '倭面'이라고 하는 것이 옳다고 하였다(石原道博, 2005: 58).

59) "生口"에 대해서는 諸說이 있는데, 중국에 있는 日本留學生, 倭人捕魚者, 捕虜 그리고 奴婢 등이 그것이다(石原道博, 2005: 47). 『後漢書』「耿弇傳」: 722 등에서는 변경에서 사로잡은 포로를 生口라고 하였다. 그러나 『三國志』「王昶傳」: 748의 주에 인용된 「任昭先別傳」에 의하면 일반인이 부채 등으로 인해 生口로 매매되는 경우도 있어 지나치게 그 성격을 단순하기 어려워 보인다.

60) 桓帝: 후한의 제11대 황제이다. 이름은 劉志이고, 치세는 146~167년의 21년간이다.

61) 靈帝: 후한의 제12대 황제이다. 이름은 劉宏이고, 치세는 167~189년의 22년간이다.

62) "桓·靈間"이라는 표현은 후한 말의 난세라는 뜻으로 많이 사용되므로 반드시 그 시기로 한정해서 생각할 수 없다는 견해가 있다. 따라서 卑彌呼가 즉위한 시기보다 좀 더 앞선 시기인 3세기 초기 상황으로 보기도 한다.

63) 倭國大亂: 180년대를 중심으로 九州地域부터 關東地域에 걸쳐 발생하였던 大亂을 말한다. 이 대란의 흔적을 고고학적으로 살펴보면 다음과 같다.
180년대를 전후한 시기에 北部九州 내부에서는 전쟁의 흔적은 전혀 발견할 수 없으나, 北部九州에서 東部九州를 잇는 지역에서 봉수대를 포함하는 高地性 集落이 조성되었다. 이는 동쪽, 즉 畿內와 瀨戶內 등으로부터의 군사적 압박에 대하여 北部九州가 대비하였음을 보여 준다. 한편 瀨戶內 연안부에서도 바다에 면한 高地性 集落이 조성된 예가 많다. 또한 2세기 말에서 3세기 전반에 걸친 奈良縣 櫻井市의

로 공격하고 치니 오랫동안 군주(君主)가 없었다.[64] 이름이 비미호(卑彌呼)[65]라는 한 여자가 있었는데, 나이가 들었지만 시집을 가지 않고 귀신의 도[鬼神道][66]를 섬기면서 괴

纏向遺跡에서는 동쪽으로는 關東에서, 서쪽으로는 北部九州에서 반입된 토기가 전체 토기의 15%를 차지하고 있어서, 이 유적이 이 시기에 九州에서 關東에 이르는 인적, 물적 교류의 중심이었음을 알 수 있다.

한편, 濃尾平野를 중심으로 한 일본 中部(東海)地域은 야요이시대 중기까지 독자성을 가지고 있는 지역이었다. 1세기 말에 銅鐸(말방울과 같은 실용적인 도구에서 기원한 청동기)이 급격하게 대형화되고 祭器로서 사용된다. 그러한 銅鐸에는 近畿式과 三遠式이 있는데, 東海地域은 三遠式 동탁의 중심지였다. 그런데 2세기 말이 되면 三遠式 銅鐸은 사라지고, 이 지역에서 銅鐸을 생산하던 사람들은 畿內式 銅鐸의 생산조직에 흡수되고 近畿式 銅鐸만 제작된다. 이는 中部地域의 자립성이 畿內勢力에 의해 부정되었음을 상징하는 현상으로 볼 수 있다. 그리고 야요이시대 후기에 關東地域의 개발이 활발해지고, 각지에서 환호집락이 격증한다. 이러한 집락에서는 東海系 土器가 대량으로 출토되는데, 이는 關東地域의 개발에 東海地域으로부터 이주해 온 사람들이 깊이 관여하였음을 보여 준다. 또한 이 시기에 關東地域의 군사적인 긴장이 고조되었던 사실도 확인된다.

이처럼 2세기 말엽에 해당하는 야요이시대 후기 왜인 사회에서는 北部九州에서 關東에 걸친 지역에서 군사적 긴장의 흔적을 확인할 수 있다(國立歷史民俗博物館編, 『倭國亂る』, 朝日新聞社, 1996: 180~181).

64) 『三國志』에는 "倭國亂, 相攻伐歷年"이라고 되어 있다.

65) 卑彌呼: 3세기 초 邪馬臺國의 여왕. 卑彌呼는 히미코(ヒミコ, 日命, 日尊이란 말의 略稱일 것이다.) 또는 히메코(ヒメコ, 姬子)라는 당시 용어를 한자로 옮긴 것으로 보고 있다. 新井白石은 '日御子'로서 天皇으로 간주하고 있다(『古史通或問』). 한편 邪馬臺國이 畿內 지역에 있었다고 보는 이른바 大和說에서는 『日本書紀』에 기재되어 있는 神功皇后, 倭姬命 그리고 崇神天皇의 여동생 倭迹迹日百襲姬命(笠井新也) 등으로 비정하고 있고, 九州說에서는 熊襲女酋, 『日本書紀』 神代卷에 보이는 火之戶幡姬兒千千姬命 및 萬幡姬兒玉依姬命, 土蜘蛛田油津媛의 조상 등으로 비정되고 있다. 더불어서 那珂通世와 白鳥庫吉 등이 제기한 熊襲(구마소) 혹은 隼人(하야토)의 女酋란 설도 있다(石原道博, 2005: 49-50). 그러나 那珂나 白鳥는 제국주의시대의 천황관에 입각하여 무녀와 다름없고 중국에 조공한 卑彌呼를 천황의 조상으로 간주하고 싶지 않았기 때문에 그러한 주장을 한 것이다.

66) 鬼神道: 『三國志』에는 "鬼道"로 되어 있다. 鬼道는 일반적으로 '惑世誣民하는 術法'을 가리킨다. 鬼道라는 용어는 『史記』이후 『明史』까지 폭넓게 나타나지만 鬼神道는 『後漢書』의 이 기사와 『新唐書』에 한 차례 보일 뿐이다. 神은 鬼의 영험한 것을 뜻한다고 하므로 전체 의미에서는 차이가 없다. 그러나 넓게는 중국의 신선사상 그리고 좁게는 후한 말에 유행하였던 張魯의 五斗米道와도 일정한 관련을 갖는 것으로 생각된다. 『三國志』의 「張魯傳」에서는 漢中地域에서 교세를 떨쳤던 張魯에 대하여, "魯는 漢中에 거점을 두고, 鬼道로써 백성을 가르치고 스스로 師君이라고 하였다."고 하였다. 한편 魏가 여왕에게 하사한 동경은 三角緣神獸鏡인데, 이 거울은 神仙과 상서로운 동물을 배치한 道敎的인 성격의 거울이다. 이전 시대까지 일본열도에서 제기로 사용된 銅鐸을 대신하여 銅鏡이 새로운 祭儀, 특히 葬送儀禮의 중심을 차지하게 된 것은 이 무렵 일본열도의 수장층들이 신선사상을 수용하였기 때문일 가능성이

이한 술수〔妖〕로 사람들을 미혹하였다.[67] 이에 [사람들이 그녀를] 공동으로 세워〔共立〕[68] 왕으로 삼았다. [그녀의] 시비(侍婢)는 천여 인이었지만, [그녀를] 볼 수 있는 사람은 적었다. 단, [그녀에게] 음식을 공급하는 한 남자가 있어서 [그녀의] 말을 전하였다. [그녀의] 거처(居處)인 궁실(宮室), 누관(樓觀)[69] 그리고 성책(城柵)을 [병사들이] 병기(兵器)를 가지고 수위(守衛)하였다.[70] 법속(法俗)이 엄준(嚴峻)하였다.

自女王國東度海千餘里至拘奴國, 雖皆倭種, 而不屬女王. 自女王國南四千餘里至朱儒國, 人長三四尺. 自朱儒東南行船一年, 至裸國·黑齒國, 使驛所傳, 極於此矣.

여왕국(女王國)에서 동쪽으로 바다를 건너 천여 리를 나아가면 구노국(拘奴國)[71]에 이르는

있다.

67) 『三國志』에는 "乃共立一女子爲王, 名曰卑彌呼, 事鬼道, 能惑衆, 年已長大, 無夫壻."라고 되어 있다.

68) 『三國志』「烏丸鮮卑東夷傳」에서는 이밖에도 "共立"이라는 말이 두 차례 더 쓰였다. 부여조에서 왕인 位宮이 적자가 없었으므로, 사후에 諸加들이 孽子인 麻余를 共立하였다는 기사와 고구려조에서 長子인 拔奇가 不肖하므로 "國人"들이 伊夷模를 共立하였다는 기사이다. 어느 경우나 왕위계승에 있어서 비정상적인 상황이 발생한 경우이다.

69) 

〈古代 日本의 樓觀(모형)〉

누각 형태의 건축물을 뜻한다. 彌生時代의 요시노가리(吉野ヵ里) 유적에서는 높은 망루가 확인되고 있다. 祭殿으로 생각되는 건축물도 누관이라고 할 수 있다.

70) 『三國志』에는 "有男弟佐治國, 自爲王以來, 少有見者. 以婢千人自侍, 唯有男子一人給飮食, 傳辭出入. 居處宮室樓觀, 城柵嚴設, 常有人持兵守衛."라고 되어 있다.

71) "拘奴國"은 『三國志』에는 "狗奴國"으로 기재되어 있다. 이 지명의 고증은 일찍부터 일본의 많은 학자들에 의해 이루어졌으나, 의견 일치를 보지 못하고 있다. 이 나라를 지금의 熊襲(구마소)로 비정하면서, '熊襲'은 구마(熊)와 아소(阿蘇)가 이어진 말이란 주장이 있다(石原道博 2005: 44~45). 최근에는 前方後圓墳을 중심으로 하는 기나이(畿內) 및 그 이서 지역과 前方後方墳을 중심으로 하는 나고야(名古屋)

데, (이 나라의 사람들은) 비록 모두 왜종(倭種)이지만, 여왕에게 신속(臣屬)되지 않았다.[72] 여왕국에서 남쪽으로 4천여 리를 가면 주유국(朱儒國)[73]에 이르는데, [이 나라] 사람들의 키는 3~4척(尺)[74]이다.[75] 주유[국]에서 동남쪽으로 배를 타고 1년을 가면 나국(裸國)[76]과 흑치국(黑齒國)[77]에 이르는데, 사역(使驛)이 전하는 곳은 여기에서 끝이 난다.[78]

會稽海外有東鯷人, 分爲二十餘國. 又有夷洲及澶洲. 傳言秦始皇遣方士徐福將童男女數千人入海, 求蓬萊神仙不得, 徐福畏誅不敢還, 遂止此洲, 世世相承, 有數萬家. 人民時至會稽市. 會稽東冶縣人有入海行遭風, 流移至澶洲者. 所在絶遠, 不可往來.

회계(會稽)의 바다 바깥에 동제인(東鯷人)[79]이 있는데, [이들은] 나뉘어져서 20여 나라를 이루었다. 또 이주(夷洲)[80] 및 단주(澶洲)[81]가 있다. 전해 내려온 말에 "진시황(秦始皇)[82]이

이동 지방의 대립을 상정하고, 拘奴國은 前方後方墳 축조지역을 대표하는 세력으로 간주하는 이도 있다.

72) 『三國志』에서는 "女王國東渡海千餘里, 復有國, 皆倭種"이라고 하였다.

73) "朱儒國"은 『三國志』에는 "侏儒國"으로 기재되어 있다. 이 나라가 중국의 華南과 南海 방면의 어느 지역으로 추정되나, 정확한 위치는 모른다(石原道博, 2005: 59).

74) 후한시대의 1尺은 현재의 23.5cm이다(丘光明, 1992: 520). 그렇다면 朱儒國의 사람들의 신장은 70~95cm이 된다. 이 나라의 사람들이 키가 작은 것을 너무 과장되게 표현한 것 같다.

75) 『三國志』에는 "又有侏儒國在其南, 人長三四尺, 去女王四千餘里."라고 되어 있다.

76) 『呂氏春秋』와 『淮南子』 등에 보인다. 『呂氏春秋』에는 "禹는 동쪽으로……黑齒國에 이르렀다. 남으로는 羽人·裸民이 있는 곳에 이르렀다."고 하였다. 이처럼 黑齒와 裸民의 거처가 夏王朝의 시조인 禹의 자취가 미친 지역 중에서 동쪽 경계와 남쪽 경계에 있는 것으로 이해되었다(森浩一, 1985: 141).

77) 『山海經』과 『淮南子』에 보인다. 열대지방에서 나는 檳榔이라는 나무열매를 씹으면 이가 검게 물들게 되는데, 흑치국은 그러한 습관을 가진 나라라고 할 수 있다. 필리핀이나 인도네시아와 같은 나라에 관한 정보를 바탕으로 한 것으로 보인다.

78) 『三國志』에는 "又有裸國·黑齒國復在其東南, 船行一年可至."라고 되어 있다.

79) "東鯷人"은 현재까지 밝혀진 것이 없다. '鯷'는 물고기 '메기'란 뜻이다.

80) 夷洲: 지금의 중국 남부의 臺灣島(臺灣省)을 가리킨다. 漢代에서 南朝時代까지 夷洲로 불렀으나, 隋代(581~ 618)에 流求로 부르기도 하였다(譚其驤, 1997: 286, 石原道博, 2005: 59). 그밖에도 이민족이 사는 지역을 가리키는 일반용어로 고유명사로 볼 수 없다는 주장이나 현재의 오키나와로 보는 주장도 있다. 저본의 주석에 따르면, 沈瑩의 『臨海水土志』에, "夷洲在臨海東南, 去郡二千里. 土地無霜雪, 草木不死. 四面是山谿. 人皆髡髮穿耳, 女人不穿耳. 土地饒沃, 既生五穀, 又多魚肉. 有犬, 尾短如麢尾狀. 此夷舅姑

방사(方士)[83] 서복(徐福)[84]을 시켜서 남녀 아이들〔童〕 수천 명을 데리고 바다로 들어가서 봉래(蓬萊)[85]의 신선(神仙)을 찾게 하였지만 [뜻을] 이루지 못하자, 서복은 [뜻을 이루지 못한 죄를 물어서] 죽임을 당할까 두려워하여 감히 돌아오지 못하고, 마침내 이 주(洲)들에 머무르게 되었으며, 그들은 대대로 이어져서 수만 가(家)를 이루었다."고 한다. [그] 인민이 때로는 회계(會稽)에 와서 교역하기도 하였다. 회계 동야현(東冶縣) 사람 중에 바다에 들어가서 항해하다가 풍랑을 만나 표류하여 단주(澶洲)에 도착한 자가 있었다. [그러나 그것이] 있는 곳이 대단히 멀어서, 왕래할 수가 없다.[86]

子婦臥息共一大牀, 略不相避. 地有銅鐵, 唯用鹿格爲矛以戰鬬, 摩礪青石以作矢鏃. 取生魚肉雜貯大瓦器中, 以鹽鹵之, 歷月所日, 乃啖食之, 以爲上肴."라고 하였다.

81) 澶洲: 탐라, 즉 제주도로 추정하는 설이 있다(石原道博, 2005: 59). 澶洲는 『三國志』 卷47 「孫權傳」: 1136에는 "亶州"로 기재되어 있고, 同書 권58 「陸遜傳」: 1350과 同書 권60 「全琮傳」: 1382에는 "夷州"와 병기된 것이 澶州가 아닌 "珠崖"(지금의 海南省 海口市 지역)이다. 澶은 '멀 단', '고요할 전'이라는 두 가지 음을 갖는데, 의미상으로 보면 "멀 단"을 택해서 단주로 읽는 편이 나을 것 같다.

82) 秦始皇: 기원전 221년에 최초로 중국을 통일한 秦나라의 始皇帝를 가리킨다. 그 治世는 기원전 246년에서 기원전 210년까지 37년간이다.

83) 方士: 중국 고대에 스스로 仙煉丹을 찾아서 不老長生을 추구한 사람들을 가리킨다. 方術之士 혹은 道士라고도 하였다. 『史記』 권28 「封禪書」에 "鄒衍以陰陽主運顯於諸侯, 而燕齊海上之方士傳其術不能通."에서 처음으로 方士란 말이 등장한다.

84) 徐福: 秦의 方士로서 齊(지금의 山東省) 지역의 사람이다. 『史記』 등의 서적에는 "徐市"로 씌어져 있다. 徐福의 入海求仙에 관한 내용은 『史記』 권6 「始皇本紀」: 247에 보이는데, 그 내용은 다음과 같다. "旣已, 齊人徐市等上書, 言海中有三神山, 名曰蓬萊 · 方丈 · 瀛洲, 僊人居之, 請得齋戒, 與童男女求之. 於是遣徐市發童男女數千人, 入海求僊人."

85) 蓬萊: 신선이 산다고 하는 상상 속의 섬으로 봉래산이라고도 한다. 渤海에 있다고 전해지지만, 徐福의 전승과 함께 동아시아 도처에 관련된 지명이 나타난다.

86) 이와 같은 내용의 기사가 『三國志』 卷47 「孫權傳」: 1136에는 "黃龍二年(230), 遣將軍衛溫 · 諸葛直將甲士萬人浮海求夷洲及亶州. 亶州在海中, 長老傳言秦始皇帝遣方士徐福將童男女數千人入海, 求蓬萊神山及仙藥, 止此洲不還. 世世承有數萬家, 其上人民, 時有至會稽貨布, 會稽東縣人海行, 亦有遭風流移至亶州者. 所在絕遠, 卒不可得之, 但得夷洲數千人還"이라 기재되어 있다.

| 참고문헌 |

국사편찬위원회, 『中國正史朝鮮傳譯注』 1, 서울: 신서원, 2004(影印)

二十五史, 北京: 中華書局, 1959~1977

石原道博, 『譯註中國正史日本傳』, 東京: 國書刊行會, 1975

石原道博, 『新訂 魏志倭人傳 他三篇 — 中國正史日本傳(1)』, 東京: 岩波書店, 2005

井上秀雄 等 譯註, 『東アジア民族史1 — 正史東夷傳 』, 東京: 平凡社, 1977

閔斗基, 『日本의 歷史』, 서울: 지식산업사, 1980

丘光明 編著, 『中國歷代度量衡考』, 北京: 科學出版社, 1992

森浩一, 『倭人の登場』, 東京: 中央公論社, 1985

末松保和, 「魏志倭人傳解釋の變遷 — 投馬國を中心として」, 『日本上代史管見』, 東京: 笠井出版印刷社, 1963

松田壽男, 「大人考」, 『松田壽男著作集2 遊牧民族史』, 東京: 六興出版, 1986

譚其驤 主編, 『中國歷史大辭典 :歷史地理』, 上海: 上海辭書出版社, 1997

魏崇山 主編, 『中國歷代地名大辭典』, 廣州: 廣東教育出版社, 1995

후한서(後漢書) 권86

남만서남이열전(南蠻西南夷列傳)

• 역주: 김유철
• 교열: 하원수

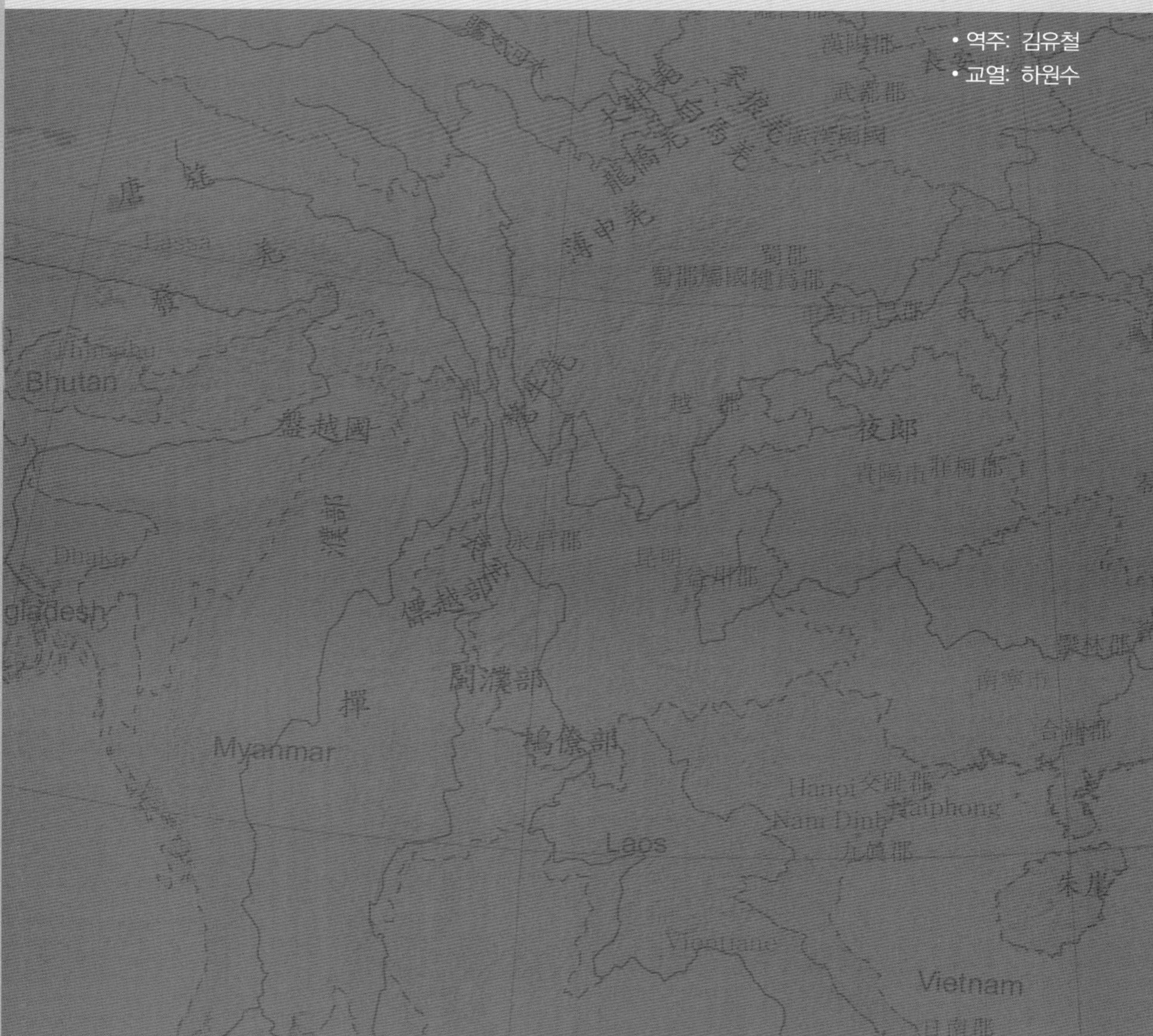

「남만서남이열전(南蠻西南夷列傳)」 해제

『후한서』「남만서남이열전」은 『사기』와 『한서』에서의 남월, 동월, 서남이 외에 새로이 남만(南蠻)을 포함하여 하나의 열전으로 편제되었다. 남만(南蠻)이 새로이 외국전에 편제된 것은 서강(西羌)과 오환(烏桓), 선비(鮮卑)가 각각 하나의 열전으로 편제된 점과 함께 『후한서』의 중요한 특징이다. 오환과 선비는 후한대에 들어 종족적 분화가 이루어졌기 때문에 당연하다고 할 수 있지만, 전한대는 물론 이전부터 종족적 결집이 이루어졌고 중원 왕조와의 갈등과 교류가 있었던 남만과 서강이 『후한서』에 와서 처음 편제된 것은 『사기』, 『한서』와는 다른 『후한서』만의 특징적인 편제원리 때문이라고 할 수 있다. 즉 『사기』가 외국전이라고는 하지만 주로 인물 중심으로 열전을 편제하였고, 『한서』는 『사기』를 계승하면서 한왕조의 천하이념에 입각하여 설정된 왕조의 범위에 대한 관념 때문에, 군현 안에 산재하는 남만과 서강을 외국전으로 편제하기는 어려웠다. 그에 비해 종족 단위의 정치사회적 활동이 활발하였던 위진남북조시기에 편찬된 『후한서』는 종족들의 실제적 상황을 이념적 편견없이 반영하였다고 할 수 있다.

'남만(南蠻)'은 『후한서』에서 오제(五帝)의 하나인 고신씨(高辛氏)시기부터 그 기원을 소급하고 있는데, 주대(周代)부터 남방의 초국(楚國)과는 다른 별개의 정치적 종족적 실체로 활동한 것으로 기록되고 있다. 전한시기에는 군현에서 일반 주군민과는 다른 '종포(賨布)'의 대상으로 파악하면서 비교적 안정된 지배를 이루고 있었는데, 후한대에 들어 갑자기 번성하여 현재의 호남성 일대와 귀주, 운남, 사천 접경 산악지대에서 산발적으로 그 실체를 드러냈다. 조정에서는 복파장군(伏波將軍) 마원(馬援) 등 중앙에서 별도로 편성된 군대를 계속 파견하여 전투를 벌리기도 하였다.

정치 군사적으로 조정의 우환이 되기는 하였지만, 남만은 후한 전시기를 통하여 통일적인 종족체제를 구성하거나 단일한 정치적 집단으로 성장하지는 못하고, 부족단위로 산발적인 활동에 그치고 있을 뿐이었다. 그런데 이들 남만은 후한 말부터 양자강을 넘어 호남성과 사천성 경계의 산악지대와 대별산(大別山)을 타고 북상(北上)하여 때로는 낙양 남부에까지 진출하게 된다. 남북조시대에는 주로 남조와 북조의 경계지역에 산재하면서 종족장벽을 형성하여, 남북간의 세력갈등에서 균형추 역할을 하게 된다.

『후한서』에서는 남만과 함께 '교지(交阯)', 즉 현재의 베트남 북부지역을 근거지로 하는 종족집단을 『사기』나 『한서』에서의 '남월(南越)'이나 '동월(東越)'과는 다른 계통으로 기술하고 있다. 그 기원은 주대(周代)의 월상국(越裳國)에 두고 전국시대 초국(楚國)의 통제를 받았던 백월(百越)로 이어지며, 전한시기에는 남월(南越)왕국으로 계승되는 것으로 설명하였다. 남월국 왕실 중심으로 서술하였던 『사기』와는 달리 주민의 종족적 정체성을 중심으로 남월국을 파악하고 있었다. 그 멸망 이후에는 징칙(徵側)집단 등 주로 베트남 북부 통킹만(東京灣) 연안지역을 중심으로 설명하고 있다. 이들에 대한 칭호도 '월(越)'과 함께 '만(蠻)'으로도 많이 표현되고 있는데, 범엽(范曄)은 남만과의 관련성을 의식한 것으로 보인다. 전체적으로 남월왕국의 종족성은 동월(東越)이나 민월(閩越)로 계승되는 고대의 월국과는 무관하고 중국의 영남지방과 교지지역을 중심으로 발전한 별도의 종족으로 파악하고 있었다.

그런데 『후한서』에는 교지지역의 만을 설명하면서 후한 안제(安帝) 영초(永初) 원년(107) 구진군(九眞郡) 요외(徼外)의 야랑만이(夜郎蠻夷)가 전지역을 들어 내속하였다는 기록이 나온다. 『사기』와 『한서』에서 야랑은 장가군(牂柯郡)의 속현으로 전한 무제 원정(元鼎) 6년(전 111)에 남월을 평정하고 설치한 것으로 되어 있다. 그 위치는 귀주, 운남, 사천의 접경지역이었다. 그렇다면 베트남 중부에 위치한 구진군 요외지역의 야랑과는 지리적으로 합치되지 않는다. 그래서 별도의 지역이나 종족으로 볼 수도 있지만, 베트남은 홍하(洪河)와 메콩강으로 광서나 운남과 연결될 수 있다는 점을 고려하면, 구진군 요외의 야랑이 장가군의 야랑이 아니라고 하더라도, 넓은 범위에서 동일한 종족의 일부를 가리키는 것으로 볼 수 있다.

이와 관련하여 주목할 만한 사실은 후한 말부터는 사서에는 종족의 구분과 분포에 있어 이전과는 다른 새로운 유형이 나타난다는 점이다. 즉 후한 말부터 위진남북조시기 '이(夷)', '만(蠻)' 외에 '이(俚)', '요(獠)' 등으로 불리는 종족집단이 중국 남방 전체에 산재된 것으로 나타난다. 물론 만은 주로 호남과 호북을 중심으로, 요는 운남과 사천지역을 중심으로, 이는 광서 광동과 베트남 북부지역을 중심으로 더 많이 분포되어 있지만, 전체적으로 모든 지역에 섞여서 나타난다. 때로는 '만리(蠻俚)', '만료(蠻獠)', '이료(俚獠)' 등으로 연칭되는 경우도 있어 종족성이 명확히 구분되지 못한 측면도 존재하였다. 이는 남만과 서남이 그리고 교지지역의 종족집단이 혈연적으로도 유대가 있거니와, 상호 밀접하게 교류하고 있었던 상황을 보여주는 것으로, 『후한서』에서 남만, 서남이와 함께 교지지역의 월(越)을 하나의 열전으로 편제한 것은 이미 이러한 상황을 의식하였기 때문인 것으로 보인다.

교지(交阯)에 대한 기술에 이어 『후한서』에서는 파군남군만(巴郡南郡蠻)과 판순만이(板楯蠻夷)를 별도로 기록하고 있다. 이들은 모두 호북성 서부와 사천성 동부의 접경지역 남북에 분포되어 있는데, 과거 서남이와 남만의 사이에 위치하지만 부분적으로 상호 겹치기도 한다. 그 기원이 모두 진대(秦代) 때부터 시작되는데, 이들은 주로 산악에 부족 단위로 거주하면서 독자의 문화를 이루고, 때로는 한족들과 잡거하면서 한고조 유방(劉邦)에 의해 군사력으로 동원되기도 하였다.

이어서 『후한서』는 『사기』 이래 기록되어 오던 서남이에 대해 총괄한 뒤, 야랑(夜郞), 전(滇), 애뢰이(哀牢夷), 공도이(邛都夷), 작도이(筰都夷), 염방이(冉駹夷), 백마저(白馬氐)순으로 기술하고 있는데, 『사기』와 『한서』의 기술을 의식하여 주로 후한시대의 사실을 중심으로 설명하고 있다. 특기할 만한 것은 이전에 비해 각 종족 선조에 대한 신화 전설과 종족의 풍속과 인성에 대한 기술이 많아진다는 점이다.

특히 공도이에 대한 기술 말미에는 후한 명제 영평(永平) 연간(58~75) 익주자사 주보(朱輔)가 공래대산(邛來大山) 영고판(零高坂)을 넘어 현재의 미얀마지역의 종족들인 백랑왕(白狼王) 당추(唐菆)의 공물을 받고, 이들의 악(樂)과 시(詩)를 조사하여 보고하자 사관(史官)이 이를 기록한 가사가 실려 있다. 대체의 내용은 한조정의 문화와 지배의 자애로움, 그리고 한지(漢地)의 풍요로움을 찬양하는 일색으로 이루어졌다. 전한초 사마상여(司馬相如)에 의해 파투무(巴渝舞)가 조정에 채택되었던 것을 상기시키는데, 실제 이 가사에는 자신들에 대한 언급은 거의 없어 한인(漢人) 관료에 의해 위작된 것으로 보인다.

범엽은 말미 '논(論)'에서 남만과 서남이들은 강족(羌族)에 비해 간교하거나 사납지 않다고 하면서, 가능하면 이들을 정착시켜 토지를 개발하도록 하는 정책이 좋다고 제언하기도 하였다. 또, 『산경(山經)』과 『수지(水志)』에 이들 종족과 자연환경에 대한 기록이 있다고 하여, 자신이 『후한서』를 찬술하면서 이를 참조하였음을 내비치고 있다. 이들 서적은 전한대 유흠(劉歆)이 교서한 『산해경(山海經)』과 삼국시대 편찬되었을 것으로 추정되는 『수경(水經)』을 의미하는 것으로 보인다. 그러나 현재 남아 있는 『산해경(山海經)』과 『수경(水經)』을 보면 종족에 관한 기록에서는 『후한서』가 참조하였을 것으로 보이는 기록은 많지 않을뿐더러 상당 부분은 역사적 사실보다는 신화와 전설에 가까운 내용들이 많다.

실제 범엽의 「남만서남이열전」에는 현존하는 다른 자료에서는 찾아보기 어려운 특수한 내용들이 많이 포함되어 있다. 간혹 서진 때 편찬된 『수신기(搜神記)』와 유사한 내용이 있는데, 그 문장을 보면 오히려 『수신기』보다 『후한서』가 시기적으로 앞서는 것으로 보인다. 이는 현재의 『수신기』가 원형이 산일되고 훗날에 다시 수집하여 정리한 것으로, 오히려 『수신기』를 다시 수집 정리하는 과정에서 『후한서』를 참조하였다고 설명하는 것이 더 정확할 것이다. 『산해경』과 『수경』도 동일한 상황일 것으로, 위진남북조에 주가 첨가되면서 원문에 커다란 변질이 온 것으로 판단된다.

이 외에 남만이나 서남이와의 교류에 대해 중랑장(中郎將)과 교위(校尉)의 관부에서 기록하였다고 하여, 역시 이를 참조하였음을 기술하고 있다. 그러나 중랑장과 교위는 후한대에는 호흉노중랑장(護匈奴中郎將)과 무기교위(戊己校尉) 등 주로 흉노와 관련된 관직이었다. 교위와 중랑장이 남방민족을 대상으로 설치된 것은 남북조시대에 와서의 일로 범엽이 유송대의 상황에서 유추하여 설명한 것으로 보인다.

일반적으로 서역이나 북방에 대한 범엽의 기록이 『삼국지(三國志)』나 『위략(魏略)』의 기록보다 더 간단하다는 사실 때문에 「남만서남이열전」의 찬술에 있어서 범엽은 이전에 찬술되었던 8종의 『후한서』를 많이 참조하여 이를 정리한 것에 지나지 않았다고 평가되기도 한다. 다만 적어도 남만 서남이의 제종족간 상호관계와 분화에 대해서는 혈연적 문화적 연관성이 깊다고 판단하고 정리하였다는 점에서, 범엽의 독자적인 역사인식을 보여준다. 특히 외국전에는 종족들의 선조에 관한 현실성이 없는 신화나 전설을 많이 수록하고 있는데, 당대(唐代) 유지기(劉知幾)는 『사통(史通)』에서 이러한 점을 『후한서』에서 옥의 티라고 애석해 하였다. 그러나 방술(方術)과 관련된 이야기나 종족집단의 신화 등에서 전통적인 경전과는 달리 현실성 없고 기괴한 이야기가 많이 나오는 것은 당연한 것으로, 이것이 오히려 『후한서』 외국전이 역사적 자료로써 더 큰 의미를 갖는 요인이라고 할 수 있다.

後漢書 外國傳 譯註

「남만서남이열전(南蠻西南夷列傳)」 역주

昔高辛氏有犬戎之寇, 帝患其侵暴, 而征伐不剋. 乃訪募天下, 有能得犬戎之將吳將軍頭者, 購黃金千鎰, 邑萬家, 又妻以少女. 時帝有畜狗, 其毛五采, 名曰槃瓠. 下令之後, 槃瓠遂銜人頭造闕下, 群臣怪而診之, 乃吳將軍首也. 帝大喜, 而計槃瓠不可妻之以女, 又無封爵之道, 議欲有報而未知所宜. 女聞之, 以爲帝皇下令, 不可違信, 因請行. 帝不得已, 乃以女配槃瓠. 槃瓠得女, 負而走入南山, 止石室中. 所處險絕, 人跡不至. 於是女解去衣裳, 爲僕鑒之結, 著獨力之衣. 帝悲思之, 遣使尋求, 輒遇風雨震晦, 使者不得進. 經三年, 生子一十二人, 六男六女. 槃瓠死後, 因自相夫妻. 織績木皮, 染以草實, 好五色衣服, 製裁皆有尾形. 其母後歸, 以狀白帝, 於是使迎致諸子. 衣裳班蘭, 語言侏離, 好入山壑, 不樂平曠. 帝順其意, 賜以名山廣澤. 其後滋蔓, 號曰蠻夷. 外癡內黠, 安土重舊. 以先父有功, 母帝之女, 田作賈販, 無關梁符傳, 租稅之賦. 有邑君長, 皆賜印綬, 冠用獺皮. 名渠帥曰精夫, 相呼爲姎徒. 今長沙武陵蠻是也.

옛날 고신씨(高辛氏)[1] 시기에 견융(犬戎)[2]의 침범이 있었다. 제(帝)[3]가 그 침략성과 포악

---

1) 高辛: 중국의 전설적인 五帝 중 네 번째 帝嚳. 高辛氏로 불리는 경우는 帝嚳 외에 帝摯가 있는데, 帝嚳의 아들이다. 史書에 '高辛氏'라고 하는 경우 대체로 帝嚳를 가리킨다. 帝嚳의 姓은 姬, 이름은 俊, 祖父는 玄囂, 父親은 蟜極으로, 선왕 顓頊은 그의 伯父로 알려져 있다. 古文獻에는 '帝俊'으로 칭해지기도 하였는

함이 걱정이 되어 정벌하였으나 이기지 못하였다. 그래서 천하에 두루 인물을 모집하였는데, 견융의 장수인 오장군(吳將軍)[4]의 머리를 포획한 자에게 황금 1,000일(鎰),[5] 10,000가(家)[6]

데, 『山海經』「大荒南經」에는 帝俊은 中容, 晏龍, 黑齒, 季釐 등의 子族이 있다고 되어 있다. 전설상 그가 共主로 추대되자 지금의 河南省 偃師市로 알려진 亳을 도읍으로 木德의 帝가 되었다고 한다. 이에 상당한 세력을 보유하고 있던 共工氏가 嚳이 帝에 오른 것에 불만을 품었는데, 울분에 싸여 머리를 不周山에 부딪혀 天柱가 부러지면서 大地가 東南으로 기울게 되었다고 한다. 이어서 共工氏가 반란을 일으켰는데, 帝嚳은 火正 黎로 하여금 共工의 반란을 평정하도록 하였지만, 黎는 실패하고 돌아왔다. 帝嚳은 黎를 처형하고 동생 吳回를 火正으로 임명하여 다시 共工氏를 토벌하여 반란을 진압하고 共工氏를 처형하였다고 한다(『史記』 卷40, 「楚世家」).

2) 犬戎: 중국 고대의 種族名으로 나타나는데, '獫狁' 혹은 '西戎'이라 칭하기도 한다. 西周 중기부터 현재의 陝西, 甘肅 일대를 근거로 출현하지만 주왕실에 의해 제압당하고 있었다. 그러나 周王室이 쇠약해진 共王, 懿王, 孝王, 夷王시기에는 주왕실의 입장에서 겨우 방어하는 상황이었다. 周宣王시기 尹吉甫, 南仲 등을 파견하여 獫狁을 정벌하였지만, 宣王 말기 이후에는 오히려 獫狁의 활약이 두드러져 幽王시기에 犬戎은 申國과 繒國을 도와 周王室을 공격하여 멸망시킨다. 이처럼 犬戎은 주로 西北의 종족으로, 이후 나타나는 西南夷나 蠻과의 관련성을 발견하기는 어렵다. 犬戎이 구체적인 종족명 외에 중국의 古文獻에서 異民族을 비하하는 칭호로 사용된 경우도 많은데, 南蠻과 관련한 犬戎의 활동에 대해 구체적인 정황은 확인되지 않는다.

3) 帝: 秦始皇 이래 漢代에서는 천하를 통치하는 군주에 대한 칭호로 쓰이게 되는데(『史記』「秦始皇本紀」, "秦故王國, 始皇君天下, 故稱帝."; 『說文解字』 "帝, 諦也. 王天下之號也."), 이와 함께 後漢代 이후 道家類 서적에서는 '天神', '上帝', '天帝' 등 神的 존재에 대한 칭호에도 쓰이고 있었다. 史書의 역사적 표현법으로는 三代 때에 '帝堯', '帝乙' 등 죽은 군주에 대한 칭호로 사용되고 있었다(『禮記』「曲禮」上, "天王登假, 措之廟, 立之主, 曰帝."). 甲骨文에서 주로 '禘'와 통용되어 제사의 대상으로 쓰이고 있는 것을 보면, 殷代에는 죽은 군주에 대한 칭호로 제사의 대상으로 나타난 관념임이 분명하다. 이것이 秦代에 현실적인 군주에 대한 직접적인 칭호로 확대되고, 한편으로는 제사의 대상인 神的 관념이 별도로 확대되어 도교적인 표현법이 나타났다고 할 수 있다. 즉, 帝嚳시기에는 당시의 군주에 대한 칭호로 '帝'가 직접 사용된 것이 아니었고, 진한시대에 당시의 개념에 근거하여 殷代 이전의 성왕적 군주를 칭하는 편의적인 표현법이었다.

4) 吳將軍에 대한 일화는 『後漢書』 이전에는 晋代에 저술된 『搜神記』에 처음 나타난다. 그러나 현전하는 『搜神記』는 일실되었다가 唐代 다시 편집되었기 때문에, 『後漢書』와의 선후관계는 불분명하다.

5) 鎰: 중량의 단위로서 20兩 혹은 24兩에 해당하는데, 戰國末 이후 사용되기 시작하였다.

6) 家: 秦漢時代 夫婦 단위의 가족관계를 중심으로 국가권력에 의해 통치 대상의 단위로 설정된 '戶'와는 달리 보다 큰 범위로 '家門' 혹은 '宗族'을 의미하는 말이다. 戰國末 戶의 지배체제가 성립되어 가기 이전에는 강한 결집력을 가진 정치 경제 그리고 생활공동체의 의미를 가졌다가, 秦漢시대에는 법적 구속력은 없이 단순히 심정적 일체감을 중심으로 정치 사회생활 방면에서 동질성을 유지하는 정도의 의미를 가진

의 읍(邑)을 상으로 주고,[7] 또 어린 딸을 처로 삼게 하여 주겠다고 하였다. 당시 제가 기르는 개가 있었는데, 그 털이 오색으로 빛나 이름이 '반호(槃瓠)'[8]였다. 명령을 내리고 난 후에

다. 따라서, 高辛氏시대의 관념으로 본다면 '家'는 거의 소규모 부족 단위와 가까운 것으로, 帝에 의해 '萬家'를 사여한다는 것은 현실적으로 가능한 개념이 아니다. '邑'은 周代에는 侯國, 혹은 先君宗廟가 있는 都와 비교하여 宗廟가 없는 취락을 가리킨다. 따라서 여기서 '家'는 사실상 '戶' 정도의 의미를 갖는 것으로 보인다.

7) 전체적으로 포상의 내용이 당시의 시대상황과 맞지 않은데, 唐代 杜佑가 이를 분명하게 지적하고 있다. 『通典』 卷187, 「邊防」 3, 「南蠻」上, "按黃金周以前爲斤, 秦以二十兩爲鎰, 三代以前分土, 自秦漢分人. 又周末始有將軍之官. 其吳姓宜自周命氏. 曄皆以爲高辛之代, 何不詳之甚!(살피건대, 黃金은 周 이전에는 斤을 사용하였는데, 秦代 20兩을 鎰로 삼았다. 三代 이전에는 토지를 나누어 주었고, 秦漢時代 때부터 인민을 나누어 주었다. 또, 周末에 비로소 將軍의 관직이 나타났다. 吳氏 姓은 마땅히 周왕실로부터 명명된 氏名이다. 范曄은 이를 모두 高辛氏시대라고 하였으니. 그 치밀하지 못한 것이 어찌나 심한지!)."
실제 같은 고사가 실려 있는 『搜神記』에는 "贈金千斤, 封邑萬戶"라고 하여 중량의 단위는 시대상황에 더 가깝게 표현되어 있고, 封邑은 '戶'로 하여 보다 현실적으로 파악하였다. 『玄中記』에서는 '封三百戶'라고 하여 보다 더 현실적으로 설명하고 있다.

8) 槃瓠와 관련된 고사는 출처에 따라 내용에 약간씩 차이가 있다. 李賢注에 인용된 『魏略』에서는 槃瓠의 출생에 관해 다른 서술하고 있다. 高辛씨는 老婦가 있어 王室에서 살았다. 귓병이 들었는데, 후벼서 긁어내니 누에고치 같은 것이 나왔다. 부인이 단지에 넣어 소반으로 덮어 놓으니, 잠시 후에 개로 변하였는데, 무늬가 오색이라 槃瓠라고 이름하였다. ("魏略曰: "高辛氏有老婦, 居(正)[王]室, 得耳疾, 挑之, 乃得物大如繭. 婦人盛瓠中, 覆之以槃, 俄頃化爲犬, 其文五色, 因名槃瓠.")
이에 비해 『藝文類聚』에 인용된 『玄中記』에서는 '槃護'로 표기되면서 高辛氏와의 관계에 대한 또다른 이야기가 기록되어 있다. 『玄中記』에 이르기를, 狗封氏라고 하는 사람들이 있다. 高辛氏는 아름다운 딸이 있었는데 시집을 가지 못하였다. 犬戎이 난을 일으키자, 帝는 이를 토벌하는 자에게 아름다운 딸을 처로 삼게 하고 300戶를 봉해 주겠다고 하였다. 帝는 槃護라고 불리는 개가 있었는데, 3개월이 지나자 犬戎을 죽여 머리를 가져왔다. 帝는 [약속을 어기면] 백성을 가르칠 수 없다고 하여 딸을 [槃護의] 처로 삼았다. 會稽에서 東南으로 2만 1천리를 흘러가면 바다 가운데 토지를 얻을 수 있는데, 사방 3,000里의 땅을 봉하였다. 아들을 낳으니 개가 되었고, 딸을 낳으니 아름다운 여인이 되었다. (『藝文類聚』, 卷94, 「獸部」中 〈狗〉, "玄中記曰: 狗封氏者. 高辛氏有美女, 未嫁. 犬戎爲亂, 帝曰: 有討之者, 妻以美女, 封三百戶. 帝之狗名槃護. 三月而殺犬戎之首來. 帝以爲不可訓民. 乃妻以女. 流之會稽東南二萬一千里. 得海中土. 方三千里而封之. 生男爲狗. 生女爲美女.") 이야기의 전체적인 구성은 『後漢書』와 비슷하지만, 내용이 비교적 간략하고, 특히 槃護가 高辛氏의 딸을 거느리고 山谷이 아니라 會稽 밖의 바다 가운데 섬으로 갔다고 한 점이 큰 차이이다.
한편, 『搜神記』 卷14에도 槃瓠에 관한 고사가 실려 있는데, 槃瓠의 출생에 관해 『魏略』과 유사한 내용이 포함되어 있고, 나머지의 문투와 내용은 『後漢書』와 매우 유사한데, 부분적으로 표현이 더 상세하다. 『魏略』은 曹魏시 魚豢, 『玄中記』는 晉 郭璞, 『搜神記』는 東晉시 干寶가 撰한 것이라는 점을 고려해 보면,

반호가 사람의 머리를 물고 대궐 아래에 이르렀다. 여러 신하들이 괴이하게 여겨 살펴보니 오장군의 머리였다. 제는 기뻐하였지만, 반호에게 딸을 처로 줄 수도 없고 봉작(封爵)을 내릴 방법도 없어, 포상할 것을 논의하였으나 마땅한 바를 찾지 못하였다. 딸이 이 말을 듣고 제황(帝皇)[9]이 령을 내린 것은 신의에 어긋나서는 안된다고 하여 그대로 시행할 것을 청하였다. 제는 할 수 없이 딸을 반호의 배필로 삼았다. 반호는 딸을 얻자, 업고 달려 남산(南山)[10]으로

槃瓠의 출생에 관한 『魏略』의 고사와 高辛氏시기 槃瓠의 활동에 관한 『玄中記』의 이야기가 합해져 『搜神記』의 기록이 이루어지고, 劉宋代 范曄은 이를 轉載하였다고 생각해 볼 수 있다. 그러나 원래의 『搜神記』가 亡佚되고 현행본은 후대에 보충하여 다시 쓰였다는 사실과 『搜神記』의 내용과 표현이 『後漢書』에 비해 상세하고 구체적이라는 점을 고려해 보면, 현행본 『搜神記』의 내용은 후대 『後漢書』를 참조하여 첨가된 것으로 보는 것이 더 타당할 것이다. 『玄中記』와 『搜神記』는 역사서라기보다 魏晋南北朝시에 유행하였던 志怪小說類에 해당하는 것으로, 이러한 내용이 史書에 포함된 것에 대해 唐代 杜佑는 『通典』에서 이를 전재하면서 그 근거가 없으며 '放誕不經'하다고 비판하고 있다(『通典』 卷187, 「邊防」 3 『南蠻』 上).

9) 帝皇: 천하를 직접 지배한다는 것을 강조하는 秦代에 처음 '皇帝'의 관념이 나타난 이후의 개념으로, 漢代 이후 자주 쓰였다. 역시 고대의 실제 쓰여진 개념이 아니라 『後漢書』 편찬시의 관념으로 나타난 칭호이다.

10) 南山: 李賢注에는 다음과 같이 되어 있다. 지금 辰州 盧溪縣 서부에 武山이 있다. 黃閔의 『武陵記』에 이르길, "산이 높아 가히 만린이 된다. 산 중턱에 槃瓠石室이 있는데, 가히 수만 명을 수용할 수 있다. 가운데에 石床이 있는데, 槃瓠의 行蹟이다."라고 되어 있다. 생각컨대, 山窟 앞에 石羊과 石獸가 있고, 기이한 古蹟이 더 많다. 望石窟은 크기가 3간의 집과 같은데, 멀리서 보면 하나의 돌이 개의 형상이다. 蠻의 풍속으로 계속 전해 오는데, 槃瓠의 像이라고 한다(今辰州盧溪縣西有武山. 黃閔武陵記曰: "山高可萬仞. 山半有槃瓠石室, 可容數萬人. 中有石床, 槃瓠行跡." 今案: 山窟前有石羊·石獸, 古跡奇異尤多. 望石窟大如三間屋, 遙見一石仍似狗形, 蠻俗相傳, 云是槃瓠像也.).

盧溪縣은 현재 湖南省 盧溪縣 武溪鎭으로 縣內에 巫水가 지나고 있다. 『武陵記』는 현재 전해 오지 않는다. 다만, 『後漢書』 李賢의 注와 『通典』에서 杜佑 自註, 『通志』 본문 등에서 한두 군데 인용되고 있는 것으로 보아 北宋初까지는 일부나마 전해지고 있었다고 할 수 있는데, 그 내용은 南方地域의 山水와 植物에 관한 것으로 보아 武陵의 地理志인 것으로 보인다. 黃閔은 『隋書』 「經籍志」에 瑩陽山水를 서술한 『神壤記』를 찬했다는 기록이 나타나는데, 달리 그의 이력은 확인되지 않는다.

'南山'에 대해 杜佑의 『通典』 自註에서 "國의 남쪽에 있는데, 五溪의 中山이다.(在國之南, 卽五溪之中山)"라고 하였다. 五溪는 『水經注』에 의하면 武陵縣의 雄溪, 樠溪, 酉溪, 潕溪, 辰溪,를 가리키는데, 이곳은 蠻夷들이 많이 살고 있어서 이들을 '五溪蠻'으로 부른다고 한다. 사료에 따라 雄溪, 蒲溪, 酉溪, 沅溪, 辰溪를 가리키기도 하는데, 현재 湖南省 武陵縣의 지역에 위치한다. 安徽省 九華山지역에도 蠻夷가 살고 있는 五溪가 있는데, 서로 별개의 지역이다. 湖南省 五溪는 현재 주로 苗族들이 거주하고, 安徽省에는 侗族, 苗族, 瑤族, 土家族 등이 산재하고 있다.

들어가 석실 안에 머물렀다. 머문 곳은 험하고 외따로 떨어져서 인적이 미치지 못하였다. 이에 그 딸은 옷을 벗어 버리고 복감(僕鑒)식으로 머리를 묶고 독력(獨力)의 옷을 입었다.[11)]제는 슬퍼하며 딸을 그리워하여 사자(使者)를 보내 찾아보도록 하였다. 그러나 번번이 비바람이 불고 어두워져 사자는 더 나아가지 못하였다. 3년이 흘러 자식을 12명 낳으니, 6남 6녀였다. 반호가 죽고 난 후, [자식들이] 서로 부부가 되어 나무 껍질로 옷감을 짜고 풀의 열매로 염색을 하였는데, 오색의 의복을 좋아하고, 옷을 재봉할 때 모두 꼬리를 단 모습을 하였다. 그들의 어미가 후에 돌아와 그간의 상황을 제에게 아뢰었는데, 이에 여러 자식들을 맞이하여 불러들였다. 의상은 다양한 색상으로 찬란하였고, 언어는 발음이 복잡하고 특이하여 구별되지 않았고[侏離],[12)] 곧잘 깊은 산계곡에 들어갔으며 넓고 평평한 곳을 좋아하지 않았다. 제는 그들의 뜻을 따라 명산과 넓은 늪지를 사여하였다. 그 후손들이 점점 번성하였는데, '만이(蠻夷)'라고 불렸다. 겉으로는 어리석어 보였으나 실제는 간교하였고, 토착하여 사는 것을 좋아하면서

---

11) '僕鑒'과 '獨力': 李賢은 그 의미가 분명하지 않으며, 그 당시 유통본에 '鑒'이 '豎'로 되어 있는 것이 있는데, 억지로 견강부회한 것이라고 하였다(僕鑒, 獨力, 皆未詳. 流俗本或有改 '鑒'字爲 '豎'者, 妄穿鑿也. 結音髻.).

'僕鑒'과 '獨力'은 李賢의 주석 이래 그 의미는 파악하지 못하는 것으로 알려져 왔다. 그러나 최근 覃聖敏은 壯族語를 통하여 그 의미를 추적하였다. 槃瓠는 현대의 瑤族의 祖先으로 알려져 槃瓠와 관련된 문제는 瑤族語를 통하여 그 의미를 추적하는 것이 일반적이다. 그러나 覃聖敏은『後漢書』에 나타나는 南蠻之地는 古代 越人의 활동지역으로 古代越語가 사용된 것으로 파악하여야 한다고 주장하면서, 古代越語는 현대 壯族語로 계승되었다는 기존의 연구를 근거로, '僕鑒'과 '獨力'도 現代 壯族語의 발음을 통하여 유추하였다. 이에 따라 '僕鑒'의 '鑒'은 壯族語로 'gam', 즉 '岩洞'의 의미이고, '僕'은 '布'와 마찬가지로 壯族語에서 'bu'로 발음되는 人稱冠詞로 파악하였다. 그래서 '僕鑒'은 '동굴 속에 사는 사람'이라는 뜻으로 해석하였다. '獨力'에서 '獨'은 고대 사서에서 가끔 나타나는 '都'와 마찬가지로 壯族語에서 'du'로 발음되는 人稱冠詞이고, '力'은 壯族語에서 'lek'으로 발음되면서 '어린아이'라는 의미를 갖는 것으로 추정하였다(覃聖敏 1984).

이에 따르면 "爲僕鑒之結, 著獨力之衣"은 "동굴에서 사는 사람들이 하는 모양으로 머리를 묶고, 어린애와 같은 (蠻夷의 짧은) 옷을 입었다." 정도로 해석할 수 있다. 전체적인 문맥은 보다 분명해진다고 할 수 있는데, 언어학적 기원과 계승의 문제가 분명하게 확인되지 않고, 단어 역시 발음에 의한 추정에 지나지 않기 때문에 더 많은 유사한 예가 확인되기 전에는 확정하기 어렵다.

12) 侏離: 李賢은 "蠻夷의 말소리이다."라고 하였는데(侏離, 蠻夷語聲也.), '侏離'는 蠻夷 언어의 발음이 잘 구분되지 않아 알아듣기 힘든 것을 설명하는 의성어로서, '朱離', '兜離'라고도 쓴다. 한편으로는 西南夷의 음악을 가리키는 말로 쓰이기도 한다(『周禮』「春官」〈鞮鞻氏〉, "掌四夷之樂" 賈公彥 疏『孝經緯』"西夷之樂曰侏離.").

옛 것을 중시하였다. 선대의 아비는 공이 있고 어미는 제의 딸이라 하여, 농사짓거나 상거래하면서도 관문과 교량의 통행허가증이나 조(租)와 부(賦) 등의 세금이 없었다.[13] 읍마다 군장이 있었는데 모두 인수(印綬)가 사여되었고, 관(冠)은 수달의 가죽으로 되어 있었다. 부족의 우두머리를 '정부(精夫)'[14]라 하였는데, 서로 칭하기를 '앙도(姎徒)'[15]라고 하였다. 지금 장사만(長沙蠻)과 무릉만(武陵蠻)이 이들이다.[16]

---

13) 李賢은 특별히 우대하였기 때문에 부역을 면제하였다고 하였다. 또, 『刑州記』를 인용하여 그 위치를 밝히고 있는데, "沅陵縣의 西溪 입구에 上就, 武陽 2鄕이 있다. 오직 이들만이 槃瓠의 자손으로 狗種이다. 2鄕은 武溪의 북쪽에 있다."고 하였다(優寵之, 故蠲其賦役也. 荊州記曰: "沅陵縣居酉口, 有上就 · 武陽二鄕, 唯此是槃瓠子孫, 狗種也. 二鄕在武溪之北"). '狗種'이라는 표현은 槃瓠에 대해서는 다른 곳에서는 나타나지 않는다. 다만, 『舊唐書』에서는 吐蕃에 대해 '狗種'이라고 표현하고 있는데(『舊唐書』 卷194上, 「突厥」上, 「毗伽可汗」), 개를 토템으로 한다는 의미로 이해된다.

唐以前까지 나타난 『荊州記』는 3종이 확인된다. 晋代 中書郎 范汪과 劉宋 盛弘之, 역시 劉宋代 郭仲產의 저술이다. 『史記集解』에 范汪 『荊州記』가 인용되고 있는데, 范汪은 『後漢書』 찬자인 范曄의 조상으로서 그의 이력이나 이후 史書에서는 그가 저술하였다는 『荊州記』는 확인되지 않는다. 范汪은 東晋初 고위관직을 두루 역임하면서 禮學과 관련된 활동을 많이 한 인물로서 『隋書』 「經籍志」에는 『尙書大事』 『范氏家傳』 등을 저술하였던 인물로 『史記集解』의 오류로 보인다. 郭仲產은 『述異記』에서 劉宋 元嘉, 孝建 연간에 생존하였던 인물로 확인할 수 있는데 『秦州記』, 『湘州記』 등도 저술하였고, 『荊州記』는 『新唐書』 「藝文志」에 『郭仲產荊州記』가 기재되어 있다. 『後漢書』 李賢注에는 『秦州記』가 한 차례 인용되어 있다. 盛弘之는 그의 이력이 확인되지 않고, 오직 『隋書』 「經籍志」에 『荊州記』가 등재되어 있는데, 여기에 "宋 臨川王 侍郎 盛弘之撰"이라고 기록된 것이 그의 행적을 알 수 있는 유일한 기록이다. 그의 『荊州記』는 『史記正義』, 『後漢書』 李賢注에 수차 "盛弘之荊州記曰"로 인용되어 있다. 李賢注에서 단순히 '荊州記曰'로 되어 있는 부분도 盛弘之의 『荊州記』로 보인다.

14) 精夫: 일정한 지역 단위로 구분되는 蠻部族 휘하의 소규모 집단 우두머리를 가리킨다. 『後漢書』 「南蠻西南夷傳」에서는 "零陽蠻 五里精夫", "武陵蠻 精夫相單程"등의 표현이 나타나는데, 이에 관한 기록은 오직 『後漢書』와 이를 인용한 『通典』에서만 나타난다.

15) 姎徒: 李賢은 『說文解字』를 인용하여 '姎'은 여인의 자칭으로서 '나'를 의미한다. 음은 烏와 郞의 반절이다. 이 앞부분은 모두 『風俗通』에 보인다고 하였다(說文曰: "姎, 女人自稱, 我也" 音烏朗反. 此已上並見風俗通也). 그러나 고대 남방 蠻夷의 추장을 '精夫'라 칭하고 상호 '姎徒'로 불렀다는 사실에 대한 기록은 현존하는 『風俗通義』에서는 나타나지 않는다.

16) 여기서 '지금'이라는 시점은 『後漢書』 편찬 시점인 劉宋代라고 생각해 볼 수 있다. 『集解』는 『南史』 권79 「夷貊列傳」 下와 『隋書』 권31 「地理志」 下를 인용하여 그 사실을 설명하고 있다.

李賢은 干寶의 『晋紀』를 인용하여 武陵 長沙蠻을 설명하였다. "武陵, 長沙, 廬江郡의 夷는 槃瓠의 후손이다. 五溪에 흩어져 거주하고 있다. 槃瓠는 산의 험준함에 의지하여 매번 해를 끼치고 있다. 물고기와 육류를 섞어서 먹고, 나무통을 두드리며 부르짖으며 槃瓠에 제사지낸다. 일반적으로 '赤髀', '橫裙'이라고

其在唐虞，與之要質，故曰要服．夏商之時，漸爲邊患．逮于周世，黨衆彌盛．宣王中興，乃命方叔南伐蠻方，詩人所謂「蠻荊來威」者也．又曰：「蠢爾蠻荊，大邦爲讎．」明其黨衆繁多，是以抗敵諸夏也．

당우(唐虞)시기[17]에 서로 신뢰의 징표를 요구하여 요복(要服)이라 하였다.[18] 하상(夏商)시

불리는 자들은 槃瓠의 자손이다(干寶晉紀曰: "武陵·長沙·廬江郡夷, 槃瓠之後也. 雜處五溪之內. 槃瓠憑山阻險, 每每常爲害. 糅雜魚肉, 叩槽而號, 以祭槃瓠. 俗稱'赤髀橫裙', 卽其子孫").

干寶는 東晋의 史學家 文學家로서, 字는 令升이고 新蔡(지금의 河南省 소재) 출신이다. 학문에 열중하였는데 陰陽術數를 좋아하였다. 元帝 때 佐著作郎領修國史로 있으면서 『晋紀』 20권을 지어, 西晉 司馬懿에서 愍帝까지 53년간의 역사를 기록하였다. 『晋紀』의 전문은 현전하지 않고 淸代 黃奭의 輯本이 『漢學堂叢書』에, 湯球의 輯本이 『廣雅書局叢書』에 수록되어 있다. 干寶는 『晋紀』 외에 『搜神記』도 찬술였는데, 前代의 책에서 견문한 것 가운데 神靈 怪異한 故事들을 편집한 것으로, 六朝 隋唐時代에 성행한 소위 怪志小說의 초기형태이다. 原書는 오래 전에 산일되었고, 현전본은 後人이 『法苑珠林』, 『太平御覽』 등에서 채록한 것이다. 槃瓠의 故事에서 보듯 『後漢書』에서 干寶의 저작내용과 유사한 것이 많은 점으로 봐서, 劉宋代 『後漢書』 찬술과정에서 干寶의 저작이 많이 참조된 것으로 보인다.

17) 唐虞: 唐堯와 虞舜의 竝稱으로, 堯舜시대를 의미한다. 唐堯는 帝嚳의 아들로서 姓은 伊祁이고 이름은 放勛이었다. 처음에 陶지역에 봉해졌다가 후에 唐에 봉해져 '陶唐氏'라고도 하였는데, 唐은 지금 山西 臨汾의 西南에 위치한 平陽을 도읍으로 하였다. 舜은 姓이 姚이고 이름은 重華로서 虞氏部落에서 성장하여 '虞舜'이라 칭한다. 堯는 年老하자 舜에게 대신 정사를 돌보도록 하기를 30년 하고 선양하였는데, 舜은 48年 동안 在位하면서 蒲坂에 도읍하였는데, 지금 山西省 永濟 蒲州鎭에 위치하였다. 虞舜은 南巡 중에 蒼梧에서 사망하였는데, 그 위치는 지금의 湖北省 永遠縣 九嶷山 교외로 전해진다.

18) 要服: 夏代에 설정되었다고 하는 天下秩序상의 일정지역이다. 天子之國 밖으로 오백 리를 기준으로 甸服, 侯服, 綏服, 要服이 펼쳐져 있는데, 여기서 삼백 리는 夷, 이백 리는 蔡라 하고, 要服 밖으로 오백 리는 荒服으로 삼백 리까지는 蠻, 나머지 이백 리는 流라고 하였다(『史記』 卷2, 「夏本紀」: 75). 周代에는 이를 더 발전시켜 제사와 외교관계의 성격을 분명히 정리하여, 甸服은 祭를 참여하고, 侯服은 祀에 참여하고, 賓服은 享제사에 참여하는데, 要服은 貢을 바치고 荒服은 왕노릇한다고 하였다(『史記』 卷4, 「周本紀」, 天子之國, 先王之制, 邦內甸服, 邦外侯服, 侯衛賓服, 夷蠻要服. 戎翟荒服, 甸服者祭, 侯服者祀, 賓服者享, 要服者貢, 荒服者王). 賓服 이전까지는 天子 중심의 공동체적 활동이 강조되고 있는 데 비해, 要服은 단순한 외교관계의 설정, 荒服은 상호교류가 단절된 상태를 표현하고 있다.

'要質'이라는 표현은 『後漢書』의 이전의 서적에서는 『國語』 「楚語」下, "夫人作享, 家爲巫史, 無有要質"에서 유일하게 나타난다. 三國吳의 韋昭는 "質, 誠也."라고 주석하고 하고 있어, '質'은 상호 盟誓에서 인질, 文章, 혹은 信標 등 믿음이나 신뢰의 표현을 의미하는 것으로 이해된다. 따라서, '要質'은 要服에 해당하는 상호관계에서 신뢰의 표시를 의미하는 것으로 생각해 볼 수 있는데, 이런 전제에서 "與之要質, 故曰要服"

대에는 점차 변방의 걱정거리가 되어 갔는데, 주대(周代)에 이르러서는 그 무리들의 수가 점점 번성하였다. 선왕(宣王)이 중흥[19]한 후에 방숙(方叔)[20]에 명하여 만지역을 남벌(南伐)하도록 하였다. 『시경』에서 사람들이 소위 "만형이 와서 위엄을 보였다〔蠻荊來威〕."는 사람들이다. 또, "만형이 꿈틀거리며 일어나니, 대방(大邦)의 원수가 되도다."[21]라고 하였으니, 그 무리들이 크게 번성하여 제하(諸夏)[22]에 적대적으로 대항하게 되었음을 밝힌 것이다.

은 "요청하는 質을 주었기 때문에 要服이라고 한다." 정도로 해석해 볼 수 있다. 그러나 중국 고전문헌에서 '甸質', '侯質', '賓質' 등의 표현은 확인되지 않는다. 그렇다면 '質'은 要服의 경우에만 해당하는 특수한 상황인 것으로, '要質'하였기 때문에 '要服'으로 불린다는 문장구조로 이해하는 것이 타당하다. 즉, 서로 '質'을 요구하였기 때문에 '要服'이라고 불린다고 해석하는 것이 자연스럽다.

여기서 '質'이라는 글자가 가지고 있는 여러 가지 의미를 상정할 수 있는데, 신뢰의 표시가 되는 人質, 信標, 土地 등 여러 가지가 포함될 수 있는데, 역사적 상황과는 달리 이후 시대적 상황에 따라 다양한 관념으로 이해할 수 있을 것이다. 단순히 6년 1貢을 요구하는 것으로 한정되기도 하고(『國語』 卷1, 「周語」上), 문자와 교육을 수용하는 것까지로 확대해석하기도 한다(『通典』 卷12, 「食貨典」 4, 自註, "要束以文教").

19) 宣王: 周의 11대 국왕으로 기원전 828~782년 在位. 周厲王이 榮夷公을 卿士로 삼아 왕실의 경제적 권한을 강화하는 '專利政策'을 추진하자, 이에 반발하여 '國人暴動'이 일어나 厲王은 彘(현재의 山西省 霍縣)으로 도망하고, 朝廷은 衛國諸侯 和가 장악하여 '共和政'의 시대가 나타났다. 共和 14년(전828) 厲王이 죽자, 共伯은 제후들의 추대를 받아 자신의 아들 靜을 周宣王으로 추대하고 자신은 衛國으로 귀환하였다.

周宣王은 재위시에 召穆公, 周定公, 尹吉甫 등을 등용하여, '不籍千畝'라고 하여 籍田제도 혹은 籍田에서 노예의 집단경작제도를 폐지하여, 周王室 중심의 통치력을 강화하고, 주변 민족 玁狁, 西戎, 淮夷 등에 대해 적극적인 공략정책을 추진하였다. 尹吉甫가 太原의 玁狁을 격퇴하여 서북변방으로 퇴각시키고, 召穆公 등으로 하여금 淮夷정벌을 통하여 남방의 최대왕국인 徐國을 복종시키는 등 일정한 성과를 거두어 史書에서는 '宣王中興'이라고 칭하기도 하였다. 그러나 현대사가들은 宣王시기부터 실제상 周王朝가 붕괴되기 시작하였다고 평가하기도 한다.

20) 方叔: 周宣王시 인물로, 卿士兵車 3,000을 이끌고 楚國을 공격하여 대승을 거두었다. 『詩經』 「小雅」 「方叔篇」은 이에 대한 상황을 묘사하고 있다.

21) 李賢註에서는 毛詩 小雅編 序에 "〈采芑〉는 宣王이 남쪽지방을 정벌한 것을 읊은 詩이다."고 되어 있다. "잠깐 쓴나물 뜯기를 저 新田에서 하며, 드러나고 진실한 方叔이여, 떨쳐 일어난 병사들이 활발하구나, 저 멍청하게 꿈틀거리는 蠻荊들이 大國의 원수가 되었도다." 注에 "方叔의 卿士들이 命을 받아 將帥가 되었다."고 하였다(『毛詩』 「小雅」 序曰 「采芑, 宣王南征也」. 「薄言采芑, 于彼新田. 顯允方叔, 振旅闐闐. 蠢爾蠻荊, 大邦爲讎」 注云: 「方叔卿士, 命而爲將也.」). 그러나 李賢이 인용한 詩는 현전본과는 차이가 있는데, 전체적으로 4章의 詩가 하나로 축약되어 있다. 朱子의 『詩經集傳』에는 〈采芑〉가 「小雅」 〈彤弓之什〉에 포함되어 있다.

平王東遷，蠻遂侵暴上國．晉文侯輔政，乃率蔡共侯擊破之．至楚武王時，蠻與羅子共敗楚師，殺其將屈瑕．莊王初立，民飢兵弱，復爲所寇．楚師旣振，然後乃服，自是遂屬於楚．鄢陵之役，蠻與恭王合兵擊晉．及吳起相悼王，南幷蠻越，遂有洞庭·蒼梧．秦昭王使白起伐楚，略取蠻夷，始置黔中郡．漢興，改爲武陵．歲令大人輸布一匹，小口二丈，是謂賨布．雖時爲寇盜，而不足爲郡國患．

평왕(平王)[23]이 동쪽으로 천도하자, 만들은 드디어 상국(上國)[24]을 침략하였다. 진문후(晉文侯)[25]가 보정(輔政)하고 있었는데, 채공후(蔡共侯)[26]를 이끌고 이들을 격파하였다. 초무왕

---

22) 諸夏: 戰國末에 나타난 개념으로 단순한 周王室 중심의 관념을 벗어나 중원의 여러 諸侯王을 아울러 일컫는 개념이다(李成珪, 1975). 여기서 '夏'는 크다는 의미로서 四夷에 대하여 크다는 관념으로 해석되기도 한다(『漢書』 卷23 「刑法志」, 顔師古注 "諸夏, 中國之諸侯也. 夏, 大也, 言大於四夷也."). 그러나 일반적으로 夏는 夏王朝의 후손이라는 역사의식이 강조된 관념이었다.

23) 平王: 周 제13대 왕으로서 기원전 770~720년 동안 재위하였는데, 즉위와 함께 도읍을 宗周에서 洛邑(현 河南省 洛陽市)으로 천도하여, 이른바 東周시대를 열었다. 西周의 마지막 왕 幽王은 后妃 褒姒를 총애하여 正后인 申后와 태자 宜臼를 폐하고, 대신 褒姒를 正后로 褒姒의 아들 伯服을 태자로 삼았다. 이에 申后의 아버지 申侯는 曾國 犬戎과 연합하여 幽王을 공격하여 驪山에서 죽였다. 申侯 및 여러 제후들은 이전의 태자인 宜臼를 옹립하여 申(현재의 河南省 南陽市 북쪽)에서 즉위하도록 하였는데, 이가 平王이다. 즉위 후 王子 余臣을 추대한 携王와 대립하다가 晉文侯의 도움을 받아 携王을 살해하고 周王의 정통을 확보하였다. 이때 도읍인 宗周 鎬京은 犬戎에 의해 빈번하게 침입을 받는 등, 불안정해졌는데, 平王은 이를 피해 도읍을 동쪽의 成周인 낙읍으로 천도하였다. 이러한 과정에서 周王의 권위는 현저하게 실추되어 몇 명의 제후들이 정치를 장악하는 상황이 되는데, 이후를 東周 혹은 春秋시대라고 한다.

24) 上國: 춘추전국시대에는 吳나 楚 등 주변의 제후나 민족과 비교하여 中原의 제후국을 가리키는 칭호. 이는 중원의 국가를 가리킨다는 점에서 결국 '中國'과 동일한 의미를 갖는다. 『左傳』 「昭公」 27年條, "吴子使延州來, 季子聘于上國, 遂聘于晉, 以觀諸侯." [孔穎達疏] "服虔曰: 上國, 中國也. 蓋以吴辟在東南, 地勢卑下, 中國在其上流, 故謂中國爲上國也."; 『國语』 「吴語」, "越滅吴, 上征上國." 韋昭注: "上國, 中國也."

25) 晉文侯: 이름이 姬仇이고, 晉의 11대 國君으로서 기원전 780~746년 재위. 文侯는 원래 晉穆侯의 太子였는데, 穆公 사후 그 숙부가 自立하여 文侯를 방출하였으나, 4년 후 무력으로 숙부를 물리치고 諸侯位에 올랐다. 文侯 11년에 幽王이 죽자 平王 宜臼와 携王 余臣이 각각 王을 칭하여 周에 2王이 병립하게 되었는데, 晉文侯가 21년 携王을 처형하여 周王室을 통일시켰다. 晉文侯는 이 공으로 平王으로부터 '秬鬯'과 '圭瓚'을 사여받고, 平王은 〈文侯之命〉을 지어 그 공덕을 칭찬하였다(『尚書』 「周書」 〈文侯之命〉). 文侯는 35년간 재위하면서 平王의 周王室 정치를 사실상 장악하다가 기원전 746年에 사망하였다.

(楚武王)[27] 시 만은 나자(羅子)[28]와 함께 초의 군사를 패퇴시키고 장수 굴하(屈瑕)[29]를 살해하였다.[30] 장왕(莊王)[31]이 처음 즉위하였을 때 백성들은 굶주리고 군사는 나약하여 다시

여기서 晉文侯가 周王室을 輔政하였다고 하지만, 구체적으로 어떠한 지위나 직책이 주어진 것은 아니다. 또, '輔政'은 秦代까지는 사용된 개념이 아니었다. 漢武帝시기 설명적인 표현으로 '輔政'이 처음 나타나는데, 皇帝를 보좌한다는 의미가 강하였다. 그러나 前漢末 霍光이나 王莽이 실권을 장악하면서 '輔政'이라는 지위가 생겨났고, 이후 魏晋南北朝 기간에 輔政將軍이라는 직책으로 구체화되어, 사실상 황제권을 대신 행사하는 의미로 사용되게 된다(金翰奎, 1997: 120~231). 따라서, 范曄은 자신의 시대에 자주 사용되는 개념과 지위를 周代의 상황으로 가차하고 있는데, 輔政이 왕조교체시기 새로운 실권자들이 주로 이 직함을 가졌다는 점에서 周王室에서 실질적인 권력을 행사한 것에 지나지 않는 晉文侯의 상황과는 약간의 차이가 있다.

26) 蔡共侯: 이름은 姬興이고 춘추시기 蔡의 國君으로 기원전 761~760년 재위. 平王 東遷 후 蠻의 침입과 晉文侯와 蔡共侯의 활약에 관해서는『後漢書』 외에 다른 기록에서는 확인되지 않는다. 단지,『史記』「周本紀」에 "平王立, 東遷于雒邑, 辟戎寇"라는 구절이 있는데, 戎이 蠻을 포괄하는 개념으로 사용되었을 가능성도 있지만, 구체적인 상황에 대한 설명은 없다. 이후 史書에도『後漢書』의 기록은 크게 주목받지 못하고 있다. 특히『後漢書』의 내용을 가장 많이 이용하였던『通典』「邊防典」에서도 平王시기의 사실은 제외되어 있다.

27) 楚武王: 이름은 熊通이고 기원전 7세기 초 690년까지 楚의 國君. 당시 楚의 세력이 크게 확장하면서 周王室에게 지위를 올려 줄 것을 요구하는 등, 본격적으로 周를 중심으로 하는 中國과 대립의 자세를 취하기 시작하였다.

28) 羅子: 春秋時代의 '羅國'으로, 周武王시기에 羅國은 子爵으로 봉해져 羅子 혹은 羅子國이라고 한다. 그 위치는『史記正義』와『通典』「地理典」에 의하면 羅縣城은 岳州 湘陰縣 東北 60里에 있었는데, 春秋時에 羅子國이 있었다고 한다(『史記』 卷84, 「屈原賈生列傳」;『通典』「地理典」,「古荊州」「巴陵郡岳州」). 이것은 晋代 長沙郡의 속하고 현재 湖北省 宜城 일대로 後漢代에는 蠻夷지역이었다.

29) 屈瑕: 춘추시대 楚武王 熊通의 아들로서, 號는 莫敖이고 生年은 불분명. 기원전 699년 羅國征伐에 실패하였는데,『後漢書』 본문에서는 蠻에게 살해당한 것으로 되어 있지만,『左傳』에서는 자결하였다고 한다. 楚國의 귀족 屈氏의 祖先으로 蒲騷之戰 이래 3차례의 전투에서 元帥로서 공을 세워 屈邑에 봉해져 申國을 제어하도록 하였다. 원래 姓은 芈였으나, 후손들이 封地를 姓으로 삼아 屈氏로 불리게 되었다. 屈邑은 현재 그 위치는 확인되지 않는다.

30) 李賢注에서는『左傳』을 인용하여 그 사실을 설명하고 있다. 楚 屈瑕가 羅와 鄢을 정벌하였는데, 대열이 혼란한 채로 강을 건너다가 마침내 대열이 붕괴되어 버렸다. 그리고 장비도 없었다. 羅國과 盧戎이 양쪽으로 공격해 와서 크게 패배시켰다. 莫敖(屈瑕)가 荒谷에서 목을 매 자결하니, 여러 장수들이 冶父산에서 포로가 되었다고 기록하고 있다(『左傳』 "楚屈瑕伐羅及鄢, 亂次以濟其水, 遂無次, 且不設備, 羅與盧戎兩軍之, 大敗之. 莫敖縊于荒谷, 群帥囚于冶父" 也).

蠻과 羅子가 연합하여 楚軍을 격파한 것은 기원전 699년 봄의 일이었다. 현전본『左傳』「桓公」 13년조에

[만들의] 침략을 받게 되었다. 초의 군사가 강성해지자 만(蠻)들은 굴복하여, 이때부터 마침내 초국(楚國)에 복속되었다. 언릉(鄢陵)의 전투[32]에서 만은 공왕(恭王)과 군사를 연합하여 진(晉)을 공격하였다.[33] 오기(吳起)[34]가 도왕(悼王)[35]의 재상이 되고 나서 남으로 만월(越)을

서의 인용문은 자구상 약간의 차이가 있다("及鄢, 亂次以濟, 遂無次. 且不設備. 及羅, 羅與盧戎兩軍之, 大敗之. 莫敖縊于荒谷. 羣帥囚于冶父以聽刑. 楚子曰, "孤之罪也." 皆免之.). 冶父에 대해 『後漢書志』 卷22, 「郡國志」 南郡 江陵縣 소속 津鄉에 대해 李賢의 注에서는 『荊州記』를 인용하여 설명하고 있다. 縣 동쪽 3리여에 三湖가 있고 그 동쪽에 개울이 있어 萇谷이라 불리고 서북에는 작은 城이 있는데, 이름이 冶父라고 한다. 『左傳』에서는 '莫敖가 荒谷에서 목매어 죽었는데, 여러 장수들이 冶父에 장사지냈다'고 하였다. 縣 북쪽으로 십여리에 紀南城이 있는데, 楚王이 도읍한 곳이고, 동남쪽에 郢城이 있는데, 子囊이 城으로 삼은 곳이다(荊州記曰: "縣東三里餘有三湖, 湖東有水, 名萇谷, 又西北有小城名曰冶父, 左傳曰: '莫敖縊于荒谷, 衆帥囚于冶父' 縣北十餘里有紀南城, 楚王所都, 東南有郢城, 子囊所城").

31) 莊王: 春秋시대 楚國 國君으로서, 姓은 羋, 이름은 旅 혹은 熊侶로서, 기원전 613~591년 재위. 즉위초에는 國內 귀족들의 반란이 일어나고, 남방 蠻族들의 저항이 심하여 국가가 자못 혼란하였다. 그러나 伍參 蘇從, 孫叔敖 子重 등을 기용하여 국력을 신장시켰다. 기원전 606년 雒邑의 西南에 있는 陸渾을 정벌하면서 周 郊外에서 말에게 黃河의 물을 먹이면서 周鼎의 輕重을 물었던 소위 '問鼎'을 일으켰는데, 周王室의 권위쇠락을 보여 주는 대표적인 사건으로 평가되고 있다. 이후 陳, 蔡, 許, 鄭 등을 정벌하여 이른바 春秋五霸의 하나가 되었다. 북방의 晉을 중심으로 齊, 魯가 포함되는 남북 대립의 군사상황을 형성하는 등 楚의 극성기를 구가하였다.

32) 鄢陵之戰: 춘추시대 중기 기원전 575년에 남방의 楚와 북방의 晉이 패권을 다투었던 전투로, 城濮之战과 邲之战에 이어 마지막으로 楚가 몰락하는 계기가 된 의미를 갖는다. 楚가 鄭國으로 하여금 晉國의 盟邦인 宋國을 치도록 하자, 晉의 厲公이 齊, 衛, 魯國과 연합하여 鄭國을 정벌하였는데, 이에 楚 恭王이 군사를 이끌고 鄭을 구원하기 위해 출병하여 鄢陵(현재 河南省 鄢陵縣 西北)에서 격돌한 전투이다. 이때 楚 恭王은 과거 자주 사용하였던 전략, 즉 새벽에 갑자기 정면으로 공격하는 방법을 택하였으나, 晉軍은 楚에서 晉으로 망명하였던 苗賁皇의 정보와 계책에 따라 主力軍인 中軍을, 鄭國의 군대와 蠻軍으로 이루어져 정비되지 않은 楚의 左右軍에 집중 투입하여 左右를 먼저 제압한다는 전술을 선택하여 성공을 거두었다. 晉軍의 '攻弱避堅'의 전술은 이후 중국 고대 전쟁사에서 대표적인 전술의 한 유형으로 자주 언급된다.

33) 李賢注에서는 『左傳』을 인용하여, 晉과 楚가 鄢陵에서 전쟁할 때 晉의 郤至가 말하기를 "楚는 두 명의 卿이 서로를 미워하고, 왕의 군사는 구태의연하며, 鄭나라는 진을 펼쳤으되 정리가 안 되어 있고, 蠻은 군을 동원하였지만 진법을 갖추지 못하였다."라고 하였다(『左傳』 "晉楚戰于鄢陵. 晉郤至曰 '楚二卿相惡, 王卒以舊, 鄭陳而不整, 蠻軍而不陳' 也"). 이 문장은 『左傳』의 문장 그 자체가 인용된 것은 아니다. 내용은 『春秋左傳』「成公十六年條」의 傳文에 포함되어 있다.

34) 吳起: 戰國시대 탁월한 정치개혁가, 군사이론가이자 현장의 군사지휘관. 衛國의 左氏(현재 山東省 定陶縣, 혹은 曹縣 東北) 출신. 원래 孔子의 弟子 曾參 문하에서 수학하였는데, 魯國에서 자기 자신에 엄격한

겸병하여 마침내 동정(洞庭)[36]과 창오(蒼梧)[37]를 차지하게 되었다. 진소왕(秦昭王)[38]은 백기(白起)[39]로 하여금 초를 정벌하게 하여, 만이[지역]을 탈취하고 비로소 검중군(黔中郡)[40]

뛰어난 장수였지만 功名을 좇는 인물로 衆臣들로부터 칭찬과 비난을 함께 받으면서 유명해졌다. 이후 魏文侯에게 발탁되어 大臣에 이르렀지만, 결국 魏의 재상 田文과 公叔과의 갈등 때문에 다시 楚로 망명하였다. 楚悼王의 신임을 받아 재상으로서 엄격한 法令제정과 실행, 公族을 억제하고 富國强兵策을 추진하는 한편, 남쪽으로 蠻族을 평정하고, 북쪽으로는 陳國과 蔡國을 겸병하여 楚國을 强國으로 성장시켰다. 그러나 그의 강경한 정책은 隣國과 楚 公族들의 원한을 사서, 楚悼王이 죽자 公族들의 공격을 받아 기원전 381년 楚 悼王의 屍身 옆에서 사살되었다. 그의 저술에 대해『漢書』「藝文志」에는『吳起』48편이 있었다고 하나 현재는 佚失되고, 후대에「圖國」,「料敵」,「治兵」,「論將」,「變化」,「勵士」篇 등이 수집되어『吳子』6편으로 전한다. 그 내용은 주로 孫武의 사상을 계승하여 '內修文德, 外治武備'를 강조하고 있다.『孫子』와 함께『孫吳兵法』으로 일컬어진다.

35) 悼王: 전국시대 楚國의 國君으로 이름은 '疑' 혹은 '類', 楚聲王의 아들로서 聲王이 '盜'에게 피살당하자, 國人들에 옹립되었다. 재위기간은 기원전 401~381年. 재위 11년(전391) 大梁(현재 하남성 開封), 楡關(현재 開封 西南)을 三晋에 빼앗기자 吳起를 令尹으로 초빙하여 變法을 통하여 富國强兵策을 추진하였다. 그 결과 북으로는 魏國과의 전투에서 승리하고 남쪽으로는 百越을 정벌하고 蒼梧를 장악하는 등 楚國의 영토를 확대하였다.

36) 洞庭: 현재에는 湖南, 湖北에 걸쳐져 있는 洞庭湖를 의미하지만, 여기에서는 洞庭湖 연안의 지역 그중에서도 특히 호수 서남단에서 유입되는 沅水유역을 가리킨다. '洞庭'은 고전문헌에 "三苗氏左洞庭, 右彭蠡."라고 하여 周代 이래 南方 이민족 집단의 거주지를 대표하는 곳으로 인식되고 있었다. 한편, 최근 里耶古城에서 竹簡이 발굴되었는데, 여기에 史書에 기재되지 않은 '洞庭郡'이 확인되어, 이것이 黔中郡과 동일하느냐의 여부에 대한 논쟁이 일어났다.

37) 蒼梧: 현재 廣西省 동부 梧州市 蒼梧縣. 후에 漢武帝가 元鼎 6년 蒼梧郡을 설치하였지만, 南越王과 마찬가지로 蒼梧王이 '秦王'을 자칭하면서 독자적으로 지배하던 곳이었다. 전통적으로 '舜藏於蒼梧' 혹은 '禹巡狩蒼梧'라고 하여 中國王朝 지배의 가장 남단구역으로 인식되었다.

38) 秦昭王: 전국시대 秦의 國君으로 秦昭襄王이라고도 한다. 기원전 306~250년 재위. 秦惠文王의 아들이고 秦武王의 동생으로서, 秦武王이 죽자 동생들과 왕위쟁탈전 끝에 승리하여 등극한 후, 張儀와 白起를 등용하여 강력한 부국강병책과 외교정책을 추진하였다. 기원전 260年 趙와 長平之戰에서 승리함으로써 천하통일의 기초를 마련한 것으로 평가된다. 秦昭王은 기원전 256년에는 東周를 멸망시켰는데, 이 때문에 史書에서는 그를 폄하하는 표현들이 많이 나타나는데, 단순히 秦昭王으로 簡稱하는 것도 이 때문이다.

39) 白起: 戰國時代 秦國의 名將으로서 公孫起라고도 한다. 郿縣(현재 陝西省 郿縣 常興鎮 白家村) 출신으로, 秦昭王 13년(전294) 左庶長으로 韓의 新城을 공격한 이래 30여 년 동안 70餘城을 정복하였는데, 伊闕之戰, 長平之戰 등의 승리가 유명하다. 戰功으로 武安君으로 봉해졌는데, 秦昭王 49년(전257) 邯鄲의 전투에서 실패하고 돌아왔을 때, 다시 출격하라는 昭王의 명령에 병을 칭하고 따르지 않자, 昭王이 노하여

을 설치하였다. 한(漢)이 흥기하자 무릉군(武陵郡)[41)]으로 개칭하였다. 매해 대인에게서는 포 1필을 소구(小口)에게서는 2장(丈)을 징수하였는데, 이를 종포(賨布)[42)]라고 한다. 비록 때때로 노략질을 하기도 하였지만, 군국(郡國)의 걱정거리는 되지 못하였다.

光武中興, 武陵蠻夷特盛. 建武二十三年, 精夫相單程等據其險隘, 大寇郡縣. 遣武威將軍劉尚發南郡·長沙·武陵兵萬餘人, 乘船泝沅水入武谿擊之. 尙輕敵入險, 山深水

白起의 관직을 박탈하고 士兵으로 咸陽에서 축출하였다. 西門을 벗어나 杜郵(현 陝西省 咸陽東北)에 이르렀을 때 昭王은 使者를 보내 劍을 내리고 자결을 명하니, 죽기 전에 白起는 항복한 적군을 과격하게 살해한 것을 참회하였다고 한다. 秦昭王 50년(전256) 11월인데, 秦人은 이를 가련히 여겨 鄕邑에서 모두 제사를 지내 주었다. 白起에 관한 기사는 『史記』「白起王翦列傳」에 자세히 기록되어 있는데, 司馬遷의 먼 선조인 司馬靳 역시 白起와 함께 전투에 참여하였다가 杜郵에서 함께 자살하였다.

40) 黔中郡: 秦 昭王 때 白起가 蠻夷를 정복하여 설치한 郡으로, 후에 楚國을 멸망시키고 沅陵 一帶, 즉 湘江流域을 떼어 長沙國을 설치하였다. 漢代에는 武陵郡으로 명칭이 변경되었다. 현재의 湖南 北部와 西部일대를 포괄하고 郡治는 常德 沅陵일대로 알려져 있다. 그러나 그 실재와 위치, 존립기간과 지역, 그리고 이른바 '洞庭郡'과의 관계에 대해 많은 異論이 있다.

41) 武陵郡: 漢高祖시에 처음 秦代 黔中郡에 武陵郡을 설치하였다가 곧바로 다시 '義陵郡'으로 개명하였는데, 王莽시 建平으로 하였다가, 後漢代 武陵으로 복원하여 이후 계속 사용되었다. 그 改置 시기에 대해서는 사료상의 여러 가지 차이가 있어 확정하기 어려운데, 前漢代에는 武陵 혹은 義陵이 혼용되고 있었다. 漢初 武陵郡은 13개 縣으로 구성되었는데, 현재 湖北省 북부와 貴州省 서부, 四川省 南東部를 포괄하고 있다. 義陵郡으로 불리게 된 것은 項羽가 義帝를 郴에서 살해하자, 武陵人들이 소복을 입고 屈亭에서 哭을 하였다는 말을 漢高祖가 듣고 이곳을 '義陵'이라고 칭하였다.

42) 賨布: 李賢注에서는 『說文解字』를 인용하여 南蠻의 賦라 하고 있는데, 그 내용이 구체적으로 드러난 것은 晋代 戶調之式이다. 戶調之式에서는 "丁男之戶, 歲輸絹三匹, 綿三斤, 女及次丁男爲戶者半輸. 其諸邊郡或三分之二, 遠者三分之一. 夷人輸賨布, 戶一匹, 遠者或一丈(『晉書』 卷26, 「食貨志」)."로 규정되어 있는데, 夷人賨布가 戶 1匹이라고 하여, 賨布는 전국시대 이래 1匹로 고정된 것으로 보인다. 그러나 戰國末과 晋代의 조세제도는 커다란 차이가 있는 것으로, 州郡民에 대한 조세로서 戶를 기준으로 하는 戶調는 西晋代 제도화되었고, 秦漢代에는 口賦와 算賦가 조세의 기본이었기 때문에, 西晋의 戶調는 戰國末부터 이민족에 대해 戶단위로 부과하는 賨布와는 그 성격이 동일하지 않다. 戰國末 秦漢代 賨布는 당시 州郡民에 부과되는 口賦와 算賦에 대치되는 것으로, 晋代 州郡民에 대한 戶調가 정착되면서 異民族에 대한 賨布를 이 범주로 제도화한 것으로 파악된다. 따라서, 板楯蠻 등 일부 종족들이 唐代까지 免役을 주장한 것은 賨布와는 별개의 문제였다. 『後漢書疏證』 卷12에서 沈欽韓은 『北史』 卷95 「蠻傳」의 "獠者蓋南蠻之別種. …… 能爲細布 色至鮮淨"과 『唐六典』 卷3 「尙書戶部」의 "涪州連頭獠布"를 賨布와 연결시키고 있다.

疾, 舟船不得上. 蠻氏知尙糧少入遠, 又不曉道徑, 遂屯聚守險. 尙食盡引還, 蠻緣路徼戰, 尙軍大敗, 悉爲所沒. 二十四年, 相單程等下攻臨沅, 遣謁者李嵩·中山太守馬成擊之, 不能剋. 明年春, 遣伏波將軍馬援·中郎將劉匡·馬武·孫永等, 將兵至臨沅, 擊破之. 單程等飢困乞降, 會援病卒, 謁者宗均聽悉受降. 爲置吏司, 群蠻遂平.

광무제(光武帝)가 중흥하였을 때 무릉의 만이들이 갑자기 번성하였다.[43] 건무(建武) 23년(47) 정부(精夫), 상단정(相單程) 등이 좁고 험악한 지형에 의지하여 군현을 크게 노략질하였다. 이에 무위장군(武威將軍)[44] 유상(劉尙)[45]을 보내 남군(南郡), 장사(長沙), 무릉(武陵)에서 병사 만 여인을 징발하여, 배를 타고 원수(沅水)[46]를 거슬러 무계(武谿)[47]에 들어가 이들을 공격하였다. 유상은 적을 가벼이 여겨 깊고 험한 곳으로 들어가자, 산이 깊고 물 흐름이 빨라 배들이 더 나아갈 수 없었다. 만씨(蠻氏)[48]들은 유상이 식량이 적고 멀리 들어왔으며,

43) 光武 中興은 後漢 光武帝의 등극을 의미하는데, 그렇다고 武陵의 蠻夷가 번성한 것이 光武帝의 정책과 관련된 것은 아니다. 王莽정권을 포함한 前後漢 교체기 政局이 혼란한 상황에서 사방의 이민족들의 활동이 크게 늘어나는데, 특히 王莽이 古禮에 입각하여 異民族에 대해 爵位를 貶下한 것에 대한 반발로 이민족들의 독자적인 활동이 활발하게 추진된 것과 관련된 것으로 보인다.

44) 武威將軍: 建武 2년 郭守가 1차례 나타날 뿐(『後漢書』 卷17, 「岑彭傳」), 後漢代에는 劉尙의 地位로만 나타난다. 구체적인 職任보다는 특정한 將軍에 대한 고유한 칭호로, 武職의 관료적 階序와는 무관한 것으로 보인다.

45) 劉尙: 後漢代 光武帝 建武 6년(30)부터 24년까지 활동한 장수로, 建武초 羌族과 公孫氏 토벌에 공을 세우다가, 建武 19년에서 24년까지 西南夷와 南蠻의 토벌에 참여하였다. 建武 24년 五溪蠻 토벌시 軍士들과 함께 사망한 것으로 보인다. 『明統志』 卷65 「辰州府」에 폐허화되었지만 劉尙城이 남아 있다고 전하고 있다.

46) 沅水: 李賢注에서는 牂柯郡 옛 且蘭 동북에서 시작하여 辰州·潭州·岳州를 거치고 洞庭湖을 거쳐서 長江에 들어간다고 하였다(沅水出牂柯故且蘭東北, 經辰州·潭州·岳州, 經洞庭湖入江也.). 현재 같은 명칭으로 호남성 서북부에서 동정호로 흘러드는 강이다.

47) 武谿: 李賢은 『後漢書』 卷18, 「吳蓋陳臧列傳」에서 注를 달고 있는데, 당시 辰州 盧谿縣의 강이라고 하고 있다(武谿, 水名, 在今辰州盧谿縣). 史書에선 '武溪'라고도 표현되어 있는데, 武陵의 五溪중의 하나이다. 五溪는 沅水유역의 雄溪, 樠溪, 辰溪, 酉溪, 武溪를 가리키는데, 蠻夷의 거주지로 이들을 五溪蠻으로 불렀다(『南史』 卷79, 「夷貊下」 「荊雍州蠻」).

48) 蠻氏: 武陵 蠻夷의 부족세력을 가리키는 곳이 분명한 것으로, '蠻氏'가 蠻夷에 대한 칭호로 사용된 것은 『後漢書』에서만 나타난다. 이와는 별도로 원래 戰國時代까지 현재 洛陽의 남쪽인 伊洛之間에 陸渾과

또 길을 잘 모른다는 것을 알고, 끝까지 험악한 지역에 모여 방어하였다. 유상이 식량이 떨어져 철군하자, 만들은 길을 따라가며 싸움을 걸었다. 유상의 군대는 크게 패하여 모두 수몰되었다. [건무(建武)] 24년(48) 상단정 등이 임원(臨沅)[49]에 쳐들어 오자, [朝廷에서는] 알자(謁者)[50] 이숭(李嵩),[51] 중산 태수(中山太守) 마성(馬成)[52]을 보내 공격하였으나 이기지 못하였다. 이듬해 봄[53]에 복파장군(伏波將軍) 마원(馬援),[54] 중랑장(中郎將)[55] 유광(劉匡), 마무(馬武),

---

함께 존립하였던 소왕국으로, 후에 陸渾은 晉에, 蠻氏는 楚에 복속되었다. 이 蠻氏國과 武陵의 蠻과 어떤 관계가 있는 것으로 확인되지는 않는다.

49) 臨沅: 漢代 武陵郡 臨沅縣으로, 현재 湖南省 武陵縣의 서쪽에 있다.

50) 謁者: 春秋戰國시대부터 國君을 위해 傳達의 일을 담당하는 일로 시작된 관직으로, 秦漢시대 제도화되었다. 漢代에는 '賓贊受事'를 담당하는 관리로 秩이 比六百石으로 70명이 두어진 것과 少府의 官屬으로 中書謁者가 있었다. 成帝시기에 '中書謁者令'이 '中謁者令으로 바뀌었는데, 前後漢代 官職에 '中'자가 들어 있는 경우는 주로 宦官들이 담당하던 관직이었다.

51) 李崇: 이곳 외에 다른 기록은 확인되지 않는다. 中山太守 馬成과 함께 蠻夷를 토벌하도록 하였는데, 여기서 李崇은 中謁者로서 宦官이었던 것으로 보인다.

52) 馬成: 南陽 棘陽人으로 縣吏에서 출발하여 光武帝가 穎川을 장악하고 있을 때 그 휘하로 들어가, 주로 江淮지역과 西北邊의 토벌에 참여하여 光武帝정권의 안정에 공을 세웠다. 이 공으로 平舒侯로 봉해졌는데, 建武14년 北邊의 안정을 도모하여 현재 河北省 定縣에 위치한 中山太守로 보임하였는데, 建武 24년 갑자기 남쪽 武陵蠻의 토벌에 투입되었으나 별 공이 없었다. 『後漢書』 卷22 「馬成傳」에 立傳되어 있다. 갑자기 蠻夷지역과 별 관계가 없는 謁者 李崇과 馬成을 함께 파견한 것은 당시 특별한 사정이 있었던 것으로 보이지만 구체적으로 확인되지는 않는다.

53) 『後漢書』 「光武帝記」와 「馬援傳」에 따르면 馬援이 출정하여 만이를 격파한 것은 建武 25년의 일로 되어 있으나, 東晋의 袁宏이 찬술한 『後漢紀』 권8, 「光武皇帝紀」에 따르면 建武 26년 2월의 일로 적고 있어, 양자의 기록에 다소 차이가 있다.

54) 伏波將軍 馬援: 伏波將軍은 常置되어 고정된 임무가 맡는 관직이 아니라, 파견된 將軍府의 위상을 나타내는 雜號將軍이었다. 漢武帝 元鼎 5년(전112) 南越王의 반란을 평정하기 위해 路博德을 처음으로 伏波將軍으로 임명하였다. 光武帝 建武 17년 徵側의 반란이 일어났을 때는 虎賁中郎將 馬援을 伏波將軍으로 임명하여 이를 토벌하도록 하였다. 建武 23년 武陵蠻의 반란에 武威將軍 劉尙과 中山太守 馬成이 연이어 출병하였으나 진압에 실패하자, 伏波將軍 馬援은 年老하다는 이유로 만류하는 光武帝를 압박하여 끝내 출병하였지만 도중에 사망하고 만다. 『後漢書』 卷24, 「馬援傳」으로 立傳되어 있다. 특히, 馬援은 자신의 활동을 路博德의 업적과 연관시키고 있어 그가 伏波將軍이라는 칭호의 계승자임을 의식하고 있음을 보여 주고 있다. 이는 伏波將軍이 고정된 임무가 부여된 것은 아니지만 南越, 南蠻를 평정하는 장군으로서의 의식과 전통이 계승되는 것으로 보인다.

55) 中郎將: 『後漢書志』 권25 「百官」2 光祿勳條에 따르면 光祿勳은 궁문의 숙위를 담당하는 관직으로 俸秩은

손영(孫永)[56] 등을 보내 군사를 이끌고 임원에 이르러 이들을 격파하게 하였다. 단정 등은 굶주려 항복을 청하였다. 마침 마원이 병들어 죽자, 알자 종균(宗均)[57]이 항복을 모두 받아들였다. 이들을 위해 이사(吏司)[58]를 설치하자 여러 만들이 마침내 평정되었다.

肅宗建初元年, 武陵澧中蠻陳從等反叛, 入零陽蠻界. 其冬, 零陽蠻五里精夫爲郡擊破從, 從等皆降. 三年冬, 漊中蠻覃兒健等復反, 攻燒零陽·作唐·孱陵界中. 明年春, 發荊州七郡及汝南·潁川(施)[弛]刑徒吏士五千餘人, 拒守零陽, 募充中五里蠻精夫不叛者四千人, 擊澧中賊. 五年春, 覃兒健等請降, 不許. 郡因進兵與戰於宏下, 大破之, 斬兒健首, 餘皆棄營走還漊中, 復遣乞降, 乃受之. 於是罷武陵屯兵, 賞賜各有差.

숙종(肅宗)[59] 건초(建初) 원년(76) 무릉 예중만(澧中蠻)[60] 진종(陳從) 등이 반란을 일으켜

二千石이다. 中郎將은 光祿勳의 속관으로 五官, 左, 右, 虎賁, 羽林中郎將이 있었는데, 俸秩은 比二千石이었다.

56) 劉匡, 馬武, 孫永: 이들은 모두 中郎將으로서『後漢書』卷24,「馬援傳」에서는 耿舒가 포함되어 있다. 馬武는『後漢書』卷22에 立傳되어 있다. 中郎將은 궁정의 호위를 담당하는 三署의 郎中를 통령하는 궁정수비군의 武將으로, 후한시대에는 郡國에서 孝廉으로서 천거하였다(『通典』卷29,「職官」11 武官下 中郎將五官中郎將 左右中郎將條, "並領三署郎從, 後漢之制, 郡國舉孝 廉以補之. 三署郎年五十以上屬五官.").

57) 宗均: 원문에는 '宗均'이라 되어 있으나,『後漢書』권41에서는 '宋均'이라는 이름으로 열전에 수록되어 있으며,『後漢紀』에서도 '宋均'으로 적고 있다. 이에 대해『資治通鑑』胡三省注에서는 宋均의 원래 성은 '宗'으로 '宋'이라고 한 것은 잘못 전해진 채로 기록된 것이라고 하였다.『後漢書』卷41에 立傳되어 武陵蠻 토벌과정과 宋均의 활동이 더 자세하게 설명되어 있다. 宋均은 원래 中書謁者로 있을 때 武威將軍 劉尚이 武陵蠻에게 위기에 처하자, 이를 구하기 위해 江夏에서 軍士를 징집하는 임무를 띄고 파견되었다. 나중에 馬援이 출병하였을 때는 監軍으로 동행하였다. 馬援 역시 현장에서 사망하자, 나머지 장군들과 군사를 수습하고 허위로 伏波司馬 呂種을 沅陵令으로 임명하여 가짜 詔書를 가지고 蠻夷에 들어가 은혜와 신뢰를 보이니, 蠻夷들이 자신의 君長을 베고 항복하였다고 한다. 宋均은 이를 받아들이고, 이어서 황제에게 허위로 詔書를 꾸민 것에 대해 죄를 청하여 용서를 받았다.

58) 吏司:『後漢書』卷41,「宋均傳」에는 '長吏'로 되어 있다. 특별한 관청이라기보다 蠻夷 등을 地方 屬官으로 임명하였음을 의미한다.

59) 肅宗: 後漢 章帝 劉炟. 기원후 76~88년 재위.

60) 武陵 澧中蠻: 澧水유역의 蠻夷. 澧水는 현재 湖南省과 湖北省 경계 八公山 東麓에서 발원하여 張家界市

영양만(零陽蠻) 지역에 들어왔다.[61] 그 해 겨울 영양만의 오리(五里) 정부(精夫)가 군(郡)을 위해 진종을 격파하자, 진종 등이 모두 항복하였다. 3년 겨울(78) 누중만(漊中蠻)[62] 담아건(覃兒健) 등이 다시 반란을 일으켜, 영양(零陽), 작당(作唐), 잔릉(孱陵)[63]의 경계지역을 불살랐다. 이듬해 봄 형주의 7군과 여남(汝南) 영천(潁川)의 형도(刑徒)와 이사(吏士)[64] 5,000여 인을 징발하여 零陽에서 막아 방비하며, 충중(充中) 오리만(五里蠻) 정부(精夫)로서 반란을 일으키지 않은 자 4,000인을 모집하여 예중(澧中)의 적을 격파하였다.[65] 5년(80) 봄 담아건 등이 항복을 청하였으나 허용하지 않았다. 군(郡)에서는 이어서 군대를 진격하여 굉하(宏下)[66]에서 전투를 벌여 크게 격파하고, 담아건을 참수하였다. 나머지는 군영을 버리고 누중으로 도망가 다시 사자를 보내 항복을 구걸하니, 이를 받아들였다. 이때 무릉에 주둔하였던 군사를 해산하고 각각 공의 등차에 따라 상을 내렸다.[67]

慈利縣 澧縣을 거쳐서 津市에서 洞庭湖로 유입된다. 도중에 漊水, 渫水, 道水 등의 支流가 합류한다. 澧中蠻 거주지의 위치는 臨澧와 澧陽을 상정해 볼 수 있는데, 零陽蠻보다 더 상류쪽에 위치한 것이 분명하므로, 臨澧가 澧中蠻의 근거지로 보는 것이 타당하다. 臨澧는 현 湖南省 桑植縣이다.

61) 零陽蠻: 零陽은 後漢代 武陵郡의 屬縣으로 현재 湖南省 慈利縣 인근 澧水 中流 南岸에 위치해 있다. 여기서 漊水가 澧水에 합류된다. 零陽蠻은 澧中蠻에 비해 澧水 하류에 근거하고 있는 것으로, 澧水 남쪽 沅水 下流에 자리잡고 있는 武陵郡 郡治의 입장에서 보면 澧中蠻의 零陵蠻으로의 침입은 武陵郡의 안전에 위협이 된다.

62) 漊中蠻: 漊水상의 蠻夷로, 漊水는 李賢의 注에서는 唐代 澧州 崇義縣에서 발원한다고 하고 있다. 漊水는 零陵에서 澧水와 만나기 때문에 漊水蠻 역시 계곡을 따라 외부로 나아가게 되면 零陵蠻과 마주치게 된다. 『明史』 卷310 「胡廣土司」에 慈利安撫使覃垕가 諸蠻과 연합하여 반란을 일으켰다는 기사가 있는데, 明代까지 覃代가 酋長을 하고 있는 것을 보여준다.

63) 作唐과 孱陵: 모두 武陵郡의 屬縣으로, 作唐은 澧水 하류로서 현 湖南省 安鄕지역이고, 孱陵城은 唐代까지 荊州 公安縣 西南에 남아 있었다고 李賢注에서 밝히고 있다. 현재 湖南省 公安 근처이다.

64) 刑徒와 吏士: 刑徒는 漢代 徒刑을 받은 죄수로서 강제노역에 종사하고, 吏士는 중국 고대 官兵을 의미하는데, '將'과 대비되어 상설군사의 의미를 갖는다. 한편, 官府의 屬吏를 통칭하기도 하여 단순히 軍士만을 의미하지 않는 경우도 있다. 지방관청은 물론 중앙관청에서도 보유하고 있으면서, 단순한 군사적 활동 외에 행정 보조에도 종사하는데, 상주하고 있다는 점에서 徵發된 兵士와는 다르며, 고된 활동과 책임이 부과되고 있기는 하지만, 신분적으로 賤民이나 罪人은 아니라는 점에서 刑徒와도 구별된다. 일부에서 '刑徒' 앞에 '弛'가 있다고 하여, '弛刑徒'를 '馳刑徒'로 파악하여 '馳刑徒'를 刑具를 차지 않은 刑徒로 해석하기도 한다.

65) 充中: 後漢代 武陵郡 充縣을 가리키는 것이 분명하다.

66) 宏下: 분명하게 확인되지는 않지만 郡內 조그만 지명을 의미하는 것으로 보인다.

和帝永元四年冬，漊中·澧中蠻潭戎等反，燔燒郵亭，殺略吏民，郡兵擊破降之．安帝元初二年，澧中蠻以郡縣徭稅失平，懷怨恨，遂結充中諸種二千餘人，攻城殺長吏．州郡募五里蠻六亭兵追擊破之，皆散降．賜五里·六亭渠帥金帛各有差．明年秋，漊中·澧中蠻四千人並爲盜賊．又零陵蠻羊孫·陳湯等千餘人，著赤幘，稱將軍，燒官寺，抄掠百姓．州郡募善蠻討平之．

화제(和帝)[68] 영원(永元) 4년(92) 누중과 예중만 담융(覃戎) 등이 반란을 일으켜, 우정(郵亭)[69]을 불태우고 관리와 백성을 죽이고 노략질하니, 군병(郡兵)이 격파하여 항복시켰다. 안제(安帝) 원초(元初) 2년(115) 예중만(澧中蠻)이 군현의 요역과 조세가 공평성을 잃었다고 원한을 품고, 마침내 충중(充中)의 여러 종족 2,000여 인과 결합하여 성(城)을 공격하여 장리(長吏)를 죽였다. 주군(州郡)에는 오리만과 육정(六亭)의 병사를 모집하여 이들을 추격하여 격파하니, 모두 흩어지거나 항복하였다. 오리와 육정의 거수(渠帥)들에게 각각 등급별로 보석과 비단을 하사하였다.[70] 이듬해 가을 누중(漊中)과 예중만(澧中蠻) 4,000여 인이 모두 도적이 되었다. 또 영릉만(零陵蠻) 양손(羊孫)과 진탕(陳湯) 등 천여 인이 적책(赤幘)을 차고 장군을 칭하면서[71] 관청을 불사르고 백성들을 노략질하였다. 주군에서는 선량한 만들을 모병하여

---

67) '罷屯兵': 자립적인 경제활동을 겸하면서 병사들이 일정한 곳에 주둔하면서, 정해진 군사활동을 수행하는 이른바 屯兵制가 後漢에도 시행되고 있었다. 그러나 여기서는 제도적인 屯兵制의 형태라기보다, 建初 5년 荊州의 7군과 汝南 潁川의 刑徒와 吏士 5,000여 인을 징발하여 편성된 軍隊를 해산하고 복역을 사면한 것을 의미한다.

68) 和帝: 後漢 4대 황제 劉肇. 기원후 88~105년 재위.

69) 郵亭: 漢代 문서전달과 관원투숙을 위해 일정한 거리마다 숙소나 연락처로 설치된 관아. 『漢書』「薛宣傳」, 顔師古 注: "郵, 行書之舍, 亦如今之驛及行道館舍也."

70) 『後漢書』卷5,「安帝紀」, 元初 2년(116) 12월조, "武陵澧中蠻叛, 州郡擊破之."의 李賢注에 "東觀記曰:「蠻田山 高少等攻城, 殺長吏, 州郡募五里蠻夷 六亭兵追擊, 山等皆降. 賜五里 六亭渠率金帛各有差.」"로 되어 있다. 蠻의 지도자로 田山과 高少 등을 거론하고 있는데, 그들에 관한 다른 기록은 확인되지 않는다. 현전본 『東觀漢記』에서는 이 내용을 찾을 수 없다

71) '著赤幘 稱將軍': 赤幘은 붉은 두건으로, 고대 무사들이 위엄을 보이기 위해 착용하였다(『後漢書』「輿服志」下, "武吏常赤幘, 成其威也."). 武吏, 즉 하급지휘관이 赤幘을 착용하는 것으로, 이를 將軍을 칭한 것으로 설명하였다.

이들을 토벌하여 평정하였다.

順帝永和元年, 武陵太守上書, 以蠻夷率服, 可比漢人, 增其租賦. 議者皆以爲可. 尚書令虞詡獨奏曰: 「自古聖王不臣異俗, 非德不能及, 威不能加, 知其獸心貪婪, 難率以禮. 是故羈縻而綏撫之, 附則受而不逆, 叛則棄而不追. 先帝舊典, 貢稅多少, 所由來久矣. 今猥增之, 必有怨叛. 計其所得, 不償所費, 必有後悔.」 帝不從. 其冬澧中·漊中蠻果爭貢布非舊約, 遂殺鄉吏, 擧種反叛. 明年春, 蠻二萬人圍充城, 八千人寇夷道. 遣武陵太守李進討破之, 斬首數百級, 餘皆降服. 進乃簡選良吏, 得其情和. 在郡九年, 梁太后臨朝, 下詔增進秩二千石, 賜錢二十萬. 桓帝元嘉元年秋, 武陵蠻詹山等四千餘人反叛, 拘執縣令, 屯結深山. 至永興元年, 太守應奉以恩信招誘, 皆悉降散.

순제(順帝)[72] 영화(永和; 136~141) 원년(136) 무릉 태수가 상서를 올려, 만이가 모두 복속되어 한인(漢人)과 동일하니 조세와 부역을 증액하여야 한다고 하였다. 의정자[73]들이 모두 옳다고 하였다. 상서령(尙書令) 우후(虞詡)[74]만이 홀로 상주하여 말하기를 "예로부터 성왕(聖王)은 풍속이 다른 사람들을 신하로 부리지 않았으니, 덕이 미치지 못하고 [무력에 의한] 위세를 가할 수 없었던 것이 아니라, 그 짐승 같은 심성이 탐욕스러워 예(禮)로써 이끌기가 어렵다는 것을 알았기 때문입니다. 이 때문에 기미(羈縻)하여[75] 어루만져서, 복속하면 받아들

72) 順帝: 後漢 8대 황제 劉保. 126~144년 재위.

73) 議者: 漢代에 일정한 사안에 대해 구체적인 정책과 賞罰 그리고 전쟁과 人事를 논의하는 이른바 集議制度에 참여하는 사람들로서, 고전적인 의미에서 議政官은 "太師 太傅 太保 是爲三公, 蓋參天子, 坐而議政, 無不總統(『漢書』 卷19上, 「百官公卿表」)"이라고 하여 三公의 고유한 직임이었다. 그러나 漢代에는 황제의 취향과 집권자들의 의지에 따라 列侯 中二千石 二千石 博士 등이 포함되어(『漢書』 卷53, 「景十三王傳」) 鹽鐵會議와 같은 거대 담론으로 발전하기도 하였지만, 때로는 宗室 近親에 한정되기도 하였다(『後漢書』 卷24, 「馬援傳」). 여기서 그 참여자가 누구인지 구체적으로 드러나지는 않는다.

74) 虞詡: 『後漢書』 卷58, 「虞詡傳」으로 立傳. 陳國人으로 郡縣 獄吏로서 법을 집행함에 '平允'한 것으로 유명하였던 조부의 휘하에서 성장하였다. 『尙書』에 능통하여 太尉 李脩의 辟召를 받아 官界에 진출하여 엄정한 법집행으로 신임을 얻었는데, 武都太守로서 羌族을 안정시킨 경험을 가지고 있었다. 永初 초년에 尙書令이 되었지만 公事로 인해 관직을 떠났다고 하는데, 武陵蠻에 세금을 증액시키려는 정책에 반대한 것과 무관하지는 않을 것이다.

이지 이를 막지 않았고, 거역하더라도 포기하지 이를 끝까지 추격하지는 않았습니다. 선제(先帝)의 옛법에서 공물과 세금에 많고 적음은 그 연유가 오래 된 것입니다. 지금 함부로 증액하면 반드시 원한을 품어 반역이 있을 것입니다. [세금의 증액으로] 얻어지는 것을 헤아려 보면 [군사토벌의] 비용을 당하지 못하여 반드시 후회하게 될 것입니다."라고 하였다. 황제는 이를 따르지 않았다. 그 해 겨울 과연 예중과 누중만이 공포(貢布)가 옛날의 약속과 다르다고 분란을 일으켜 마침내 향리(鄕吏)[76]를 죽이고, 종족 모두가 반란을 일으켰다. 이듬해 봄에는 만인(蠻人) 20,000인이 충성(充城)[77]을 에워싸고 8,000인은 이도(夷道)[78]를 노략질하였다. 무릉태수 이진(李進)을 보내 토벌하여 수백 명의 머리를 베자, 나머지는 모두 항복하였다. 이진은 이에 양리(良吏)를 선발하여 마음으로의 화합을 얻어냈다. [이진이] [무릉]군에 재임한지 9년이 되었을 때 양태후(梁太后)[79]가 조정을 장악하였는데, 질(秩)을 이천석(二千石)으로 올려주고[80] 전(錢) 20만 냥을 하사하였다. 환제(桓帝)[81] 원가(元嘉) 원년(151) 가을 무릉만의

---

75) 羈縻: 직접적인 의미는 굴레와 고삐로, 고대 중국에서 이민족을 다룰 때 마치 말을 다루듯이 최소한의 통제로, 자신들이 자율적으로 朝廷을 따르도록 외교적으로 통제하는 정책의 개념으로 쓰였다. 구체적으로는 황제에 의한 직접적인 지배인 州郡統治와 적대세력과의 중간에 해당하는 관계로, 원칙적으로 군사적 통제를 전제하지만, 중국측의 입장에서 보면 禮的關係나 동맹관계로 맺어진 국가간의 외교형태를 포괄한다. 漢代부터 존재한 정책이지만, 唐代에는 羈縻州 등 제도적인 체제로 정착되었다.

76) 鄕吏: 조정에서 파견된 官吏와 대비하여, 지방에서 자율적 질서에 입각하여 선출한 관리들을 총칭하는데, 鄕嗇夫, 里老人 등 鄕里사회의 지도자와 縣令을 제외한 縣尉 등 縣官衙의 官吏 대부분이 포괄된다.

77) 充城: 武陵郡 充(中)縣의 縣城. 『後漢書』 卷3. 「章帝紀」 李賢注에서 『水經』을 인용하여 澧水가 充縣 西歷山에서 발원하고 있다고 하고 있다("水經曰: 「澧水出武陵充縣西歷山之北」也.").

78) 夷道: 後漢代 南郡의 屬縣으로서, 현 湖北省 宜都縣 일대이다. 夷都의 治所는 長江 연안에 위치하고 있지만, 澧中蠻이 근거하는 澧水의 상류에서 산을 넘으면 夷水를 만나게 되고, 夷水의 下流는 夷道에서 長江에 합류된다. 따라서, 武陵郡 充縣에서 澧水를 타고 내려오면 武陵郡 澧陽이 되고, 夷水를 타고 내려오면 南郡의 夷道縣이 된다.

79) 梁太后: 後漢 順帝의 황후로서, 이름은 梁妠, 106～150年 생존. 安定 烏氏(현재 甘肅省 平涼縣 西北)人. 順帝死後 6年간 집정한 이후 沖帝 質帝 桓帝의 3명의 황제시기에 臨朝하여 조정을 장악하여 梁氏의 外戚에 의해 조정이 장악되는 시대를 열었다. 그의 부친 梁商은 順帝시 大將軍이었는데, 永康 3년(128) 여식 梁納을 입궁시켜 順帝의 총애를 받으면서 皇后로 봉하게 하였는데, 順帝 死後 겨우 2세인 태자 劉炳을 皇帝로 등극시키고 자신이 皇后의 신분으로 臨朝聽政하여 梁氏 외척들이 조정의 전권을 장악하였다.

80) 增秩二千石: 漢代 太守의 俸秩은 二千石인데 李進은 이미 武陵太守로서 俸秩 역시 二千石일 것으로, 二千石으로 增秩하였다는 것은 그 의미가 불분명하다. 『漢書』 如淳의 註에서 太守가 二千石이라고 하지

첨산(詹山) 등 4,000여 인이 반역을 일으켜 현령을 붙잡고 깊은 산 속에서 진을 치고 방어하였다. 영흥(永興) 원년(153)에 이르러 태수 응봉(應奉)[82]이 은혜와 신의로 회유하자, 모두 항복하고 해산하였다.

永壽三年十一月, 長沙蠻反叛, 屯益陽. 至延熹三年秋, 遂抄掠郡界, 衆至萬餘人, 殺傷長吏. 又零陵蠻入長沙. 冬, 武陵蠻六千餘人寇江陵, 荊州刺史劉度·謁者馬睦·南郡太守李肅皆奔走. 肅主簿胡爽扣馬首諫曰: 「蠻夷見郡無儆備, 故敢乘閒而進. 明府爲國大臣, 連城千里, 擧旌鳴鼓, 應聲十萬, 柰何委符守之重, 而爲逋逃之人乎!」 肅拔刃向爽曰: 「掾促去! 太守今急, 何暇此計.」 爽抱馬固諫, 肅遂殺爽而走. 帝聞之, 徵肅棄市, 度·睦減死一等, 復爽門閭, 拜家一人爲郎. 於是以右校令度尚爲荊州刺史, 討長沙賊, 平之. 又遣車騎將軍馮緄討武陵蠻, 並皆降散. 軍還, 賊復寇桂陽, 太守廖析奔走. 武陵蠻亦更攻其郡, 太守陳奉率吏人擊破之, 斬首三千餘級, 降者二千餘人. 至靈帝中平三年, 武陵蠻復叛, 寇郡界, 州郡擊破之.

영수(永壽) 3년(157, 후한 환제) 십일월 장사만(長沙蠻)이 반역을 일으켜 익양(益陽)[83]에 진을 치고 머물렀다. 연희(延熹) 3년(160) 가을에 이르러 드디어 군의 변경지역을 노략질하면서 무리가 만여인에 이르고 수령과 관리를 살상하였다. 또 영릉만이 장사에 들어왔다. 겨울에

만 때로는 千石이나 八百石도 있었다고 하고 있는데(『漢書』 권8, 「宣帝紀」), 여기에 의하면 武陵太守 李進이 원래 二千石이 되지 못하다가 공덕이 있어 이때 二千石이 되었다는 의미가 된다.

81) 桓帝: 後漢 皇帝 劉志. 147~167년 재위.

82) 應奉: 汝南 南頓 출신으로 어려서부터 학식이 뛰어나서 『漢書後序』를 찬술하기도 하였다. 武陵蠻과 관련된 활동은 『後漢書』 卷48, 「應奉傳」에 좀더 자세히 설명되어 있다. 詹山 등의 반란에 대해 조정에서 논의하던 중 四府에서 모두 應奉의 재주로 장수를 감당할 수 있다고 하여 武陵太守로 배수되었는데, 부임하여 위무하여 받아들이자 詹山 등이 모두 항복하고 해산하였다. 이에 학교를 세우고 민간에 있는 인재를 등용하니, 그의 정치가 구태를 벗어났다고 칭찬받았다. 延熹연간에 무릉만이 다시 반란을 일으켜 車騎將軍 馮琨이 정벌을 떠날 때 應奉이 蠻人들에게 위엄과 은혜가 있다고 하여 다시 從事中郎으로 함께 떠났다. 또, 桓帝시 番禺의 郡人 尹珍이 許愼과 應奉으로부터 經書와 圖緯를 받아 돌아가 교육을 하기도 하였다.

83) 益陽: 長沙郡 益陽縣. 현 湖北省 益陽市이다.

는 무릉만 6,000여 인이 강릉(江陵)[84]을 노략질하자, 형주자사 유도(劉度), 알자(謁者)[85] 마목(馬睦), 남군태수 이숙(李肅)이 모두 도망가 버렸다. 이숙의 주부(主簿)[86] 호상(胡爽)이 말머리를 잡아당기며 간청하기를, "만이들이 군(郡)에서 방비를 하지 않는 것을 알고, 그 틈을 타서 진격한 것입니다. 명부(明府)[87]께서는 나라의 대신으로서 성(城)을 따라 천 리에 모(旄)[88]를 게양하고 북을 울리시면 이에 호응하는 자가 십만 명은 될 터인데, 어찌 부절(符節)을 받은 군태수의 막중한 책임을 팽개치고 도망치는 사람이 되시려 합니까?" 이숙이 칼을 빼들고 호상을 향하여 "조무래기[89]는 꺼져라!, 태수가 지금 위급한 판에, 어찌 이따위 수작을 하느냐?" 호상은 말을 껴안고 극력 간언하였다. 이숙은 마침내 호상을 죽이고 도망하였다. 황제가 이 말을 듣고, 이숙을 잡아들여 기시(棄市)에 처하고, 유도와 마목은 감사일등(減死一等)[90]에 처하였다. 호상 일가에는 요역과 부세를 면제하고, 가족 중 한 명을 랑(郎)[91]으로

---

84) 江陵: 南郡 江陵縣, 후에 南郡이 江陵郡으로 변경되었는데, 현재 湖北省 江陵市이다.

85) 謁者: 春秋時代부터 나타난 관직으로 황제의 명을 전달하거나 특별한 임무를 수행하였다. 이때 謁者 馬睦은 荊州刺史 劉度를 督하여 만을 평정하는 임무를 띠고 파견되었다(『後漢書』 卷38, 「度尙傳」).

86) 主簿: 漢代 中央과 郡縣의 관청에서 文書를 관장하고 사무를 처리하는 관리였는데, 魏晋時代에 이르러 군사를 통령하기 위해 幕府를 개설한 大臣의 府屬僚로 바뀌어 府의 樞要에 참여하고 府事를 總領하는 관료로 바뀌었다.

87) 明府: 원래는 大府, 官府를 칭하는 말이었지만, 漢魏시대 郡守나 牧, 尹 등 고위 지방 목민관의 존칭으로 '明府君'이 사용되면서 약칭하여 '明府'로 쓰였다(『後漢書』「張湛傳」, "明府位尊德重, 不宜自輕." 李賢注 "郡守所居曰府. 明者, 尊高之稱.").

88) 旄: 旄牛의 꼬리를 장대에 매단 깃발로, 오래 전부터 장수들의 의장용으로 사용되었는데, 旄牛의 꼬리는 西南夷의 貢物로 충당하였다.

89) 掾: 官府에서 官長을 보좌하는 官屬을 統稱하는 의미인데, 대부분 官長의 辟召에 의해서 임명되기 때문에 官長과 私屬關係가 강하다. 여기서는 자신에 의해 임용된 자로서 太守 개인을 위해 활동해야 하는 낮은 지위의 인물에게 私的관계를 강조하면서 쓰인 표현이다.

90) 減死一等: 漢初 刑法에서 형벌은 死, 肉, 流, 徒, 杖. 笞의 단계로 되어 있는데, 死刑에서 1등급을 내리는 것은 肉刑, 肉刑이 폐지된 후에는 流刑이다. '減死一等'은 死刑의 죄에 해당하나 流刑에 처한 것으로, 流刑이 갖는 경감기준에는 해당되지 않는다.

91) 郎: 전국시대부터 설치되었던 관직으로 秦漢시대에는 議郎 · 中郎 · 侍郎 · 郎中 등이 있었다. 정원 제한은 없으며, 前漢까지는 郎中令에 後漢代에는 光祿勳에 소속되었는데, 前漢까지는 궁중의 호위와 심부름 외에 수시로 정책을 건의하는 일을 담당하다가, 다른 관리로 발탁되는 지위였다. 그러나 後漢代에는 尙書臺가 실제적으로 행정의 중추가 되면서 각 曹별로 배속될 尙書郎이 되어 구체적인 實職을 갖게 되었다. 후에는 侍郎, 郎中, 員外郎 등의 요직으로 발전하였다.

배수(拜授)하였다. 이에 우교령(右校令)[92] 도상(度尙)을 형주자사로 삼아 장사(長沙)의 적들을 토벌하게 하니, 평정되었다. 또 거기장군(車騎將軍) 풍곤(馮緄)[93]을 보내 무릉만을 토벌케 하니, 모두 항복하거나 해산하였다.[94] 군대가 귀환하자 적들은 다시 계양(桂陽)을 노략질하였는데, 태수 요석(寥析)이 도망가 버렸다. 무릉만이 다시 군의 치소를 공격하였는데, 태수 진봉(陳奉)이 관리들을 이끌고 이를 격파하였다. 참수된 자가 3천여 급이고, 항복한 자가 2천여 인이 되었다. 영제(靈帝) 중평(中平) 3년(186) 무릉만이 다시 반란을 일으켜 군 지역을 노략질하니 주군(州郡)에서 이를 격파하였다.

禮記稱「南方曰蠻, 雕題交阯」. 其俗男女同川而浴, 故曰交阯. 其西有噉人國, 生首子輒解而食之, 謂之宜弟. 味旨, 則以遺其君, 君喜而賞其父. 取妻美, 則讓其兄. 今烏滸人是也.

『예기(禮記)』에서 "남방[에 사는 사람을] 만(蠻)이라고 하니, 이마에 문신을 새기고,[95] (남

92) 右校令: 『後漢書志』 권27 「百官」 4에 따르면 右校令은 종묘, 궁실, 능원 등의 토목공사및 도로의 정비를 담당하는 丈作臺의 屬官으로, 俸秩은 六百石이고 공사장인들을 관리한다.

93) 馮緄: 蠻夷 토벌에 대해서는 『後漢書』 권38, 「馮緄傳」에 상세하다. 당시 荊州刺史와 南郡太守가 도망하자, 馮緄이 車騎將軍으로 군사 10만여 명을 이끌고 나아가 토벌하게 하였다. 그런데 당시 천하에는 기근이 들고 재정은 궁핍한데 사방으로 전쟁을 치러야 했으므로 공경백관의 녹봉을 줄이고 제후왕이 받던 세금을 임시로 끌어다가 군자금으로 충당하게 할 정도였다. 그가 長沙에 도착하여 武陵蠻夷를 격파하고 적의 수급 4천여 급을 베고 10만여 무리의 항복을 받아내니 형주는 평정되었다. 그는 상서를 통해 應奉에게 그 공을 미루었는데 당시 應奉은 從事中郎으로 從軍하여 만이 평정에서도 일정한 역할을 했던 것으로 보인다. 군대가 회군한 틈을 타 장사의 만이가 다시 일어나 계양, 무릉을 공격하자 군대를 돌려 이들을 다시 평정하였다. 그 후 조정으로 돌아와 廷尉가 되었는데, 黨錮事件에 연루되어 화를 입을 뻔하였으나 응봉의 상소로 이를 면하고 뒤에 다시 복직되어 생을 마쳤다.

94) 『後漢書』 「桓帝紀」에 따르면 延熹 3년 겨울 무릉만이 강릉을 약탈하자 車騎將軍 馮緄이 이를 토벌하였으며, 형주자사 度尙이 長沙蠻을 평정한 것으로 되어 있다. 그리고 延熹 5년 4월, 5월, 10월에 걸쳐 만이의 반란 기사가 보이며, 특히 10월의 경우 당시 南郡太守 李肅이 도망쳤다가 처벌을 받은 것으로 되어 있다. 그런데 『後漢書』 권38 馮緄과 度尙의 열전 기록에 따르면 荊州刺史 劉度와 馬睦 등이 패하여 도망치고 度尙이 조정의 논의에서 형주자사로 임명된 것은 연희 5년의 일로서, 본기와 열전의 기록이 어긋난다.

95) 李賢註에서는 '題'란 이마를 뜻한다, 이것을 새긴다는 것은 그 살갗을 새겨 붉고 푸른 물을 들이는

녀가) 다리를 서로 엇걸고 잔다."[96]고 하였다. 그들의 풍속에서는 남녀가 한 개울에서 목욕을 하니 그래서 '교지(交阯)'라고 한다. 그 서쪽에 담인국(噉人國)이 있는데, 첫아이를 낳으면 갈라 먹는데, 이를 '의제(宜弟)'라고 한다.[97] 맛이 좋으면 그 군장에게 보내는데, 군장은 이를 기뻐하여 그 아비에게 상을 내린다. 아름다운 처를 얻게 되면 그 형에게 양보한다. 지금의 오호인(烏滸人)[98]들이 이들이다.

것을 말한다고 하였다(題, 額也. 雕之, 謂刻其肌以丹青涅也.).

96) '南方曰蠻, 雕題交阯': 『禮記』「王制」에 나온 말로, 남녀가 함께 자고 목욕하는 것을 설명하는 말이다.

97) 噉人國, 宜弟: '사람을 잡아먹는 나라'라는 의미로 구체적인 실체는 불투명하다. 중국의 史書에서는 『後漢書』에 유일하게 나타나고, 『通典』 등에서 이를 인용하고 있을 뿐이다. 다만, 이와 관련된 내용을 언급하고 있는 『後漢書』 이전의 문헌으로는 『墨子』가 있다. 『墨子』 권6 「節葬」下 제25에는 다음과 같은 내용이 있다. "옛날에 월나라의 동쪽에 輆沐이라는 나라가 있었는데 첫째 아이가 태어나면 해부해서 그것을 먹는데 이것을 '宜弟'라고 한다." 한편, 『墨子』 권13 「魯問」 제49에는 다음과 같은 내용이 있다. "노나라의 陽文君이 墨子에게 다음과 같이 말하였다. 초나라의 남쪽에 '橋'라고 하는 啖人國이 있는데 그 나라에서는 첫째 아이가 태어나면 해부해서 먹으니 이를 '宜弟'라고 한답니다. 맛이 좋으면 그 임금에게 갖다 바치는데 임금은 기뻐하며 그 아비에게 상을 줍니다. 사악한 풍속이 아니고 무엇이겠습니까?" 이처럼 전자에서는 輆沐國에 宜弟의 풍습이 있다고 했고 후자에서는 啖人國에 의제의 풍습이 있다고 하여 같은 책 안에서도 내용이 서로 일치하지 않는다. 하지만 啖은 噉과 통하므로 『後漢書』에서 말한 噉人國은 바로 墨子에서 말한 啖人國을 뜻하는 것으로 생각된다. 啖人國과 관련된 전승은 墨子에서 처음 언급된 이후 위진시대에 편찬된 『博物志』 권2 異俗, 남북조시대에 성립된 『列子』 권5 湯問 등에서도 연용되고 있다. 따라서, 劉宋代에 范曄이 『後漢書』를 찬술하면서 당시에 유전되고 있던 啖人國과 宜弟 관련 전승을 참고하여 이를 기록한 것으로 보인다. '宜弟'는 한자의 의미에서 나온 것은 아닌 것으로, 당시 이 지역사람들의 말을 音寫한 것으로 보인다.

98) 烏滸人: 李賢注에서는 萬震의 『南州異物志』를 인용하여 설명하고 있는데, 여기에 의하면 '烏滸'는 지명으로 廣州의 남쪽 交州의 북쪽에 위치하고 있는데, 항상 다니는 길가에 염탐하는 자를 배치하였다가 [지나는 사람이 있으면] 갑자기 공격하여 사람을 잡아 먹는데 재화는 탐하지 않았다. 그 인육은 젓을 담고 두개골은 깨트려 이를 이용해 술을 마시며, 사람의 손과 발가락으로서는 진기한 음식을 만들어 이를 장노들에게 먹게 한다(萬震南州異物志曰: "烏滸, 地名也. 在廣州之南, 交州之北. 恆出道閒伺候行旅, 輒出擊之. 利得人食之, 不貪其財貨, 並以其肉爲肴葅, 又取其髑髏破之以飮酒. 以人掌趾爲珍異, 以食長老."). 史書의 기록으로는 『後漢書』 권8, 「靈帝紀」, 建寧 3년(170) 鬱林의 烏滸民이 내속하였다는 기록이 처음 나타나, 唐代까지 그 종족의 존재가 확인된다. 劍南道 貴州 鬱平縣(현재 廣西狀族自治區 貴港市)에 자식을 잡아 먹고 남녀가 혼거하는 풍속을 가진 烏滸人이 거주하고 있음을 설명하고 있다(『舊唐書』 권41, 「地理志」 4.). 그 이후에는 이에 관한 기록이 나타나지 않는다.

交阯之南有越裳國. 周公居攝六年, 制禮作樂, 天下和平, 越裳以三象重譯而獻白雉, 曰: 「道路悠遠, 山川岨深, 音使不通, 故重譯而朝.」 成王以歸周公. 公曰: 「德不加焉, 則君子不饗其質; 政不施焉, 則君子不臣其人. 吾何以獲此賜也!」 其使請曰: 「吾受命吾國之黃耇曰: 『久矣, 天之無烈風雷雨, 意者中國有聖人乎? 有則盍往朝之.』」 周公乃歸之於王, 稱先王之神致, 以薦于宗廟. 周德旣衰, 於是稍絶.

교지의 남쪽에 월상국(越裳國)[99]이 있었다. 주공이 섭정하여 6년이 되어 예악을 제정하니 천하가 화평하였는데, 월상국이 코끼리 세 마리를 타고 여러 단계의 통역을 거쳐 흰꿩을 바치면서 "길이 아득히 멀고 산천이 깊어 막혀 있기 때문에 말이 통하지 않아 여러 단계 통역을 거쳐 입조하였습니다."라고 하였다. 성왕이 이를 주공에게 보내자, 주공은 "군자는 덕을 베풀지 않았으면 그 예물을 받을 수 없고, 정치를 제대로 하지 못하였으면 그 사람을 신하로 부리지 않습니다. 제가 어떻게 이 사여품을 받을 수 있겠습니까?"라고 하였다. 이에 그 사신이 말하기를 "나는 우리 나라 황기(黃耇)[100]로부터 '오래 되었구나! 하늘에 계속된

99) 越裳國: 중국 정사에서 越裳國의 입조가 공식적으로 확인되는 것은 『漢書』가 유일하다. 『漢書』 권12, 「平帝紀」에 따르면 平帝 元始 元年(서기 1) 정월 越裳氏가 9번의 통역을 거쳐와서 흰꿩 한 마리와 검은꿩 2마리를 바친 것으로 되어 있다. 하지만 이는 역사적 사실의 기록이라기보다는 당시 정권을 장악했던 王莽 집단의 자작일 가능성이 높다. 周代 越裳氏가 여러 번 통역을 거쳐와 흰꿩을 헌상했다는 기록은 『尙書大傳』, 『韓詩外傳』, 『說苑』 등에서 구체적으로 언급하고 있고 『論衡』에서도 그 내용이 부분적으로 확인된다. 그런데 이것은 역사적 사실의 기록이라기보다는 불모인 먼 지역의 이적까지도 감동시킬 만큼 周公의 정치가 훌륭했음을 묘사하기 위해 越裳氏라는 가상의 존재를 상정한 측면이 강하다. 하지만 앞서 언급한 『尙書大傳』, 『韓詩外傳』, 『說苑』 등은 前漢代의 저작임을 고려할 때, 사실 여부를 떠나 周公과 越裳國 고사는 이미 전한시대에 널리 통용되고 있었음은 분명하다.
같은 내용이 『漢書』 권99상 「王莽傳」에도 자세히 기록되어 있다. 王莽이 흰꿩을 종묘에 바치자 공경대신들은 주나라 成王 때와 같은 상서로운 징조가 오늘날 있게 된 것은 王莽의 공덕 때문이라고 하면서 그를 安漢公에 봉할 것을 주청했다. 몇 차례의 형식적인 사양과 재촉이 오고간 끝에 결국 王莽은 安漢公에 봉해졌으며 조정에서는 그의 권위를 당할 자가 없게 되었다. 이는 王莽이 당시에 널리 전승되고 있던 越裳氏의 고사를 채택하여 이를 재현함으로써 周公을 빌어 자신의 입지를 강화하고 여론의 지지를 획득하려고 했던 것이 분명하다. 그는 나중에 平帝가 위독해지자 그를 대신하여 죽음을 받겠다는 맹세의 글을 짓기도 했는데 이 역시 武王이 위독하자 그를 대신해 죽음을 자청한 周公의 고사를 흉내낸 것이다.

바람과 뇌우가 없어진지가![101] 생각컨대 중국에 성인이 있는 모양이다. 있은즉 가서 조공하거라.'라는 명을 받았습니다." 주공은 성왕에게 다시 돌려 보내,[102] 선왕의 영혼이 이른 것이라고 하여 종묘에 공물로 바쳤다. 주의 덕이 쇠미해지자 점차 단절되었다.

及楚子稱霸, 朝貢百越. 秦幷天下, 威服蠻夷, 始開領外, 置南海 · 桂林 · 象郡. 漢興, 尉佗自立爲南越王, 傳國五世. 至武帝元鼎五年, 遂滅之, 分置九郡, 交阯刺史領焉. 其珠崖 · 儋耳二郡在海洲上, 東西千里, 南北五百里. 其渠帥貴長耳, 皆穿而縋之, 垂肩三寸. 武帝末, 珠崖太守會稽孫幸調廣幅布獻之, 蠻不堪役, 遂攻郡殺幸. 幸子豹合率善人還復破之, 自領郡事, 討擊餘黨, 連年乃平. 豹遣使封還印綬, 上書言狀, 制詔卽以豹爲珠崖太守. 威政大行, 獻命歲至. 中國貪其珍賂, 漸相侵侮, 故率數歲一反. 元帝初元三年, 遂罷之. 凡立郡六十五歲.

초나라가 패자(霸者)를 칭하자,[103] 백월이 조공하였다. 진(秦)이 천하를 겸병하고 만이를

---

100) 黃耇: 李賢은 『爾雅』를 인용하여 黃髮과 鮐背, 그리고 耇老는 나이가 많다는 의미라고 하였다. 이 내용은 현존 『爾雅』 권1 石膏에 포함되어 있다. 黃髮은 노인들의 백발이 빠지고 다시 누런 머리털이 났음을 뜻한다. '鮐背'에서 '鮐'는 복어를 뜻하는데, 사람 나이가 90이 되면 등에 복어의 무늬와 같은 것이 나기 때문으로, 즉 나이가 아주 많다는 뜻이다. '耇'라는 것은 혈기가 소진되면 얼굴빛이 검붉어지는 것이 개와 같음을 의미하며, '老'는 사람 나이 70을 의미한다.

101) 『尙書大傳』에는 '특이한 바람이 불고 비가 쏟아졌다('別風注雨')'라고 되어 있다.

102) 『尙書大傳』 권3, 「大晧篇」에 이 고사가 실려 있다. 前漢 文帝 때 尙書에 능통한 학자를 구하였는데, 秦나라에서 박사를 지낸 伏生이 尙書에 정통하다는 소문을 듣고 등용하고자 하였으나 그는 이미 나이 90을 넘겨 올 수가 없었다. 그래서 그에게 조착을 보내어 尙書를 전수하도록 하였고 그렇게 배운 내용이 당시의 서체인 예서로 기록되었는데 그것이 바로 『今文尙書』 28편이다. 경우에 따라서 나중에 발견된 「泰書」를 여기에 추가하여 29편으로 보기도 한다. 『尙書大傳』은 바로 이 『今文尙書』 28편에 대해 伏生과 그의 제자들이 해설을 붙인 것이다(『韓詩外傳』 권5; 『說苑』 「變物」).

103) 楚莊王 시기의 상황. 莊王은 기원전 613년에서 기원전 591년까지 재위하였는데, 즉위하고 나서 3년 동안 정사를 돌보지 않은 채 쾌락에만 탐닉했다. 그러나 대부인 오거, 소종의 간언을 듣고 태도를 고쳐 국정에 전념하니 이로써 초나라는 다시 일약 강국이 되었다. 장왕 8년(전606)에는 주나라를 침범한 戎狄을 물리치고 洛邑 교외에서 열병식을 거행함으로써 초나라는 비로소 패자를 일컫게 되었다.

위세로 복종시키자, 비로소 영외(嶺外)지역[104])이 열렸고, 남해(南海), 계림(桂林), 상군(象郡)을 설치하였다.[105]) 한나라가 들어서자, 위타(尉佗)가 자립하여 남월왕(南越王)이 되어 5대에 걸쳐 이어졌다.[106]) 무제 원정(元鼎) 5년(전112)에 이르러 마침내 이를 멸망시키고 분할하여 9군을 설치하여[107]) 교주자사의 통령을 받도록 하였다.[108]) 그 중 주애(珠崖)와 담이(儋耳)[109])

---

104) 嶺外: 五嶺의 밖이라는 의미로, '嶺南', '嶺表'라고도 한다. 五嶺은 일반적으로 大庾嶺과 始安의 越城嶺, 桂陽의 騎田嶺, 臨賀의 萌渚嶺, 九眞의 都龐嶺을 말한다. 현재의 廣東 廣西와 湖南 江西와의 경계로서, 揚子江과 朱江의 水系 구분이기도 하다. 이는『史記』「張耳傳」에서 "北有長城之役, 南有五嶺之戍."라는 구절에서 보듯 漢代부터 시작된 지역관념인데,『漢書』「張耳傳」에서 顔師古가 鄧德明의『南康記』를 인용하여 구체적으로 설명하였다.

105) 南海 · 桂林 · 象郡:『史記』권6「秦始皇本紀」에 따르면 진시황 33년(전214)에 범죄자와 천민들로 구성된 군대로 남방을 평정하여 桂林 · 象郡 · 南海를 설치하고 군대를 파견하여 지키게 한 것으로 되어 있다.

106) 자세한 사항은『史記』권113「南越列傳」참조.

107) 여기서의 9郡은『漢書』권6「武帝紀」에 따르면 元鼎 6년 겨울 10월 南越을 평정하고, 그 지역에 설치한 南海, 蒼梧, 鬱林, 合浦, 交阯, 九眞, 日南, 珠崖, 瞻耳郡을 말한다. 南越의 평정을 원문에서는 元鼎 5년이라고 했고 本紀에서는 6년으로 되어 있어 양자의 기록이 서로 어긋난다.

108) 刺史라는 관직은 前漢 惠帝 3년(전193) 京畿지역의 訟事를 담당하고 이를 중앙에 보고하기 위해 파견한 御史監이라는 관직에서 유래하였다. 그 뒤에 監察御使로 바뀌어 모든 州에 설치했는데, 武帝 元封 5년(전106) 이를 혁파하고 12州에 部刺史를 두어 각 州의 사정을 감찰하게 하였다. 감찰의 대상은 해당지역의 2천석 관리, 즉 지방장관인 郡太守의 근무실태와 그 일가의 행실로 하였다. 그러나 이때까지 刺史는 상주하는 치소가 없었고 일정기간 (대략 8개월) 동안 해당지역을 순찰하고 난 후 중앙에 올라와 수집한 결과를 보고하는 것이 책무였다. 그러던 것이 光武帝 建武 18년(43) 12州에 다시 刺史를 설치하였는데, 일정지역에 상주하면서 업무를 수행하게 하였다. 더욱이 前漢代까지 자사는 감찰결과를 중앙의 三公에 보고하고 결과에 따른 처분은 三公이 담당하였으나 光武帝 때는 이러한 三公의 권한을 회수함으로써 刺史의 역할이 더욱 중요해지게 되었다. 따라서, 지방에서 刺史의 권력이 郡太守를 압도하기 시작한 것은 빨라도 後漢代의 일이라고 할 수 있다. 이후 後漢末 지방에서 반란이 빈발하자 이를 진압하기 위해 九卿 출신의 대신을 都督과 持節을 가지고 將軍府를 설치할 수 있는 刺史로 파견하면서 刺史의 존재는 완전히 郡太守를 압도하여 실질적인 최고의 행정과 군사장관으로 변모하게 되었다. 따라서, 武帝때 交州刺史의 존재를 감안하더라도 尉陀를 평정한 것은 기원전 112년의 일이고 12주 자사가 설치된 것은 기원전 106년의 일이므로 交州刺史로 9군을 통솔하게 했다는 본문의 기록은 잘못된 것이다. 이는 아마도 刺史가 최고의 행정장관이라는 개념이 보편화된 劉宋代에 范曄이『後漢書』를 찬술하는 과정에서 자신의 시대 刺史가 갖는 권한과 지위를 전한의 상황에서도 동일한 것으로 오해한 데서 비롯된 것으로 보인다.

109) 珠崖, 儋耳: 珠崖郡은 오늘날의 海南島 동북지역으로 朱崖라고도 하며 치소는 曋都縣(海南省 海口市)이

두 군은 바다의 큰 섬에 있었는데, 동서로 천리이고, 남북으로 5백리이다. 그들의 우두머리는 기다란 귀불을 존귀하다고 여겼다. [귀불에] 구멍을 뚫고 장식을 걸었는데, 어깨에서 3촌(寸)까지 늘어뜨렸다.110) 무제 말년에 주애태수인 회계 출신 손행(孫幸)이 광폭의 포(布)를 공물로 헌납하도록 하였는데, 만들이 그 역(役)을 감당하지 못하여, 마침내 군을 공격하여 손행을 살해하였다. 손행의 아들 손표(孫豹)가 말을 잘 듣는 사람들을 규합하여 다시 그들을 격파하고, 스스로 군을 통령하여111) 나머지 무리를 토벌하니, 몇 해가 계속되자 평정되어 갔다. 손표는 사자를 보내 인수(印綬)를 반납하면서112) 상서를 올려 사태의 전말을 설명하니, 제조(制詔)113)로 손표를 주애태수로 임명하였다. [漢 조정의] 위세와 통치가 크게 확대되면서,

---

다. 이 지역에서는 진주가 산더미처럼 산출되기 때문에 '珠崖라'는 이름이 붙여진 것이라 한다. 儋耳郡은 오늘날 해남도 서부지역으로, 海南省 儋州市 서북쪽 南灘이다.

110) 『後漢書』「明帝紀」劉召注에서 인용된 楊孚의 『異物志』에서는 儋耳는 남방의 만이이다. 이들은 아이가 태어나면 그 뺨을 찢어 뺨가죽을 귓가에 걸리게 하고 여러 가닥으로 나누는데 그 형상이 마치 닭의 내장과 같다. 여러 겹으로 만들어서 어깨까지 늘어뜨린다. 『漢書』 권64하 「賈捐之傳」에 따르면 賈捐之는 이 지역 사람들을 '駱越之民'이라고 하면서 父子가 함께 목욕을 하고 코로 물을 마신다는 점을 예로 들어 이들이 금수와 다를 바 없다고 지적하였다. 한편, 『史記索隱』에 따르면 중국에서는 珠崖와 儋耳지역의 사람들을 '甌人'이라고 하였으며 이 지역을 통틀어 '甌越'이라고도 불렀다. 周나라 때는 交阯를 '駱越'이라고 하였고, 戰國 秦나라 때는 이를 '西甌'라고 하였으니, 실제로 駱越, 西甌, 甌越 등은 모두 다름 아닌 交阯를 지칭하는 것이다.

111) '自領郡事': 州 刺史나 朝廷으로부터 정식 임용을 받지 않고 개인적으로 郡府와 郡의 행정을 장악하였다는 것을 의미한다.

112) '封還印綬': 『漢書』 권89上 「百官公卿」과 『後漢書志』 권30 「輿服志」下에 관리들에게 사여하는 印綬가 규정되어 있다. 宗室 列侯와 三公 등은 金印紫綬를, 三公을 제외한 二千石의 관직, 즉 중앙의 경우는 九卿, 지방은 郡太守는 銀印靑綬를 쓰며, 一千石 이하 六百石 이상의 관직은 銅印黑綬를, 六百石 이하 二百石 이상의 관직은 銅印黃綬를 쓴다. 漢代의 관제와 의례의 연혁 및 시행상황 등을 상세히 기록한 衛宏의 『漢舊儀』에 따르면 金印紫綬는 황금으로 만들고, 인장의 손잡이는 거북이의 형상을 조각하였으며, '某侯之印'이라는 문구를 새기고 붉은 인끈을 드리운다. 銀印靑綬는 재질은 銀이며 손잡이는 거북이의 형상으로 만든다. 인장에 새기는 문구를 章이라 하는데, '某官之章'이라 새기고 푸른 인끈을 드리운다. 銅印의 경우에는 별다른 형상을 새기지 않고 단지 인끈을 통과시킬 구멍만을 인장의 등부분에 만들며, 인장에 새기는 문구를 印이라 하는데 '某官之印'이라 새긴다. 그리고 열후로 책봉된 자가 2천석급에 해당하는 관직을 맡을 경우에는 두 개의 金印紫綬를 수여받는다. 官職을 마칠 때는 이를 반납하게 되는데, 孫豹는 자신이 공식적으로 太守의 직을 받지 않았다는 것을 인정하는 의미에서 부친 孫幸의 印綬를 반납하였을 것이다.

113) 制詔: 秦의 통일 이후 皇帝의 권력과 위상을 극대화하기 위해 황제의 言詞를 '制'라고 칭하고, 구체적인

공물을 헌납하면서 명을 받드는 사자가 해마다 도착하였다. 중국[114]에서 그 진기한 보물을 탐하여 점점 제멋대로 침탈하니 몇 년마다 한 번씩 반란이 일어났다.[115] 원제(元帝) 초원(初元) 3년(전44) 마침내 주애군을 철폐하였다.[116] 무릇 군을 세운지 65년만이다.[117]

臣民이 告誡를 받는 경우를 '詔'라고 칭하는 것으로 규정하였다. 秦代부터 법정의 문서 종류가 규정되어 漢代에 계속되는데, 이때 詔와 制가 문서의 종류로 정착된다. 이 외에 '策'과 '誡'가 있는데, '制詔'로서 太守에 임명하였다는 것은 文書를 통해 공식적으로 임명하였다는 것을 의미한다.

114) 中國: '中國'은 戰國末 中原地方의 諸國을 가리키는 용어로 사용되기 시작하였는데, 秦漢시대 이후에는 異民族과 대비되어 조정이 장악하고 있는 전체를 포괄하는 인식을 내포되어 있었다. 따라서, 반드시 朝廷만을 가리키는 것이 아니라, 州郡에서의 활동을 가리키는 경우도 많다.

115) 『漢書』 卷64下 「賈捐之傳」에 따르면 珠崖郡을 설치(전 112년에서 110년 사이)하고 나서부터 昭帝 始元 원년(전86)까지 약 20여 년 동안 6차례의 반란이 있었다. 그리하여 마침내 始元 5년(전82) 儋耳郡을 혁파하고 이를 珠崖郡과 합쳤다. 宣帝 神爵 3년(전58)에 다시 珠崖郡 소속의 3현에서 반란이 발생했고, 7년 후인 甘露 원년(전53)에는 珠崖郡의 9현에서 반란이 발생하여 군대를 파견하여 이를 평정하였다. 元帝 初元 원년(전48) 珠崖郡에서 다시 반란이 일어나 또다시 군대를 보내어 이를 진압하였다. 그러나 여러 현에서 자꾸 반란이 발생하여 결국 初元 3년까지도 완전히 평정할 수가 없었다. 당시 丞相으로 있던 于定國에 따르면 지난 수년간 반란을 진압하기 위해 파견된 護軍都尉나 校尉 같은 군지휘관이 모두 11명인데, 그 가운데 살아 돌아온 이는 2인에 불과하고 전사한 병사들의 숫자도 1만이 넘었으며, 여기에 소모된 비용은 천문학적인 액수에 달하였으나 끝내 완전히 평정하지 못했다고 한다.

116) 初元 3년(전46) 珠崖郡 山南縣에서 반란이 일어나자 조정에서는 대규모의 토벌군을 파견하려고 하였다. 그런데 당시 待詔의 벼슬에 있던 賈捐之는 대군을 보내면서까지 珠崖郡을 고수할 경제적인 이익은 없으므로 이를 포기하고 내지인 關東을 휩쓸고 있는 기근을 구제하는 데 전력을 쏟아야 한다고 건의했다. 이에 대해 승상 于定國도 같은 취지의 의견을 내니 황제 역시 이에 동의하여 마침내 珠崖郡을 혁파하였다(『漢書』 卷64下 「賈捐之傳」).

117) 『漢書』 卷6, 「武帝紀」에서는 元鼎 6년(전111)에 南越을 평정하여 9군을 설치했다고 했고, 본문에서는 元鼎 5년(기원전 112)에 남월을 평정하여 9군을 설치했다고 했으니 서로 기록이 어긋난다. 『漢書』 권64下 「賈捐之傳」에 따르면 儋耳, 珠崖 2군의 설치는 元封 원년(전110)의 일로 되어 있다. 본문의 기록대로 원정 5년에 군을 설치했다면 군을 설치하고 나서부터 혁파하기까지는 65년이 아니라 67년이 걸린 셈이다. 결국 군의 설치 및 혁파시기와 관련된 본문의 서술은 『漢書』 본기와 어긋날 뿐만 아니라 본문 내용 안에서도 서로 모순되고 있다. 하지만 본문에서 언급한 군의 설치시기가 잘못된 것이라고 하더라도 『漢書』 本紀와 『漢書』 「賈捐之傳」 사이의 불일치는 여전히 존재한다. 이러한 불일치는 아마도 武帝 때 한 해의 시점이 겨울 10월을 기준으로 하고 있었던 것에서 비롯한 것으로 보인다. 즉, 武帝 때는 겨울 10월부터 한 해가 시작하며 그 이듬해 겨울 10월이 와야 한 해가 지났던 것이다. 「武帝紀」에 따르면 武帝는 봄에 남월 평정의 소식을 들었고, 9군의 설치는 봄에서 가을 사이에 이루어졌다. 武帝

逮王莽輔政，元始二年，日南之南黄支國來獻犀牛．凡交阯所統，雖置郡縣，而言語各異，重譯乃通．人如禽獸，長幼無別．項髻徒跣，以布貫頭而著之．後頗徙中國罪人，使雜居其閒，乃稍知言語，漸見禮化．

왕망이 보정(輔政)할 때 이르러[118] 원시(元始) 2년(2) 일남(日南)군의 남쪽에 있는 황지국(黃支國)[119]에서 [사신이] 와서 물소[120]를 헌공하였다.[121] 대체로 교지군이 관할하는 곳은 비록 군현이 설치되었다고 하더라도 언어가 각각 달라 중역(重譯)해야 소통할 수 있었다. 사람들은 금수(禽獸)와 같아 장유의 구별이 없고, 목 뒤로 상투를 틀고 맨발로 걸어다녔다. 옷감은 가운데 구멍을 뚫고 그냥 머리를 끼어 입었다. 후에 중국의 죄인들을 이주시켜 그들과 잡거하게 하자, 조금씩 말을 알아듣게 되면서 점점 예로 교화되었다.

때의 달력을 기준으로 한다면 아직 겨울 10월이 되지 않았으므로 해를 넘기지 않은 것이지만 봄의 정월을 한 해의 시작으로 계산하는 방식에 따른다면 武帝의 9군 설치는 이미 해를 넘기고 난 뒤에 이루어진 셈이다. 따라서,『漢書』의 찬자가 본기의 경우에는 武帝 당시의 역법에 따라 사실을 기록하되 열전에서는 봄을 정월로 설정하고 연대를 수정한 것으로 보인다.

118) 平帝가 즉위했을 때(서기 1년) 나이가 9살이었으므로 元帝의 妃이자 王莽의 고모인 太皇太后가 대신 정무를 보게 되었는데, 王莽을 大司馬로 임명하고 정권을 그에게 맡겼다.

119) 黃支國: 위치와 관련하여 오늘날의 베트남 남부지역 혹은 남인도의 동해안 지역(마두라스)으로 보는 두 가지 견해가 있다.『漢書』권12「平帝紀」의 元始 2년 春月조에서 인용된 應召의 주석에 따르면 黃支國은 日南郡의 남쪽에 위치하며 洛陽과의 거리가 약 3만리 라고 하였다. 또 同書 권28하「地理志」에 따르면 日南郡에서 黃支國까지는 뱃길로 1년이 걸린다고 하였으니 베트남으로 볼 수는 없고 오늘날 남인도 지역의 동해안으로 보는 것이 옳다. 이 나라의 습속은 珠崖郡과 유사하며 武帝 때부터 漢朝에 내왕하기 시작하였는데, 그 땅은 넓고 크며 인구도 많고 기이한 물산이 많다고『漢書』「地理志」는 적고 있다. 그리하여 당시 중국에서는 담당관리를 보내어 황금과 비단을 가지고 가서 해상에서 이 지역의 만이들과 진주나 유리 같은 사치품을 교역하게 했다고 한다.

120) 犀牛:『漢書』平帝紀 元始 2년조에서 顔師古는 다음과 같이 주석하였다. “犀는 형체는 물소와 같고 머리는 돼지의 머리를 하고 있으며 네 발은 코끼리의 그것과 유사하다. 빛깔은 검은 빛을 띠는데, 뿔 하나는 이마 앞에 나 있고, 코 윗부분에도 작은 뿔이 있다.” 따라서 ‘犀’는 ‘코뿔소’를 말한다.

121)『漢書』「地理志」에 따르면 黃支國에서 코뿔소를 헌상한 것 역시 자발적으로 이루어진 것이 아니라 王莽이 자신의 위엄과 덕을 드러내려는 욕심에서 黃支國王에게 뇌물을 주어 코뿔소를 바치게 한 것이라고 한다.

光武中興，錫光爲交阯，任延守九眞，於是敎其耕稼，制爲冠履，初設媒娉，始知姻娶，建立學校，導之禮義.

광무제(光武帝)가 중흥하자, 석광(錫光)[122]이 교지 태수가 되고, 임연(任延)[123]이 구진 태수가 되었는데, 이때 농사짓는 법을 가르치고, 상하의 신분질서를 제정하고,[124] 처음으로 매파를 두어 남녀가 법식에 맞게 혼인하게 하고, 학교를 세워 예와 의(義)로 교육하였다.

建武十二年，九眞徼外蠻里張游，率種人慕化內屬，封爲歸漢里君. 明年，南越徼外蠻

---

122) 錫光: 『後漢書』 卷17 「馮岑賈列傳」 岑彭條와 同書 권76 「循吏列傳第」 任延條에 따르면 錫光은 漢中 출신으로 前漢 平帝 때 交阯太守가 되었다. 그는 太守로 있으면서 관내의 漢人과 蠻夷들을 교화하고 예의로 이끌어 九眞太守 任延과 함께 훌륭한 정치라는 칭송을 받았다. 왕망의 실정으로 천하가 혼란해지자 그는 국경을 폐쇄하고 관내를 지키다가 光武帝가 중흥하자 建武初에 사절을 보내어 방물을 바치니 光武帝는 그를 鹽水侯에 봉했다.

123) 任延: 『後漢書』 卷76 「循吏列傳」 任延條에 따르면 任延의 자는 長孫으로 南陽 宛成 사람이다. 나이 12세에 장안의 태학에서 수학하였는데, 이미 이때부터 총명함으로 명성을 날렸다. 更始帝 때 會稽都尉가 되어 농사를 장려하고 백성들을 구휼하는 일에 앞장섰으며 한말의 혼란을 피해 온 당대의 명사들과 교제하였다. 建武初에 九眞太守로 임명되었다. 당시 九眞郡의 백성들은 사냥하는 것을 본업으로 하여 항상 식량이 부족했으며 혼인의 예절이나 부부관계, 부자지간의 도리 같은 예법을 전혀 몰랐다. 그래서 그는 농기구를 주조하여 토지를 개간하게 하니 해마다 농지가 늘어나 백성들의 생활이 풍족하게 되었다. 또한 나이 20에서 50세에 이르는 성인남자와 나이 15세에서 40세에 이르는 성인여자 2천여 명을 그 나이에 따라 혼인시켰는데, 가난하여 혼례를 치를 수 없는 경우에는 관리들의 봉록을 줄이고 남은 비용으로 지원해 주었다. 그리하여 비로소 성씨와 부부, 부자관계를 알게 되었다. 변경지역의 만이들은 그의 의로움을 사모하여 각자가 알아서 변경지역을 보호하니 척후를 담당하는 군대를 철수시킬 정도였다. 太守 재임 4년 만에 수도 洛陽으로 돌아왔는데 九眞郡의 관리와 백성들은 그가 살아 있음에도 불구하고 그를 위해 사당을 지어 그의 공덕을 기렸다. 뒤에 武威太守가 되어 밖으로는 흉노의 침입에 대비하고, 안으로는 그 지역 豪强의 전횡을 억제하였으며 저수지를 준설하여 농사에 보탬이 되게 하고 학교를 설립하여 교육을 장려하였다. 그 후 潁川太守를 거쳐 河內太守가 되었는데, 군에서 재직한 지 9년 만인 永平 11년(66)에 사망하였다.

124) 冠履: 字意로는 머리에 쓰는 관과 신발이지만, 이는 당시 신분표지로 그 자체로 신분의 구별을 의미한다. 『史記』 「儒林列傳」, "冠雖敝, 必加於首; 履雖新 必關於足. 何者, 上下之分也."; 『楚辭』 「王逸」 〈九思 · 悼亂〉, "茅絲兮同綜, 冠屨兮失約." 原注: "上下無別." 참조.

夷獻白雉·白菟. 至十六年, 交阯女子徵側及其妹徵貳反, 攻郡. 徵側者, 麊泠縣雒將之女也. 嫁爲朱䳒人詩索妻, 甚雄勇. 交阯太守蘇定以法繩之, 側忿, 故反. 於是九眞·日南·合浦蠻里皆應之, 凡略六十五城, 自立爲王. 交阯刺史及諸太守僅得自守. 光武乃詔長沙·合浦·交阯具車船, 修道橋, 通障谿, 儲糧穀. 十八年, 遣伏波將軍馬援·樓船將軍段志, 發長沙·桂陽·零陵·蒼梧兵萬餘人討之. 明年夏四月, 援破交阯, 斬徵側·徵貳等, 餘皆降散. 進擊九眞賊都陽等, 破降之. 徙其渠帥三百餘口於零陵. 於是領表悉平.

건무(建武) 12년(36) 구진군(九眞郡) 밖의 만리(蠻里)[125] 장유(張游)가 종족을 이끌고 교화를 바라면서 내속해 오자, '귀한리군(歸漢里君)'[126]으로 봉하였다. 이듬해 남월(南越) 요외(徼外)의 만이(蠻夷)가 흰 꿩과 흰 토끼를 헌공하였다. (건무) 16년(40)에 이르러 교지의 여인 징측(徵側)과 그 동생 징이(徵貳)가 반란을 일으켜 군 관아를 공격하였다. 징측이라는 사람은 미령현(麊泠縣)[127] 낙장(雒將)[128]의 딸이었다. 주원(朱䳒)[129] 사람 시색(詩索)[130]에

125) 李賢은 里는 蠻의 別號로서 唐代의 俚人이라고 하였다(里, 蠻之別號, 今呼爲俚人). 俚人은 南蠻 계통의 종족으로 雲南省 貴州 思南縣 일대에서 같은 계통의 獠人과 잡거하였다. 원래 이들이 거주한 지역은 한나라 때 牂牁郡의 경내에 해당하였으나 험준한 산천으로 가로 막혀 이들은 남북조시대 내내 독립적인 생활을 영위하였다. 남북조 말 北周 때 州를 설치함으로써 비로소 중국의 통치를 받게 되었다(金裕哲, 2001).

126) 歸漢里君: 이것이 漢朝廷에서 蠻夷의 추장을 군장으로 봉한 최초의 사례이다.

127) 麊泠縣: 兩漢代 交阯郡의 屬縣으로, 前漢代에는 部都尉가 통치하였다(『漢書』 권28下, 「地理志」). 오늘날 베트남의 푸토(Phu Tho)성의 비엣찌(Viet Tri)부근.

128) 雒將: 원문의 '雒'은 바로 '駱'으로, 駱越을 뜻한다. 周나라 때는 交阯지역을 '駱越'이라 하였고 秦나라 때는 西甌라고 하였다. 史記 索隱에서 인용된 晉나라 顧微의 「廣州記」에서는 다음과 같이 말하였다. "交阯에는 駱田(나무를 엮어서 평평한 받침대를 만들고 그 위에 흙을 깔아 농작물을 심은 다음 물위에 띄운 인공으로 조성한 농지)이 있는데, 潮水의 차에 따라 오르락내리락 하며 이곳 사람들은 이 농지에 의지하여 살기 때문에 駱人이라 한다. 駱王과 駱侯 등의 신분이 있다. 그 밖의 여러 縣에서는 스스로를 駱將이라고 하면서 푸른 인끈을 드리운 銅印을 사용하는데 오늘날의 令長과 같다." 즉, 駱將은 駱越 집단 내에서 소규모의 독자적 세력을 갖춘 지역의 유력자를 의미한다.

129) 朱䳒: 朱䳒은 朱鳶이라고도 한다. 오늘날 베트남의 썬떠이.

130) 詩索: 『大越史記全書』 外紀 권3 「徵女王紀」에 따르면 詩索 역시 駱將의 아들이다. 『大越史記全書』는

게 시집갔는데, 매우 용맹하였다. 교지 태수 소정(蘇定)[131]이 법으로 옭아매자 징측이 분노하여 반란을 일으켰다. 이에 구진군과 일남군지역의 만리(蠻俚)들이 모두 호응하여 대략 65개 성을 장악하고 자립하여 왕이 되었다.[132] 교지자사와 여러 태수들은 겨우 스스로를 방어하고 있을 뿐이었다. 이에 광무제는 장사군, 합포군(合浦郡), 교지군에게 수레와 선박을 준비하고, 도로와 교량을 닦아 막힌 곳과 계곡을 통하도록 하고, 식량을 비축하도록 조서를 내렸다. 18년에는 복파장군(伏波將軍) 마원(馬援)과 누선장군(樓船將軍)[133] 단지(段志)[134]를 파견하여, 장사군, 계양군, 영릉군, 창오군에서 병사 만여 명을 징발하여 이들 만이를 토벌하였다. 이듬해 여름 4월에 마원이 교지군성을 격파하여 징측과 징이 등을 참수하자 나머지 무리들은 모두 항복하거나 해산하였다.[135] 계속 진격하여 구진군의 적당 도양(都陽)[136] 등을 공격하여

베트남에서 편찬된 편년체 역사서로 한문으로 쓰여져 있다. 이 책은 원래 베트남 陳朝(1225~1400) 太宗이 黎文休에게 명하여 전설의 시대부터 李朝(1009~1225)까지의 역사를 편찬하게 하여 1272년 成宗때 『대월사기』 30권으로 완성을 보게 되었다. 그 뒤 後黎朝(1428~1527) 成宗 洪德연간(1470~1497) 吳仕連에게 명하여 다른 사료를 참조하여 이를 개정, 증보하고 편목을 바꾸어 『大越史記全書』 15권을 완성하였다. 丁朝(968~980) 이전까지의 역사를 외기 5권에서, 그 이후의 역사를 본기전서 10권에서 다루었는데, 완성 뒤에도 별도로 저술된 本紀續篇 등 黎朝의 역사를 다룬 9권을 포함한 『大越史記全書』가 1697년 판각되었다. 베트남의 역사를 연구하는데 있어서 가장 중요한 역사서이다. 베트남에서는 티 싸익(Thi Sach)으로 불린다.

131) 蘇定: 중국의 정사에서는 열전에 입전되지 않았지만, 『大越史記全書』에 따르면 탐욕과 학정을 일삼았고, 徵側姊妹의 반란이 일어나자 도망쳤다고 한다.

132) 『大越史記全書』에 따르면 徵側(베트남어로 쭝짝 Trung Trac)은 자신의 고향인 麊泠縣에 나라의 도읍을 정하고 왕위에 올라 3년 동안 재위하였다.

133) 樓船將軍: 前漢 武帝 때 육로와 수로로 남월을 평정하게 했는데, 육로를 담당한 것이 伏波將軍 路博德이었고, 水路를 담당한 것이 樓船將軍 楊僕이었다. 『史記』 권30 「平準書」와 여기에 인용된 索隱에 따르면 武帝는 南越과의 수상전에 대비하여 수군을 훈련시키기 위해 예장에 昆明池라고 하는 호수를 축조하고 樓船이라고 하는 거대한 함선을 건조하게 하였다. 그리하여 이 수군단을 지휘하는 장군에게 '樓船'이라는 명호가 붙게 되었다고 한다. 武帝 때는 伏波와 樓船 모두 상대방의 지휘통솔을 받지 않고 공동의 협의하에 군사작전을 수행하였으나 光武帝 때는 伏波將軍의 통솔을 받게 하였다. 그리고 원정군이 合浦(현 廣西省 浦北縣 南舊州村)에 도착했을 무렵 段志가 병사하자 조서를 내려 馬援에게 그 군대를 직접 지휘하게 하였다.

134) 段志: 建武 17년(41) 李廣이라는 무당을 우두머리로 皖城(안휘성 潛山縣)에서 발생한 종교결사의 반란을 마원과 함께 평정한 경력으로 보듯, 마원의 휘하에서 활동하였던 인물이었다.

135) 建武 18년(42) 봄에 馬援의 군대가 浪泊(베트남 하노이시 서북쪽 똥안 Dong Anh 서남쪽에 위치한

항복시켰다. 그들 우두머리 300여 명을 영릉군으로 사민시키자, 이에 영남지방[137]이 모두 평정되었다.

> 肅宗元和元年, 日南徼外蠻夷究不事人邑豪獻生犀·白雉. 和帝永元十二年夏四月, 日南·象林蠻夷二千餘人寇掠百姓, 燔燒官寺, 郡縣發兵討擊, 斬其渠帥, 餘衆乃降. 於是置象林將兵長史, 以防其患. 安帝永初元年, 九眞徼外夜郎蠻夷擧土內屬, 開境千八百四十里. 元初二年, 蒼梧蠻夷反叛, 明年, 遂招誘鬱林·合浦蠻漢數千人攻蒼梧郡. 鄧太后遣侍御史任逴奉詔赦之, 賊皆降散. 延光元年, 九眞徼外蠻貢獻內屬. 三年, 日南徼外蠻復來內屬. 順帝永建六年, 日南徼外葉調王便遣使貢獻, 帝賜調便金印紫綬.

숙종(肅宗)[138] 원화(元和) 원년(84) 일남군의 요외[139]의 만이(蠻夷) 구불사인(究不事人)[140]의 읍호(邑豪)[141]가 살아 있는 무소와 흰 꿩을 헌공하였다. 화제(和帝) 영원(永元)

西湖)에서 적군과 첫 교전을 벌여 이를 격파하고 적의 수급 수천여 급을 베니 항복하는 자가 만여 명에 달하였다. 徵側의 군대는 패하여 禁谿로 후퇴하였는데, 馬援이 이를 추격하여 그 부장 劉隆은 徵貳를 사로잡았으며 마침내 이듬해 정월 徵側의 잔당을 토벌하여 목을 베고 그 목을 낙양에 전했다. 馬援은 이 공으로 新息侯에 봉해지고 식읍 3천호를 받았으며 劉隆은 長平侯에 봉해졌다. 『大越史記全書』에 따르면 馬援이 이끄는 漢軍이 도착하자 徵側은 그 예봉을 감당할 수 없고 금계로 후퇴하였는데, 그를 따르는 무리 역시 그가 여자라서 馬援의 적수가 될 수 없다고 생각하고 도망치니 이로 인해 徵側의 군대는 저절로 붕괴되었다.

136) 都陽: 馬援이 徵側자매를 토벌한 후에까지 남아 있던 장수. 漢軍이 크고 작은 누선 2천여 척과 병사 2만을 이끌고 징측의 잔당인 도양을 추격하여 無功(베트남 닌빈성 Tih Ninh Binh 일대)에서 居風(베트남 탄호아성 Tinh Thanh Hoa 일대)에 이르는 지역을 토벌하니 이로써 마침내 교지지역은 완전히 평정되었다.

137) 嶺表: 앞 '嶺外' 참조.

138) 肅宗: 後漢 제3대 황제 章帝의 廟號로, 그의 휘는 炟이며 顯宗(明帝)의 5번째 아들이다. 55년 출생, 75년에서 88년까지 재위.

139) 徼外: 徼는 '邊塞'의 의미로서 徼外는 '邊界'의 의미로도 사용된다. 더 구체적으로는 邊境의 亭鄣을 지칭하기도 한다. 司馬貞은 『史記索隱』에서 張揖의 말을 인용하여 "徼는 塞이다. 木柵과 水로써 蠻夷의 경계를 삼았다(『史記』 卷117 「司馬相如列傳」)."라고 하였으며, 또 "徼는 邊境의 亭鄣을 말한다. 徼로 邊陲를 둘러싸고 늘 지킨다"(『史記』 卷91 「黥布列傳」)라고 하였다.

12년(100) 여름 사월에 일남군 상림현[142]의 만이 2천여 명이 백성들을 노략질하고 관아를 불살랐는데, 군현에서 병사를 동원하여 토벌하고 그 우두머리를 참수하자 나머지 무리들이 항복하였다. 이에 상림현에 병사를 이끄는 장사(長史)[143]를 배치하여 그 우환거리를 방비하였다. 안제(安帝) 영초(永初) 원년(107) 구진군 요외의 야랑(夜郎)[144] 만이가 전지역을 들어 내속하니, 국경 1,840리가 개척되었다.[145] 원초(元初) 2년(115) 창오군의 만이가 반란을 일으켜, 이듬해 마침내는 울림군과 합포군의 만인과 한인 수천 명을 회유하여 창오군을 공격하였다. 등태후(鄧太后)[146]는 시어사(侍御史)[147] 임탁(任逴)을 보내 조서를 받들어 사면하니, 적

---

140) 究不事人: 李賢註에서는 蠻夷의 별칭이라고 설명하였다(究不事人, 蠻夷別號也). 『後漢書集解』에서는 '究'는 『交州外域記』의 "交阯郡界有扶嚴究"라는 귀절을 근거로 종족의 명칭으로 보고 '不事'는 여기에 속한 소부락명으로 보았다.

141) 邑豪: 일반적으로 種族集團과는 무관하게 일정한 향촌의 독자적인 세력을 가지고 있어 국가권력이 침투되지 않은 지역의 우두머리를 의미한다. 여기서는 단순한 향촌세력이라기보다 소규모 종족집단의 우두머리를 가리킨다.

142) 象林縣: 漢代 日南郡의 남단에 위치한 屬縣으로서, 현대 베트남 중부일대에 위치하고 있다. 종족상 참파(Champa)에 속하여 북부 베트남과 차이가 있었다.

143) 長史: 秦나라 때 郡太守의 보좌역으로 丞을 두었는데, 해당 郡이 변경지역일 경우에는 丞과 함께 長史를 두고 軍事의 일을 담당하게 하였다. 漢代에도 이것을 계승하였는데, 後漢代에 들어와서 丞을 혁파하고 그 직무는 長史로 하여금 겸임하게 하였다. 俸秩은 六百石이었는데 이것은 州郡에 설치된 長史에 해당하는 것이고, 이 밖에도 後漢의 경우 三公(太尉, 司徒, 司空)과 大將軍의 속관으로 長史가 있었는데 俸秩은 一千石이었다.

144) 夜郎: 『漢書』「地理志」와 『後漢書』「郡國志」에 따르면 夜郎은 牂柯郡의 屬縣이며 牂柯郡은 武帝 元鼎 6년(전111) 南越을 평정하고 나서 설치한 것으로 되어 있다. 따라서, 이때 복속한 夜郎은 夜郎縣과는 무관하며 漢武帝 때 존재했던 夜郎國, 즉 오늘날의 貴州 북서부와 雲南 동북부, 四川 남부와 廣西 서부지역에 걸쳐있던 西南夷 계통의 종족국가의 후신으로 보아야 할 것이다. 원문에 따르면 夜郎의 蠻夷가 땅에 들어와 복속하여 국토를 천팔리나 넓힌 것으로 되어 있으나 이와 관련하여 새롭게 획득한 국토를 통치하기 위한 어떠한 구체적인 조치도 취해진 것이 없고, 『漢書』「地理志」와 『後漢書』「郡國志」의 牂柯郡, 九眞郡의 戶口와 縣의 증감을 비교해 보아도 큰 차이가 없다. 따라서, 원문의 언급은 실제로 옛 야랑지역이 한의 영토가 되었다기보다는 이 지역의 종족 대부분이 비로소 後漢 조정에 복속되었음을 뜻하는 상징적인 표현으로 생각된다.

145) 『後漢書』「安帝紀」에 따르면 永初 元年 여름 5월의 일이다.

146) 鄧太后: 『後漢書』 권10상 「皇后紀」에 따르면 鄧太后의 諱는 綏이며 존호는 和熹鄧皇后로 광무제를 보좌하여 한실을 중흥한 공신인 鄧禹의 손녀이다. 後漢 和帝 永元 7년(95)에 입궁하여 그 이듬해 貴人이 되었고 14년(102) 和帝의 元妃인 陰氏가 저주를 벌인 일로 폐위되자 황후로 책봉되었다. 귀인

들이 모두 항복하거나 해산하였다. 연광(延光) 원년(122, 安帝) 구진군 요외의 만이 조공물을 바치면서 내속하였다. [연광] 3년(124) 일남군 요외의 만들이 다시 사신를 보내 내속하였다. 순제(順帝) 영건(永建) 6년(131) 일남군 요외의 섭조왕(葉調王) 편(便)[148]이 사신을 보내 공물을 바쳤다. 황제는 조편(調便)[149]에게 금인자수(金印紫綬)[150]를 하사하였다.

시절부터 검소하고 품행이 방정하여 덕망이 높아지자 황후 陰氏는 그녀를 질투하여 죽이고자 하였으나 황후에 대해 공손한 마음가짐을 끝까지 버리지 않았다. 황후가 되고 나서 얼마 지나지 않아 和帝가 붕어하자(105) 민간에서 비밀리에 양육하고 있던 황자 隆을 옹립하니 그가 바로 殤帝(105~106년)이다. 그는 태어난 지 겨우 100일밖에 안 되었기 때문에 皇太后가 되어 조정의 일을 보게 되었다. 그런데 이듬해 殤帝마저 붕어하니 다시 安帝를 옹립하고 전과 같이 조정의 일을 보았다. 비록 조정의 실권을 장악했지만 다른 태후들과 달리 외척들의 발호를 강력하게 억제하여 정치에 있어서 공정함을 유지하였다. 안으로는 궁정에서의 사치를 엄금하고 황실의 용도를 위한 각종 기물들의 생산을 일체 중단시켰으며, 민간에서 황실에 진상하는 품목도 절반으로 줄이는 조치를 취하였다. 또한 직접 감옥에 가서 죄수들의 억울한 사정을 심사하고 폐위된 陰皇后를 사면할 만큼 인자한 성품을 지니고 있었다. 어릴 적부터 학문하기를 좋아하였는데, 그 중에서도 특히 유교의 경전을 학습하였다. 황태후가 된 이후에도 낮에는 정사를 보고 밤에는 경전을 연구하면서 당대까지 유통되던 여러 판본의 경전들의 교감을 지시할 만큼 학문에도 적극적이었다. 그리하여 친정의 자제들과 황족의 자제들은 물론이고 궁정의 여관들까지도 유교의 경전을 학습하게 하였으며, 이러한 풍토를 보급하는 데 앞장섰다. 동시에 미신을 극력으로 배척하여 유교적 예에 부합되지 않는 종교, 제사 및 이에 관련된 모든 기구 등은 폐지하였다. 다만, 안제가 성년이 되었음에도 불구하고 정권을 반환하지 않은 채, 죽을 때까지 약 15년 동안 정무를 보았는데, 이로 인해 당대에도 비판이 있었지만『後漢書』의 찬자인 范曄은 오히려 이 때문에 후한의 동요와 쇠퇴를 늦출 수 있었다고 평가한다. 建光 원년(121) 41세로 붕어하였다.

147) 侍御史:『後漢書志』권26「百官志」3에 따르면 侍御史는 少府 소속으로 俸秩은 六百石이며 정원은 15인이다. 불법을 규찰하며 공경을 비롯한 여러 관료들의 상주문을 받아 보고 과실이 있는 경우 이를 탄핵하는 일을 담당한다. 또한 국가의 제사나 조회, 책봉과 같은 의례에서는 두 사람이 한 조가 되어 행사에 참석한 관료들의 행실을 감독하고 그 태도에 문제가 있으면 이를 황제에게 보고하는 일을 담당한다.

148) 葉調王 便:『後漢書』「順帝紀」에 따르면 永建 6년(131) 겨울 12월 日南 변경의 葉調國과 擅國에서 사신을 보내와 공물을 바친 것으로 되어 있다. 동 12월조 李賢註에서 인용된『東觀紀』에 따르면 이때 葉調國에서 파견된 사신은 師會라는 인물로, 漢朝廷에서는 그를 '漢歸義葉調邑君'으로 삼고 그 임금에게는 붉은 인끈을 내려주었다고 하여 본문과 다소 차이가 있다. 葉調國은 오늘날 인도네시아의 자바섬과 수마트라섬에 걸쳐 있던 고대의 왕국으로, Java를 가리키는 고대 산스크릿어 Yavadvipa의 音寫이다. 法顯이 내렸다는 耶婆提가 이곳이다.

149) 調便: 중화서국본『後漢書』校勘記에 따르면 唐代의『刊誤』,『後漢書』本紀에서 '葉調'는 국명이고 '便'은 왕의 이름으로 적고 있으므로 원문 調便의 '調'는 잘못 삽입된 衍文으로 봐야 한다. 즉, '調'는 왕의

永和二年, 日南·象林徼外蠻夷區憐等數千人攻象林縣, 燒城寺, 殺長吏. 交阯刺史樊演發交阯·九眞二郡兵萬餘人救之. 兵士憚遠役, 遂反, 攻其府. 二郡雖擊破反者, 而賊執轉盛. 會侍御史賈昌使在日南, 卽與州郡幷力討之, 不利, 遂爲所攻. 圍歲餘而兵穀不繼, 帝以爲憂. 明年, 召公卿百官及四府掾屬, 問其方略, 皆議遣大將, 發荊·楊·兗·豫四萬人赴之. 大將軍從事中郎李固駮曰: 「若荊·楊無事, 發之可也. 今二州盜賊槃結不散, 武陵·南郡蠻夷未輯, 長沙·桂陽數被徵發, 如復擾動, 必更生患. 其不可一也. 又兗·豫之人卒被徵發, 遠赴萬里, 無有還期, 詔書迫促, 必致叛亡. 其不可二也. 南州水土溫暑, 加有瘴氣, 致死亡者十必四五. 其不可三也. 遠涉萬里, 士卒疲勞, 比至領南, 不復堪鬥. 其不可四也. 軍行三十里爲程, 而去日南九千餘里, 三百日乃到, 計人稟五升, 用米六十萬斛, 不計將吏驢馬之食, 但負甲自致, 費便若此. 其不可五也. 設軍到所在, 死亡必衆, 旣不足禦敵, 當復更發, 此爲刻割心腹以補四支. 其不可六也. 九眞·日南相去千里, 發其吏民, 猶尚不堪, 何況乃苦四州之卒, 以赴萬里之艱哉! 其不可七也. 前中郎將尹就討益州叛羌, 益州諺曰: 『虜來尚可, 尹來殺

성씨를 가리키는 것이 아니므로 '調便'이 아니라 그냥 '便'으로 봐야 한다.

150) 金印紫綬: 『漢書』 권89상 「百官公卿表」와 『後漢書志』 권30 「輿服」下에 따르면 前漢代의 경우 문무관료 가운데서 相國, 丞相(大司徒), 太尉(大司馬), 御史大夫(大司空), 太傅, 太師, 太保 등이 金印紫綬를 사용하였고, 將軍職으로는 前後左右將軍 등이 金印紫綬를 사용하였다. 丞相, 太尉, 御史大夫는 三公에 해당하고, 太傅, 太師, 太保는 실질적인 권한이 없고 대개 원로에게 수여되는 명예직이었다. 金印紫綬를 사용한다는 것은 그 서열이 九卿보다 높음을 의미하며 太尉나 將軍 같은 무관직의 경우 독자적으로 휘하의 官屬을 설치, 임명할 수 있는 권한의 부여를 뜻한다. 이것은 관위를 기준으로 말한 것이고 작위체계에서는 20등작의 작위 가운데서 그 정점에 위치한 列侯에게 金印紫綬를 수여하였는데, 공로를 표창한다는 의미를 갖고 있다. 列侯는 徹侯라고도 하며 劉氏, 즉 宗室이 아닌 異姓의 제후를 뜻하는 말로 종실제왕과 마찬가지로 封國을 거느릴 수 있었다. 또한 宗室의 諸侯王이 사망하여 그 자식들이 분봉지를 분할 상속받으면 이들을 모두 列侯라고 하였다.

漢朝廷에서는 夷狄의 君長들에게도 金印紫綬를 수여하였는데, 後漢의 경우 和帝(100) 때 서역 두 나라의 왕에게 이를 수여한 것이 최초의 사례이다. 이후에는 西域뿐만 아니라 南蠻, 西羌, 鮮卑 등의 君長들에게도 金印紫綬를 수여했는데, 이 경우 夷狄의 君長들은 모두 內屬 혹은 內附와 같은 복속의 형태를 취했다. 따라서, 이적의 군장들에 대한 한조정의 금인자수 수여는 내속이라는 형식적인 복속에 대한 반대급부로, 蠻夷의 君長들을 官位로는 2천 석 이상의 고급관리, 爵位로는 열후와 대등하게 파악하였음을 의미한다.

我.』後就徵還, 以兵付刺史張喬. 喬因其將吏, 旬月之閒, 破殄寇虜. 此發將無益之效, 州郡可任之驗也. 宜更選有勇略仁惠任將帥者, 以爲刺史·太守, 悉使共住交阯. 今日南兵單無穀, 守旣不足, 戰又不能. 可一切徙其吏民北依交阯, 事靜之後, 又命歸本. 還募蠻夷, 使自相攻, 轉輸金帛, 以爲其資. 有能反閒致頭首者, 許以封侯列土之賞. 故幷州刺史長沙祝良, 性多勇決, 又南陽張喬, 前在益州有破虜之功, 皆可任用. 昔太宗就加魏尙爲雲中守, 哀帝卽拜龔舍爲太山太守. 宜卽拜良等, 便道之官.」四府悉從固議, 卽拜祝良爲九眞太守, 張喬爲交阯刺史. 喬至, 開示慰誘, 並皆降散. 良到九眞, 單車入賊中, 設方略, 招以威信, 降者數萬人, 皆爲良築起府寺. 由是嶺外復平.

영화(永和) 2년(137) 일남과 상림 외곽의 만이 구련(區憐) 등 수천 명이 상림현을 공격하여 관아를 불태우고 관장과 속리들을 살해하였다. 교지자사 번연(樊演)이 교지와 구진 2군의 병사 만여 인을 징발하여 이를 구원하였다. [그러나] 병사들이 장거리 병역을 꺼려하여 마침내 반항하여 그 관부를 공격하였다. 두 군은 비록 반란세력을 격파하였지만, 적당들의 세력은 오히려 더 커졌다. 이때 시어사 가창(賈昌)이 사자로서 일남군에 머물고 있었는데, 주군(州郡)과 힘을 합세하여 이들을 토벌하였으나 사태가 불리하여 마침내는 공격을 받게 되어 버렸다. 1년이 넘게 포위되어 병사와 식량을 공급하지 못하니, 황제가 근심하였다. 이듬해 공경백관과 사부(四府)[151]의 속관을 불러 그 방략을 물었다. 모두 대장(大將)을 파견하여, 형주(荊州), 양주(揚州), 연주(兗州), 예주(豫州)에서 4만 명을 징발하여 이들을 구원하자고 의견을 모았다. 대장군[152] 종사중랑(從事中郞) 이고(李固)가 이를 반박하여 말하였다. "만약 형주와 양주

151) 四府: 前漢代·丞相·御史·車騎將軍·前將軍의 府를, 後漢에서는 太尉·司徒·司空·大將軍(혹은 太傅)의 府를 일컫는다(『後漢書』 권29, 「趙典傳」 李賢注). 後漢代 大將軍府에는 29인, 태위부는 24인, 사도부는 31인, 사공부는 29인의 속관이 있었는데, 이들 관속의 정식 명칭은 掾屬이라고 한다. 掾屬은 말단의 행정보조가 아니라 핵심적인 막료로써의 역할을 수행하였다. 이들은 辟召라고 하는 과정을 거쳐 선발되었는데, 그 대상은 지방의 지식인, 즉 주로 효렴이나 수재들이었다. 四府에서는 辟召를 통해 독자적으로 휘하의 관속을 선발할 수 있는 권한이 있었다.

152) 大將軍: 漢代 전쟁이나 반란 같은 유사시에 정벌을 수행할 목적으로 大將軍을 임명하여 軍府를 개설하게 하고 전란이 평정되면 이를 혁파하는 것이 상례였다. 그러나 漢武帝시 霍光이나 哀帝시 王莽 등은 군사활동을 그치고도 여전히 大將軍의 칭호를 유지하면서 幕府를 유지하였지만 제도화된 것은 아니었다. 후한시대에는 安帝 때 황제의 외삼촌인 耿寶가 大將軍에 임명되어 수도에 상주하였고, 順帝 때도

에 일이 없다면, 군사를 징발하는 것이 옳습니다. 지금 이 두 주는 도적들이 이리저리 뭉쳐서 흩어지지 않고 있으며, 무릉군과 남군(南郡)의 만이들과는 화합하지 못하고 있고, 장사군과 계양군의 만이들은 자주 징발되었습니다. 만약 또 소동을 벌린다면 필경 다시 우환거리가 생길 것이라는 점이 그 불가한 첫 번째 이유입니다. 또, 연주와 예주 사람들은 졸지에 징발되어 멀리 만 리로 부임하라고 한다면, 돌아올 기약이 없어 황제의 조서(詔書)로 위압하더라도 반드시 반란에 이르게 될 것이니, 불가한 두 번째 이유입니다. 남쪽지역[153]은 기후가 덥고 게다가 풍토병에 걸리게 되면 죽음에 이르는 자가 열에 네다섯은 되니, 불가한 세 번째 이유입니다. 멀리 [타향] 만 리까지 가게 되면 병사들이 피로하게 되니, 영남지방에 이르게 되어서는 다시 감히 전투하려고 하지 않을 것이니, 불가한 네 번째 이유입니다. 군대의 행군은 30리를 하루의 일정으로 하는데, 일남군까지는 9천여 리로서 3백 일이 되어야 비로소 도착하게 됩니다. 한 사람의 양식을 하루에 5되로 계산하면 필요한 쌀이 60만 곡(斛)이 됩니다. 이것은 장리(將吏)와 나귀, 말 등의 식량은 계산한 것이 아니고, 갑옷은 (병사) 자신들이 가져왔을 상황에서 비용이 이정도가 되는 것이니, 불가한 다섯 번째 이유입니다. 군대를 편성하여 임무 지역에 도착하였을 때 사망자가 반드시 많을 것입니다. 이미 적을 방어하기에 부족하여, 분명 다시 징발할 것으로, 이는 심장과 복부를 도려내어 네 팔다리에 붙이는 격이니, 불가한 여섯 번째 이유입니다. 구진군과 일남군은 거리가 서로 천 리가 떨어져 있는데도, 구진군의 이민(吏民)을 징발하여서도 오히려 감당할 수 없었는데, 하물며 [더 머리 떨어져 있는] 네 개 주의 병졸을 수고롭게 하여 만 리의 험난한 지역을 돕도록 해서야 [어찌 감당할 수 있겠습니까?] 불가한 일곱 번째 이유입니다. 전에 중랑장 윤취(尹就)가 익주에서 반란을 일으킨 강족(羌族)들을 토벌할 때 익주지방에 "오랑캐들이 왔을 때는 괜찮았는데, 윤씨가 와서는 우리를 죽이는구나."라는 풍언이 돌았습니다. 후에 윤취가 소환되고 그 병사들은 자사(刺史) 장교(張喬)에 편입되자, 장교는 그 장리들을 동원하여 열흘만에 오랑캐들을 격멸하였습니다.[154] 이는 장수

황제의 외조부와 외삼촌이 대장군의 지위를 계승하면서 상설직화하였다. 그리하여 順帝 이후에는 大將軍이 三公을 능가하면서 삼공과 함께 조정의 논의를 주도하는 한 축으로 자리잡게 되었다.

153) 南州: 구체적인 州名이나 지역 명칭이 아니다. 여기서 '州'는 행정구역의 의미로서가 아니라, '天下九州'와 같이 독자적인 지역이라는 의미에서 사용된 것이다. 따라서, '南州'는 단순히 '남쪽지방' 혹은 '南方' 정도의 의미이다.

154) 尹就가 羌族 토벌에 나섰다가 실패한 것은『後漢書』「西羌傳」에 의하면 安帝 元初 4년(118)의 일로

를 선발하여 [병사를 징발하는] 것이 효과적이지 못하고 [해당] 주군(州郡)이 맡아야 하는 것을 증명하는 것입니다. 마땅히 새로이 용맹과 지략 그리고 인자함과 은혜로움을 갖춘 장수를 선발하여 자사, 태수로 삼아 모두 함께 교지에 주둔하도록 해야 합니다. 지금 일남의 병사는 양식이 없어서 방비하기도 부족한 상황에서 전투를 벌릴 수는 없습니다. 그 이민(吏民)들을 북쪽으로 사민시켜 교지에 의존하게 하고, 사태가 평정된 후에 고향으로 돌아가게 명하십시오. 역으로 만이들을 모집하여 그들 서로를 공격하게 하고, 금과 비단을 보내 그 자금으로 삼으십시오. 능히 적 내부에 침투하여 우두머리를 끌어들이게 되면 그를 후(侯)로 봉하고 토지를 상으로 내리도록 허락하십시오. 예전 병주(幷州)자사가 된 장사(長沙)의 축량(祝良)은 성격이 용감하고 결단력이 있고, 남양(南陽)의 장교(張喬)는 전에 익주에서 오랑캐를 격파한 공이 있어서, 모두 임용될 만한 사람들입니다. 전에 태종[155]은 위상(魏尙)을 운중(雲中) 태수로 삼았고,[156] 애제(哀帝)는 공사(龔舍)를 태산(太山) 태수로 배수(拜授)하였습니다.[157] 축량(祝良) 등을 편도지관(便道之官)[158]으로 [교지의 지방관]에 배수하는 것이 마땅합니다." 사부(四府)가 모두 이고의 견해에 따르니, 곧바로 축량을 구진 태수로, 장교를 교지자사로 배수(拜授)하였다. 장교가 [교지에]에 이르러 위무(慰撫)와 회유를 보이기 시작하자 모두 항복하거나

『後漢書』에서는 이 일이 자주 언급되는 것을 보면 당시 군사활동의 대표적인 실패사례로 인식되었던 것으로 보인다. 『後漢書志』「天文志」에 의하면, 尙書 尹就와 尙書郞 姜述이 전투의 실패로 棄市당하였다.

155) 太宗: 漢 孝文帝. 景帝 원년(전156) 경제 즉위 때 文帝의 廟號를 太宗으로 하였다.

156) 李賢註에서는 『漢書』를 인용하였다. 槐里사람 魏尙이 雲中太守가 되었는데, 적을 죽이고 사로잡았다는 功을 보고함에 있어 사실대로 하지 않아 면직당했다. 馮唐이 文帝에게 이 일을 아뢰니 황제가 馮唐으로 하여금 부절을 가지고 가서 魏尙을 사면시키고 다시 운중 태수를 삼았다(前書曰, 槐里人魏尙爲雲中守, 以斬首捕虜上功不實免. 馮唐言之於文帝, 帝令唐持節赦尙, 復以爲雲中守.). 이 내용은 현재의 『漢書』 권86, 「王嘉傳」에 실려 있지만, 문장은 동일하지 않다.

157) 龔舍: 李賢註에서는 『漢書』를 인용하였다. 龔舍의 자는 君倩이다. 처음에 그를 불러 簡大夫를 삼았으나 병으로 사직하였으며, 다시 그를 불러 박사로 삼으려 하자 병을 이유로 그만두고 떠났다. 얼마 있다가 애제가 초나라에 사자를 보내어 龔舍를 태산 태수로 삼았다(前書曰, 舍字君倩. 初徵爲諫大夫, 病免; 復徵爲博士, 又病去. 頃之, 哀帝遣使卽楚拜舍爲太山太守也.).

158) 便道之官; 곧바로 길을 가는 관이라는 뜻으로, 관리로 임명된 후에 入朝하여 사은을 표할 필요 없이 바로 현지로 부임하는 관리를 의미한다. 祝良을 幷州刺史에서 조정으로 귀환하지 않고 곧바로 交州刺史로 부임하도록 하자는 의미이다. 『史記』「酷吏列傳」"孝景帝 乃使使持節拜都爲雁門太守, 而便道之官, 得以便宜從事."; 宋 程大昌, 『考古編』「便道之官」, "便道云者 猶曰卽行, 不得入見也."

해산하였다. 축량은 구진에 이르러 단신으로 적중에 들어가 대책을 논의하면서, 위엄과 신뢰로 불러들이자 항복한 자가 수만으로서 모두 축량을 위해 관부의 청사를 축조하였다. 이로서 영남이 다시 평정되었다.

建康元年, 日南蠻夷千餘人復攻燒縣邑, 遂扇動九眞, 與相連結. 交阯刺史九江夏方開恩招誘, 賊皆降服. 時梁太后臨朝, 美方之功, 遷爲桂陽太守. 桓帝永壽三年, 居風令貪暴無度, 縣人朱達等及蠻夷相聚, 攻殺縣令, 衆至四五千人, 進攻九眞, 九眞太守兒式戰死. 詔賜錢六十萬, 拜子二人爲郎. 遣九眞都尉魏朗討破之, 斬首二千級, 渠帥猶屯據日南, 衆轉彊盛. 延熹三年, 詔復拜夏方爲交阯刺史. 方威惠素著, 日南宿賊聞之, 二萬餘人相率詣方降. 靈帝建寧三年, 鬱林太守谷永以恩信招降烏滸人十餘萬內屬, 皆受冠帶, 開置七縣. 熹平二年冬十二月, 日南徼外國重譯貢獻. 光和元年, 交阯·合浦烏滸蠻反叛, 招誘九眞·日南, 合數萬人, 攻沒郡縣. 四年, 刺史朱儁擊破之. 六年, 日南徼外國復來貢獻.

건강(建康) 원년(144, 後漢 沖帝)[159] 일남의 만이 천여 인이 다시 현읍(縣邑)을 공격하여 불지르고, 끝내는 구진군까지 선동하여 서로 결탁하였다. 교지자사 구강인(九江人) 하방(夏方)이 은혜를 베풀고 회유하니 적들은 모두 항복하였다. 이때 양태후(梁太后)[160]가 정사를

159) 『後漢書』 권6 「孝順孝沖孝質帝紀」에 따르면 日南의 蠻夷가 반란을 일으키고 夏方이 이를 토벌한 것은 建康 원년 겨울 10월의 일로 되어있다. 順帝 19년(144) 여름 4월 황자인 '炳'을 황태자로 세우면서 建康으로 개원하고 4달 만인 가을 8월에 順帝는 붕어한다. 어린 황태자가 즉위하였으니 그가 바로 충제인데, 선황이 붕어하고 난 직후이므로 改元하지 못하고 선황의 연호인 建康을 그대로 답습하여 쓴 것이다. 따라서, 日南夷의 반란과 평정은 시기상으로는 順帝 建康연간으로 표시되어 있지만 실제로는 沖帝 즉위 이후에 발생한 것이다.

160) 梁太后: 順帝가 붕어했을 때 황태자의 나이가 겨우 2살이었으므로 순제의 황후가 황태후가 되어 섭정을 하게 된 것이다. 『後漢書』 권10하 황후기 제10하에 따르면 順帝의 妃로서 永建 3년(순제 3년, 128) 입궁하여 貴人이 되었고, 陽嘉 원년(132) 황후로 책봉되었다. 순제가 붕어하자 나이 어린 충제를 대신하여 정사를 보았는데, 沖帝마저 일찍 붕어하자 質帝를 세우고 전과 같이 섭정을 계속하였다. 당시 양주와 서주에서 도적떼가 들끓고 서강, 선비, 일남의 만이가 변경을 침략하자 청렴하고 강직한 관리들을 등용하는 한편, 부패한 관리들을 척결하여 조정의 기강을 일신하니 천하가 안정될 수 있었다. 그러

돌보고 있었는데, 하방의 공을 칭찬하여 계양(桂陽) 태수로 바꿔 주었다.[161] 환제(桓帝) 영수(永壽) 3년(157) 거풍령(居風令)이 탐욕스럽고 포악하기가 도를 넘어, 현인(縣人) 주달(朱達)이 만이와 서로 모여 현령을 공격하여 살해하니, 무리들이 4, 5천에 이르고, 계속해서 구진군을 공격하여, 구진 태수 아식(兒式)이 전사하였다.[162] 조를 내려 60만 전을 사여하고 아들 두 명을 랑(郞)으로 배수하였다. 구진도위 위랑(魏朗)[163]을 보내 토벌하여 2천여 명을 참수하였으나, 우두머리는 여전히 일남에 진을 치고 있으면서, 그 무리는 점점 강성해졌다. 연희(延熹) 3년(160) 조를 내려 하방을 다시 교지자사로 배수하였다. 하방의 위엄과 은혜가 본래 유명하였기 때문에 일남의 오래 된 적들이 이를 듣고 2만여 명이 계속 하방에게 와서 항복하였다.[164] 영제(靈帝) 건녕(建寧) 3년(170) 울림(鬱林) 태수 곡영(谷永)이 은혜와 신뢰로 오호

나 그 오빠인 대장군 梁冀가 질제를 시해하고 충직한 관리들을 모략하니 마침내 그의 꾀임에 빠져 桓帝를 세우고 그들을 숙청하였다. 또한 환관을 총해하여 천하의 인심을 잃게 되었다. 和平 원년(환제 4년, 150) 정권을 황제에게 반납하고 얼마 있다가 병으로 서거하였는데, 당시 45세였고 황후, 황태후의 자리에 19년간 있었다.

161) 『後漢書』 이 부분의 기록은 약간의 착오가 있다. 交趾刺史 夏方이 공이 있어 梁太后가 桂陽太守로 전임시켰다는 것은 이해하기 힘들다. 延熹 3년에 夏方을 交趾刺史로 임명한 것을 보면, 夏方이 원래 交趾刺史였다는 기록은 착오인 것으로 보인다. 日南의 蠻夷가 縣邑을 공격하자 夏方이 잘 회유하여 적이 항복하였다는 것을 보면, 당시 夏方의 관위는 縣令 정도였을 것으로 보인다.

162) 『後漢書』 권7 「孝桓帝紀」에 따르면 九眞郡의 반란은 永壽 3년 여름 4월의 일로 되어 있다.

163) 魏朗: 『後漢書』 권67 「黨錮列傳」에 따르면 魏朗은 會稽 출신으로 어려서 현의 관리가 되었는데, 형이 마을 사람에 의해 살해당하자 원수를 사사로이 죽인 일로 망명생활을 하였다. 春秋圖緯를 익혔고 太學에서는 五經을 익혔는데, 당시 淸議파의 우두머리인 李膺의 무리들이 그를 따랐다. 처음에 司徒府의 속관이 되었다가 彭城縣의 縣令이 되었다. 당시 고관의 자제들이 군국에서 벼슬살이를 하면서 온갖 불법을 자행하였는데, 魏朗이 이 사실을 적극 고발하여 고관들의 미움을 샀다. 그리하여 그를 해하려고 하던 중 마침 九眞에서 반란이 일어나자 모두가 그를 추천하여 九眞都尉를 삼았다. 그러나 기대와 달리 그는 관리와 군대를 적극 격려하여 적을 쳐부수고 승리를 거두었다. 桓帝가 그의 공로를 가상하게 여겨 議郞을 삼았으며 나중에 尙書가 되었다. 지방으로 나와서는 河內太守가 되었는데, 그의 정치가 河內, 河東, 河南에서 으뜸이었다. 중앙으로 다시 들어와 상서가 되었다가 黨議가 일어나자 면직당하고 낙향하였다. 성품이 근엄하여 집안을 조용히 하고 가지런히 법도를 지켜 집안사람들조차도 그의 나태한 모습을 볼 수 없었다. 나중에 淸議派의 영수인 竇武가 宦官들에 의해 죽음을 당하자 그도 청의파라는 이유로 소환되었는데 소환도중 스스로 목숨을 끊었다. 저서가 여러 편이 있는데 『魏子』라고 한다.

164) 『後漢書』 「桓帝紀」에 따르면 永壽 3년 겨울 11월 日南의 蠻夷가 무리를 이끌고 군에 와서 항복한

인(烏滸人) 10여 만 명을 불러들여 내속시켰는데,[165] 모두 관직을 주어 7현을 처음 설치하였다. 희평(熹平) 2년(173) 겨울 12월 일남 요외의 나라들이 중역을 거쳐 조공을 바쳤다. 광화(光和) 원년(178) 교지와 합포의 오호만이 반란을 일으켜 구진과 일남을 회유하니 합해서 수만 인이 되어 군현을 공격하여 장악하였다. 4년(181) 자사 주준(朱儁)[166]이 이들을 격파하였다.[167] 6년(183) 일남 요외의 나라에서 다시 와서 공물을 봉헌하였다.[168]

巴郡南郡蠻, 本有五姓: 巴氏, 樊氏, 瞫氏, 相氏, 鄭氏. 皆出於武落鍾離山. 其山有赤黑二穴, 巴氏之子生於赤穴, 四姓之子皆生黑穴. 未有君長, 俱事鬼神, 乃共擲劍於石穴, 約能中者, 奉以爲君. 巴氏子務相乃獨中之, 衆皆歎. 又令各乘土船, 約能浮者, 當以爲君. 餘姓悉沈, 唯務相獨浮. 因共立之, 是爲廩君. 乃乘土船, 從夷水至鹽陽. 鹽水有神女, 謂廩君曰:「此地廣大, 魚鹽所出, 願留共居.」廩君不許. 鹽神暮輒來取宿, 旦卽化爲蟲, 與諸蟲群飛, 掩蔽日光, 天地晦冥. 積十餘日, 廩君(思)[伺]其便, 因射殺之, 天乃開明. 廩君於是君乎夷城, 四姓皆臣之. 廩君死, 魂魄世爲白虎. 巴氏以虎飮人血, 遂以人祠焉.

것으로 되어 있다.

165) 『後漢書』 권8 「孝靈帝紀」에 따르면 建寧 3년 겨울에 鬱林 烏滸人이 부속민을 이끌로 귀속한 것으로 되어있다.

166) 朱儁: 『後漢書』 권71 「朱儁傳」에 따르면 會稽 上虞 출신으로, 蘭陵令으로 있다가 交趾로 파견되었다. 당시 交趾에서 도적떼가 일어났는데, 지방관리는 이것을 금할 수 없었다. 게다가 교지의 역적인 梁龍 등 만여 명은 남해 태수 孔芝와 반란을 일으켜 군현들을 공격하였다. 그리하여 光和 원년 그를 交阯刺史로 임명하여 사병과 징발할 만한 군사를 모집하게 하니 도합 5천여 명이었다. 그는 군대를 이끌고 주의 경계에서 사태를 관망하면서 적의 허실을 염탐하고 한편으로는 위엄과 덕을 드러내니 적들이 동요하게 되었다. 그리하여 이 틈을 타서 7군의 군대와 함께 이들을 공격하여 쳐부수고 梁龍을 목베니 항복하는 자가 수만 명이었으며 10개월 만에 완전히 평정할 수 있었다. 이 공으로 都亭侯에 봉해지고 중앙으로 불려와 諫議大夫가 되었다. 뒤에 黃巾賊의 난이 일어나자 조정의 명을 받아 군대를 모집하여 이들을 토벌하는 데 앞장서면서, 중앙정계의 주요인물로 성장하였다. 주로 豪族들의 연합을 위해 노력하였다.

167) 『後漢書』 「孝靈帝紀」에 따르면 光和 4년 봄 2월의 일이다.

168) 『後漢書』 「孝靈帝紀」에 따르면 光和 6년(183) 정월의 일이다.

파군(巴郡)과 남군(南郡)의 만(蠻)은 본래 5개의 성씨가 있었는데, 파씨(巴氏), 번씨(樊氏), 심씨(瞫氏), 상씨(相氏),[169] 정씨(鄭氏)로, 모두 무락(武落) 종리산(鍾離山)[170]에서 나왔다.[171] 그 산에는 붉고 검은 두 동굴이 있는데, 파씨의 자손은 붉은 동굴에서 출생하였고, 4개 성씨는 모두 검은 동굴에서 출생하였다. 군장(君長)이 아직 없었을 때 모두 귀신(鬼神)을 섬겼는데, 다함께 동굴에서 칼던지기를 하였는데, 능히 명중시킨 사람을 군주로 하기로 약조하였다. 파씨의 아들 무상(務相)만 홀로 명중시키자, 무리들 모두가 찬탄하였다. 또 각각 흙으로 된 배를 타도록 하여 능히 뜨는 자를 마땅히 군주로 삼기로 약조하기도 하였다. 나머지 성씨들은 모두 가라 앉았는데, 오직 무상만이 홀로 떴다. 이로써 다함께 그를 [군주로] 추대하였으니, 이가 늠군(廩君)이었다. 이에 흙으로된 배를 타고 이수(夷水)[172]에서부터 염양(鹽陽)에까지 이르렀다.[173] 염수(鹽水)에 신녀(神女)가 있었는데, 늠군에게 말하기를, "이땅은 넓고,

169) 相氏: 『秦書』 권120 「李特載記」에서는 "相氏"가 "柏氏"로, 『太平御覽』 권769 「敍舟」에 인용된 『世本』에서는 "栢氏"로 되어 있다.

170) 鍾離山: 현재 湖北省 長陽縣에 있는 산으로 三峽 계곡 淸江 연안에서 30km지역에 있다. 위진남북조시대 李特이 廩君蠻 출신으로, 『晋書』 卷120 「載記」 20 「李特傳」에 廩君蠻의 조상의 출생과 鍾離山과의 관계에 대한 상세한 전설이 실려 있다. 현재는 土家族의 祖先에 관한 것으로 알려져 있는데, 위진시대에는 氐族인 李特의 조상으로 파악되고 있었다.

171) 李賢註에서 『代本』을 인용하여 늠군의 선조는 옛날 무탄 출신이라고 하고 있다(代本曰 '廩君之先, 故出巫誕' 也.). 『代本』은 『世本』이라고도 하는데, 三皇五帝부터 春秋時代까지 제왕, 왕후, 귀족의 계보와 성씨, 거주지, 시호제정과 관련된 시법 등을 기록한 책으로 편저자는 미상이다. 北宋代까지 존재했다가 이후에 망실되어 일문만이 전한다.

172) 夷水: 현재의 湖北省 西南 武陵山, 巴山, 巫山을 휘감으면서 흘러 長江으로 들어간다.

173) 李賢註에서는 『荊州圖』와 盛弘之의 『荊州記』를 인용 소개하고 있다. 『荊州圖』에는 "夷陵縣의 서쪽에는 온천이 있다. 노인들이 서로 전하여 말하길 이 온천에서는 원래 소금이 나왔는데 오늘날에도 물에 소금기가 있다고 한다. 현의 서쪽으로 유일하게 홀로 있는 산에는 석굴이 있는데, 두 개의 큰 돌이 굴 속에 나란히 서있으며 서로와의 거리는 1장 정도로 속칭 陰陽石이라고 한다. 陰石은 항상 축축하고 陽石은 항상 건조하다."라고 되어 있으며, 盛弘之의 『荊州記』에는 "옛날 늠군이 夷水를 떠돌아 다닐 때, 陽石 위에서 소금의 神에게 활을 쏘았다. 살펴보건대, 오늘날 施州 淸江縣을 흐르는 물을 일명 鹽水라고 하니 淸江縣 서쪽 都亭山에서 발원한다."고 되어 있고, 『水經』에서는 "夷水는 한편으로는 巴郡의 漁復縣에서 발원한다."고 되어 있는데, 注에서는 "물의 빛깔이 맑아 10장이나 되는 깊이까지 들여다보이며 모래와 돌을 분간할 수 있다. 촉지방의 사람들이 그 맑고 깨끗한 것을 보고 淸江이라고 이름 지은 것이다."라고 하였다(荊州圖[副]曰: "(副)夷[陵]縣西有溫泉. 古老相傳, 此泉元出鹽, 于今水有鹽氣. 縣西一獨山有石穴, 有二大石並立穴中, 相去可一丈, 俗名爲陰陽石. 陰石常濕, 陽石常燥." 盛弘之荊

또 물고기와 소금이 생산된다. 원컨대 여기에 남아 함께 살자"고 하였는데, 늠군이 허락하지 않았다. 염신(鹽神)은 날이 저물면 홀연히 나타나서 잠을 자고, 아침이 되면 곤충으로 변하여, 여러 곤충과 함께 무리를 지어 날아다니면서 해의 빛을 차단하니 천지가 어두워졌다. 10여 일이 계속되자 늠군은 그 뜽을 살펴 화살을 쏘아 [염신을] 죽이자, 천지가 다시 밝아졌다.[174] 늠군은 이에 이성(夷城)에서 군주를 칭하니,[175] 4개의 성씨가 모두 신하로 복속하였다. 늠군이 죽자 혼백(魂魄)이 대대로 백호(白虎)가 되었다. 파씨는 호랑이가 사람의 피를 먹는다고 하여 결국 사람을 [희생으로] 제사지냈다.

及秦惠王幷巴中, 以巴氏爲蠻夷君長, 世尙秦女, 其民爵比不更, 有罪得以爵除. 其君長歲出賦二千一十六錢, 三歲一出義賦千八百錢. 其民戶出幏布八丈二尺, 雞羽三十鍭. 漢興, 南郡太守靳彊請一依秦時故事.

진혜왕(秦惠王)[176]이 파중(巴中)지방을 겸병하자,[177] 파씨를 만이의 군장으로 삼아, 대대로 진의 공주에 장가들었다. 그 백성들의 작(爵)은 불갱(不更)[178]에 해당하였는데, 죄가 있더

州記曰: "昔廩君浮夷水, 射鹽神于陽石之上. 案今施州淸江縣水一名鹽水, 源出淸江縣西都亭山." 水經云: "夷水[別出]巴郡魚復縣." 注云: "水色淸, 照十丈, 分沙石. 蜀人見澄淸, 因名淸江也.").

174) 李賢注에서 인용된 『代本』을 인용하여 설명하였다. 늠군이 사람을 시켜 푸른 실을 가지고 가서 염신에게 주면서 다음과 같이 말하게 하였다. '이것을 감고 있는 것이 서로에게 좋을 것입니다. (이렇게 하면) 그대와 함께 살며 장차 떠나지 못하게 하는 데 좋다고 합니다.' 염신이 실을 받아 들고 그것을 몸에 감자 늠군이 즉시 양석 위에 올라 푸른 실에 반응하여 그 쪽을 향해 활을 쏘아 鹽神을 맞추니 鹽神은 죽고 하늘이 크게 열리게 되었다(代本曰 "廩君使人操靑縷以遺鹽神, 曰: '嬰此卽相宜, 云與女俱生, [弗]宜將去'. 鹽神受縷而嬰之, 廩君卽立陽石上, 應靑縷而射之, 中鹽神, 鹽神死, 天乃大開" 也.).

175) 李賢注에서는 이 이상은 모두 『代本』에 나와 있는 이야기라고 하고 있다.

176) 秦惠王: 秦 惠文王으로 秦 孝公의 아들로, 기원전 337~기원전 310년까지 재위하였는데, 처음으로 王을 칭하였다. 孝公 때 變法을 시행했던 商鞅을 숙청하였다.

177) 『史記』 권5 「秦本紀」에 따르면 秦 惠文王 23년 진나라 장수 司馬錯이 蜀을 정벌하여 이를 멸망시킨 것으로 되어 있다. 그러나 이 기사 외에는 열전에서와 같은 구체적인 내용은 없다

178) 不更: 秦나라에서 수여하는 爵位의 명칭으로 밑에서 4번째 등급이다. 『史記』「秦本紀」의 集解에서 인용한 『漢書』에 따르면, 商鞅이 진나라에서 법을 시행하면서 적과 싸워 적의 수급 하나를 벤 자에게 한 등급씩 작위를 하사였는데, 관리가 되고자 하는 자는 50석 분량의 수급을 베어야 했다. 가장 낮은

라도 작으로 면제받을 수 있었다.[179] 그 군장은 매해 부(賦)로 2,016전(錢)을, 3년마다 한 차례씩 의부(義賦) 1,800錢을 냈다. 그 민(民)들은 매호마다 가포(幏布) 8장(丈) 2척(尺)과 닭깃털로 만든 화살 30후(鍭)[180]를 냈다.[181] 한조(漢朝)가 일어났을 때, 남군 태수 근강(靳彊)[182]이 진대의 고사와 똑같이 하기를 청하였다.

至建武二十三年, 南郡潳山蠻雷遷等始反叛, 寇掠百姓, 遣武威將軍劉尙將萬餘人討破之, 徙其種人七千餘口置江夏界中, 今沔中蠻是也. 和帝永元十三年, 巫蠻許聖等以郡收稅不均, 懷怨恨, 遂屯聚反叛. 明年夏, 遣使者督荊州諸郡兵萬餘人討之. 聖等依憑阻隘, 久不破. 諸軍乃分道並進, 或自巴郡·魚復數路攻之, 蠻乃散走, 斬其渠帥, 乘勝追之, 大破聖等. 聖等乞降, 復悉徙置江夏. 靈帝建寧二年, 江夏蠻叛, 州郡討平之. 光和三年, 江夏蠻復反, 與廬江賊黃穰相連結, 十餘萬人, 攻沒四縣, 寇患累年. 廬江太守陸康討破之, 餘悉降散.

작위가 公士에서 시작하여 20위인 徹侯를 정점으로 한다.

179) 爵除: 爵은 功勳의 의미가 있어 일정한 정도의 범죄에 대해 爵位로 이를 갈음하여 죄를 주지 않는 것을 말한다.

180) 幏布, 鍭: 李賢注에서 『說文』을 인용하여 설명하고 있다. '幏'라는 것은 南郡의 蠻夷가 내는 布이다. 『毛詩』에서 '四鍭가 모두 똑같네.'라고 하고 『儀禮』에서 '矢鍭는 한 종류이다.'라고 한 것에 대해 鄭玄은 '鍭는 뜻이 候와 같으니 사물을 살펴서 그것을 쏜다는 뜻이다. 삼십후는 일백사십구이다. (說文: 「幏, 南郡蠻夷布也.」 音公亞反. 毛詩: 「四鍭旣均.」 儀禮: 「矢鍭一乘.」 鄭玄曰: 「鍭猶候也, 候物而射之也.」 三十鍭, 一百四十九.). 이를 종합해 보면 '鍭'는 '翭'와 통한다. 설문에서 翭는 깃털을 세는 단위라고 하였고, 『方言』에서도 후는 깃털을 세는 단위라고 하였으니, '鍭'를 글자 그대로 쇠촉이 달린 화살로 봐서는 안 되고, 여기서는 단위를 나타내는 것으로 봐야 한다.

181) 蠻夷들의 賨錢에 대해 張家山漢簡 「奏讞書」의 案例 I에 "變〈蠻〉夷 大男子. 歲出五十六錢以當繇賦 不當爲屯."이라는 구절이 발견된다. 또 『文選』 권6에 수록된 左思의 〈魏都賦〉의 李善注에 인용된 『風俗通義』에는 "廩君之巴氏 出幏布八丈"이라고 되어 있다.

182) 靳彊: 漢 建國의 개국공신. 『漢書』 권16 「高惠高后文功臣表」에 따르면 靳彊은 郎中騎 1천 명으로 고조가 아직 沛公의 신분일 때 轑陽에서 거병하여 項羽를 공격했고, 나중에 中尉가 되어 項羽의 부장인 鍾離昧의 군대를 격파하였다. 樊噲 등과 더불어 高祖를 직접 호종하였다. 공으로 汾陽 嚴侯에 봉해졌으며, 고조 7년(전196) 사망하였다.

건무(建武) 23년(47, 後漢 光武帝) 남군 도산만(潳山蠻) 뇌천(雷遷) 등이 처음으로 반란을 일으켜 백성들을 노략질하자, 무위장군(武威將軍)[183] 유상(劉尙)을 파견하여 만여 명을 이끌고 토벌하였는데, 그 종족 7천여 구(口)를 강하군(江夏郡)[184] 안으로 이주시켰으니, 지금의 면중만(沔中蠻)이 이들이다. 화제(和帝)[185] 영원(永元) 13년(101) 무만(巫蠻),[186] 허성(許聖) 등이 군에서 세금을 거두어 들이는 것이 공평하지 못한 것에 원한을 품고 마침내 함께 모여 반란을 일으켰다.[187] 이듬해 여름 사자를 보내 형주(荊州) 여러 군의 병사 만여 명을 도독하여 토벌하였다. 허성 등은 깊고 험한 지형에 의지하여 주둔하고 있었기 때문에 오랫동안 격파하지 못하였다. 여러 부대가 길을 나누어 동시에 진격하였는데, 일부가 파군(巴郡)과 어복(魚復)[188]에서 여러 길을 통하여 공격하니 만들이 흩어져 도망갔다. 그 거수(渠帥)들을 참수하고 계속해서 추격하여 허성 등을 대파하였다. 허성 등이 항복을 청하자 모두 사면하여 강하군(江夏郡)으로 이주시켰다. 영제(靈帝) 건녕(建寧) 2년(169) 강하만(江夏蠻)이 반란을 일으키자 주군(州郡)에서 토벌하여 평정하였다.[189] 광화(光和) 3년(180) 강하만이 다시 반란을 일으켜, 여강[190]적(廬江賊) 황양(黃穰)과 함께 서로 연합하여 10여만 명이 네 개의 현을 공격하여

---

183) 武威將軍: 『後漢書志』 권24 「百官」 1에 따르면 將軍은 원래 상설직이 아니다. 정벌과 반란의 평정을 담당하는데, 三公에 해당하는 4개의 장군 직위가 있다. 大將軍, 驃騎將軍, 車騎將軍, 衛將軍이 그것이며, 이외에 또한 前, 後, 左, 右의 將軍이 있다. 『後漢書』 李賢注에서 인용한 蔡質의 『漢儀』에 따르면 大將軍과 驃騎將軍은 그 지위가 승상과 같고 車騎와 衛將軍, 前, 後, 左, 右의 將軍은 모두 붉은 끈이 달린 금인을 쓰며 그 지위는 上卿에 해당한다(『後漢書志』 권24, 「百官」 1 將軍條). 그러나 군사활동의 증가에 따라 이들 將軍職도 상설화되면서 새로운 칭호의 장군이 나타난다. 後漢代 武威將軍은 劉尙 외에 光武帝 시에 郭守, 三國魏시기 公孫度가 있다.

184) 『後漢書志』 권22 「郡國」 4에 따르면 江夏郡은 荊州刺史府 소속으로 漢高祖 때 설치하였으며, 낙양에서 남쪽으로 1천 5백리 떨어져 있다.

185) 和帝: 後漢의 제4대 황제로 肅宗(3대 章帝)의 4번째 아들이다. 79~105년 동안 생존하였으면 88~105년 동안 재위하였다.

186) 巫蠻: 南郡 소속의 巫縣蠻이다.

187) 『後漢書』 卷4 「和帝紀」에 따르면 和帝 永元 13년 겨울 12월 巫蠻이 반란을 일으켜 남군을 침략한 것으로 되어 있다.

188) 魚復: 巴郡에 속한 縣으로 『後漢書』 「郡國志」 李賢注에 따르면 춘추시대 庸國이라고 한다.

189) 『後漢書』 「靈帝紀」에 따르면 建寧 2년 가을 9월의 일이다.

190) 廬江: 『後漢書志』 권22 「郡國」 4에 따르면 廬江郡은 陽州刺史府 소속으로 文帝 때 淮南郡을 나누어 설치하였다. 建武 13년 六安國의 땅을 떼어 그 소속 현으로 삼았다.

장악하니, 노략질의 우환이 수년 계속되었다. 여강 태수 육강(陸康)[191]이 토벌하여 격파하니, 나머지는 모두 항복하거나 해산하였다.

板楯蠻夷者, 秦昭襄王時有一白虎, 常從群虎數遊秦·蜀·巴·漢之境, 傷害千餘人. 昭王乃重募國中有能殺虎者, 賞邑萬家, 金百鎰. 時有巴郡閬中夷人, 能作白竹之弩, 乃登樓射殺白虎. 昭王嘉之, 而以其夷人, 不欲加封, 乃刻石盟要, 復夷人頃田不租, 十妻不筭, 傷人者論, 殺人者得以倓錢贖死. 盟曰: 「秦犯夷, 輸黃龍一雙; 夷犯秦, 輸清酒一鍾.」 夷人安之.

판순만이: 진(秦) 소양왕(昭襄王)시에 백호(白虎) 한 마리가 있어 항상 호랑이 무리를 거느리며 자주 진(秦) 촉(蜀) 파(巴) 한(漢) 지역에 출몰하여, 천여 명의 사람을 해쳤다. 소왕은 거듭 나라에서 호랑이를 죽일 수 있는 자를 모집하였는데, 채읍 만 가(家)와 황금 100일(鎰)을 상으로 주겠다고 하였다.[192] 이때 파중(巴中) 낭중(閬中)의 이인(夷人)으로 능히 하얀 대나무로 쇠뇌〔弩〕를 만들 수 있는 자가 있어, 누대에 올라 백호를 사살하였다.[193] 소왕(昭王)이

191) 陸康: 『後漢書』 卷31 「陸康傳」에 따르면 陸康은 吳郡 五縣 사람이다. 어려서 군의 관리로 관직을 시작하였는데, 의로움과 정렬함으로 널리 이름이 났다. 고성현령이 되고 나서 이전부터 존재하던 번다한 폐단을 없애고 은혜와 신의로써 정치를 하여 도적들이 사라지게 되었다. 武陵太守, 桂陽太守 등을 거쳤는데, 임용되는 곳마다 칭송을 받았다. 당시 영제가 동인을 주조하기 위해 민전에서 거두는 세금을 늘리려고 하자 이를 반대하는 상소를 올렸다가 면직당하여 낙향하였다. 그러나 뒤에 다시 의랑에 임명되었다. 마침 廬江의 도적이 江夏의 蠻夷와 연계하여 반란을 일으키자 조정에서는 그를 廬江太守에 임명하여 이를 토벌하게 하였다. 陸康은 상벌을 분명하게 행사하고 적을 쳐부수니 나머지 무리는 모두 항복하였다. 황제가 그 공을 가상하게 여겨 육강의 손자를 낭중에 임명하였다.

192) 현전본 『華陽國志』, 「巴志」에서는 "邑萬家 錦稱之"라고 되어 있는데, "邑 만가를 주거나 그렇지 않으면 錦으로 보상하였다"고 이해할 수 있다.

193) 李賢注에서는 『華陽國志』를 인용하여 巴夷 寥仲 등이 사살하였다고 하였다(華陽國志曰 "巴夷寥仲等射殺之"也.). 巴郡의 郞中縣에 살고 있던 만이를 寥人이라고 하는데, 『華陽國志』에서 말한 寥仲은 寥人에 속하는 만이일 것이다. 『華陽國志』는 東晋시대 常璩가 4세기 중반에 저술한 巴蜀지방에 대한 역사지리서이다. 서명인 華陽은 華山의 남쪽을 의미하는데, 곧 巴蜀지방이다. 고대로부터 東晋 초에 이르기까지의 파촉지방의 역사, 지리, 풍속, 인물 등을 상세히 기록하여 고대 사천지역의 역사지리연구에 중요한 자료이다.

가상히 여겼지만, 이인이라고 하여 더 봉작을 주려 하지 않았다. 이에 돌에 맹약을 새겼는데, 이인들이 경작하는 1경(頃)의 전(田)까지는 조(租)를 거두지 않으며, 처가 열 명이 되어도 구산(口筭)[194]을 거두지 않으며, 남을 상해한 자는 논죄하고, 남을 죽인 자는 담전(倓錢)[195]으로 죽음을 면할 수 있도록 하였다. 맹약하기를 "진(秦)이 이(夷)를 침범하면 황룡(黃龍) 한 쌍을 내고, 이가 진을 침범하면 청주(淸酒) 1종(鐘)[196]을 낸다."고 하였다. 이에 이인들이 편안해 하였다.

至高祖爲漢王, 發夷人還伐三秦. 秦地旣定, 乃遣還巴中, 復其渠帥羅·朴·督·鄂·度·夕·龔七姓, 不輸租賦, 餘戶乃歲入賨錢, 口四十. 世號爲板楯蠻夷. 閬中有渝水, 其人多居水左右. 天性勁勇, 初爲漢前鋒, 數陷陳. 俗喜歌舞, 高祖觀之, 曰: 「此武王伐紂之歌也.」 乃命樂人習之, 所謂巴渝舞也. 遂世世服從.

고조(高祖)가 한왕(漢王)이 되었을 때,[197] 이인(夷人)을 징발하여 삼진(三秦)[198]을 정벌하

---

194) 口算: 李賢注에서는 그들을 매우 총애하였으므로 매호마다 1경의 밭에서 내는 세금을 면제하고, 비록 10명이나 되는 처가 있다고 하더라도 인두세를 내지 않게 한 것이라고 하였다. '筭'은 '算'과 통한다. 설문에 따르면 산은 수를 세는 단위라는 뜻과 수를 셈한다는 뜻 2개가 있다. 그러나 여기서의 '筭'은 '口算', 즉 인두세이다. 春秋戰國시대 秦國에서 口算의 실시 여부와 시행상황은 확인할 수는 없으나 漢代의 경우, 『後漢書』 安帝紀 李賢注에서 인용된 『漢書音義』에 따르면 사람 나이 15세부터 56세까지는 세금을 징수하는데, 사람마다 120전씩 내는 것을 '算'이라 한다고 하였다.

195) 李賢注에서는 何承天의 纂文을 인용하여 '倓'이란 蠻夷가 속죄할 때 내는 재화라고 하였다(何承天纂文曰: "倓, 蠻夷贖罪貨也".). 倓은 賧과 통하는데, 賧은 蠻夷가 재물을 내고 죄를 속죄하는 재화이다.

196) 鐘: 고대 용량의 단위로 주로 술 등 액체를 측량하는 단위로 사용하였다. 春秋時代 齊國에서는 6斛4斗였는데, 시대와 지역에 따라 차이가 많다. 『左傳』 「昭公3年條」에서는 "齊舊四量: 豆, 區, 釜, 鍾. 四升爲豆, 各自其四, 以登於釜. 釜十則鍾."이라고 하였다.

197) 『史記』 권8 「高祖本紀」에 따르면 기원전 206년 項羽가 秦을 멸망시키고 西楚霸王이 되었다. 동시에 秦을 멸망시키는 데 공헌한 여러 장수들을 제후로 봉하면서 沛公으로 있던 漢高祖를 견제하기 위해 당시로서는 변경지역인 巴, 蜀, 漢中지역을 다스리는 漢王으로 봉했다.

198) 三秦: 『史記』 「秦始皇本紀」에 따르면 項羽가 秦을 멸망시키고 劉邦을 견제하기 위해 秦의 항복한 장수인 章邯을 雍王으로 봉하여 廢丘에, 司馬欣을 塞王으로 봉하여 櫟陽에, 董翳를 翟王으로 보내어 高奴에 머물면서 각각 咸陽 以西, 咸陽 以東, 陝北지역을 장악하게 하였다. 이를 합쳐 三秦이라고 하였다. 즉, 三秦은 秦國의 關中지역을 말한다. 여기서 '夷人'은 『文選』 卷4에 수록된 蜀都賦 李善注에 인용된 『風俗

였다. 진땅이 평정되자 다시 파중지역으로 귀환시키고, 그들의 거수(渠帥)인 나씨(羅氏) 박씨(朴氏) 독씨(督氏) 악씨(鄂氏) 도씨(度氏) 석씨(夕氏) 공씨(龔氏) 7성(姓)에게는 세역을 면제하여, 조세와 부역을 거두어 들이지 않고, 나머지 호에게는 매해 종전(賨錢)만 내도록 하였는데, 구(口)마다 40전이었다. 대대로 판순만이라고 불렀다. 낭중(閬中)[199]지방에 투수(渝水)[200]가 있는데, 많은 사람들이 강의 좌우 연안에 거주하였다. 천성이 강하고 날쌔어 원래부터 한 조정을 위하여 전봉에 서서 자주 [적의] 진지를 함락시켰다. 습속이 노래와 춤을 좋아하였는데, 고조가 이를 보고, "이는 무왕(武王)이 주왕(紂王)을 정벌하는 노래이다."라고 하였다. 이에 악인(樂人)들에게 이를 습득하도록 명하였는데, 이른바 파투무(巴渝舞)이다.[201] 결국 [판순만이들은] 대대로 [한조]에 복종하였다.

至于中興, 郡守常率以征伐. 桓帝之世, 板楯數反, 太守蜀郡趙溫以恩信降服之. 靈帝光和(三)〔二〕年, 巴郡板楯復叛, 寇掠三蜀及漢中諸郡. 靈帝遣御史中丞蕭瑗督益州兵討之, 連年不能剋. 帝欲大發兵, 乃問益州計吏, 考以征討方略. 漢中上計程包對曰: 「板楯七姓, 射殺白虎立功, 先世復爲義人. 其人勇猛, 善於兵戰. 昔永初中, 羌入漢川, 郡縣破壞, 得板楯救之, 羌死敗殆盡, 故號爲神兵. 羌人畏忌, 傳語種輩, 勿復南

通義』에서는 '賓人'으로 되어 있다.

199) 閬中: 『漢書』 권28 「地理志」上에 따르면 巴郡의 屬縣이다.

200) 渝水: 현재 四川省의 南北으로 흐르는 嘉陵江을 말한다. 뱀이 기어가듯 구불구불 흐른다고 하여 渝水라고 하였는데, '兪水'라고도 한다. 이 강의 연안지역을 '渝'라고 하며, 이 지역의 문화를 '巴渝文化'라고 하는 기원이 되었다.

201) 巴渝舞: '巴兪舞'라고도 한다. 『史記』 권117 「司馬相如傳」에 대한 「集解」와 「索隱」에서는 郭璞의 말을 인용하고 있는데, "巴郡 서쪽 閬中에 兪水가 있는데 獠人들이 그 물가 위에 산다. 모두 건장하고 용맹하며 춤추기를 좋아하여 漢高祖가 이들을 모집하여 三秦을 평정하는 데 이용하였다. 나중에 樂官으로 하여금 그들의 舞曲을 익히게 하였는데, 그 때문에 巴兪舞라고 하였다(巴西閬中有兪水, 獠人居其上, 皆剛勇好舞, 漢 高募取以平三秦, 後使樂府習之, 因名巴兪舞也.)"라고 한다. 실제 『漢書』 「禮樂志」와 「後漢書」에는 각각 '巴兪鼓員'과 '巴兪擢歌者'가 편제되어 있다. 漢高祖가 이렇게 말한 근거와 관련하여 『華陽國志』 「巴志」의 "風武王伐紂, 實得巴蜀之師, 著乎尙書. 巴師勇銳, 歌舞以淩殷人, 前徒倒戈. 故世稱之曰, 武王伐紂, 前歌後舞也."와 『禮記』 「祭統篇」 「正義」에서 인용된 『尙書大傳』의 "武王伐紂, 至於商郊, 停止宿夜, 士卒皆歡樂歌舞以待旦."의 구절이 주목된다.

行. 至建和二年, 羌復大入, 實賴板楯連摧破之. 前車騎將軍馮緄南征武陵, 雖受丹陽精兵之銳, 亦倚板楯以成其功. 近益州郡亂, 太守李顒亦以板楯討而平之. 忠功如此, 本無惡心. 長吏鄉亭更賦至重, 僕役箠楚, 過於奴虜, 亦有嫁妻賣子, 或乃至自(頸)〔剄〕割. 雖陳冤州郡, 而牧守不爲通理. 闕庭悠遠, 不能自聞. 含怨呼天, 叩心窮谷. 愁苦賦役, 困罹酷刑. 故邑落相聚, 以致叛戾. 非有謀主僭號, 以圖不軌. 今但選明能牧守, 自然安集, 不煩征伐也.」帝從其言, 遣太守曹謙宣詔赦之, 卽皆降服. 至中平五年, 巴郡黃巾賊起, 板楯蠻夷因此復叛, 寇掠城邑, 遣西園上軍別部司馬趙瑾討平之.

후한에 이르러서도 군 태수들은 매번 이들을 이끌고 정벌하였다. 환제(桓帝) 때에 판순만이 자주 반란을 일으켰다. 태수인 촉군(蜀郡)의 조온(趙溫)이 은혜와 신뢰로 복종시켰다. 영제(靈帝) 광화(光和) 2년(179) 파군(巴郡) 판순만이 다시 반역하여, 삼촉(三蜀)[202]과 한중(漢中)[203]의 여러 군들을 노략질하였다. 영제는 어사중승(御史中丞)[204] 소원(蕭瑗)으로 하여금 익주의 병사를 도독하여 토벌하도록 하였으나, 몇 해가 지나도록 이기지 못하였다.[205] 황제는 크게 군사를 징발하려고 익주의 계리(計吏)들에게 토벌방략에 대한 생각을 물었다. 한중의 상계(上計)[206] 정포(程包)가 대책을 올렸다. "판순의 7성(姓)은 백호를 사살하는 공을 세워,

202) 三蜀: 益州의 蜀郡과, 犍爲, 廣漢郡을 가리킨다.

203) 漢中: 『後漢書志』 권23 「郡國」 5에 따르면 漢中은 益州刺史의 屬郡으로 秦代에 설치하였으며, 낙양에서 서쪽으로 1천 9백 9십 리 떨어져 있으며 9현이 있다. 현재는 漢水의 상류 漢中盆地일대를 가리킨다.

204) 御史中丞: 『後漢書志』 卷26 「百官」 3에 따르면 皇室의 재정을 관리하는 少府의 屬官으로 俸秩은 一千石으로 御史大夫의 副官이며 불법을 은밀히 감찰하는 역할을 한다. 『後漢書』 李賢注에서 인용한 蔡質의 『漢儀』에 따르면 御史中丞은 侍御史 가운데서 성적이 으뜸인 자를 뽑아 中丞에 임명하는데, 朝會 때 홀로 앉아 안에서는 御史臺를 담당하면서 여러 州의 刺史들을 통솔하고 백관들을 糾察한다고 하였다.

205) 본문에서는 光和 2년 혹은 3년이라고 하여 판본에 따라 차이가 있으나, 『後漢書』 「靈帝紀」에 따르면 光和 2년 겨울 10월의 일로 되어 있다. 板楯蠻이 반란을 일으킨 것도 光和 2년으로 보는 것이 옳다.

206) 計吏, 上計: 지방에서 정기적으로 해당지역의 재정상황을 보고하기 위해 중앙에 파견하는 관리로, 주로 해당 州郡의 호족 자제들이 임명되어 중앙과 지방을 연결하는 역할을 맡았다. 중앙 정계 진출을 희망하는 지방호족들이 거쳐야 하는 필수적인 관직이었다.

선대에 부역을 면제받아 의인(義人)이 되었습니다. 그 사람들은 용감하고 날래어 전투에 능합니다. 옛적 영초(永初)연간(107~113, 후한 안제)에 강족이 한천(漢川)[207]을 침입하여 군현이 파괴되었을 때 판순만의 구원을 받았는데, 강족 대부분이 패해 죽어 신병(神兵)이라고 칭하였습니다. 강족 사람들은 두려워하여 종족 사이에 전해지는 말로 남쪽으로 나아가지 말라고 하였습니다. 건화(建和) 2년(148, 桓帝)에 이르러 강족이 다시 대규모로 침입하였는데, 판순만에 의지하여 연속적으로 격파하였습니다.[208] 전에 거기장군(車騎將軍) 풍곤(馮緄)이 무릉(武陵)으로 남정(南征)하였을 때, 비록 단양(丹陽)에 정예부대의 예리함이 있었다고 하나,[209] 역시 판순만에 의지하여 그 공을 이룰 수 있었습니다. 근자에 익주군이 혼란해졌을 때, 태수 이옹(李顒) 역시 판순만을 이용하여 토벌하여 평정하였습니다.[210] 충성스러운 공을 세운 것이 이와 같으니, 본래 악한 마음을 가진 것이 아닙니다. [군현의] 장리(長吏)[211]와 향(鄕)과 정(亭)의 갱부(更賦)[212]가 지독히 무겁고, 종처럼 부리는 것이 가혹하여 노비나 포로보다 심하였습니다. 또한 처를 바치거나 자식을 파는 경우도 있었으며, 혹은 스스로 목을 매는 경우에 이르기도 하였습니다. 비록 주군(州郡)에 억울함을 이야기하기도 하였습니다만, 지방수령들은 사태를 파악하려 하지 않았습니다. [황제의] 궁궐은 멀리 떨어져 있어, 스스로

---

207) 漢川: 漢中을 隋代 일시적으로 漢川으로 칭하기도 하는데, 현지에서는 일상적으로 漢川으로 칭하였음을 의미하는 것이며, 여기서도 漢中을 의미하는 것이며, 보인다.

208) 『後漢書』「桓帝紀」에 따르면 建和 2년 白馬羌이라는 羌族의 一種이 益州의 廣漢屬國을 침략하여 지방관리를 죽이자 益州刺史가 板楯蠻을 이끌고 이들을 토벌한 것으로 되어 있다. 廣漢屬國은 『後漢書志』 권23 「郡國」 5에 따르면 옛날의 北部都尉로 廣漢郡 소속인데, 安帝 때 屬國都尉라 하고 따로 3개의 현을 관할하게 하였다.

209) 丹陽: 李賢注에서는 『史記』를 인용하여 설명하고 있다 "周나라 成王이 楚의 熊繹에게 분봉을 해 주어 처음으로 丹陽에서 거주하게 되었다. 오늘날 歸州 秭歸縣 東南쪽에 있는 故城이 바로 이것이다. 楚文王代에 비로소 丹陽에서 郢으로 옮기게 되었다(史記曰, 周成王封楚熊繹, 始居丹陽. 今歸州秭歸縣東南故城是也. 至楚文王, 始自丹陽遷於郢. 續漢志云南郡枝江縣有丹陽聚也.)." 또, 『續漢志』를 인용하여 南郡 枝江縣에 丹陽聚가 있다고 설명하였다. 현재 湖北省 秭歸縣의 東南에 위치한 것으로 比定된다.

210) 『後漢書』「靈帝紀」에 따르면 熹平 5년(176) 여름 4월 益州郡의 만이가 반란을 일으키자 태수 李顒이 이를 평정한 것으로 되어 있다.

211) 長吏: 州縣長官의 고위 보좌관으로 秩 200石에서 400石을 가리키고, 그 이하는 '少吏'라 칭하였다(『漢書』「百官公卿表」, "縣有丞尉, 秩四百石至二百石, 是爲長吏. 百石以下有斗食, 佐史之秩, 是爲少吏.").

212) 更賦: 漢代 戍卒 등의 '役'을 대신하여 '錢'으로 이를 대체하는 세금.

이를 알릴 수 없었습니다. 원한에 사무쳐 하늘에 외치고 깊은 계곡에서 가슴을 쳤습니다. 부역으로 고통을 받다가 끝내 혹형에 걸려들었습니다. 그러다가 읍락에 서로 모여들게 되어 반역의 죄에까지 이르게 된 것입니다. 모의를 주모한 자가 제호(帝號)를 참칭하면서 불경스러운 일을 도모한 것도 아닙니다. 지금 단지 현명하고 능력 있는 지방수령을 선발하면 자연히 안정될 것으로, 번잡스럽게 정벌할 필요가 없습니다." 황제는 그 말에 따라 태수 조겸(曹謙)을 보내 조서를 내려 사면하자 모두가 투항하여 복종하였다.[213] 중평(中平) 5년(188)에 이르러 파군(巴郡)에서 황건적(黃巾賊)이 일어나, 판순만이가 이를 기화로 다시 반란을 일으켜 성읍(城邑)을 노략질하자,[214] 서원팔교위(西園八校尉)[215]의 상군별부(上軍別部)[216]의 사마(司馬)[217] 조근(趙瑾)을 보내 토벌하였다.

西南夷者, 在蜀郡徼外. 有夜郎國, 東接交阯, 西有滇國, 北有邛都國, 各立君長. 其人皆椎結左衽, 邑聚而居, 能耕田. 其外又有巂·昆明諸落, 西極同師, 東北至葉榆, 地方數千里. 無君長, 辮髮, 隨畜遷徙無常. 自巂東北有莋都國, 東北有冉駹國, 或土著, 或隨畜遷徙. 自冉駹東北有白馬國, 氐種是也. 此三國亦有君長.

---

213) 『後漢書』「靈帝紀」에 따르면 光和 5년(182) 5월의 일이다.

214) 『後漢書』 권8, 「靈帝紀」에 따르면 中平 5년(188) 6월 益州의 黃巾賊 馬相이 州刺史인 郗儉을 공격하여 죽이고 스스로 天子라고 하면서 巴郡을 침략하여 군태수인 趙部까지 죽이자 益州 從事인 賈龍이 馬相을 쳐서 목베었다. 같은 해 11월 板楯蠻이 반란을 일으켰다.

215) 西園八校尉: 『後漢書』 권8, 「靈帝紀」에 따르면 中平 5년(188) 가을 8월 처음으로 西園八校尉를 설치하였다. 李賢注에서 인용한 樂資의 「山陽公載記」에 따르면 小黃門 蹇碩이 上軍校尉, 虎賁中郎將 袁紹가 中軍校尉, 屯騎校尉 鮑弘이 下軍校尉, 議郎 曹操가 典軍校尉, 趙融이 助軍左校尉, 馮芳이 助軍右校尉, 諫議大夫 夏牟가 左校尉, 淳于瓊이 右校尉로 모두 8校尉를 두었는데, 전체는 蹇碩이 통솔하였다. 武帝 때에도 司禮校尉를 비롯한 여덟 명의 교위를 8교위라고 하였으나 명칭과 통솔관계를 고려할 때 이전의 8교위를 의미하는 것으로 볼 수 없다. 西園은 황궁에 속하는 구역이고 宦官이 총책임자라는 사실로 볼 때, 급변에 대비하여 궁성의 수비를 강화하기 위한 황실의 친위군사조직이었다.

216) 上軍別部: 小黃門 蹇碩이 校尉로 있는 上軍의 別部를 의미한다.

217) 司馬: 『後漢書志』 권24 「百官」 1에 따르면 司馬는 군무를 관장하며 군사를 통솔하는데 俸秩은 一千石이다. 별도로 설치되는 군영의 경우 別部司馬가 통솔하는데, 휘하 군사의 많고 적음은 문제가 되지 않는다.

서남이(西南夷)는 촉군의 요외에 있다. 야랑국(夜郎國)이 있는데, 동쪽으로는 교지(交阯)와 접하고, 서쪽에는 전국(滇國)이 있으며, 북쪽에는 공도국(邛都國)이 있는데, 각각 군장(君長)을 세웠다. 그 사람들은 모두 상투를 틀고 좌임(左衽)을 하였으며,[218] 읍취(邑聚)를 이루어 살면서 능히 밭을 경작할 수 있었다. 그 바깥쪽에 수(巂)와 곤명(昆明)의 여러 부락이 있는데, 서쪽으로는 동사(同師)에서 끝이 나고, 동북으로는 엽유(葉榆)까지 이르는데, 땅이 사방으로 수천 리였다. 군장이 없으며, 변발(辮髮)을 하였고, 가축을 따라 이동하여 정해진 거처가 없었다. 수(巂)에서 동북으로에 작도국(莋都國)이 있고, 동북에 염방국(冉駹國)이 있다. 일부는 정해진 토지에 정착하기도 하고, 일부는 가축을 따라 옮겨다닌다. 염방 동북에 백마국(白馬國)이 있는데, 저족(氐族)이 이들이다. 이 세 나라는 역시 군장이 있다.[219]

夜郎者, 初有女子浣於遯水, 有三節大竹流入足閒, 聞其中有號聲, 剖竹視之, 得一男兒, 歸而養之. 及長, 有才武, 自立爲夜郎侯, 以竹爲姓. 武帝元鼎六年, 平南夷, 爲牂柯郡, 夜郎侯迎降, 天子賜其王印綬. 後遂殺之. 夷獠咸以竹王非血氣所生, 甚重之, 求爲立後. 牂柯太守霸以聞, 天子乃封其三子爲侯. 死, 配食其父. 今夜郎縣有竹王三郎神是也.

야랑은 본디 한 여자가 둔수(遯水)에서 빨래를 하고 있었는데, 마디가 셋인 커다란 대나무가 다리 사이로 흘러들어왔는데, 그 가운데에 우는 소리가 들려 대나무를 쪼개 보니 한 남자아이를 얻게 되어 돌아와 길렀던 사람이다. 성장하면서 재주와 무예가 있어 스스로 야랑후(夜郎侯)로 자립하고 죽(竹)을 성씨로 삼았다. 무제(武帝) 원정(元鼎) 6년(전111) 남이(南夷)를 평정하고 장가군(牂柯郡)을 설치하자, 야랑후는 투항하여 천자는 그에게 왕의 인수(印綬)를 주었다. 후에 결국 그를 죽였는데, 이료(夷獠)[220]들은 모두 죽왕은 [인간의] 피로 태어난 것이

---

218) 椎結左衽: 생머리를 말아 올려 위고 상투를 틀고, 윗옷이 왼쪽으로 여민 형태를 말하는데, 특정한 종족의 특성이라기보다 漢族과 다른 풍속이라는 점을 강조하여 대부분의 異民族에 이러한 표현을 쓰고 있다.

219) 同師(현 雲南省 保山 일대) 葉榆(현 雲南省 大理) 白馬國(四川 成縣)의 위치에 대한 자세한 내용은 『史記』「西南夷列傳」 역주 참조.

220) 夷獠: 주로 지금 四川 동부에서 雲南 廣西 교계지역에 분포하여 후한 말에서 남북조시기에 나타났던

아니라고 생각하고 이를 심히 중히 여겼는데, 그를 위해 후사를 세울 것을 요구하였다. 장가 태수 오패(吳霸)가 이를 보고하자, 천자는 그 셋째 아들을 후(侯)로 봉하였다. [그가] 죽자 그 아비와 함께 배사(配祀)토록 하였다. 지금 야랑현에 죽왕삼랑신(竹王三郎神)[221]이 있는데, 바로 이것이다.

初, 楚頃襄王時, 遣將莊豪從沅水伐夜郎, 軍至且蘭, 椓船於岸而步戰. 旣滅夜郎, 因留王滇池. 以且蘭[有]椓船牂柯處, 乃改其名爲牂柯. 牂柯地多雨潦, 俗好巫鬼禁忌, 寡畜生, 又無蠶桑, 故其郡最貧. 句町縣有桄桹木, 可以爲麪, 百姓資之. 公孫述時, 大姓龍·傅·尹·董氏, 與郡功曹謝暹保境爲漢, 乃遣使從番禺江奉貢. 光武嘉之, 並加褒賞. 桓帝時, 郡人尹珍自以生於荒裔, 不知禮義, 乃從汝南許愼·應奉受經書圖緯, 學成, 還鄕里敎授, 於是南域始有學焉. 珍官至荊州刺史.

원래 초(楚) 경양왕(頃襄王) 때에 장수 장호(莊豪)를 원수(沅水)에 보내 야랑을 정벌하였다. 군대가 차란(且蘭)에 이르자 물가에 배를 고정시켜 두고 보병전을 벌렸다. 야랑을 멸망시킨 후, 남아서 전지(滇池)의 왕이 되었다. 차란에 배를 묶어 두는 말둑이 있었던 곳이라 하여 그 지명을 '장가(牂柯)'라고 바꾸었다. 장가는 지리적으로 장마비가 많고, 풍속은 무속(巫俗)과 귀신, 금기 등을 좋아하고, 기르는 가축은 적고, 또 누에치기가 없어, 그 군은 가장 가난하였다. 구정현(句町縣)에는 광랑나무가 있는데, 여기서 보리가루 같은 것을 만들 수 있어 백성들이 이를 양식으로 삼았다.[222] 공손술(公孫述) 때[223]에 대성(大姓)인 용씨(龍氏) 부씨(傅

종족으로, '獠' 혹은 '夷獠'로 지칭된다. 種族의 이동상황으로 볼 때 古代 越族과의 연관성이 확인된다(金裕哲: 2007).

221) 竹王三郎神: 李賢注에서는 『漢書』「地理志」를 인용하여, "야랑현에는 遯水가 있는 동으로 廣鬱에까지 다다른다."고 하고, 『華陽國志』를 인용하여 "遯水는 鬱林을 지나는데 三郎祠가 있으며 모두 신령한 소리가 난다. 竹王이 들판에 버린 부서진 대나무가 죽림을 이루었는데, 오늘날 王祠竹林이 바로 이것이다. 왕이 일찍이 사람들을 따라 돌 위에 올라가고 난 후 국을 만들게 하였는데, 종자가 물이 없다고 하자 왕이 칼로 돌을 쳐 물이 나오게 하니 오늘날 竹王水가 바로 이것이다.(前書地理志曰: "夜郎縣有遯水, 東至廣鬱." 華陽國志云: "遯水通鬱林, 有三郎祠, 皆有靈響." 又云: "竹王所捐破竹於野, 成竹林, 今王祠竹林是也. 王嘗從人止大石上, 命作羹, 從者白無水, 王以劍擊石出水, 今竹王水是也.")"라고 하고 있다.

氏) 윤씨(尹氏) 동씨(董氏)가 군의 공조(功曹)[224] 사섬(謝暹)과 함께 지역을 보존하여 한나라로 편입되어, 번우강(番禺江)[225]을 따라 사신을 보내 공물을 봉헌하였다. 광무제가 가상히 여겨 포상을 내렸다. 환제(桓帝) 때에 군에 윤진(尹珍)[226]이라는 사람이 변방에 태어나서 예의를 모른다고 하여 여남(汝南)의 허신(許愼)[227]과 응봉(應奉)을 좇아 경서(經書)와 도

---

222) 桄桹木: 李賢注에서는『臨海異物志』를 인용하고 있는데, "桄桹木은 겉 표면에 털이 있으며, 종려나무처럼 여기저기 흩어져서 난다. 그 나무는 단단하여 가래나 낫을 만들 수 있는데 예리하기가 철과 같으며, 그 가운데 아랫부분은 더욱 날카롭고 오직 그 가운데 줄기의 뿌리부분만 부술 수 있다. 껍질 안으로는 벼를 빻아 놓은 쌀조각 같은 것이 있는데, 역시 보리나 밀가루와 비슷하여 그 속으로 전병을 만들 수 있다." 또,『廣志』를 인용하였는데, "광랑목은 그 둘레가 4, 5위에 이르고 길이는 5, 6장 정도이며 널찍하게 뻗어 있으며 주변에는 가지가 없고 그 정수리에서 자라는 잎은 수십에 불과한데 종려나무 잎사귀와 비슷하고, 그 나무를 부수고자 해도 표면이 단단하여 상하게 하기 어려우며, 안으로 몇 촌 정도 들어가면 밀가루 같은 것을 얻을 수 있는데, 붉고 노란 것이 빽빽하며 먹을 수 있다(臨海異物志曰: "桄桹木外皮有毛, 似栟櫚而散生. 其木剛, 作鋘鋤利如鐵, 中石更利, 唯中焦根乃致敗耳. 皮中有似擣稻米片, 又似麥麪, 中作餅餌.」廣志曰「桄桹樹大四五圍, 長五六丈, 洪直, 旁無枝條, 其顚生葉不過數十, 似稷葉, 破其木肌堅難傷, 入數寸得麪, 赤黃密緻, 可食"也.)."고 하였다.

『異物志』는 漢代부터 찬술된 것이 많이 인용되고 있는데, 정사에서 그 찬술이 확인된 것은 西晉 永嘉연간 續咸의『異物志』가 유일하다.『隋書』와『唐書』의「經籍志」에서 後漢 楊孚의『異物志』외에, 交州, 南州, 扶南. 涼州, 南方, 嶺南의 異物志와 沈瑩의『臨海水土異物志』1卷이 확인된다.『廣志』는『史記』이래 정사의 주석에 많이 인용되어 있지만, 본문에서는 확인되지 않는다.『隋書』「經籍志」에서 晉 郭義恭의『廣志』가 확인된다.

223) 公孫述: 前後漢 교체기 巴蜀地方을 근거로 활동하였던 群雄의 하나. 建武 원년(25) 자립하여 稱帝하고 成家로 칭하였다가, 建武 12년(36) 吳漢, 岑彭 등에 의해 成都가 함락되고 죽었다. 원래 扶風 茂陵 출신으로 哀帝 때 郎官이 되었다가 王莽 때에 導江卒正(蜀郡太守)으로 巴蜀에 들어왔다. 更始帝가 거병하자 이를 대항하려는 宗成, 王岑 등이 이에 호응하자, 公孫述은 현지의 토착세력을 규합하여 이들을 토벌하고, 輔漢將軍蜀郡太守兼益州牧을 칭하면서 자립하고, 李雄이 권하여 稱王하였다가 稱帝에 이르렀다. 西南夷의 諸君長의 臣從을 받고 물자도 풍부하여 비교적 충실한 국력을 유지하고 있었으나, 銅錢을 폐지하고 鐵錢을 사용하는 정책이 사람들의 불만을 사기도 하였다. 光武帝의 성립 후에도 隴지역의 隗囂와 함께 독립세력을 형성하였으나, 기원후 34년 隗囂에 이어서 光武帝에게 평정되었다(『後漢書』권13「公孫述傳」).

224) 功曹: 郡태수의 補佐官으로, 別駕와 主簿의 관리하에서 功勞를 관장하고 賞罰의 議論하는 부서의 책임자.

225) 番禺江: 당시 南海郡 番禺縣을 흐르는 강으로, 지금의 朱江. 李賢이 인용한『南越志』에는 番禺縣의 서쪽에 강 浦口가 있다고 한다.

226) 尹珍:『華陽國志』에 字가 道眞이고 毌斂縣人이라고만 되어 있다.

(圖) 위(緯)[228]를 수업받았다. 배움을 이루고 나서 향리로 돌아가 가르치니, 이에 남쪽지방에서 비로소 학교가 생기게 되었다. 윤진은 관직이 형주자사에 이르렀다.

滇王者, 莊蹻之後也. 元封二年, 武帝平之, 以其地爲益州郡, 割牂柯·越嶲各數縣配之. 後數年, 復幷昆明地, 皆以屬之此郡. 有池, 周回二百餘里, 水源深廣, 而末更淺狹, 有似倒流, 故謂之滇池. 河土平敞, 多出鸚鵡·孔雀, 有鹽池田漁之饒, 金銀畜産之富. 人俗豪忕. 居官者皆富及累世.

전왕(滇王)은 장교(莊蹻)의 후손이다. 원봉(元封) 2년(전108) 무제(武帝)가 평정하여 그 지역에 익주군(益州郡)을 설치하고 장가(牂柯) 월수(越嶲)에서 각각 몇 개의 현(縣)을 떼내어 배속시켰다. 몇 년 후에 곤명(昆明)의 땅을 다시 병합하여 모두 이 군에 속하게 하였다. 호수가 있는데, 주위 둘레가 200여 리이고 물이 들어가는 곳은 깊고 넓은데, 끝부분은 오히려 얕고 좁아 물이 거꾸로 흐르는 것 같아 전지(滇池)라고 불렀다. 하상의 흙이 평평하고 넓어 앵무새와 공작새가 많이 나고, 염지(鹽池)와 고기잡이의 풍요로움이 있고 금과 은 등의 재산을 축적하는 부가 있었다. 사람들의 풍속은 호방하고 사치스럽고, 관리가 된 자는 모두 부유하고 몇 대를 걸쳐 지속하였다.

及王莽政亂, 益州郡夷棟蠶·若豆等起兵殺郡守, 越嶲姑復夷人大牟亦皆叛, 殺略吏人. 莽遣寧始將軍廉丹, 發巴蜀吏人及轉兵穀卒徒十餘萬擊之. 吏士飢疫, 連年不能

---

227) 許愼: 後漢代의 古典學者로서, 汝南 召陵 출신. 博學하여 당시 五經에 대해서는 그와 겨룰 자가 없다고 알려졌다. 郡 功曹를 거쳐 洨縣長에 이어서 太尉南閤祭酒로 퇴관한 이후 향리에서 체계적으로 한자의 원리를 탐구하여 和帝 永元 12년(100)에 『說文解字』를 완성했고, 이 외에 『五經異義』와 『淮南子注』가 있다.

228) 圖와 緯: '圖'는 문자〔書〕로서 표현할 수 있는 비밀스러운 진리를 표현하는 것으로, 黃河에서 건져 올렸다는 '河圖'의 경우처럼 天意에 의해 전해지는 것으로 알려졌다. '緯'는 씨줄인 '經'과 대비되어 '날줄'에 비유되는 것으로 經에서 다 표현하지 못한 은밀한 내면의 의미가 쓰여진 책을 말한다. 모두 한대(漢代) 경학의 권위가 극대화됨에 따라 經의 의미를 신성화하는 과정에서 나타난 것으로 後漢代에 극성하였다.

剋而還. 以廣漢文齊爲太守, 造起陂池, 開通溉灌, 墾田二千餘頃. 率厲兵馬, 修障塞, 降集群夷, 甚得其和. 及公孫述據益土, 齊固守拒險, 述拘其妻子, 許以封侯, 齊遂不降. 聞光武卽位, 乃間道遣使自聞. 蜀平, 徵爲鎭遠將軍, 封成義侯. 於道卒, 詔爲起祠堂, 郡人立廟祀之.

왕망(王莽)에 의해 정치가 혼란스러워지자, 익주군이(益州郡夷) 동잠(棟蠶)과 야두(若豆)[229]가 군사를 일으켜 군수를 살해하였다. 월수군(越巂郡) 고복(姑復)의 이인(夷人) 대모(大牟)[230]도 역시 함께 반역을 일으켜, 관리와 백성을 죽이고 노략질하였다. 왕망은 영시장군(寧始將軍) 염단(廉丹)[231]을 보내 파촉(巴蜀)에서 이인(吏人) 그리고 무기와 양식을 운반하는 졸도(卒徒) 10여만을 징발하여 진격하였다. 군사들이 굶주리고 역병에 들어 해를 넘겨도 이기지 못하자 귀환하였다. 광한(廣漢)의 문제(文齊)가 [익주군] 태수가 되어 호수에 제방을 조성하고 관개수로를 개통하여 2,000여 경(頃)을 개간하였다. 병마(兵馬)를 동원하여 방어벽을 수축하고 많은 오랑캐를 항복시키니 크게 평화를 얻게 되었다. 공손술이 익주를 근거지로 자리잡자, 문제는 험악한 지형에 의지하여 굳게 지키니, 공손술은 문제의 처자를 구금하고 후(侯)로 봉할 것을 약속하였지만, 문제는 끝내 항복하지 않았다. 광무제가 즉위하였다는 소식을 듣자, 사잇길로 사신을 보내어 보고하였다. 촉지방이 평정되자 [문제를] 진원장군(鎭遠將軍)으로 불러들이고, 성의후(成義侯)로 봉하였다.[232] 그러나 귀환 도중에 사망하자, 조를 내려 사당(祠堂)을 세우도록 하니, 군인(郡人)들이 묘(廟)를 세워 제사하였다.

---

229) 동잠(棟蠶)과 야두(若豆): 『後漢書』「西南夷傳」 외에는 확인되지 않는 인물이다.

230) 大牟: 明帝 永平 元年(58) 4月 流星이 북두성처럼 커지면서 西南 방향으로 빛을 발하였다는 天文의 기록과 함께, 이때 大牟의 반란이 일어났다는 기록이 있다(『後漢書志』 권12, 「天文」中). 『後漢書』「明帝紀」에도 永平 원년 이 사실을 기록하고 있다. 唐代에는 巴蜀지방에 大牟縣이 설치되어 있는데, 이들 蠻夷集團과 관련된 것으로 보인다(『舊唐書』 권39 「地理」2, 山南道, 山南西道集州下).

231) 寧始將軍 廉丹: 寧始將軍은 역시 상설직이 아니라 단순한 將軍의 칭호일 뿐인데, 王莽 때에 그의 군사적 복심으로 활동하였던 廉丹의 將軍號였다. 廉丹은 王莽의 휘하에서 中郎將으로 군사적으로 활동하였던 인물로, '南城將軍'·'寧始將軍'·'更始將軍' 등의 將軍號를 帶領하였다.

232) 李賢注에서는 成義侯가 그 훌륭한 명성에서 따온 것이라고 설명하고 있다.

建武十八年, 夷渠帥棟蠶與姑復·楪榆·梇棟·連然·滇池·建(怜)[伶]·昆明諸種反叛, 殺長吏. 益州太守繁勝與戰而敗, 退保朱提. 十九年, 遣武威將軍劉尚等發廣漢·犍爲·蜀郡人及朱提夷, 合萬三千人擊之. 尚軍遂度瀘水, 入益州界. 群夷聞大兵至, 皆棄壘奔走, 尚獲其羸弱·穀畜. 二十年, 進兵與棟蠶等連戰數月, 皆破之. 明年正月, 追至不韋, 斬棟蠶帥, 凡首虜七千餘人, 得生口五千七百人, 馬三千疋, 牛羊三萬餘頭, 諸夷悉平.

건무(建武) 18년(42, 光武帝) 이족(夷族)의 거수(渠帥) 동잠이 고복(姑復) 접유(楪榆) 농동(梇棟) 연연(連然) 전지(滇池) 건령(建伶)[233] 등 곤명(昆明) 제종족과 함께 반역을 일으켜 장리(長吏)를 살해하였다. 익주 태수 번승(繁勝)은 이들과 싸웠으나 패하고 퇴각하여 주제(朱提)[234]에서 자신을 보존하였다. 19년(43) 무위장군(武威將軍) 유상(劉尙)을 보내 광한(廣漢) 건위(犍爲) 촉군(蜀郡)의 인민과 주제이(朱提夷) 도합 13,000명을 징발하여 진격하였다. 유상의 군대가 노수(瀘水)[235]를 건너 익주 경내로 들어오자, 여러 이(夷)들은 대군사가 온다는 소식을 듣고 모두 진지를 버리고 도망하였고, 유상은 아녀자나 늙고 병든 사람들, 그리고 곡식과 가축을 획득하였다. 20년(44) 군사를 계속 진격하여 동잠 등과 수개월간 계속 전투를 벌려 모두 격파하였다. 이듬해 정월 불위(不韋)[236]까지 추격하여 동잠의 장수를 참수하고

233) 姑復은 縣名으로 越巂郡에, 나머지는 모두 益州郡에 속한 縣이다.

234) 朱提: 縣名으로 犍爲郡에 속한다.

235) 瀘水: 李賢注에서는 "瀘水는 일명 '若水'로 旄牛의 변경에서 발원하여 朱提를 지나 僰道에 이르러 장강으로 들어가는데, 오늘날 巂州의 남쪽에 있다. 다만, 유해한 기운이 있어 3월과 4월에 이곳을 건너면 반드시 죽게 된다. 5월 이후에 건너는 자들은 무해하다. 그러므로 공명은 출사표에서 5월에 瀘水를 건넜다고 하였으니 그 어렵고 힘든 상황을 언급한 것이다(瀘水一名若水, 出旄牛徼外, 經朱提至僰道入江, 在今巂州南. 特有瘴氣, 三月四月經之必死. 五月以後, 行者得無害. 故諸葛[亮]表云「五月度瀘」, 言其艱苦也.)."라고 하였다.

236) 不韋: 李賢注에서는 孫盛의 『蜀譜』를 인용하여 "처음에 秦나라가 呂不韋의 자제와 종족들을 蜀으로 이주시켰고, 한무제가 서남이 지역을 개척하여 군현을 설치하면서 呂氏들을 이주시켜 이곳을 충실하게 하였으므로 不韋縣이라고 한 것이다."라고 하고, 『華陽國志』를 인용하여 "武帝가 博南을 개통하고 不韋縣을 설치하였는데, 南越에서 재상 노릇을 하던 呂嘉의 자손과 종족들을 이주시켜 그 지역을 근거로 하여 살게 하였다. 그러므로 不韋라고 명명하여 선조의 악행을 드러낸 것이다."라고 하였다(孫盛蜀譜

모두 7,000여 명을 베었으며, 생구(生口) 5,700명, 말 3,000필, 소와 양 30,000여 두를 획득하자, 여러 이(夷)들은 모두 평정되었다.

肅宗元和中, 蜀郡王追爲太守, 政化尤異, 有神馬四匹出滇池河中, 甘露降, 白烏見, 始興起學校, 漸遷其俗. 靈帝熹平五年, 諸夷反叛, 執太守雍陟. 遣御史中丞朱龜討之, 不能剋. 朝議以爲郡在邊外, 蠻夷喜叛, 勞師遠役, 不如棄之. 太尉掾巴郡李顒建策討伐, 乃拜顒益州太守, 與刺史龐芝發板楯蠻擊破平之, 還得雍陟. 顒卒後, 夷人復叛, 以廣漢景毅爲太守, 討定之. 毅初到郡, 米斛萬錢, 漸以仁恩, 少年間, 米至數十云.

숙종(肅宗) 원화(元和)연간(84~86)에 촉군의 왕추(王追)가 태수가 되어 다스림과 교화가 더욱 뛰어나자, 신마(神馬) 네 필이 전지(滇池)에서 출현하였고, 감로(甘露)가 내리고 백조(白烏)가 나타났으며, 비로소 학교가 흥기하자 그 풍속이 점차 교화되어 갔다. 영제(靈帝) 희평(熹平) 5년(176) 여러 이(夷)들이 반란을 일으켜 태수 옹척(雍陟)을 사로잡았다. 어사중승 주구(朱龜)를 보내 토벌하였으나, 이기지 못하였다. 조정의 의론에서 이들 군은 변방에 있어 만이(蠻夷)들이 자주 반란을 일으키니, 군사들을 수고롭게 멀리 파병하는 것보다는 차라리 포기하자는 논의가 있었다. 태위연(太尉掾)인 파군 출신의 이옹(李顒)[237]이 토벌하자는 대책을 건의하자, 그를 익주 태수로 배수(拜受)하니, 자사(刺史) 방지(龐芝)와 함께 판순만을 징발하여[238] [蠻夷를] 격파하고 평정하여 옹척을 귀환시켰다. 이옹이 죽자 이인(夷人)들이 다시

曰: "初, 秦徙呂不韋子弟宗族於蜀, 漢武帝開西南夷, 置郡縣, 徙呂氏以充之, 因置不韋縣.」華陽國志曰「武帝通博南, 置不韋縣, 徙南越相呂嘉子孫宗族資之. 因名不韋, 以章其先人之惡行"也.).

孫盛은 東晋代 인물로서 『魏氏春秋』『晋陽秋』와 『孫盛集』을 남기고 있을 뿐, 『蜀譜』에 대한 언급이 『後漢書』의 이 부분의 李賢注에서 유일하게 언급되고 있다. 『魏氏春秋』에 포함된 부분일 가능성이 많다.

237) 李顒: 그는 무장은 아니었던 것으로, 經學과 관련된 많은 저술이 있었다. 다만, 巴郡 출신으로서 西南夷의 정벌을 적극 주장한 관계로 益州郡 太守로 임명하여 征伐을 담당하게 하였다.

238) 太守와 刺史: 여기서 보면 중앙관이었던 李顒을 태수로 삼아 현지에 파견하여 刺史 龐芝와 함께 蠻夷의 토벌을 맡기고 있다. 당시 刺史는 俸秩이 七百石으로 중앙에서 파견한 감찰관에서 서서히 지방에 상주하는 관직으로 변하는 시점이었다. 따라서, 아직까지는 太守가 上位職으로서 정벌의 책임자는 益州太守

반란을 일으키니, 광한(廣漢) 출신의 경의(景毅)를 태수로 삼아 토벌하여 평정하였다. 경의가 처음 군에 도착하였을 때 미(米)가 1곡(斛)에 일만 전이었는데, 점차 인자하고 은혜롭게 통치하니, 얼마 지나지 않아 미(米)가 1곡에 수십 전이 되었다고 한다.

哀牢夷者, 其先有婦人名沙壹, 居于牢山. 嘗捕魚水中, 觸沈木若有感, 因懷妊, 十月, 產子男十人. 後沈木化爲龍, 出水上. 沙壹忽聞龍語曰: 「若爲我生子, 今悉何在?」九子見龍驚走, 獨小子不能去, 背龍而坐, 龍因舐之. 其母鳥語, 謂背爲九, 謂坐爲隆, 因名子曰九隆. 及後長大, 諸兄以九隆能爲父所舐而黠, 遂共推以爲王. 後牢山下有一夫一婦, 復生十女子, 九隆兄弟皆娶以爲妻, 後漸相滋長. 種人皆刻畫其身, 象龍文, 衣皆著尾. 九隆死, 世世相繼. 乃分置小王, 往往邑居, 散在谿谷. 絶域荒外, 山川阻深, 生人以來, 未嘗交通中國.

애뢰이(哀牢夷)는 그 조상에 사일(沙壹)이라는 이름의 부인이 있어 뇌산(牢山)에 살고 있었다. 일찍이 물 속에서 고기잡이를 하였다, 침목(沈木)[239]에 부딪히는 소리에 감응이 느껴졌는데, 이로 인해 임신을 하였고, 10개월이 지나 아들 열 명을 낳았다. 후에 침목이 용으로 변하여 물 위로 올라왔다. 사일 부인은 홀연히 용이 "네가 나를 위해 자식을 낳았을텐데 지금 모두 어디에 있느냐?"라고 말하는 것을 들었다. 아홉 명의 아들은 용을 보자 놀라 도망쳤는데, 오직 어린 아들만 도망갈 수가 없어 용을 등지고 앉으니, 용이 그를 핥았다. 그 어미는 조어(鳥語)[240]로 말하였는데, '배(背)'를 '구(九)'라고 하고 '좌(坐)'를 '융(隆)'이라고 하였다. 그래서

李顒이었다.

239) 沈木: '沈木'에 대한 이야기는 南越지역의 민족들에게서도 나타나는데, 林邑의 土人들이 이 나무를 베어서 오랫동안 쌓아 놓으면 모두 부패하지만 속부분은 단단하게 남아 있는데, 이는 물 속에 넣으면 가라앉을 정도로 무겁게 되어 '沈木' 혹은 '沈香'이라고 한다(『梁書』「諸夷傳」林邑條, "沉木者, 土人斫斷之, 積以歲年, 朽爛而心節獨在. 置水中則沉, 故名曰沉香".).
이는 도금양목 팥꽃나무과의 상록교목인데, 학명은 Aquilaria agallocha를 가리키는 것으로, 이 나무는 벌채하여 땅 속에 묻어서 木質은 썩히고 樹脂만을 얻게 되기도 하고, 나무의 상처에서 흘러나온 樹脂를 수집하여 枕香을 만든다. 沈香은 의복이나 물건에 향기가 스며들게 하고, 또 이것을 태우면 향기를 낸다. 이를 蜜香이라고 부르기도 하는데, 인도에서는 '阿迦嚧香'이라고도 한다.

240) 鳥語: 알아듣기 힘든 말을 말하는데, 전통적으로 이민족의 언어를 통칭하기도 하고, 특히 南方民族의

아들을 '구륭(九隆)'이라고 이름지었다. 후에 성장하자 여러 형들은 구륭이 애비가 핥아 주었고 영리하다고 하여 마침내 모두 그를 추대하여 왕으로 삼았다. 후에 뇌산하에 한 부부가 있었는데 10명의 딸을 낳았다. 구륭의 형제는 모두 이들을 맞아들여 처로 삼았는데, 후에 점차 번성하였다. 종족 사람들은 모두 몸에 그림을 새겼는데, 용의 문양을 그렸고, 옷에는 모두 리본을 달았다.[241] 구륭이 죽은 후에도 대대로 계속 이어졌다.[242] 이에 [집단을] 나누어 소왕(小王)을 설치하였는데, 읍락에서 살기도 하였지만 계곡에 흩어져 살았다. 외부와 고립된 황외(荒外)이고, 산천이 가로막힌 것이 심하여, 인간이 출현한 이래 중국과 교류하거나 교통하지 못하였다.[243]

建武二十三年, 其王賢栗遣兵乘箄船, 南下江·漢, 擊附塞夷鹿茤. 鹿茤人弱, 爲所禽獲. 於是震雷疾雨, 南風飄起, 水爲逆流, 翻涌二百餘里, 箄船沈沒, 哀牢之衆, 溺死

언어나 중국의 南方 방언에 대해 칭하는 말이다.

241) 李賢注에서는 이상의 내용이 『風俗通』에 나와 있다고 하였는데, 현전본의 『風俗通義』에서는 확인되지 않는다. 몸에 용을 문신하는 풍습은 古代 吳越지방에서 물 속에서 해를 당하지 않기 위해서 행해진 것으로 알려져 있다. 『史記』 권4 「周本紀」 『集解』에서 吳越의 풍속으로 "應劭曰, 常在水中, 故斷其髮, 文其身, 以象龍子, 故不見傷害."라고, 『淮南子』 「原道訓」의 高誘注에서 越의 풍습으로 "文身, 刻畵其體, 內黙其中, 爲蛟龍之狀, 以入水, 蛟龍不解也."라고 기술하고 있다.

242) 李賢注에서는 『哀牢傳』을 인용하여 그들의 조상을 설명하고 있다. 九隆이 대대로 (그 지위를) 서로 전하였으나 (그 임금의) 이름을 알고 따져 볼 수 없으며 禁高에 이르러서야 비로소 그 기록을 알 수 있다. 禁高가 죽자 아들인 吸이 뒤를 이었고, 吸이 죽자 아들인 建非가 이었으며, 建非가 죽자 아들인 哀牢가 이었고, 哀牢가 죽자 아들인 桑藕가 이었고, 桑藕가 죽자 아들인 柳承이 이었으며, 柳承이 죽자 아들인 柳貌가 뒤를 잇고, 柳貌가 죽자 아들인 扈栗이 대를 이었다(哀牢傳曰: '九隆代代相傳, 名號不可得而數, 至於禁高, 乃可記知. 禁高死, 子吸代; 吸死, 子建非代; 建非死, 子哀牢代; 哀牢死, 子桑藕代; 桑藕死, 子柳承代; 柳承死, 子柳貌代; 柳貌死, 子扈(粟)[栗]代.'). 『哀牢傳』은 後漢 楊終이 찬술한 책이다. 楊終은 後漢 明帝시기 활동한 인물로서, 蜀郡 成都 출신으로 자는 子山인데, 『後漢書』 권48에 입전되어 있다. 王充의 『論衡』 「佚文篇」에 楊子山 즉 楊終이 郡의 上計吏로 三公府의 명을 받아 『哀牢傳』을 저술하였는데, 明帝가 기특하게 여겨 불러 蘭臺에서 활동하게 하였다는 기록이 있다. 明帝 永平 12년(69)에 哀牢王 柳貌가 內屬하였던 것과 관련하여 이루어진 일일 것이다.

243) 『哀牢傳』의 기원신화는 『華陽國志』 권4 「南中志」 永昌郡條와 『太平御覽』 권361 產條에 인용된 『益州耆舊傳』과 『水經注』 권37 「淹水條」에도 비슷한 이야기가 실려 있다. 『後漢書』 편찬 이후 『太平御覽』 『通典』 『通志』 등에서는 이를 전재하여 전승되고 있다.

數千人. 賢栗復遣其六王將萬人以攻鹿茤, 鹿茤王與戰, 殺其六王. 哀牢耆老共埋六王, 夜虎復出其尸而食之, 餘衆驚怖引去. 賢栗惶恐, 謂其耆老曰: 「我曹入邊塞, 自古有之, 今攻鹿茤, 輒被天誅, 中國其有聖帝乎? 天祐助之, 何其明也!」 二十七年, 賢栗等遂率種人戶二千七百七十, 口萬七千六百五十九, 詣越巂太守鄭鴻降, 求內屬. 光武封賢栗等爲君長. 自是歲來朝貢.

건무(建武) 23년(47, 光武帝) 그 왕 현률(賢栗)이 군사를 보내 대나무 뗏목배[244]를 타고, 강한(江漢)지역[245]으로 남하하여 변방의 이(夷) 녹다(鹿茤)[246]를 공격하였다. 녹다는 사람이 약해 포로로 잡힌 바가 되었다. 이때 천둥과 벼락이 치고, 심한 비가 내리며, 남풍이 갑자기 일어나 물이 역류하여 이백여 리까지 넘쳐 치솟았다. 대나무 뗏목은 침몰하고 애뢰의 무리들은 물에 빠져 죽은 자가 수천이었다. 현률은 다시 그 여섯 소왕(小王)을 보내 만여 명을 이끌고 녹다를 공격하도록 하였는데, 녹다왕은 이들과 싸워 그 여섯 왕을 죽였다. 애뢰의 장로들이 함께 여섯 왕을 땅에 묻었는데, 밤에 호랑이들이 다시 그 시체를 꺼내 먹으니, 나머지 무리들은 놀라 겁에 질려 퇴각하였다. 현률은 공포에 질려 그 장로들에게 말하기를 "우리들이 변방에 침입하는 것은 예로부터 있어 왔다. 그런데 이번에 녹다를 공격하여 하늘의 처벌을 받았으니, 중국에 분명 성제(聖帝)가 있음이 분명하다. 하늘이 돕고 있으니, 얼마나 현명하겠는가?"라고 하였다. 27년(51) 현률 등이 마침내 종족 사람 2,770호(戶) 17,659구(口)를 이끌고 월수 태수(越巂太守) 정홍(鄭鴻)에게 항복하여 내속(內屬)을 요구하였다. 광무제는 현률 등을 군장(君長)으로 봉하니 이 해부터 매해 와서 조공하였다.

---

244) 箄船: 李賢은 대나무를 감아 대바구니를 만들어 배처럼 만든 것이라고 하였다(箄音蒲佳反. 縛竹木爲箄, 以當船也.).

245) 江漢: 長江과 漢水의 사이지역을 가리키는 말로, 지금의 湖北省에 해당한다. 先秦時代부터 사용된 개념으로 종족적인 면에서 기원한 '荊楚'와 같은 지리적 개념이다. 그러나 哀牢夷가 江漢지역으로 남하하였다는 것은 지리적으로 가능한 말이 아니다. 별도의 지역을 의미하는지에 대해 분명한 근거를 찾기는 어렵다.

246) 鹿茤: 李賢注에서는 그 종족은 오늘날, 즉 唐代에도 많이 있다고 하였는데, 『後漢書疏證』에서는 『南夷志』를 인용하여 東爨烏蠻이 이들이라고 설명하고 있다.

永平十二年，哀牢王柳貌遣子率種人內屬，其稱邑王者七十七人，戶五萬一千八百九十，口五十五萬三千七百一十一．西南去洛陽七千里，顯宗以其地置哀牢・博南二縣，割益州郡西部都尉所領六縣，合爲永昌郡．始通博南山，度蘭倉水，行者苦之．歌曰：「漢德廣，開不賓．度博南，越蘭津．度蘭倉，爲它人．」

영평(永平) 12년(69, 明帝) 애뢰왕 유모(柳貌)가 아들을 보내 종족인을 이끌고 내속하였다. 거기에서 읍왕(邑王)을 칭하는 사람이 77명이고, 호(戶)는 56,890, 구(口)는 553,711이었다. 서남지역은 낙양에서 7,000리 떨어져 있었는데, 현종(顯宗)은 그 지역에 애뢰(哀牢), 박남(博南) 2현을 설치하고, 익주군 서부도위(西部都尉)가 거느린 6현을 떼내어,[247] 합하여 영창군(永昌郡)으로 삼았다. 비로소 박남산(博南山)[248]과 통하고, 난창수(蘭倉水)[249]를 건너기 시작하였는데, 다니는 사람들이 심히 힘들었다. 노랫말에 말하기를 "한의 덕이 넓어 신속(臣屬)하지 않았던 곳을 모두 열었도다. 박남산(博南山)을 넘고 난창진(蘭倉津)을 지나도다. 난창수(蘭倉水)를 건너니, 다른 지역 사람이 되어 버리는구나."라고 하였다.

哀牢人皆穿鼻儋耳，其渠帥自謂王者，耳皆下肩三寸，庶人則至肩而已．土地沃美，宜五穀・蠶桑．知染采文繡，罽毲帛疊，蘭干細布，織成文章如綾錦．有梧桐木華，績以

247) 李賢注에서는 『古今注』를 인용하고 있다. 明帝 永平 10년 益州西部都尉를 두었는데 嶲唐을 거소로 하였다. 『續漢志』에 따르면 6縣은 不韋, 嶲唐, 比蘇, 楪楡, 邪龍, 雲南이다(古今注曰: '永平十年, 置益州西部都尉, 居嶲唐.' 續漢志六縣謂不韋・嶲唐・比蘇・楪楡・邪龍・雲南也.). 益州郡 西部都尉는 屬國都尉의 하나로서, 後漢代 屬國은 郡에서 멀리 떨어진 縣을 분리하여 설치한 것으로 원래 蠻夷들이 복속해왔을 때 설치한 지방관이었다(『後漢書志』「百官」 5; 『漢書』 권5 「百官公卿表」).

248) 博南山: 李賢注에서는 『華陽國志』를 인용하여 "博南縣 서쪽에 산이 있는데, 높이가 30리이고 이곳을 넘어야 蘭滄水를 건널 수 있다."고 하고 있다(華陽國志曰 '博南縣西山, 高三十里, 越之度蘭滄水' 也.). 현재의 四川省 永平縣에 소재한 산으로 大理에서 西藏을 통하여 인도로 이어지는 이른바 '博南古道'가 이 산을 끼고 지나가고 있다. 張騫 西域 원정시 확인하였다는 蜀布와 邛竹杖이 바로 이 博南古道를 통하여 거래된 것으로 알려져 있다.

249) 蘭倉水: 현재의 蘭倉江으로 雲南 서부 橫斷山脈을 가로질러 博南山과 羅岷山의 사이로 남북으로 흐르는 강이다.

爲布, 幅廣五尺, 絜白不受垢汙. 先以覆亡人, 然後服之. 其竹節相去一丈, 名曰濮竹. 出銅·鐵·鉛·錫·金·銀·光珠·虎魄·水精·琉璃·軻蟲·蚌珠·孔雀·翡翠·犀·象·猩猩·貊獸. 雲南縣有神鹿兩頭, 能食毒草.

애뢰인은 모두 코를 뚫고 귀불을 늘어뜨리는데, 그 우두머리로서 왕을 자칭하는 자는 귀가 모두 어깨 아래로 3촌(寸) 늘어뜨리며, 서인(庶人)은 어깨까지만 이르게 한다. 토지는 비옥하여 오곡을 심고 뽕잎으로 누에치기에 적합하다. 물감을 들이고 문양을 수놓는 방법을 알아, 계탈(罽毲)[250] 백첩(帛疊)[251] 모시로 짠 고운 포[252] 등은 직조하여 문양을 넣는 법이 비단과 같았다. 오동나무 목화로 실을 타서 짠 포가 있는데,[253] 폭이 5척(尺)으로 하얀 색깔이 때를 타지 않았다. 먼저 죽은 사람에게 덮어 두었다가 그 후에 옷을 만들어 입혔다. 그 곳의 대나무는 마디간에 길이가 1장(丈)이 되는데, 복죽(濮竹)이라고 불렀다.[254] 구리, 철, 주석, 금, 은, 강구슬[255] 호백,[256] 수정, 유리, 조개껍질, 진주,[257] 공작, 비취, 무소, 코끼리, 붉은 빛 원숭이,

---

250) 罽毲: 李賢注에서는 "罽는 李恂傳에 보이고, 毲는 알 수 없다."고 하였는데, 『後漢書』 권51, 「李恂傳」에서 '香罽'에 대한 주석으로, "袁山松書曰: '西域出諸香·石蜜.' 罽, 織毛爲布者."라고 하고 있다. '毲'에 대해 구체적인 설명은 없지만, 모두 동물의 털로 직물을 짠 모직물을 의미하는데, 香料를 포함하여 향기가 나는 직물인 것으로 보인다.

251) 白疊花布: 李賢注에서는 『外國傳』을 인용하여 諸薄國의 여인들은 白疊花布를 짠다고 설명하였다(外國傳曰: "諸薄國女子織作白疊花布."). 구체적인 것은 확인되지 않지만, 꽃 문양이 들어간 직물을 의미하는 것으로 보인다.

252) 蘭干細布: 李賢注에서는 『華陽國志』를 인용하여 蘭干은 獠人들의 말로 모시풀이라는 뜻이다(華陽國志曰: "蘭干, 獠言紵.").

253) 李賢注에서는 『廣志』를 인용하여, "오동나무 가운데 하얀 것은 剽國에 있는 桐木이라는 것으로 그 꽃에 흰 털이 있어 그 털을 따다가 물에 담그고 길쌈을 하여 포를 만든다."고 하였다(廣志曰: "梧桐有白者, 剽國有桐木, 其華有白毳, 取其毳淹漬, 緝織以爲布"也.).

254) 濮竹: 永昌지역에서 생산되는 大龍竹을 가리킨다. 이는 고대 雲南 西部 元江 주위에 살던 '濮人'들의 특산으로 중원조정에 조공물로 바쳐지면서 붙여진 이름이다. 현재의 元江이 과거 濮水라고 칭해져 파생된 명칭이다.

255) 李賢注에서는 『華陽國志』를 인용하여 "蘭滄水에는 砂金이 있는데 가져다가 씻어서 녹이면 金이 된다. 光珠穴이라는 곳도 있다."고 하였는데, 『博物志』에서는 "光珠란 바로 강에서 나는 구슬이다."라고 하였다(華陽國志曰: "蘭滄水有金沙, 洗取融爲金. 有光珠穴." 博物志曰: "光珠卽江珠也.").

256) 虎魄: 虎魄은 虎珀을 의미하는 것으로, 樹脂가 다년간 땅 속에서 있으면서 石化하여 생긴 물질이다.

맥수(貊獸)[258]가 난다. 운남현에는 머리가 둘인 신록(神鹿)이 있는데, 능히 독초를 먹을 수 있다.

先是, 西部都尉廣漢鄭純爲政清絜, 化行夷貊, 君長感慕, 皆獻土珍, 頌德美. 天子嘉之, 卽以爲永昌太守. 純與哀牢夷人約, 邑豪歲輸布貫頭衣二領, 鹽一斛, 以爲常賦, 夷俗安之. 純自爲都尉·太守, 十年卒官. 建初元年, 哀牢王類牢與守令忿爭, 遂殺守令而反叛, 攻(越)巂唐城. 太守王尋奔楪榆. 哀牢三千餘人攻博南, 燔燒民舍. 肅宗募發越巂·益州·永昌夷漢九千人討之. 明年春, 邪龍縣昆明夷鹵承等應募, 率種人與諸郡兵擊類牢於博南, 大破斬之. 傳首洛陽, 賜鹵承帛萬匹, 封爲破虜傍邑侯.

이전에 서부도위 광한인(廣漢人) 정순(鄭純)이 정치를 행함이 깨끗하였다. 오랑캐〔夷貊〕에게 교화를 행하니, 군장들이 감동하며 숭모하여 모두 진귀한 토산품을 헌상하고 그 덕을 칭송하였다. 천자가 가상히 여겨 그를 영창태수로 삼았다. 정순은 애뢰인과 약조하였는데, 읍호(邑豪)는 매년 포관두의(布貫頭衣)[259] 2령(領),[260] 소금 1곡(斛)을 내도록 하였다. 이를

李賢注에서는 「廣志」를 인용하였는데, "호박은 땅 속에서 나는데, 그 위와 주변으로는 풀이 나지 않고, 깊이는 8,9척이며 크기는 한 말만하고, 껍질을 제거하면 호박이 되는 것은 한 되 정도인데, 처음에는 아교처럼 끈적거리다가 응고하여 굳어지면 호박이 된다."고 하고, 『博物志』는 "소나무의 기름이 땅 속으로 흘러들어가 천 년이 지나면 복령이 되고 茯笭이 천 년이 지나면 호박이 된다. 오늘날 太山에는 茯笭은 있으나 호박이 없으며 永昌에는 호박은 있으나 茯笭이 없다."라고 하였다(廣(雅)[志]曰: "虎魄生地中, 其上及旁不生草, 深者八九尺, 大如斛, 削去皮, 成虎魄如斗, 初時如桃膠, 凝堅乃成." 博物志曰: "松脂淪入地千年化爲伏苓, 伏苓千歲化爲虎魄. 今太山有伏苓而無虎魄, 永昌有虎魄而無伏苓.").

257) 蚌珠: 오늘날의 珍珠를 말한다. 李賢注에서는 徐衷의 『南方草物狀』를 인용하여, 대개 구슬을 채취하는 것은 3월인데, 다섯 가지의 희생을 써서 복을 빈다. 만약 제사를 지냄에 있어서 실수가 있으면 바람이 불어 바닷물을 어지럽게 하거나 큰 물고기가 조개 주변에 있게 된다. 진주의 길이는 3촌 반으로 대개 2등급짜리 진주라고 설명하고 있다(徐衷南方草物狀曰 "凡採珠常三月, 用五牲祈禱, 若祠祭有失, 則風攪海水, 或有大魚在蚌左右. 蚌珠長三寸半, 凡二品珠"也.).

258) 貊獸: 李賢注에서는 『南中八郡志』를 인용하여, "貊은 크기가 당나귀만하고 그 모습은 꽤 곰과 유사한데, 힘이 세고 철을 먹으며 접촉하는 것마다 꺾어버리지 않는 것이 없다."고 하고, 또 『廣志』를 인용하여 "貊은 빛깔이 창백하고 그 표면은 따뜻하다."고 하였다(南中八郡志曰: "貊大如驢, 狀頗似熊, 多力, 食鐵, 所觸無不拉." 廣志曰: "貊色蒼白, 其皮溫煖."). 실제 어떤 동물을 말하는지가 불투명하다.

상설적인 부(賦)로 하니, 이인(夷人)들의 사회가 안심하였다. 정순은 도위와 태수로 10년을 지내고 관에서 물러났다. 건초(建初) 원년(76, 章帝) 애뢰왕 유뢰(類牢)가 수령(守令)과 분쟁이 벌어져 마침내 수령을 죽이고 반란을 일으켰는데, 수당성(嶲唐城)을 공격하니, 태수 왕심(王尋)이 엽유(楪楡)로 도망하였다. 애뢰인 3,000여 명이 박남(博南)을 공격하여 민가를 불질렀다. 숙종(肅宗)이 월수(越嶲)와 익주, 영창의 이인(夷人)과 한인(漢人) 9천 명을 모병하고 징발하여 토벌하였다. 이듬해 봄 사룡현(邪龍縣)[261] 곤명이(昆明夷), 노승(鹵承) 등이 모병에 응하여 종족 사람들을 이끌고 군병(郡兵)과 함께 박남에 있는 유뢰를 공격하여 대파하고 그를 참수하였다. (유뢰의) 머리가 낙양으로 전해지자, 노승에게 비단 1만 필을 하사하고 파로방읍후(破虜傍邑侯)로 봉하였다.

永元六年, 郡徼外敦忍乙王莫延慕義, 遣使譯獻犀牛·大象. 九年, 徼外蠻及撣國王雍由調遣重譯奉國珍寶, 和帝賜金印紫綬, 小君長皆加印綬·錢帛.

영원(永元) 6년(94, 和帝) 군 요외의 돈인을왕(敦忍乙王) 막연(莫延)이 덕의(德義)를 숭모하여 사신을 보내 통역을 거쳐 서우(犀牛)와 대상(大象)을 헌공하였다. 9년(97) 요외의 만(蠻)과 탄국왕(撣國王)[262] 옹유조(雍由調)[263]가 중역(重譯)을 통해서 나라의 진기한 보물을 봉헌

---

259) 布貫頭衣: 천 가운데의 구멍에 머리를 끼어서 입는 옷으로 여밈이 없는 것을 기준으로 한다, 중국에서는 어린애들이 입는 것인데, 夷狄들은 이와 같은 옷을 입는다고 묘사하였다. 이렇게 되는 것의 가장 큰 차이는 夷狄들은 冠을 쓰지 않는다는 전제에서 생겨난 관념이었다. 『說文解字』에서는 '冃'란 글자로 표현되고 있다 (『說文解字』「冃部」"冃, 小兒及蠻夷頭衣也. 从冂, 二其飾也." 段玉裁注: "謂此二種人之頭衣也. 小兒未冠, 夷狄未能言冠. 故不冠而冃.)

260) 領: 문맥상 수량의 단위를 표시하는 것이 분명한데, 일반적으로 자리나 깔개에 대한 수량 단위였다. '布貫頭衣' 역시 펴보면 길게 늘어진 옷감의 형태에 지나지 않기 때문에 이러한 수량 단위를 표현한 것으로 보인다(『大漢語辭典』 참조).

261) 邪龍: 前漢에서는 益州郡, 後漢代는 永昌郡의 屬縣.

262) 撣國: 현 미얀마 연방을 구성하는 Shan State. 唐에는 驃國, 宋代에는 蒲甘, 元代에는 緬國이라고 하다가, 근래 '緬甸'이라고 했다. 현재 여러 종족이 혼합되어 있으나, 傣族이 주요 종족이다. 『後漢書』 권4 「和帝紀」 永元 6년조에도 後漢 조정과 교류한 기사가 나온다.

263) 雍由調: 撣國과 雍由調에 관한 기록은 後漢書가 유일하나, 현재 中國과 미얀마 간의 우호를 강조하기

하니, 화제(和帝)가 금인자수(金印紫綬)를 사여하고 소군장(小君長)에게는 모두 인수(印綬)와 전백(錢帛)을 내렸다.

永初元年, 徼外僬僥種夷陸類等三千餘口擧種內附, 獻象牙·水牛·封牛. 永寧元年, 撣國王雍由調復遣使者詣闕朝賀, 獻樂及幻人, 能變化吐火, 自支解, 易牛馬頭. 又善跳丸, 數乃至千. 自言我海西人. 海西卽大秦也, 撣國西南通大秦. 明年元會, 安帝作樂於庭, 封雍由調爲漢大都尉, 賜印綬·金銀·綵繒各有差也.

영초(永初) 원년(107, 安帝) 요외의 초요종이(僬僥種夷)[264] 육류(陸類) 등 3,000여 구(口) 종족 모두가 귀순하면서, 상아, 물소, 단봉낙타[265]를 헌상하였다. 영녕(永寧) 원년(120) 탄국왕 옹유조가 다시 사신을 보내 대궐에서 하례를 올렸다. 악인(樂人)과 환인(幻人)[266]을 헌상하였는데, 능히 변신하기도 하고 불을 뿜기도 하며, 스스로 몸을 가르기도 하고, 소와 말의 머리를 바꾸기도 하였다. 또, 공치기를 잘 하였는데, 때로는 천 개까지 이르렀다.[267] 스스로 자기들은 해서인(海西人)[268]이라고 하였는데, 해서는 대진(大秦)으로 탄국(撣國)에서 서남 방향은 대진으로 통한다. 이듬해 정초 원회(元會)[269]에서 안제(安帝)는 궁정에서 악을 연주토록 하였는데, 옹유조를 한대도위(漢大都尉)[270]로 봉하고 인수(印綬) 금은(金銀) 채회(彩

위해 雍由調를 '漢大都尉'라고 하여 대대적으로 기념하고 있다.

264) 僬僥: 僬僥는 이미 明帝 永平 17년(74)과 이듬해 章帝 때에도 哀牢, 儋耳, 槃木, 白狼 등과 함께 慕義貢獻한 기록이 있다(『後漢書』 권2, 「明帝紀」, 永平 17년조).

265) 封牛: 『漢書』「西域傳」 大月氏와 罽賓조에 顔師古注가 있다. 등위가 하나의 봉이 있는데, 封은 솟아올라온 것을 말한다고 하였다. 또, 『廣志』를 인용하여 罽賓의 大狗, 大如驢로 적색이라고 하고 있다. 전체적으로 단봉낙타를 의미하는 것으로 보인다.

266) 幻人: 마술이나 서커스인. 고대 서역인들의 특징으로 묘사되고 있는데, 서방 시리아에서 서쪽으로 이르는 중앙아시아에서 발달하였다.

267) 跳丸: 두 손을 빨리 움직여서 여러 개의 공을 땅에 떨어뜨리지 않고 던지는 놀이.

268) 海西人 大秦: 모두 로마를 가리킨다.

269) 元會: 皇帝가 정월 초하루 元旦에 여러 群臣을 모아 놓고 실시하는 朝會로 '正會'고도 한다. 漢代에 시작되어 晋代와 唐代에는 禮制로 정착되었다. 이때 內臣뿐 아니라 외국의 사신까지도 초빙하는 대규모 국가행사였다.

繪)[271]에 각각 차이를 두었다.

邛都夷者, 武帝所開, 以爲邛都縣. 無幾而地陷爲汙澤, 因名爲邛池, 南人以爲邛河. 後復反叛. 元鼎六年, 漢兵自越巂水伐之, 以爲越巂郡. 其土地平原, 有稻田. 青蛉縣禺同山有碧雞金馬, 光景時時出見. 俗多游蕩, 而喜謳歌, 略與牂柯相類. 豪帥放縱, 難得制御.

공도이(邛都夷)는 무제가 개척하여 공도현(邛都縣)으로 만들었다. 얼마 지나지 않아 땅이 함몰하여 늪지가 되어 버려, '공지(邛池)'라고 이름지어졌다. 남방 사람들은 '공하(邛河)'라고 하였다.[272] 후에 다시 반란을 일으켰으며, 원정(元鼎) 6년에 한(漢)의 군사가 수수(巂水)를

270) 大都尉: 大都尉는 원래 匈奴에 대한 官爵으로 채용된 것으로, 單于 휘하에 左右賢王, 左右谷蠡王, 左右大將, 左右大都尉가 두어졌다(『史記』 권100, 「匈奴列傳」, 2890쪽). 그러던 것이 後漢 이후에는 다른 종족들에게도 적용되었는데, 그 세력상의 위상에 맞추어 '(漢)大都尉'가 龜茲 疏勒 莎車 등과 함께 撣國王에게도 주어졌다.

271) 彩繪: 印綬는 金銀銅과 綬의 색깔로 여러 등급을 나타내는데, 여기서는 구체적인 등급에 대한 표현은 없다.

272) 邛河: 李賢注에 여러 가지 전적을 인용하여 설명하고 있다. "오늘날 巂州 越巂縣 동남쪽에 있다. 『南中八郡志』에 邛河는 강안을 따라 20여 리 정도 들어가며 깊이는 백여 장이다. 큰 물고기가 많은데 길이는 1, 2장으로 머리부분이 특히 크고 멀리서 보면 쇠도끼를 이고 있는 모습이다. 李膺의 『益州記』: 邛都縣 아래에 늙은 노파가 하나 살고 있는데, 집이 가난하고 외로워 밥을 먹을 때마다 문득 작은 뱀이 머리 위에 뿔을 이고 침상 사이에 나타났는데, 노파가 이를 가엾게 여겨 그것에게 먹을 것을 주었다. 나중에 점차 커서 마침내 그 길이가 1장을 넘게 되었다. 그 고을의 현령에게는 준마가 있었는데, 마침내 뱀이 그것을 물어 죽였다. 현령이 이 일로 크게 분하여 노파에게 뱀이 나오는 곳을 물었다. 노파는 침상 아래에 있다고 하였다. 현령이 즉시 땅을 파서 더욱 깊이 파고 들어갔으나 아무것도 보이지 않았다. 현령은 다시 분노의 대상을 옮겨 노파를 죽였다. 뱀이 이에 사람의 입을 빌려 신비한 말로 현령을 꾸짖으며 다음과 같이 말하였다. '어찌하여 내 어미를 죽인 것이냐? 마땅히 어미를 위해 복수할 것이다.' 이후 밤마다 문득 우뢰 같기도 하고 바람소리 같기도 한 것이 들리기를 40일간이나 지속되었는데, 백성들이 서로 쳐다보며 모두 놀라 다음과 같이 말하였다. '당신들 머리에는 어찌하여 물고기를 얹고 있는 것이요?' 이 날 밤 사방 40리 지역과 성이 한꺼번에 함께 꺼져서 호수가 되니 그 지방 사람들이 이것을 일러 '陷河'라고 하였다. 오직 노파의 집만 아무 해가 없었는데, 오늘날까지도 보존되어 있다. 어부들이 고기를 잡을 때 반드시 그 집에 의지하는데, 풍랑이 있을 때마다 바로 그 집 주변에 머물면 편안해져서 다른 재앙이 없게 된다. 바람이 고요하고 물이 맑으면 성곽과 보루가

넘어 정벌하여 월수군(越巂郡)이라 하였다.[273] 그 토지가 평평한 들판으로 도전(稻田)이 있었다. 청령현(青蛉縣) 우동산(禺同山)에 벽계신(碧雞神)과 금마사(金馬祉)가 있어 때때로 모습을 드러낸다.[274] 그 지역의 풍속이 놀고 방탕하는 것이 많고 노래부르기를 좋아하는데, 대체로 장가(牂柯)와 유사하였다. 공도이(邛都夷)의 호수(豪帥)들은 방종스러워, 이들을 통제하기가 어렵다.

王莽時, 郡守枚根調邛人長貴, 以爲軍候. 更始二年, 長貴率種人攻殺枚根, 自立爲邛穀王, 領太守事. 又降於公孫述. 述敗, 光武封長貴爲邛穀王. 建武十四年, 長貴遣使上三年計, 天子卽授越巂太守印綬. 十九年, 武威將軍劉尚擊益州夷, 路由越巂. 長貴聞之, 疑尚旣定南邊, 威法必行, 己不得自放縱, 卽聚兵起營臺, 招呼諸君長, 多釀毒

솟아 있는 것까지도 볼 수 있다. 오늘날 물이 얕아지자 저 지역의 토착민들은 물 속에 들어가 옛 목재를 건져오는데 견고하여 조금도 변하지 않았으며, 검은 광택은 옻칠을 한 것과 같아 오늘날 호사가들은 이것으로 베개를 만들어 서로에게 선물한다(在今巂州越巂縣東南. 南中八郡志曰: "邛河縱廣岸二十里, 深百餘丈. 多大魚, 長一二丈, 頭特大, 遙視如戴鐵釜狀." 李膺益州記云: "邛都縣下有一老姥, 家貧孤獨, 每食, 輒有小蛇頭上戴角在床閒, 姥憐之飴之. 後稍長大, 遂長丈餘. 令有駿馬, 蛇遂吸殺之. 令因大忿(姥)恨, 責[姥]出蛇. 姥云在床下. 令卽掘地, 愈深愈大, 而無所見. 令又遷怒殺姥. 蛇乃感人以靈言瞋令: '何殺我母? 當爲母報讎.' 此後每夜輒聞若雷若風, 四十許日, 百姓相見咸驚語: '汝頭那忽戴魚?' 是夜方四十里與城一時俱陷爲湖, 土人謂之爲'陷河'. 唯姥宅無恙, 訖今猶存. 漁人採捕, 必依止宿, 每有風浪, 輒居宅側, 恬靜無它. 風靜水清, 猶見城郭樓櫓畟然. 今水淺時, 彼土人沒水取得舊木, 堅貞, 光黑如漆, 今好事人以爲枕相贈." 畟音測.)."

273) 巂水: 李賢注에서 巂水는 당시 巂州 邛部縣 서남쪽에 있는 巂山 아래에서 발원한다. 『漢書』「地理志」에서는 巂山를 넘어가서 군을 설치했으므로 그렇게 명명한 것이라고 하였다(巂水源出今巂州邛部縣西南巂山下. 前書地理志曰, 言其越巂水以置郡, 故名焉.).

274) 青蛉縣: 현재 雲南省 大姚縣 부근. 禺同山: 현 雲南 大姚縣 東北 紫丘山. 王褒의 〈碧雞頌〉에서 "持節使王褒가 남쪽 산벼랑을 보고 금빛 눈동자를 가진 신마와 푸른 닭을 공손히 옮겨 남쪽의 황무지에 안치하였네. 계곡으로 깊이 들어가 산골짜기로 돌아드니 인간의 마을 아니네. 귀의하고 귀의하리니 한실의 덕이 무궁하기 때문이라네. 당우의 덕을 겸비하였고 그 은택은 삼황과 짝을 이루는 구나."라고 읊었다. 『華陽國志』에는 "푸른 닭의 모습은 사람들이 자주 본다. 『漢書音義』에 금과 같은 모습은 말과 유사하며, 청옥과 같은 모습은 닭과 비슷하다."고 하였다(王褒碧雞頌曰: "持節使王褒謹拜南崖, 敬移金精神馬縹碧之雞, 處南之荒. 深谿回谷, 非土之鄉. 歸來歸來, 漢德無疆. (廉平)[廉乎]唐虞, 澤配三皇." 華陽國志曰: "碧雞光景, 人多見之." 前書音義曰: "金形似馬, 碧形似雞也.").

酒, 欲先以勞軍, 因襲擊尙. 尙知其謀, 卽分兵先據邛都, 遂掩長貴誅之, 徙其家屬於成都.

왕망 때에 [월수]군 태수 매근(枚根)이 공인(邛人) 장귀(長貴)를 발탁하여 군후(軍候)로 삼았다. 갱시(更始) 2년(24) 장귀가 종족 사람들을 이끌고 매근을 공격하여 살해하고, 자립하여 공각왕(邛穀王)이 되고 태수를 겸령하였다. 또, 공손술(公孫述)에 항복하였는데, 공손술이 패하자 광무제는 장귀를 공각왕으로 봉하였다. 건무(建武) 14년(38) 장귀는 사신을 보내어 3년의 계장(計帳)을 보고하니,[275] 천자는 월수 태수의 인수(印綬)를 수여하였다. 19년(43) 무위장군(武威將軍) 유상(劉尙)이 익주이(益州夷)를 공격할 때, 월수를 경유하였다. 장귀는 이를 듣고, 유상이 남방지역을 평정하고 난 후에는 위엄과 법이 반드시 행해질 것이고, 자신은 멋대로 할 수 없게 된다고 의구심을 가졌다. 그래서 군사를 모아 영대(營臺)를 세우고, 여러 군장(君長)을 불러 독한 술을 많이 빚게 하여 먼저 군대를 위로한 다음, 곧바로 유상을 습격하려고 하였다. 유상은 그 계략을 미리 알고, 군사를 나누어 미리 공도(邛都)를 점거하여, 마침내 장귀를 포위하여 주살하고 그 가속(家屬)을 성도(成都)로 이송하였다.

永平元年, 姑復夷復叛, 益州刺史發兵討破之, 斬其渠帥, 傳首京師. 後太守巴郡張翕, 政化淸平, 得夷人和. 在郡十七年, 卒, 夷人愛慕, 如喪父母. 蘇祈叟二百餘人, 齎牛羊送喪, 至翕本縣安漢, 起墳祭祀. 詔書嘉美, 爲立祠堂.

영평(永平) 원년(58) 고복이(姑復夷)[276]가 다시 반란을 일으켰다. 익주자사가 군사를 일으켜 토벌하고 그 거수(渠帥)를 참수하여 머리를 경사(京師)로 보냈다. 후에 태수 파군의 장흡(張翕)이 정치와 교화가 깨끗하고 공평하여, 이인(夷人)들의 인심을 얻었다. 17년간 군태수로

275) 計帳: 지방장관이 담당하고 있는 지역의 戶口와 租稅원칙의 변동상황 등을 정리하여 중앙에 보내는 上計의 일종. 이를 기준으로 3년마다 戶籍이 작성된다.

276) 姑復: 丁謙은 四川省 塩源縣의 東南으로 비정하였다. 그러나 『水經注』 권 37 「淹水條」의 주석에서 楊守敬은 雲南省 永滕縣으로 비정하였다. 『漢書』 권 28 「地理志」 上에 姑復은 남쪽으로 池澤을 임하고 있다고 하고 있어 雲南永滕縣으로 보는 것이 타당하다(早稻田大學 長江文化硏究所, 2005).

재직하다가 사망하자, 이인(夷人)들이 숭모하여 부모를 장사지내는 것처럼 하였다. 소기(蘇祈)의 수인(叟人) 200여 인이 소와 양을 올려 상례를 치루었는데, 장흡의 고향인 안한현(安漢縣)에까지 와서 분묘를 세우고 제사를 지냈다.[277] [천자가] 조서를 내려 그 아름다움을 칭찬하고 사당(祠堂)을 세우도록 하였다.

安帝元初三年, 郡徼外夷大羊等八種, 戶三萬一千, 口十六萬七千六百二十, 慕義內屬. 時郡縣賦斂煩數, 五年, 卷夷大牛種封離等反畔, 殺遂久令. 明年, 永昌·益州及蜀郡夷皆叛應之, 衆遂十餘萬, 破壞二十餘縣, 殺長吏, 燔燒邑郭, 剽略百姓, 骸骨委積, 千里無人. 詔益州刺史張喬選堪能從事討之. 喬乃遣從事楊竦將兵至楪榆擊之, 賊盛未敢進, 先以詔書告示三郡, 密徵求武士, 重其購賞. 乃進軍與封離等戰, 大破之, 斬首三萬餘級, 獲生口千五百人, 資財四千餘萬, 悉以賞軍士. 封離等惶怖, 斬其同謀渠帥, 詣竦乞降, 竦厚加慰納. 其餘三十六種皆來降附. 竦因奏長吏姦猾侵犯蠻夷者九十人, 皆減死. 州中論功未及上, 會竦病創卒, 張喬深痛惜之, 乃刻石勒銘, 圖畫其像. 天子以張翕有遺愛, 乃拜其子湍爲太守. 夷人懽喜, 奉迎道路. 曰:「郎君儀貌類我府君.」後湍頗失其心, 有欲叛者, 諸夷耆老相曉語曰:「當爲先府君故.」遂以得安. 後順桓閒, 廣漢馮顥爲太守, 政化尤多異跡云.

안제(安帝) 원초(元初) 3년(116) 군 요외의 대양(大羊) 등 8종족 31,000호, 167,620구가 덕의(德義)를 숭모하여 내속하였다. 이때 군현에서 부(賦)의 징수가 번거롭고 잦았다. 5년(118) 권이(卷夷) 대우(大牛) 종족의 봉리(封離) 등이 반란을 일으켜 수구(遂久)[278] 현령을 살해하였다. 이듬해 영창, 익주와 촉군의 이(夷)들이 모두 반란에 응하여 그 무리가 마침내 십여 만이 되어, 20여 현을 파괴하고 장리(長吏)를 죽이고 성읍을 불지르고 백성들을 노략질

277) 蘇祈는 越巂郡의 屬縣으로 현재 四川省 西昌市이다. 安漢은 巴郡의 屬縣. 현재 四川省 南充市 北清泉壩인데, 西漢시기 처음 설치되었다가 王莽 때에 安新縣으로 바뀌었다가 후한에 다시 복원되었다. 後漢 初平 원년(189) 巴郡의 통치를 받다가 建安 6년(201)에는 巴西郡에 통활되었다.

278) 遂久: 越巂郡의 屬縣으로 唐代 靡州界에 위치하였다. 楊守敬은 현재 雲南省 中甸縣 즉 상그릴라경내 金沙江 북부라고 비정하고 있다.

하니, 해골이 쌓여 천 리를 가도 인적이 없었다. 익주자사 장교(張喬)[279]에게 조를 내려 능히 따를 수 있는 사람들을 선발하여 토벌하도록 하였다. 장교는 종사(從事) 양송(楊竦)에게 군사를 이끌고 접유(楪楡)에까지 이르러 공격하도록 하였으나, 적이 강성하여 감히 진격하지 못하였다. 먼저 조서(詔書)를 세 군에 고시하면서 몰래 무사를 징발하였는데, 현상금을 크게 하였다. 이어 진군하여 봉리(封離) 등과 전투를 벌여 크게 격파하여, 3만여 급을 참수하고 생구(生口) 1,500명과 재물 4,000여 만 전을 획득하였는데, 모두 군사들에게 상으로 나누어 주었다. 봉리 등은 당황하여 함께 모의하였던 거수(渠帥)를 참수하여 양송에게 바치면서 항복을 청하니, 양송은 후하게 위로하면서 받아들였다. 그 나머지 36종족도 모두 와서 항복하였다. 양송은 이어서 주를 올려 장리로서 만이(蠻夷)를 간교하게 수탈하였던 90인을 모두 감사일등(減死一等)에 처하였다. 주(州)에서의 논공행상이 보고되기도 전에 양송은 병이 들어 갑자기 죽으니, 장교는 심히 애통하고 서운해 하여, 돌에 명문을 새기고 그 모습을 그렸다. 천자는 장흡이 유풍이 있다고 하여 그 아들 단(湍)을 태수로 임명하였다. 이인(夷人)들은 기뻐하여 길에 나와 맞이하면서, "그대의 외모는 우리의 부군(府君)을 닮았구려."라고 하였다. 후에 단은 인심을 상당히 잃어 반란을 일으키려는 자가 있었는데, 여러 이(夷)의 장로들이 서로 깨우쳐 말하기를, "마땅히 전 태수와의 연고를 생각해야 한다."고 하여 결국 안정될 수 있었다. 후에 순제(順帝) 환제(桓帝) 연간에 광한의 풍호(馮顥)가 태수가 되었는데, 정치와 교화에 더욱 남다른 업적이 많았다고 일컬어졌다.

筰都夷者, 武帝所開, 以爲筰都縣. 其人皆被髮左衽, 言語多好譬類, 居處略與汶山夷同. 土出長年神藥, 仙人山圖所居焉. 元鼎六年, 以爲沈黎郡. 至天漢四年, 幷蜀爲西部, 置兩都尉, 一居旄牛, 主徼外夷. 一居青衣, 主漢人.

착도이(筰都夷)는 무제가 개척하여 착도현이 되었다. 그 사람들은 모두 머리를 풀어헤치고 좌임(左衽)하고, 말을 할 때 비유하기를 좋아하고, 거처하는 것은 대략 문산이(汶山夷)[280]와

279) 張喬는 이후 安帝 元初 6년(119) 益州刺史로서 越巂夷를, 順帝 永和 3년(138)에는 交阯刺史로서 日南叛蠻을 토벌하였다(『後漢書』 권5, 「安帝紀」; 권6 「質帝紀」).

280) 汶山夷: 汶山은 漢武帝 때 西南夷를 정벌하고 설치한 武都, 牂柯, 越巂, 沈黎와 함께 설치된 郡으로,

동일하다. 그 땅에서는 오래 살 수 있는 신비한 약이 생산되는데, 선인(仙人) 산도(山圖)[281]가 거주하였던 곳이다. 원정(元鼎) 6년(전111, 武帝) 심려군(沈黎郡)으로 삼았는데, 천한(天漢) 4년(전97, 武帝)에 이르러 촉군에 병합되어 서부(西部)가 되고 두 명의 도위(都尉)가 설치되었다. 한 명은 모우(旄牛)에 머물면서 요외이(徼外夷)를 주관하고, 한 명은 청의(靑衣)에 머물면서 한인(漢人)을 주관하였다.[282]

永平中, 益州刺史梁國朱輔, 好立功名, 慷慨有大略. 在州數歲, 宣示漢德, 威懷遠夷. 自汶山以西, 前世所不至, 正朔所未加. 白狼·槃木·唐菆等百餘國, 戶百三十餘萬, 口六百萬以上, 擧種奉貢, 稱爲臣僕. 輔上疏曰:「臣聞詩云:『彼徂者岐, 有夷之化.』傳曰:『岐道雖僻, 而人不遠.』詩人誦詠, 以爲符驗. 今白狼王唐菆等慕化歸義, 作詩三章. 路經邛來大山零高坂, 峭危峻險, 百倍岐道. 繈負老幼, 若歸慈母. 遠夷之語, 辭意難正. 草木異種, 鳥獸殊類. 有犍爲郡掾田恭與之習狎, 頗曉其言, 臣輒令訊其風俗, 譯其辭語. 今遣從事史李陵與恭護送詣闕, 幷上其樂詩. 昔在聖帝, 舞四夷之樂; 今之所上, 庶備其一.」帝嘉之, 事下史官, 錄其歌焉.

영평(永平, 58~75, 後漢明帝) 중에 익주자사 양국(梁國) 출신 주보(朱輔)가 공명을 세우기를 좋아하고, 성격이 열정적이었으며 원대한 방략을 갖추었다. 주자사로 몇 해를 지

이곳에는 冉駹夷가 거주한 것으로 현재 四川省 茂汶羌族自治縣이다.

281) 山圖: 『列仙傳』에는 "山圖는 隴西 사람이다. 말타기를 좋아하여 말에서 제기를 차고 놀다 다리가 부러졌는데, 산중의 도사가 지황, 당귀, 강활, 현삼들을 복용하게 하여 복용한지 1년이 지나자 먹는 것을 즐기지 않게 되었고 병은 나았으며 몸이 가벼워졌다. 도사를 찾아가 물으니 그가 다음과 같이 말했다. '나는 五嶽의 사자로 명산에 가서 약초를 채취하는 사람이다. 네가 나를 따른다면 너는 죽지 않게 될 것이다.' 산도가 그를 따라가니 사람들이 다시는 그를 볼 수 없었다. 60여 년이 지나고 나서 하루아침만에 돌아와 어머니의 무덤에서 상례를 치르고 일년이 지나자 다시 떠나갔는데, 아무도 그가 간 곳을 알지 못했다(劉向列仙傳曰"山圖, 隴西人. 好乘馬, 馬蹋折脚, 山中道士敎服地黃·當歸·羌活·玄參, 服一年, 不嗜食, 病愈身輕. 追道士問之, 自云: '五岳使人, 之名山採藥. 能隨吾, 汝便不死.' 山圖追隨, 人不復見. 六十餘年, 一旦歸來, 行母服於冢閒. 期年復去, 莫知所之"也)."고 설명되어 있다.

282) 旄牛, 靑衣: 모두 蜀郡의 屬縣(『漢書』 권28상, 「地理志」) 旄牛는 현재 四川省 漢源縣의 남쪽이고, 靑衣는 현재 四川省 雅安縣의 북쪽이다.

내면서, 한왕조의 덕을 널리 보이고, 멀리 떨어져 있는 이(夷)들을 위엄으로 회유하였다. 문산(汶山)의 서쪽은 이전에는 미치지 못하여 정삭(正朔)이 전해지지 못하였다.[283] 백랑(白狼) 반목(槃木) 당추(唐菆) 등 백여 국 130만 호와 600만 이상의 구(口) 종족 전체가 공물을 받들어 신하가 되기를 청하였다.[284] 이에 주보가 상서를 올렸다. "신이 듣기에 『시(詩)』에 '백성들이 기산(岐山)에 몰려 가니 청명한 정치가 행해지도다.'[285]라고 하였습니다. 또, 『전(傳)』[286]에 '岐山으로 가는 길은 비록 멀고 후미지지만, 사람들은 멀다고 여기지 않았다.'라고 하였습니다. 시인(詩人)이 노래를 부른 것은 그것으로 [사정 판단의] 증거로 삼을 수 있습니다. 지금 백랑왕(白狼王) 당추(唐菆) 등이 교화를 그리워하여 귀의하면서 시(詩) 세 편을 지었습니다. [중국에 오는] 길이 공래대산(邛來大山)의 영고판(零高坂)[287]을 지나니, 가파르고 위험하며 험준하기가 岐山으로 가는 길보다 백 배나 더합

283) 正朔: 曆法의 의미인데, 그것이 전해지지 못했다는 것은 풍속의 교화가 미치지 못하였다는 의미이며, 실제 직접적인 통제를 못하는 것을 말한다.

284) 이 사실은 『後漢書』 권2, 「明帝紀」에 의하면 永平 17년(74)의 일이다. 이들은 唐代 四川省 西南部에 분포되어 있었는데, 현재의 四川省 木里藏族自治縣과 塩源県, 그리고 雲南省 寧蒗顯 일대에 분포하고 있는 普米族의 祖光으로 알려져 있다(任乃强, 1987).

285) 『詩經』 「周頌」 〈天作編〉이다. 현전하는 『詩經』과 자구상의 차이가 있는데, 현전본에는 "彼徂矣, 岐有夷之行"으로 되어 있다. 이 시는 周王이 선조 太王, 즉 古公亶父의 거주지인 岐山에 제사지내는 樂歌. '周'나라는 이곳 岐山에서 은나라를 공격하는 '翦商'의 사업을 시작하였는데, 이를 기리는 노래이다. '彼'는 周의 백성들을 가리키고, '徂'는 '往'의 의미이며, '夷'는 淸明하다는 의미이다.

286) 『傳』은 『詩經』을 해설한 저작을 의미하는데, 원래에는 轅固, 申培, 韓嬰, 毛亭의 4家가 전해지고 있었으나, 後漢 이후에는 3家는 이미 亡失되고, 毛傳만 전해지고 있었다. 그러나 李賢注에서는 이 구절이 『韓詩』 「薛君傳」을 인용하고 있다고 해설하고 있다. 韓詩薛君傳曰: "徂, 往也. 夷, 易也. 行, 道也. 彼百姓歸文王者, 皆曰岐有易道, 可往歸矣. 易道謂仁義之道而易行, 故岐道阻險而人不難." (『韓詩』 「薛君傳」에 이르길, '徂'는 '가다'는 의미이고, '夷'는 '평이하다'를 의미하고, '行'은 '길'을 의미한다. 저 백성들로 文王에 귀의하는 자들이 모두 "기산에는 평이한 길이 있으니, 가히 가서 귀의할 만하다."라고 말하였다. 평이한 길이란 仁義의 道가 있어서 평이하게 갈 수 있다는 것을 말한다. 그래서 岐山의 길은 험준하지만 사람들이 어려워하지 않았다.)

287) 邛來大山 零高坂: 『山海經』에 "崍山은 江水가 발원하는 곳이다. 郭璞注: 中江이 발원하는 곳이다."라고 하였다. 『華陽國志』에서는 "邛來山의 본명은 邛莋으로 옛날 邛人과 莋人의 경계에 있다. 바위로 가로막혀 있는데, 험준한 고개를 돌아가 굽이굽이 지나면 비로소 도착하게 된다. 산 위에 맺혀 있는 얼음은 여름에도 녹지 않으며 겨울이면 더욱 추워지는데, 왕양이 관할지역을 돌아보느라 여기까지 왔다가 돌아간 것이다. 긴 가난과 채취의 고충, 八度와 같은 어려움이 있다. 陽母와 閩峻은 모두 고개의 이름이

니다.[288] 노인과 어린아이를 강보에 싸서 엎고 오는 것이 마치 자애로운 어머니에 귀의하는 것 같았습니다. 멀리 떨어진 이족(夷族)들의 말은 옳게 알아 듣기가 어렵고, 초목과 조수(鳥獸)도 다른 종류입니다. 건위군(犍爲郡)의 속리인 전공(田恭)이 그들과 친숙하여 그들의 말을 자못 알아듣기에, 신(臣)이 급히 그들의 풍속을 조사하고 그들의 말을 번역하라고 시켰습니다. 지금 종사(從事)의 서기 이릉(李陵)과 전공을 시켜 그들을 호송하여 궁궐로 보내고, 아울러 그들 악(樂)과 시(詩)를 보고합니다. 옛날 성인 황제가 계실 때에 사이(四夷)의 음악에 맞추어 춤을 추었다고 하였습니다.[289] 이번에 보고하는 것으로, 그 중 하나가 갖추어지기를 기대합니다." 황제는 가상하다고 하여 사정내용을 사관(史官)에 내려보내 그 노래를 기록하도록 하였다.[290]

遠夷樂德歌詩曰:

大漢是治(堤官隗構), 與天合意(魏冒踰糟).

吏譯平端(罔驛劉脾), 不從我來(旁莫支留).

다"(山海經曰: "崍山, 江水出焉." 郭璞曰: "中江所出也." 華陽國志曰: "邛來山本名邛莋, 故邛人 · 莋人界也. 巖阻峻回, 曲折乃至. 山上凝冰夏結, 冬則劇寒, 王陽行部至此而退者也. 有長貧 · 苦採 · 八度之難. 陽母 · 閡峻並坂名.")라고 하였다.

288) 李賢注에서는 "詩人이 비록 기산으로 가는 길의 험준함을 탄식하였으나 문왕의 도가 있으므로 사람들이 모두 평이하게 여긴 것이다. 오늘날의 邛來는 매우 가파르고 험준하기가 기산보다 더하다(言詩人雖歎岐道之阻, 但以文王之道, 人以爲夷易, 今邛來峭危, 甚於岐.)."고 해설하였다.

289) 李賢注에는 「陳禪傳」에 그 사실이 보인다고 설명하고 있다. 실제 『後漢書』「陳禪傳」에 西南夷 撣國王이 樂과 幻人을 奉獻하여 安帝가 元會에서 이를 관람하였는데, 당시 陳禪이 帝王의 조정에서 夷狄의 음악을 연주하는 것은 불가하다고 하였으나, 尙書 陳忠이 고래에도 合歡의 樂舞나 四夷의 樂도 조정에서 연주된 적이 있다고 반박하여 陳禪은 좌천된 사실을 기록하고 있다. 그러나 이 사실은 安帝 永寧 2년(121) 正會에서의 일이고, 朱輔가 上書를 올린 것은 明帝 永平 17년(74)이다. 따라서, 朱輔가 陳禪의 일을 염두에 두고 이야기하였다고 볼 수 없다. 시기를 착각한 오류이다. 아마도 前漢初 巴渝舞를 두고 한 말로 보인다.

290) 李賢注에서는 『東觀漢記』에는 그 노래와 함께 南蠻 사람의 언어를 기재하였으며 또한 다시 번역을 거쳐 음과 훈을 달아 漢語로 바꾸었는데, 지금 范曄의 『後漢書』에 실려 있는 것이 바로 이것이다. 지금 『東觀漢記』에 있는 南夷 사람의 언어를 기록하여 이 장구에 주석을 붙였다고 하고 있다(東觀記載其歌, 幷載夷人本語, 並重譯訓詁爲華言, 今范史所載者是也. 今錄東觀夷言, 以爲此注也.).

聞風向化(微衣隨旅), 所見奇異(知唐桑艾).
多賜(贈)[繒]布(邪毗綝綝), 甘美酒食(推潭僕遠).
昌樂肉飛(拓拒蘇(使)[便]), 屈申悉備(局後仍離).
蠻夷貧薄(僂讓龍洞), 無所報嗣(莫支度由).
願主長壽(陽雒僧鱗), 子孫昌熾(莫稚角存).

원이(遠夷)가 한의 덕을 즐기는 노래의 가사.
대한(大漢)에 정치가 올바르니, 하늘과 뜻이 하나가 되도다.
관리들의 번역이 평이하고 깔금하니, 우리가 오면서부터인 것은 아니다.
풍속과 교화를 따르니, 보는 것마다 기이하도다.
비단도 많이 보내 주고, 맛있는 술과 음식을 내려 주도다.
노래를 부르며 나는 듯한 몸매여, 굽히고 펴는 것이 자유자재로다.
만이(蠻夷)는 빈곤하고 척박하여 보답할 것이 없으니,
원컨대, 천자께서는 장수하고 자손이 번창하소서.

遠夷慕德歌詩曰:
蠻夷所處(僂讓皮尼), 日入之部(且交陵悟).
慕義向化(繩動隨旅), 歸日出主(路旦揀雒).
聖德深恩(聖德渡諾), 與人富厚(魏菌度洗).
冬多霜雪(綜邪流藩), 夏多和雨(莋邪尋螺).
寒溫時適(藐潯瀘灘), 部人多有(菌補邪推).
涉危歷險(辟危歸險), 不遠萬里(莫受萬柳).
去俗歸德(術疊附德), 心歸慈母(仍路孳摸).

원이가 한의 덕을 숭모하는 노래의 가사.
만이(蠻夷)가 사는 곳은 태양이 지는 곳이네.
덕의와 교화를 좇아 해뜨는 곳의 군주께 귀의하네.

성덕(聖德)의 깊은 은혜를 입어, 사람들과 더불어 풍성하고 윤택하네.

겨울에는 서리와 눈이 많고, 여름에는 부드러운 비가 많으니

춥거나 따뜻한 것이 알맞아, 부족들이 번창하였도다.

위태롭고 험악한 곳을 지나, 만 리를 멀다 않고,

구래의 풍속을 버리고 [한(漢)의] 덕에 귀의하니, 마음은 어머니의 자애로 귀의하는 듯하도다.

遠夷懷德歌曰:

荒服之外(荒服之儀), 土地墝埆(犂籍憐憐).

食肉衣皮(阻蘇邪犂), 不見鹽穀(莫碭麤沐).

吏譯傳風(罔譯傳微), 大漢安樂(是漢夜拒).

攜負歸仁(蹤優路仁), 觸冒險陜(雷折險龍).

高山岐峻(倫狼藏幢), 緣崖磻石(扶路側祿).

木薄發家(息落服淫), 百宿到洛(理歷髭雒).

父子同賜(捕莅菌毗), 懷抱匹帛(懷稿匹漏).

傳告種人(傳室呼敕), 長願臣僕(陵陽臣僕).

원이가 한의 덕을 가슴에 품는 노래의 가사.

황복(荒服)의 바깥은 토지가 메마르고 척박하구나.

날고기를 먹으며 나무껍질로 옷을 지어 입고, 소금과 곡식은 보지도 못했도다.

관리가 풍속을 번역하여 전해 주었으니, 대한(大漢)에서 안락하도다.

노인은 부축하고 어린애는 업고서 인덕(仁德)에 귀의하니, 온갖 험악하고 힘든 것을 거쳤다.

높은 산이 뾰쪽뾰쪽 솟아 있는데, 벼랑의 끝에는 바위가 달려 있었다.

나무가 매마른 가을에 집을 떠나, 백 일이 지나서 낙양에 도착하였다.

부자가 다함께 상사(賞賜)를 받았으니, 여러 필의 비단을 껴안았도다.

종족 사람들에게 전하노니, 오랫동안 [대한(大漢)의] 신하가 되기를 바라노라.

肅宗初, 輔坐事免. 是時郡尉府舍皆有雕飾, 畫山神海靈奇禽異獸, 以眩燿之, 夷人益畏憚焉. 和帝永元十二年, 旄牛徼外白狼·樓薄蠻夷王唐繒等, 遂率種人十七萬口, 歸義內屬. 詔賜金印紫綬, 小豪錢帛各有差.

숙종(肅宗)[291] 초에 주보(朱輔)가 죄에 연루되어 면직되었다. 이때 군도위(郡都尉)의 청사에는 모두 장식이 있었는데, 산신과 바다의 기이한 물건, 기이한 새들과 짐승들을 그려졌는데, 어지럽게 빛나고 있었는데, 이인(夷人)들이 더욱 두려워하고 조심하였다.[292] 화제(和帝) 영원(永元) 12년(100) 모우(旄牛)의 요외에 있는 백랑(白狼)과 누박(樓薄)의 만이왕(蠻夷王) 당증(唐繒) 등이 종족 17만 구를 이끌고 귀의하여 내속하였다. 조를 내려 금인(金印)과 자수(紫綬)를, 하급 수령들에게는 각각 차이를 두어 전백(錢帛)을 사여하였다.[293]

安帝永初元年, 蜀郡三襄種夷與徼外汙衍種幷兵三千餘人反叛, 攻蠶陵城, 殺長吏. 二年, 青衣道夷邑長令田, 與徼外三種夷三十一萬口, 齎黃金·旄牛毦, 擧土內屬. 安帝增令田爵號爲奉通邑君. 延光二年春, 旄牛夷叛, 攻零關, 殺長吏, 益州刺史張喬與西部都尉擊破之. 於是分置蜀郡屬國都尉, 領四縣如太守. 桓帝永壽二年, 蜀郡夷叛, 殺略吏民. 延熹二年, 蜀郡三襄夷寇蠶陵, 殺長吏. 四年, 犍爲屬國夷寇郡界, 益州刺史山昱擊破之, 斬首千四百級, 餘皆解散. 靈帝時, 以(屬)[蜀]郡(蜀)[屬]國爲漢嘉郡.

안제(安帝) 영초(永初) 원년(107) 촉군의 삼양(三襄) 종족의 이인(夷人)과 그 변방의 오연(汙衍) 종족이 병사를 합해 3,000여 명으로 반란을 일으켜 잠릉성(蠶陵城)[294]을 공격하여

---

291) 肅宗: 後漢 章帝 劉炟. 기원후 76~88년 재위.

292) 夷人들이 두렵고 꺼려한 이유가 무엇인지 불분명하다. 다만, 朱輔가 益州를 떠난 뒤, 夷人들의 내왕이 단절되었다고 하는데(『後漢書』 권56 「种暠傳」에 "其白狼, 槃木, 唐菆, 僰諸國, 自前刺史朱輔卒後遂絕"), 이에 관련하여 그 단절된 이유를 설명하는 내용으로 보인다.

293) 이 관련된 기사가 『後漢書志』 권11, 「天文」 中에도 보인다.

294) 蠶陵: 『後漢書』 권5 「安帝紀」에 李賢注로 설명이 있다. 蜀郡의 屬縣으로 唐代 益州 益水縣의 故城이 남아 있었는데, 蠶陵山이 있어 붙여진 이름이라고 한다. 蠶陵縣에 대한 夷人의 침략은 『後漢書』 本紀에

장리(長吏)를 죽였다. 2년(108) 청의(靑衣)의 도이(道夷) 읍장인 영전(令田)이 요외의 세 부족의 이인(夷人) 31만 구와 함께 황금과 모우(旄牛) 장식물[295]을 가지고 모든 토지를 바치면서 내속하였다. 안제는 영전의 작호를 봉통읍군(奉通邑君)으로 올려 주었다.[296] 연광(延光) 2년(123) 봄 모우이(旄牛夷)가 반란을 일으켜 영관(零關)[297]을 공격하여 장리를 죽이자, 익주자사 장교가 서부도위와 함께 격파하였다. 이에 촉군속국도위를 별도로 설치하여 태수와 똑같이 네 개의 현을 통령하도록 하였다.[298] 환제 영수(永壽) 2년(156) 촉군의 이인(夷人)들이 반란을 일으켜 관리와 백성을 죽이고 노략질하였다. 연희(延熹) 2년(159) 촉군의 삼양이(三襄夷)가 잠릉(蠶陵)를 침범하여 장리를 죽였다. 4년(161) 건위속국(犍爲屬國)의 이인(夷人)들이 군의 경계를 침범하자, 익주자사 산욱(山昱)이 격파하여 1,400명을 참수하자, 나머지는 모두 해산하였다. 영제(靈帝) 때에 촉군속국을 한가군(漢嘉郡)으로 바꾸었다.

冉駹夷者, 武帝所開. 元鼎六年, 以爲汶山郡. 至地節三年, 夷人以立郡賦重, 宣帝乃省并蜀郡爲北部都尉. 其山有六夷七羌九氐, 各有部落. 其王侯頗知文書, 而法嚴重. 貴婦人, 黨母族. 死則燒其尸. 土氣多寒, 在盛夏冰猶不釋, 故夷人冬則避寒, 入蜀爲傭, 夏則違暑, 反其(衆)[聚]邑. 皆依山居止, 累石爲室, 高者至十餘丈, 爲邛籠. 又土地剛鹵, 不生穀粟麻菽, 唯以麥爲資, 而宜畜牧. 有旄牛, 無角, 一名童牛, 肉重千斤, 毛可爲毦. 出名馬. 有靈羊, 可療毒. 又有食藥鹿, 鹿麑有胎者, 其腸中糞亦療毒疾.

安帝 元初 元年(114)과 桓帝 延熹 2년(159)에도 확인된다. 현 四川省 茂汶羌族自治縣 江水 연안에 위치한다.

295) 旄牛: 李賢注에서 顧野王의 「玉篇」을 인용하여, '毦'는 털을 매듭지어 만든 장식으로 오늘날의 말이나 활, 창 위에 매다는 깃장식이라고 설명하였다(顧野王曰: 「毦, 結毛爲飾也, 卽今馬及弓槊上纓毦也.」). 오늘날의 야크를 가리키는 것으로 보인다.

296) 奉通邑君: 後漢代 四夷에 대한 封爵은 四夷國王, 率衆王, 歸義侯, 邑君, 邑長,으로 나뉘는데, 모두 '丞'이 있어 郡縣에 비견된다(『後漢書志』 권28, 「百官」 5, 四夷國, 3632쪽). 令田은 원래 邑長에서 邑君으로 승진된 것이다. 奉通은 그냥 칭호인지, 지명인지는 불분명하다.

297) 零關: 越巂郡의 屬縣 현재 四川省 峨邊 남부 산악지대

298) 屬國都尉: 屬國都尉는 郡에서 멀리 떨어진 縣을 별도로 분리하여 설치한 것으로 郡과 차이는 많지 않고, 本郡의 명칭을 사용한다. 光武帝 때에 400여 곳을 축소하였지만 뒤에 다시 늘어났다(『後漢書志』 권28, 「百官」 5, 州郡條). 西南夷 쪽에는 廣漢郡 蜀郡 犍爲郡에 설치되었다.

又有五角羊·麝香·輕毛髦雞·牲牲. 其人能作旄氈·班罽·青頓·毞毲·羊羧之屬. 特多雜藥. 地有鹹土, 煮以爲鹽, 麢羊牛馬食之皆肥.

염방이(冉駹夷)는 무제가 개척한 것으로, 원정(元鼎) 6년(전111) 문산군(汶山郡)이 되었다. 지절(地節) 3년(전67, 宣帝)에 이르러 이인(夷人)들이 군(郡)을 설치하여 부세가 무거워졌다고 생각하자, 선제(宣帝)는 이를 폐지하고 촉군으로 병합하고 북부도위로 삼았다. 그 산에는 6개의 이(夷), 7개의 강(羌), 9개의 저(氐)가 있는데, 각기 부락을 가지고 있다. 그 왕후(王侯)들은 글을 상당히 쓸 줄 알고, 법은 엄중하였다. 여자를 귀하게 여겨, 모계(母系)를 기준으로 씨족이 이루어졌다. 죽으면 그 시체는 태운다. 그 지역의 기후가 매우 추워 한여름에도 여전히 어름이 녹지 않는다. 그래서 이인(夷人)들은 겨울에는 추위를 피해 촉지역에 들어와 품팔이를 하고, 여름에는 더위를 피해 자기 마을로 돌아간다. 모두 산에 의지하여 정주하고 있어 돌을 쌓아 집을 짓는데, 높이가 10여 장(丈)에 이르고, '공롱(邛籠)'[299]이라고 한다. 또, 토지가 단단하고 소금기가 있어, 조나 마 그리고, 콩들은 자라지 않아 오직 보리로 생활하는데, 목축을 하기에는 적당하다. 모우(牦牛)가 있는데, 뿔이 없어 일명 동우(童牛)[300]라고도 하고, 체중이 천 근(斤)이고 그 털은 모직물을 만든다. 명마(名馬)가 나고, 영양(靈羊)이 있는데 독을 치료할 수 있다.[301] 또, 약을 먹은 사슴 종류가 있는데, 새끼를 회임한 사슴은 그 내장 안에 있는 똥으로 역시 독을 치료할 수 있다. 또, 뿔이 다섯인 양, 사향노루, 털이 가벼운 갈계(髦雞),[302] 성성이가 있다. 그 사람들은 능히 양탄자, 융단, 청돈(青頓), 비탈(毞毲), 양최(羊羧) 등을 만들 수 있다.[303] 특히, 여러 가지 약재가 많다. 땅에 소금기 있는 흙이 있어, 이를 끓여 소금을

299) 邛籠: 李賢은 당시 土着 夷人들이 '雕'라고 부르는 것이라고 하였다(按今彼土夷人呼爲 '雕'也.). 최근까지도 남아 있는데, 집집마다 돌로 누각처럼 높게 쌓아 올린 망루를 말한다.

300) 童牛: 일반적으로 牦牛, 牦牛는 야크(Yak)를 가리킨다. 그런데 Yak는 뿔이 있는 짐승으로서, 여기서 뿔이 없다고 하는 것은 어린 Yak를 童牛라고 하는지 불분명하다.

301) 靈羊: 李賢注는『本草經』을 인용하여, 영양의 뿔은 맛이 짜고 독이 없어 주로 눈이 침침해지는 질환과 벌레의 독을 치료하며 악귀를 물리치고 심기를 편안하게 하며 근육과 뼈를 단단하게 한다고 설명하였다(本草經曰 "零羊角味鹹無毒, 主療青盲·蠱毒, 去惡鬼, 安心氣, 彊筋骨"也.).

302) 髦雞: 郭璞의『山海經』注에서는 髦雞는 꿩과 비슷하지만 이보다 크며 푸른빛이 나고 뿔과 털이 있는데, 적과 싸우면 상대방이 죽어야 비로소 그친다(郭璞注山海經曰: "髦雞似雉而大, 青色, 有毛角, 鬥敵死乃止.")고 설명하고 있다.

만들고, 사슴 양 소 말 등이 이를 먹으면 모두 살이 찐다.[304)]

其西又有三河·槃于虜, 北有黃石·北地·盧水胡, 其表乃爲徼外. 靈帝時, 復分蜀郡北部爲汶山郡云.

염방의 서쪽에는 또 삼하(三河) 반우로(槃于虜)가 있고, 북쪽으로는 황석(黃石) 북지(北地) 노수호(盧水胡)가 있고, 그 밖으로는 변경 밖이다. 영제(靈帝) 때에 다시 촉군 북부(北部)를 떼어내어 문산군으로 삼았다.

白馬氐者, 武帝元鼎六年開, 分廣漢西部, 合以爲武都. 土地險阻, 有麻田, 出名馬·牛·羊·漆·蜜, 氐人勇戇抵冒, 貪貨死利. 居於河池, 一名仇池, 方百頃, 四面斗絶. 數爲邊寇, 郡縣討之, 則依固自守. 元封三年, 氐人反叛, 遣兵破之, 分徙酒泉郡. 昭帝元鳳元年, 氐人復叛, 遣執金吾馬適建·龍怢侯韓增·大鴻臚田廣明, 將三輔·太常徒討破之.

백마저(白馬氐)는 무제 원정 6년(전111) 개척한 것으로, 광한군의 서부도위 관할지역을

---

303) 青頓, 琺羧; 李賢도 字書에 글자가 없어 모두 미상이라고 하였다. 『周書』에서는 사방에서 방물을 바치는 법령을 만들어 다음과 같이 말했다. "서방에 있는 昆侖 狗國 鬼親 枳己 闟耳 貫匈 雕題 離丘 漆齒에 명하여 丹青 白旄 紕罽 龍角 神龜 등을 獻貢케 하십시오." 탕임금이 말하길 "좋다."고 하였다. 하승천의 찬문: 紕는 저족에서 생산되는 담요이다(青頓, 琺羧, 並未詳, 字書無此二字. 周書: "伊尹爲四方獻令曰: '正西昆侖·狗國·鬼親·枳己·闟耳·貫匈·雕題·離丘·漆齒, 請令以丹青·白旄·紕罽·龍角·神龜爲獻.' 湯曰: '善.'" 何承天纂文曰: "紕, 氐罽也."). 여기서 『周書』는 『北周書』가 아니라, 殷周의 周의 역사책으로, 현재는 넓어졌지만, 일부가 『逸周書』로 모아져 있다.

304) 李賢注에서는 '麢'는 곧 '麢狼'을 말한다고 하였다. 또, 『異物志』에서는 "그 모습이 사슴과 유사하며 뿔이 앞을 향해 나 있는데 수풀에 들어가면 뿔이 걸리므로 항상 평탄하고 얕은 풀 속만을 다닌다. 그 고기는 기름지면서 향이 좋아 한쪽으로 몰아서 숲으로 들어가게 해서 잡는데, 가죽으로는 신발을 만들 수 있으며 뿔은 바로 네 방향으로 나 있으며, 남인들은 이것으로 침상을 만든다(麢卽麢狼也. 異物志: "狀似鹿而角觸前向, 入林樹掛角, 故恆在平淺草中. 肉肥脆香美, 逐入林則搏之, 皮可作履韈, 角正四據, 南人因以爲床.")."

떼어내어 무도군(武都郡)으로 삼았다. 토지가 험하고 막혀 있는데, 마전(麻田)이 있으며 명마(名馬), 소, 양, 옻, 꿀이 생산된다. 저인(氐人)들은 용감하고 어리석고 과감하고 무모한데, 재물을 탐하여 죽음을 무릅쓰고 이익을 좇는다. 큰 호수에 거주하고 있는데, 일명 구지(仇池)[305)]라고 하고 넓이가 백 경(頃)이고 사면이 막혀 있다. 자주 변경에 침략하였는데, 군현에서 토벌하면 견고한 장소에 의지하여 방비만 한다. 원봉(元封) 3년(전107) 저인들이 반란을 일으키자 병사를 보내 격파하고 일부를 주천군(酒泉郡)으로 사민시켰다. 소제(昭帝) 원봉(元鳳) 원년(전80) 저인이 다시 반란을 일으키자 집금오(執金吾) 마적건(馬適建), 용태후(龍怢侯) 한증(韓增), 대홍로(大鴻臚) 전광명(田廣明)을 보내 삼보(三輔)와 태상(太常)의 형도를 이끌고 토벌하여 격파하였다.

及王莽簒亂, 氐人亦叛. 建武初, 氐一悉附隴蜀, 及隗囂滅, 其酋豪乃背公孫述降漢, 隴西太守馬援上復其王侯君長, 賜以印綬. 後囂族人隗茂反, 殺武都太守. 氐人大豪齊鍾留爲種類所敬信, 威服諸豪, 與郡丞孔奮擊茂, 破斬之. 後亦時爲寇盜, 郡縣討破之.

왕망이 찬탈하여 혼란스러워지자, 저인(氐人)들 역시 반란을 일으켰는데, 건무(建武) 초에 저(氐)는 하나같이 농(隴)과 촉(蜀)[306)]에 귀부하였다가, 외효(隗囂)가 멸망하자 그 추장들은 공손술을 배반하고 한(漢)에 투항하였다. 농서 태수(隴西太守) 마원(馬援)은 저인(氐人)들에게 왕후 군장의 작호를 회복시키고 인수(印綬)를 하사하자고 상서하였다. 후에 외효의 족인(族人) 외무(隗茂)가 반란을 일으키고 무도 태수(武都太守)를 살해하였다. 저인(氐人)의 대호족인 제종류(齊鍾留)는 종족집단들로부터 존경과 신뢰를 받아, 여러 호족들을 제압하고 있었는데, 군승(郡丞) 공분(孔奮)과 함께 외무를 격파하여 참수하였다. 이후에도 [저인들이] 때때

305) 仇池: 山名, 일명 '瞿堆', 혹은 '百頃山'이라고도 한다. 『三秦記』에 "본명은 仇維이고 산 위에 연못이 있어 仇池라고 하였다. 산은 '含'과 '洛' 두 계곡 사이에 있어 항상 물이 세차게 흐른다(三秦記曰: 「仇池縣界, 本名仇維, 山上有池, 故曰仇池, 山在含洛二谷之閒, 常爲水所衝激, 故下石而上土, 形似覆壺.」)."고 하였다. 仇池는 後漢시대 氐族 楊騰이 부중을 이끌고 이곳에 와서 정착하였다.

306) 隴蜀: 前後漢 교체기 '隴'을 근거로 자립하였던 隗囂와 蜀을 근거로 자립하였던 公孫述세력을 말한다.

로 노략질을 하였는데, 군현에서 이를 토벌하였다.

論曰: 漢氏征伐戎狄, 有事邊遠, 蓋亦與王業而終始矣. 至於傾沒疆垂, 喪師敗將者, 不出時歲, 卒能開四夷之境, 款殊俗之附. 若乃文約之所沾漸, 風聲之所周流, 幾將日所出入處也. 著自山經·水志者, 亦略及焉. 雖服叛難常, 威澤時曠, 及其化行, 則緩耳雕脚之倫, 獸居鳥語之類, 莫不舉種盡落, 回面而請吏, 陵海越障, 累譯以內屬焉. 故其錄名中郎·校尉之署, 編數都護·部守之曹, 動以數百萬計. 若乃藏山隱海之靈物, 沈沙棲陸之瑋寶, 莫不呈表怪麗, 雕被宮幄焉. 又其賨幏火毳馴禽封獸之賦, 軨積於內府; 夷歌巴舞殊音異節之技, 列倡於外明. 豈柔服之道, 必足於斯? 然亦云致遠者矣. 蠻夷雖附阻巖谷, 而類有土居, 連涉荊·交之區, 布護巴·庸之外, 不可量極. 然其凶勇狡筭, 薄於羌狄, 故陵暴之害, 不能深也. 西南之徼, 尤爲劣焉. 故關守永昌, 肇自遠離, 啓土立人, 至今成都焉.

논왈: 한왕조가 융적(戎狄)을 토벌하고 변경지역에서 군사활동을 벌리는 것은, 대체로 제왕들의 업적으로 계속되었다. 변경지역이 함락되고 군사를 잃고 장수가 패하게 되는 경우도 있었지만, 대체로 한 해를 넘기지 않았고, 결국에는 사이(四夷)의 영토를 개척하고 풍속이 다른 종족들의 귀부를 받을 수 있었다. 문서와 맹약이 적용되고 풍속과 교화가 두루 퍼지게 되는 것은 거의 해가 뜨고 지는 모든 곳에 해당되었다. [그래서] 『산경(山經)』『수지(水志)』와 같은 [지리] 저작에는 소략하나마 [변방지역에 대한 내용이] 포함되었다. 복종과 반역이 반복되어 일정하지는 않고, 때때로 조정의 위엄과 은택이 미치지 못한 경우도 있었다. 그렇지만 교화가 행해지게 되면 귀를 늘어뜨리거나 발에 문신하는 무리나 짐승처럼 [동굴에서] 살고 조어(鳥語)를 사용하는 종족들도 종족 전체를 들어 얼굴을 돌려 관리의 파견을 요청하지 않은 경우가 없었는데, 바다를 건너고 험준한 산을 넘어 몇 차례의 중역을 통해 내속하였다. 그 결과 중랑장(中郎將)과 교위(校尉)의 관부에 이름을 기록하고,[307] 도호(都護) 부도위(部都

307) 양한시기 護匈奴中郎將과 戊己校尉 등은 주로 흉노지역에 대한 관리로, 서남방지역과는 무관한 관직이었다. 위진남북조시에 와서 이들 관직이 서남방지역에도 개설되기 시작하였는데, 後漢時代의 사정으로 이를 언급한 것은 『後漢書』가 편찬된 劉宋시기의 관념이다.

尉) 태수(太守)의 부(府) 공조(功曹)에 편성된 호구수는 금방 수백만을 헤아렸다. 그리고 산과 바다에 매장되어 있는 신령스러운 물건이나 깊은 모래와 땅 속에 있는 진귀한 보물들도 바쳐져 궁실은 기이하고 화려하게 조각되고 장식되지 않은 것이 없었다. 또, 종가(賨幏) 화취(火毳) 순금(馴禽) 봉수(封獸)[308] 등의 공물은 내부(內府)[309] 선반에 겹겹이 쌓였다. 이가(夷歌), 파무(巴舞) 등 특수한 음률과 가락의 기교가 외문(外門)[310]에서 연이어 연주되었다. 어찌 가볍게 복종시키는 방법으로 이렇게 되기에 충분하였겠는가? 오히려 또한 원방을 불러들이는 정책때문이라고 해야 할 것이다. 만이(蠻夷)는 험준한 바위와 계곡에 의지하고 있다고 하더라도 대다수는 토착생활을 하며, 형주와 교주지역에 연결되어 있고, 파(巴)과 용(庸)의 바깥지역을 둘러싸고 있어, 그 끝을 가늠할 수 없다. 그런데 그 흉폭하고 용감하며 간교하고 꾀가 많다는 측면에 있어서, 강적(羌狄)보다 조금 덜한 까닭에, 제멋대로 사납게 하는 활동으로 인한 피해는 심하다고 할 수 없다. 서남지역의 외부는 훨씬 더 약하였다. 영창(永昌)에 관(關)을 세워 방비하여 멀리 떨어진 곳도 영역으로 삼아 토지를 개발하고 인재를 등용하니 지금에 와서는 도시가 되었다.

---

308) 李賢注에서 '火毳'는 '火浣布'이고, '馴禽'은 앵무새이고, '封獸'은 '코끼리'라고 하였다. 『神異經』에서는 "남방에는 火山이 있는데, 길이가 사십 리이고 폭이 4~5리인데, 다 타버리지 않는 나무가 자라니 밤낮으로 불이 타오른다. 심한 바람에도 더 타오르지 않고, 폭우에도 꺼지지 않는다. 불 속에는 쥐가 있는데, 무게는 100근이고, 털은 길이가 2척이 넘고 가늘기는 비단 같은데, 항상 불 속에서 거주한다. 때때로 밖으로 나오는데, 색깔은 백색으로 물에 젖으면 즉시 죽는다. 그 털로 실을 만들어 포를 만드는데, 사용하다 더러워졌을 때는 불에 넣어 태우면 깨끗해진다."고 하였다. 『傅子』에서는 "어르신들이 이야기하기를 漢 桓帝 때에 梁冀가 火浣布로 單衣를 만들었는데, 賓客을 맞아 公卿朝臣들과 酒宴을 하는 자리에서 술을 다투는 척하고 술잔을 떨어뜨려 더러워졌다. 梁冀가 거짓으로 화를 내는 척하며 옷을 벗어 태워 버렸다. 옷감이 불을 붙이자 활활 타올라 모든 옷을 태워 버린 것 같았다. 때가 없어지고 불이 꺼지자, 하얗게 깨끗이 되어 마치 물로 빤 것 같았다(火毳卽火浣布也. 馴禽, 鸚鵡也. 封獸, 象也. 神異經曰: "南方有火山, 長四十里, 廣四五里. 生不燼之木, 晝夜火然, 得烈風不猛, 暴雨不滅. 火中有鼠, 重百斤, 毛長二尺餘, 細如絲, 恆居火中, 時時出外, 而色白, 以水逐沃之卽死. 績其毛, 織以作布. 用之若汙, 以火燒之, 則清潔也." 傅子曰"長老說漢桓時, 梁冀作火浣布單衣, 會賓客, 行酒公卿朝臣前, 佯爭酒失杯而汙之, 冀僞怒, 解衣而燒之, 布得火, 煒然而熾, 如燒凡布, 垢盡火滅, 粲然潔白, 如水澣"也.)."

309) 內府: 왕실의 재정을 담당하는 少府를 지칭한다.

310) 外門: 궁성의 外城門으로, 司馬에 의해서 武人에 의한 경비를 담당하기 때문에 司馬門이라고 한다. 공식적인 樂舞는 司馬에 의해 통제되어 이루어지기 때문에 주로 司馬門에서 대연회가 이루어진다.

贊曰：百蠻蠢居，仞彼方徼．鏤體卉衣，憑深阻峭．亦有別夷，屯彼蜀表．參差聚落，紆餘岐道．往化旣孚，改襟輸賨．俾建永昌，同編億兆．

찬왈: 수많은 만(蠻)들이 저 변방의 외진 곳에 궁벽하게 산다네. 몸에는 문신하고 풀나무로 만든 옷을 입고, 깊고 험한 곳에 의지하고 있다네. 또 다른 이족(夷族)이 촉지방 밖에 거주하고 있으니, 마을은 여기저기 흩어져 있었지만 주나라 때 기산(岐山)으로 몰려들듯 천자의 교화에 귀의하네. 교화(敎化)로 달려가서 믿음이 얻게 되니, 옷깃을 바꿔 달고[311] 보물을 바치도다. 영창군을 세웠더니 이인(夷人)과 한인(漢人) 모두 함께 호적에 오르게 되었네.

311) 이민족의 특징으로 '鳥語'와 '左衽'이 대표적으로 언급되는데, 옷깃을 오른쪽에서 여미는 것을 敎化의 상징으로 이해하였다.

| 참고문헌 |

국사편찬위원회, 『中國正史朝鮮傳譯注』 1, 서울: 신서원, 2004(影印)

二十五史, 北京: 中華書局, 1959~1977

常璩, 任乃强 校注, 『華陽國志校補圖注』, 上海: 上海古籍出版社, 1987

沈欽韓, 『後漢書疏證』, 上海: 上海古籍出版社(續修四庫全書), 1995

王先謙, 『後漢書集解』, 上海: 上海古籍出版社(續修四庫全書), 1995

丁謙, 『後漢書南蠻西南夷列傳地理攷證』, 成都: 四川民族出版社, 2002

惠棟, 『後漢書補注』, 上海: 上海古籍出版社(續修四庫全書), 1995

瀧川資言, 『史記會注考證』, 太原: 北岳文藝出版社, 1999(影印)

早稻田大學長江文化硏究所, 「後漢書南蠻西南夷列傳譯註」1~5, 『早稻田大學長江文化硏究所年譜』1~5, 2002~2006

吳士連, 『大越史記全書』, 東京: 東京大學 東洋文化硏究所, 東洋學文獻センター叢刊, 42緝, 1960

김한규, 『古代中國的世界秩序硏究(1982)』, 一潮閣, 1992

貴州省社會科學院歷史硏究所, 『夜郎史探』, 貴陽: 貴州人民出版社, 1988

藍勇, 『西南歷史文化地理』, 成都: 西南師範大學出版社, 1997

童恩正, 『童恩正文集 · 學術系列 古代的巴蜀』, 重慶: 重慶出版社, 1998(再版)

馬曜 主編, 『雲南簡史』, 昆明: 雲南人民出版社, 1983

馬長壽, 『氐與羌』, 上海: 上海人民出版社, 1984

方國瑜, 『中國西南歷史地理考釋』, 北京: 中華書局, 1987

方國瑜 主編, 『雲南史料叢刊』 第1卷, 昆明: 雲南大學出版社, 1998

王文光, 『中國古代的民族識別』, 昆明: 雲南大學出版社, 1997

王文光 · 龍曉燕 · 陳斌, 『中國西南民族關係史』, 北京: 中國社會科學出版社, 2005

尤中, 『雲南民族史』, 雲南大學出版社, 1994

藤澤義美, 『西南中國民族史の硏究』, 東京: 大安, 1969

김유철, 「梁陳時代 嶺南統治와 種族問題 - '俚'의 성격을 중심으로」, 『東洋史學硏究』 76, 2001

김유철, 「魏晉南北朝時期 '蠻'的北遷及其種族正體性問題」, 『北朝史研究』, 北京: 商務印書館, 2004
김유철, 「魏晋南北朝시기 獠의 분포와 국가권력」, 『中國古中世史研究』 17, 2007
覃聖敏, 「'仆鑒', '獨刀'解」, 『文史』 23, 1984
馬曜, 「'滇', '叟', '爨' 族屬與彝白源流」, 『雲南社會科學』 1987-5, 1987
沙先貴, 「長順與夜郎文明的關係」, 『貴州民族學院學報』 2005-2, 2005
熊宗仁, 「貴州研究夜郎五十年述評」, 『貴州民族研究』 2000-1, 2000
劉義, 「夜郎國究竟在哪裏」, 『中州今古』 2004-10, 2004
林超民, 「白子國考」, 『南詔文化論』, 昆明: 雲南人民出版社, 1991
蔣徹, 「夜郎在貴州黔西南望謨縣桑郎蠻王城」, 1994-3, 1994
朱路, 「千古懸念-夜郎故地探謎」, 『當代貴州』 2000-12, 2000

史爲樂, 『中國歷史地名大辭典』, 北京: 中國社會科學出版社, 2005

후한서(後漢書) 권87

서강전(西羌傳)

• 역주: 김종섭
• 교열: 김유철

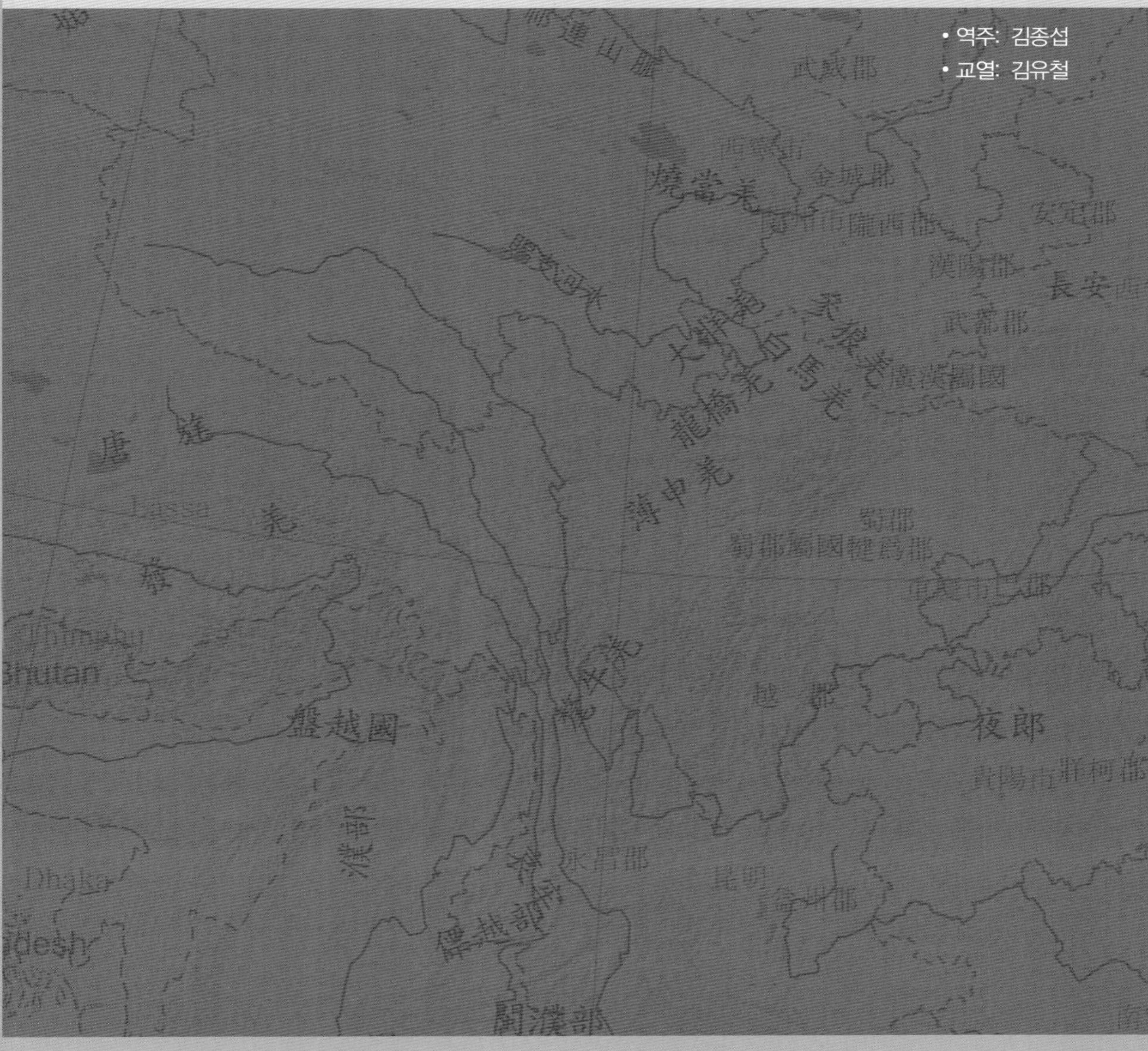

「서강전(西羌傳)」 해제

흔히 저족(氐族)과 연칭되는 강족(羌族)은 본문에서 약술하고 있듯이 당시 이미 오랜 역사를 가지고 '화하(華夏)' 및 '제하(諸夏)'라 불리는 '중국'과 밀접한 관계를 유지하여 왔으며, 이는 중국의 고문헌을 통해서도 널리 알려져 있는 바이다. 한대에 이르러 강족은 감숙과 청해, 신강, 티베트 및 내몽고 서부지역 그리고 사천성 지역에 널리 분포하였는데, 이 중에서도 감숙과 청해지역의 '제강(諸羌)'이 한왕조와의 관계에서 주요한 역할을 하였다. 『후한서』「서강전」은 감숙과 청해지역 '제강'과 한왕조의 관계에 관한 기술에 많은 부분을 할애하고 있다.

한대의 '중국' 왕조와 제강, 특히 감숙 · 청해 지역 제강과의 관계의 역사는 호강교위(護羌校尉)와 그 관부를 통해 이루어졌다고 말해도 과언이 아니다. 한무제 이후 전후한대를 통해 호강교위의 가장 큰 임무는 '문덕(文德)'으로써 새내강(塞內羌)을 진무하고 혹은 군사력으로 새내강의 이반을 방지하는 한편, 새외강(塞外羌)의 침략을 방어함으로써 체제를 지키는 것이었다. 그래서인지 「서강전」은 한대의 호강교위들, 특히 후한대 28명 호강교위의 사적을 상세하게 기록하고 있다. 따라서, 전후한대 호강교위에 관하여 언급하여 두는 것은 「서강전」 이해에도 도움이 되리라 믿는다. 아울러 한대, 특히 후한대 내내 빈발하였던 강족의 반란과 그 성격에 관하여도 미리 언급하여 둘 필요가 있으리라 생각된다.

호강교위가 처음 설치된 것은 전한 무제 원정(元鼎) 6년(전111)의 일이었다. 무제 원수(元狩) 원정(元鼎) 연간에 이루어진 주천(酒泉), 무위(武威), 장액(張掖), 돈황(敦煌) 등 하서(河西) 4군의 설치로 인해 황수(湟水) 이남의 거주지로부터 쫓겨났던 강족 10만 인이 원정 5년 흉노와 연합하여 농서군의 고안(故安)과 금성군의 부한(枹罕)을 공격하였다. 결과는 한군의 승리로 끝났고, 이러한 상황은 호강교위 설치를 초래하였다. 이때 호강교위의 임무는 새내강을 영호하고 새외강을 감찰하여 주군의 경비를 보조하는 것이었다. 이렇게 시작된 호강교위의 기능이 강화되고 그 역할이 중요해지는 것은 '무리를 거느리고', '땅을 들어', '내속(內屬)'하는 강족이 늘어나면서부터이다. 이의 전기가 된 것은 선제(宣帝) 신작(神爵) 1년에 발생한 강족의 대규모 반란과 이의 진압에 의해 초래된 강족의 대규모 내항과 금성속국(金城屬國)의 설치였다. 원정 5년 이후 1세기 이상 존속된 호강교위체제는 왕망의 고압적 대외정책의 결과 초래된 한말 신대의 '강란(羌亂)'으로 와해되었으며, 변군현의 상당부분이 강족에 의해 점거되었다.

중국 왕조에 의해 호강교위가 다시 파견된 것은 후한 광무제(光武帝) 건무(建武) 9년(33)의 일이었으며, 이때 호강교위부는 농서군 영거현(令居縣)에 설치됐다. 이후 두 차례에 걸쳐 치폐가 반복되었고, 안제(安帝) 건초(建初) 원년(76) 농서군 안이현(安夷縣)에서 강족의 반란이 일어난 것을 계기로 호강교위제를 부활하여 안이현에 막부를 설치한 뒤 한말까지 이어졌다. 5대 교위 부육(傅育)이 금성군 임광(臨羌)으로 치소를 옮긴 뒤 안제 영초(永初) 연간의 14대 교위까지 이곳에 상주하였으며, 15대 교위 때에 일시 장액으로 옮겼다가 원초 연간의 16대 교위 방삼(龐參) 때부터 영거로 귀한하여 한말까지 영거에 주둔하였다. 후한대 호강교위의 주요 역할은 특히 '내속'의 관리에 맞추어졌다. '속국'에 거주하는 새내강들에 대한 책임은 속국도위나 주군이 아니라 호강교위에게 주어졌으며, 호강교위는 새내강에 대한 영호와 새외강에 대한 감찰뿐만 아니라, 내속해 온 강족, 즉 새외강으로부터 새내강으로 변질된 이들에 대한 책봉(册封)과 이들의 조공(朝貢)의 행사까지 관리하였다.

한대를 통하여 강족의 이반과 반란은 일일이 열거하기 어려울 만큼 빈발하였다. 변군에 대한 지배가 상대적으로 안정적이지 못했던 후한대에는 더욱 그러하였다. 특히, 안제 영초 원년(107) 서역정벌을 위한 강병 징발을 계기로 발생하여 확산된 강족의 반란은 강족의 병사들이 하동(河東)과 하내(河內) 지역에까지 침투하는 데에 이르렀고, 급기야 농서(隴西), 안정(安定), 북지(北地), 상군(上郡) 등 변군의 치소를 내지로 옮기는 초유의 사태까지 초래할 정도였다. 이러한 상황은 후한대 임명된 호강교위들의 사적을 통해서도 잘 드러난다. 총 28대의 호강교위 중 두 명의 교위가 강족 반란의 진압과정에서 전사하였고, 총 15대의 교위가 새내강의 이탈을 방지하지 못하고 새외강의 도발을 진압하지 못한 책임을 지고 면직되었으며, 타관으로 전직되어 교위직을 무사히 수행한 교위는 2명에 불과하였다고 한다. 또, 이러한 사태는 후한 조정에서 양주방기론(涼州放棄論)이 제기되도록 만들기도 하였다.

당시 강족들은 소규모의 부족 단위로 자치적 생활을 영위하였을 뿐, 대규모의 복잡한 국가 조직을 구성하는 일은 드물었다. 따라서, 각 부족의 우두머리들이 소규모 '왕후군장(王侯君長)'의 작위를 받는 경우라도, 한 왕조의 군현적 지배 범위 내에 존재하였다. 이로 인해 변군의 소리(小吏)들이나 호족으로부터 집단적으로 침탈당하는 일이 빈발하였고, 이의 축적은 강족들의 잦은 반란을 초래하였다.

전·후한 내내 강족은 조정의 중요한 문제거리였지만, 『사기』와 『한서』에서는 이것이 외국전으로 편제되지 않았다. 강족의 문제를 천하관념의 원리상 대외관계라기보다 내부 치안문제로 생각하였기 때문인 것으로 보인다. 『후한서』에서 「서강전」을 편제한 것은 역시 위진남북조시대 민족문제가 크게 대두되었고, 역사적 사실에 대한 분류를 중시하는 범엽의 사론 때문이었다.

따라서, 범엽은 강족의 기원부터 서술하고 있는데, 신농씨(神農氏)의 성(姓)인 강성(姜姓)의 별종으로 보고 『시경(詩經)』을 인용하여 은나라 무정(武丁) 때부터 강족의 역사적 활동을 기록하기 시작하였다. 「서강전」의 전체적인 기록은 강족의 기원에 이어 역사, 한족과의 관계, 생활방식과 사회구조, 종족분류와 그 명칭의 유래와 각각의 습속 등 광범위하게 기록하고 있다.

「서강전(西羌傳)」 역주

西羌之本, 出自三苗, 姜姓之別也. 其國近南岳. 及舜流四凶, 徙之三危, 河關之西南羌地是也. 濱於賜支, 至乎河首, 綿地千里. 賜支者,『禹貢』所謂析支者也. 南接蜀·漢徼外蠻夷, 西北〔接〕鄯善·車師諸國. 所居無常, 依隨水草. 地少五穀, 以產牧爲業. 其俗氏族無定, 或以父名母姓爲種號. 十二世後, 相與婚姻, 父沒則妻後母, 兄亡則納釐嫂, 故國無鰥寡, 種類繁熾. 不立君臣, 無相長一, 強則分種爲酋豪, 弱則爲人附落, 更相抄暴, 以力爲雄. 殺人償死, 無它禁令. 其兵長在山谷, 短於平地, 不能持久, 而果於觸突, 以戰死爲吉利, 病終爲不祥. 堪耐寒苦, 同之禽獸. 雖婦人產子, 亦不避風雪. 性堅剛勇猛, 得西方金行之氣焉.

서강(西羌)[1]의 근본은 삼묘(三苗)[2]에서 나왔으며 강성(姜姓)[3]의 한 갈래이다.[4] 그 나라

---

1) 西羌: 漢나라 때 지금의 青海省 黃河와 湟水 두 유역의 지역을 중심으로 거주하고 있었던 羌族을 西羌이라 불렀다(羌族簡史編寫組編, 1986.).

2) 三苗: 三苗는 堯舜시기에는 三苗, 춘추시기에는 '蠻'으로 불렸으며, '有苗'라고도 불렸다. 현재 양자강 중류에 해당하는 동정호(洞庭湖: 지금 호남성 북구)와 팽려호(彭蠡湖: 지금 파양호) 사이에 분포하였다(『戰國策』 권22에 吳起). 현재 중국학계에서는 삼묘를 크게 華夏집단, 苗蠻집단, 東夷집단으로 보고 있다(侯哲安, 1979년, 1기).

3) 姜姓: 炎帝 神農氏는 少典의 妃 喬氏의 소생으로 姜水에서 성장하였으므로 姓을 姜이라 하였으며, 이로부터 姜族은 중국 고대사에서 방대한 종족집단을 이루게 되었다(楊海帆, 2003년, 3기). 『說文解字』에는

는 남악(南岳)[5] 가까이에 있었다. 순(舜)이 사흉(四凶)을 내칠 때[6] 그들을 삼위(三危)[7]로 내쫓았는데, 하관(河關)[8] 서남쪽 강족(羌族)이 살던 지역이 바로 그곳이다. 그 땅은 사지(賜支)[9] 땅의 가장자리에서 [사지하]의 상류[10]에 이르기까지 천 리나 이어져 있었다. 사지는

神農이 姜水에 거주했으므로 姜을 姓으로 삼았다고 한다.

4) 羌族의 기원: 첫째,『後漢書』「西羌傳」의 이 구절을 전적으로 신뢰해서 羌族이 炎帝 神農氏의 일파라고 보는 견해, 둘째, 姜姓이 西羌에서 나온 것이지 西羌이 강성에서 나온 것이 아니라는 견해(章太炎,『章太炎先生文錄新編』권6하,「西南屬夷小論」), 셋째, 炎帝 神農氏는 有熊氏와 有蟜氏의 후예이지 西羌과는 아무런 관계가 없다는 견해(徐旭生) 등이 있다. 강족의 기원은 갑골문에 "己醜蔔, 貞, 今出羌亡咎", "貞, 於庚申伐羌" 등의 기사가 등장하는 것을 보면 최소한 은나라 때부터이다(孟鷗, 2007).

   羌族의 신화: 木姐珠를 시조로 하는 始祖神話, 형매혼신화(兄妹婚神話), 女人國神話, 곡물기원신화(穀物起源神話) 등이 있다(徐曉光, 1995).

   강족의 이동: 漢나라 때까지 크게 네 차례가 있었는데, 제1차는 禹의 治水를 도와 공적을 세우고 황하 이남으로 옮겼을 왔을 때이다. 이때 옮겨 온 강족은 은나라 때 方國을 형성했으며, 주나라 때에는 西申·東申·許國·繒國·呂國·齊國·紀國·薑戎國·義渠國 등에 봉해졌다. 제2차는 춘추시기로, 평왕이 동천한 후 西申 등의 羌人이 중원지역과 산동지역으로 옮겨 갔다. 제3차시기는 秦穆公이 西戎을 정벌했을 때 晉나라는 노동인력이 부족하여 秦나라와 상의하여 伊川 일대에 陸渾戎을 이주시켰다, 이들은 陰戎 혹은 羌戎으로 불렸으며, 魏나라와 韓.나라가 정벌한 羌戎이 이들이다. 또한 이 시기에는 중원에 거주하던 羌族과 일부의 羌戎이 河湟지역으로 옮겨 갔다. 제4차시기는 秦漢시대로 정치적 필요에 의해서 강족이 遷徙되었다. 秦나라가 통일한 후 서쪽으로 지금의 감숙성 臨洮·羌中에 이르는 변경 밖의 黃河와 湟水 유역을 西羌이라고 하였다(楊東晨·楊建國, 1997).

5) 南岳: 중국의 오악(恒山·泰山·華山·崇山·衡山) 가운데 하나로 衡山이다. 청나라 사람 魏源은 오악에 대해서 다음과 같이 묘사하였다. "東岳인 泰山은 앉아 있는 것 같고, 西岳인 華山은 서 있는 것 같고, 南岳인 衡山은 날아가는 것 같고, 北岳인 恒山은 마치 걸어가는 것 같고, 中岳인 嵩山은 누워 있는 것 같다."

6) 四凶:『尙書』권3「舜典」에는 共工·驩兜·三苗·鯀이라 하였으며,『左傳』권20「文公十八年」에는 渾敦·窮奇·檮杌·饕餮이라고 하였다.

7) 三危: 鄭玄은 鳥鼠의 서남쪽으로 岐山과 가깝다고 했으므로 지금의 섬서성 경내로 볼 수 있다(『尙書』권6「禹貢」). 그런데 李賢은 沙州 敦煌縣 동남에 있으며, 산에는 三峯이 있으므로 三危라고 한다고 했으니 지금의 감숙성 경내이다. 일설에는 危의 뜻은 '高峻' 혹은 '險峻'이며, 三峯 때문에 三危라고 했으니 三苗가 三危로 달아났다는 것은 群山으로 도망갔다는 뜻이라고 한다(馬少僑, 1981년, 2기).

8) 河關縣: 前漢 宣帝 神爵 2년(전60)에 설치한 현으로 金城郡에 속했다. 治所는 지금의 甘肅省 積石山 保安族·東鄕族·撒拉族自治縣 서북 長寧驛 古城이다. 後漢 때 隴西郡에 속했으며 西晉 초기 폐지했다가 惠帝 때 다시 설치하였다. 이후 폐지되었다.

9) 賜支: 李賢은『續漢書』를 인용하여 河關縣 서쪽 천여 리에 河曲이 있는데, 羌族이 그것을 賜支라 불렀다고

『상서(尙書)』「우공(禹貢)」편에서 말하는 석지(析支)로,[11] 남쪽으로는 촉군(蜀郡)[12]과 [광(廣)] 한군(漢郡)[13] 변경 밖의 만이(蠻夷)와 접하고, 서북쪽으로는 선선(鄯善)[14]과 거사(車師)[15] 등 여러 나라와 접하였다. [그들은] 거주지가 일정하지 않았고, 물과 풀의 상태를 보고서 옮겨다녔다. 그 땅에는 오곡(五穀)[16]이 적게 생산되었으며, 목축을 주업으로 삼았다. 그들의 습속에는 씨족의 명칭을 따로 정하지 않고, 아버지의 이름이나 어머니의 성으로 종족의 이름을 삼기도 했다.[17] 12대[18]가 지난 후에는 서로 혼인할 수 있었으며, 아버지가 죽으면 [아들은] 계모를 처로 삼고, 형이 죽으면 [동생이] 과부가 된 형수를 취하였으므로 나라 안에

한다. 지금의 青海省 海南藏族自治와 果洛藏族自治州의 黃河 유역이다.

10) 河首: 여기서 '河'는 '賜支河'를 가리키며, 賜支河는 지금의 青海省 서남의 瑪多縣 · 瑪沁縣 · 達日縣 등의 경내에 있는 黃河의 지류이다.

11) 析支: 賜支라고도 하는데 織皮 · 崐崘 · 渠搜와 더불어 西戎에 해당하는 나라였다(『尙書』「禹貢」).

12) 蜀郡: 秦惠王이 기원전 314년에 설치했으며, 근처에 蜀山이 있으므로 郡名으로 삼았다고 한다. 前漢 때 관할지역은 四川松潘以南, 北川 · 彭縣 · 洪雅以西, 峨邊 · 石棉以北, 邛崍山 · 大渡河以東, 大渡河와 雅礱江 사이 · 康定以南 · 冕寧以北이다(史爲樂 主編, 2005).

13) [廣] 漢郡: 원문에는 漢으로만 되어 있는데, 지리적인 조건을 보면 蜀郡 위에 설치된 廣漢郡이 적절하다고 여겨진다. 廣漢郡은 前漢 高祖 6년(201)에 설치되었으며, 관할지역은 甘肅省 文縣 · 陝西省 寧强以南, 四川省 旺蒼 · 劍閣 · 蓬溪以西, 潼南 · 遂寧 · 新都以北, 什邡 · 北川以東이다(史爲樂 主編, 2005).

14) 鄯善: 鄯善의 발음은 한 때 Charchan이라는 주장이 제기되기도 했지만 중국어의 발음(shanshan)이 이와 비슷하기 때문에 생긴 오해라고 한다. 鄯善의 본래 나라 이름은 '樓蘭'으로, 漢 昭帝 元鳳 4년(전77) 立尉屠耆가 왕이 되면서 나라 이름을 鄯善이라 고쳐 불렀다(岑仲勉, 2004). 지금의 新疆省 동남부 타림분지의 동쪽 끝에서 羅布泊에서 尼雅河에 이르는 유역이다(『漢書』 권96上「西域傳上」).

15) 車師: 車師의 발음은 Kiwo si이다. 車師는 동남으로 敦煌, 남으로 樓蘭, 서로는 焉耆, 서북으로는 烏孫, 동북으로는 匈奴와 통하는 비단길의 요충지에 있었다. 漢 宣帝 때 車師前國과 車師後國으로 나누어졌으며, 車師前國은 交河城(지금 新疆省 吐魯番市 서북)을, 車師後國은 務塗穀(지금 新疆省 奇臺縣 서남 산곡)을 다스렸다(岑仲勉, 2004). 車師前國의 인구는 6,050인에 지나지 않았지만 車師後國 · 車師都尉國 · 車師後城長國 · 孤胡 · 山國 등을 합하면 평균 20,000인이 되었으며, 이 여섯 나라를 합해서 車師六國이라고도 부른다(馬國榮, 1996).

16) 五穀: 오곡은 稻 · 黍 · 稷 · 麦 · 菽을 지칭하거나 혹은 麻 · 黍 · 稷 · 麦 · 菽을 지칭하기도 한다. 여기서는 곡물을 통칭하는 것으로 이해된다.

17) 강족의 종족명은 부모의 성을 따르는 경우 이외에도 塞外羌 · 保塞羌 · 河曲羌 등 지명을 따르는 경우도 있었으며, 대체로 백여 종 이상의 강족이 존재하였다.

18) 12대가 지나면 24촌이 되며, 현재 우리 나라는 8촌 이내의 혼인을 금하고 있다.

는 홀아비와 과부가 없어 종족은 번성하였다.[19] 국군(國君)과 신하를 정하지 않았고, 서로 우두머리가 되려 하지도 않았다. [세력이] 강성해지면 종족을 갈라서 [각각] 추호(酋豪)가 되었고, 세력이 약해지면 다른 종족에 부속된 부락이 되었다. 서로 약탈하거나 만행을 저지르고, 힘이 센 자를 우두머리로 삼았다. 사람을 죽이면 목숨으로 보상하였으며 다른 법령은 없었다.[20] 그 나라 병사들은 산과 골짜기에서는 싸움을 잘했으나 평지에서는 그렇지 못하였고, 지구전에는 능하지 못했지만 돌격에는 과감하였다. 그들은 싸우다 죽는 것을 길하고 이롭다고 여기고, 질병으로 죽는 것을 상서롭지 못하다고 여겼다. 추위의 고통을 참고 견디는 것이 마치 짐승들과 같았다. 결혼한 여자가 아이를 낳더라도 바람과 눈을 피하지 않았다. [그들의] 성격은 매우 굳세고 강하며 용감하고 사나웠는데, 서쪽 금행(金行)의 기운을 얻었기 때문이다.[21]

王政脩則賓服, 德教失則寇亂. 昔夏后氏太康失國, 四夷背叛. 及后相即位, 乃征畎夷, 七年然後來賓. 至於后泄, 始加爵命, 由是服從. 后桀之亂, 畎夷入居邠·岐之閒, 成湯既興, 伐而攘之. 及殷室中衰, 諸夷皆叛. 至于武丁, 征西戎·鬼方, 三年乃克. 故其詩曰: "自彼氐羌, 莫敢不來王."

왕이 정사를 잘 펼치면 외국에서 찾아와 복종하고, 도덕과 교화를 그르치면 외적이 쳐들어와 난리를 일으킨다. 옛날 하나라 군주인 태강(太康)이 나라를 잃어 버리자[22] 사이(四夷)가

19) 이러한 혼인 형태를 '收繼婚' 혹은 '轉房'이라고도 한다. 匈奴·烏孫·烏桓·鮮卑·突厥 등 유목민족에게서 일반적으로 볼 수 있는 혼인 형태이다. 원나라가 중국을 지배할 때 漢人에게도 수계혼이 전해져 유행했으며, 명 태조는 수계혼을 금지하는 법령을 반포하기도 했다(秦新林, 2004년, 2기).

20) 償死: 자기의 목숨으로 보상한다는 뜻으로 이런 관습은 중국에도 있었던 같다(『續資治通鑑』 권184, 「世祖聖德神功文武皇帝至元16年條(1279)」, 庭瑞進前語之曰: 殺人償死 羌與中國之法同.).

21) 李賢은 『黃帝素問』을 인용해서 "서방은 금[玉] [王]의 영역으로, 沙石이 있는 곳이며, 그곳의 사람들은 산에 거주하며 바람이 많다. 물과 땅은 드세고 굳세다."라고 하였다. 참고로 오행의 방위와 성질을 보면 금의 방위는 서쪽이며, 그 성질은 굳세고 강하다. 동쪽은 木으로 우아한 성질, 남쪽은 火로 급한 성질, 북쪽은 水로 총명한 성질, 중앙은 土로 온화하고 독실한 성질을 나타낸다.

22) 太康: 하나라 제3대 왕으로 啓의 아들이다. 태강은 사냥을 좋아하고 주색에 빠져 정사를 돌보지 않았으며, 사냥을 나간 사이 東夷族인 羿가 정권을 장악하고 쫓아내었다. 태강은 다시 나라를 찾지 못하였는데,

배반했다. 후상(后相)[23]이 즉위함에 미쳐서 이에 견이(畎夷)[24]를 치니, 7년 후 조공을 바치러 왔다. 후설(后泄)[25]에 이르러 비로소 [견이에게] 작(爵)을 봉(封)하고 직(職)을 수여하니 이때부터 복종하였다. 후걸(后桀)[26]의 정사가 어지러워지자 견이가 빈(邠)[27]과 기(岐)[28] 사이로 들어와 거주하였다. 성탕(成湯)[29]이 나라를 세우고 그들을 쳐서 물리쳤다. 은나라가 쇠약해지자 제이(諸夷)가 모두 배반하였다. 무정(武丁)[30]에 이르러 서융(西戎)[31] · 귀방(鬼方)[32]을 쳐서 3년 만에 이겼다. 그래서 『詩經』에는 "저족(氐族)과 강(羌)에 이르기까지 모두 와서 왕으로 섬기네."[33]라고 하였다.

及武乙暴虐, 犬戎寇邊, 周古公踰梁山而避于岐下. 及子季歷, 遂伐西落鬼戎. 太丁之時, 季歷復伐燕京之戎, 戎人大敗周師. 後二年, 周人克余無之戎, 於是太丁命季歷爲

이를 '太康失國'이라고 한다.

23) 后相: 太康의 손자이며 仲康의 아들로 하나라 제5대 왕이다.

24) 畎夷: 하나라 때 처음 보이며 주나라 때는 '犬戎'으로 불렸으며, '混夷' 혹은 '昆夷'라고도 불렸다(劉義棠, 1992).

25) 后泄: 啓의 8대손이며 帝芒의 아들로 하나라 제10대 왕이다.

26) 后桀: 하나라 제17대 왕이자 마지막 왕으로 재위 기간은 30년이었다.

27) 邠: 李賢은 邠은 '豳州'라고 했는데, 北魏 太和 14년(490)에 설치하였으며, 定安縣(지금의 감숙성 寧縣)에 치소를 두었고 태화 20년(496) '豳州'로 이름을 고쳤다.

28) 岐: 李賢은 岐는 '岐州'라고 했는데, 북위 태화 11년(486)에 설치하였으며, 雍城鎭(지금의 섬서성 鳳翔縣 동쪽)에 치소를 두었다.

29) 成湯: 은나라 개국 군주로 성은 子이며, 이름은 履이다. 처음에는 亳에 거주하였으며, 하나라의 제후였다. 걸왕이 무도하자 군대를 일으켜 南巢에서 걸왕을 쫓아냈다.

30) 武丁: 은나라 제23대 왕으로, 은나라의 중흥에 힘썼다. 그는 傅說을 재상으로 삼아 국력을 크게 진작시켜 '武丁中興'을 이루었다(『史記』 권3, 「殷本紀」). 59년간 재위하였다.

31) 西戎: 戎의 본의는 산 사이의 골짜기를 말하는 것인데, 많은 사람을 지칭하는 말로 사용되었다. 즉, 산골짜기에 사는 사람들이라는 뜻으로 지금의 '山地民'이라고 하는 것과 같다. 서융은 서쪽의 산지민이라는 뜻이다. 戎에 방위를 더한 것은 춘추 이후의 일이라고 한다(劉義棠, 1992).

32) 鬼方: 王國維는 鬼方은 汧과 隴 사이에서, 郭沫若은 지금의 陝北 · 內蒙古 및 그 이북지역에서 활동했다고 하였다. 陳夢家는 지금의 섬서성 韓城縣을 근거로 晉나라에 남쪽에 있었다고 하였다(王克林, 1998).

33) 『詩經 · 商頌』 「殷武」 "昔有成湯, 自彼氐羌, 莫敢不來享, 莫敢不來王"

牧師. 自是之後, 更伐始呼·翳徒之戎, 皆克之. 乃文王爲西伯, 西有昆夷之患, 北有獫狁之難, 遂攘戎狄而戍之, 莫不賓服. 乃率西戎, 征殷之叛國以事紂.

무을(武乙)이 포학해지자[34] 견융(犬戎)이 변경을 노략질하니[35] 주인(周人) 고공단보(古公亶父)[36]는 양산(梁山)[37]을 넘어서 기산(岐山)[38] 아래로 피하였다. 고공단보의 아들 계력(季歷)[39]에 이르러 드디어 서락귀융(西落鬼戎)[40]을 쳤다. 태정(太丁)[41] 때 계력은 다시 연경(燕京)[42]의 융을 쳤지만, 융인이 주(周)의 군대를 크게 물리쳤다.[43] 2년 후 주인(周人)이 여무(余無)[44]의 융을 이기니 이에 태정은 계력을 목사(牧師)[45]로 삼았다. 이 이후 다시 시호(始呼)[46]

---

34) 武乙: 은나라 제28대 왕으로 無道하고 사냥을 좋아했다. 어느 날 黃河와 渭水 사이로 사냥을 나갔다가 벼락을 맞아 죽었다(『史記』 권3 「殷本紀」).

35) 犬戎: '畎夷' 등 여러 이름으로 불렸는데, 은나라 때 그 활동이 빈번했지만 주나라에서는 그 활동이 뜸하였다. 춘추시기 여러 제후들에게 공격을 받아 세력을 떨치지 못하였으며, 특히 魯閔公 2년(전660) 虢公이 견융을 渭汭에서 대패시킨 후 쇠락하였다(劉桓, 1994).

36) 古公亶父: 고공단보는 주나라의 기틀을 마련한 인물로, 戎과 狄의 침입을 받자 종족을 이끌고 지금의 섬서성에 있는 岐山 아래 周原으로 옮겨 갔다.

37) 梁山: 李賢은 雍州 好畤縣 서북에 있다고 했는데, 지금의 섬서성 乾縣 서북쪽이다.

38) 岐山: 李賢은 扶風郡에 있다고 했는데, 지금의 섬서성 岐山縣 동북쪽이다.

39) 季歷: 문왕의 아버지로 '王季' 혹은 '公季'라고도 불렸으며, 은나라 귀족인 임씨(任氏)와 혼인을 맺고 은나라의 문화를 흡수하였다.

40) 西落鬼戎: 『竹書紀年』에 "武乙 35년 周人 王季가 西落鬼戎을 쳐서 20翟王을 포로로 사로잡았다."라고 하였다. 王國維는 이 구절을 인용하여 西落鬼戎은 岐周(西周)의 서쪽에 위치했다고 지적하였다(王國維, 1959).

41) 太丁: 은나라 제29대 왕으로 李賢은 太丁이 武(丁) [乙]의 아들이라고 지적했는데 '文丁'이라고도 한다.

42) 燕京: 지금의 山西省 武縣 서남쪽의 管涔山을 지칭한다. 『淮南子』「墜形訓」에는 "분수(汾水)는 燕京에서 기원한다."라고 하였으며, 高誘가 주를 달기를 "燕京은 산 이름이다. 태원 분양(汾陽)에 있으며 분수가 기원하는 곳이다."라고 하였다.

43) 『竹書紀年』에 "太丁 2년에 周의 사람들이 燕京의 융을 쳤지만 주나라 군대는 크게 패하였다."라고 한 것을 보면 태정 2년에 연경의 융을 쳤음을 알 수 있다.

44) 余無戎: 지금의 山西省 屯留縣의 서북쪽에 있었는데, (淸)徐文靖의 『竹書統箋』(四庫全書本)에는 "『上黨記』에 純留縣에서 서북으로 30리에 餘吾城이 있었는데, 餘無의 戎은 바로 餘吾 및 無皐 두 융이다.(純留縣有餘吾城, 在縣西北三十里, 餘無之戎, 當即是, 餘吾及無皐二戎也)."라고 하였다

와 예도(翳徒)[47]의 융을 쳐서 모두 이겼다. 문왕[48]이 서백(西伯)이 되었을 때[49] 서쪽에는 곤이(昆夷)[50]의 우환이, 북쪽에는 험윤(獫狁)[51]의 근심이 있었는데, 드디어 문왕이 융적(戎狄)을 물리치고 그곳을 지키니 복종하지 않은 이들이 없었다. 이에 [문왕이] 서융을 이끌고 은나라에 반란을 일으킨 나라를 침으로써 주왕(紂王)[52]을 섬겼다.

及武王伐商, 羌·髳率師會于牧野. 至穆王時, 戎狄不貢, 王乃西征犬戎, 獲其五王, 又得四白鹿, 四白狼, 王遂遷戎于太原. 夷王衰弱, 荒服不朝, 乃命虢公率六師伐太原之戎, 至于兪泉, 獲馬千匹. 厲王無道, 戎狄寇掠, 乃入犬丘, 殺秦仲之族, 王命伐戎, 不克. 及宣王立四年, 使秦仲伐戎, 爲戎所殺, 王乃召秦仲子莊公, 與兵七千人, 伐戎破之, 由是少卻. 後二十七年, 王遣兵伐太原戎, 不克. 後五年, 王伐條戎·奔戎, 王師敗績. 後二年, 晉人敗北戎于汾隰, 戎人滅姜侯之邑. 明年, 王征申戎, 破之. 後十年, 幽王命伯士伐六濟之戎, 軍敗, 伯士死焉. 其年, 戎圍犬丘, 虜秦襄公之兄伯父. 時幽王昏虐, 四夷交侵, 遂廢申后而立褒姒. 申侯怒, 與戎寇周, 殺幽王於酈山, 周乃東遷洛邑, 秦襄公攻戎救周. 後二年, 邢侯大破北戎.

---

45) 『竹書紀年』에는 “太丁 4년 周 사람들이 余無의 융을 쳐서 이겼으며, 周의 王季를 殷의 牧師로 삼았다.”라고 한 것을 보면 이때는 太丁 4년이었다. 『周禮』에 의하면 牧師는 군사를 담당하는 夏官 소속으로 牧地를 관리하는 일을 맡았다.

46) 始呼: 『竹書紀年』에는 “太丁 7년에 周人이 始呼의 융을 쳐서 이겼다.”라고 하였으니 태정 7년의 일이다.

47) 翳徒: 『竹書紀年』에는 “태정 11년 周人이 예도의 융을 쳤다.”고 하였으니 태정 11년의 일이다.

48) 文王: 성명은 姬昌이며 古公亶父의 손자이자 季歷의 아들이다. 은나라 紂王 때 서방 제후의 우두머리가 되어 西伯昌이라고도 불렸다.

49) 西伯: 焦循은 은나라 紂王이 서방 제후의 우두머리로 하여 정벌에 주력하도록 하였는데, 이를 西伯이라 부른다고 하였다(『孟子』 권7하 「離婁上」).

50) 昆夷: 犬戎의 다른 이름으로 문왕이 천명을 받은 지 4년에 昆夷가 周를 침범했다고 한다(『毛詩正義』 권9-3 「小雅·采薇」 413쪽 上). 맹자는 문왕이 곤이를 섬겼다고 한다(『孟子』 권2상, 「梁惠王」하).

51) 獫狁: 玁狁·葷粥·薰育·獯粥·葷允 등으로도 불렸으며, ‘견융’ 혹은 ‘서융’이라고 한다. 지금의 섬서성과 감숙성과 내몽고 일대에서 활동하였다(甘露, 2002년, 4기). 또한 험윤은 서강에 속한 종족으로 犬戎·畎戎·太原戎·薑氏戎·西戎·允姓戎·陸渾之戎·陰戎 등으로 불렸다(彭裕商, 2004년, 3기).

52) 紂王: 은나라 제31대 왕으로 帝辛이다. 주왕은 주색을 탐닉하고 정사를 돌보지 않았다. 주 武王과 牧野에서 일전을 벌렸으나 패하여 鹿臺로 도망을 가 스스로 목숨을 끊었다.

주무왕(周武王)[53]이 상(商)나라를 칠 때 강(羌)족과 무(髳)족[54]이 군사를 이끌고 목야(牧野)[55]에서 모였다. 주목왕(周穆王)[56] 때에 이르러 융적(戎狄)이 공물을 바치지 않자 목왕은 서쪽으로 견융을 쳐서 그곳의 다섯 왕을 사로잡고 백록(白鹿) 네 마리와 백랑(白狼) 네 마리를 얻었으며,[57] 주목왕은 드디어 융을 태원(太原)[58]으로 내쫓았다. 이왕(夷王)[59] 때 [주나라가] 쇠약해지자 황복(荒服)[60]이 입조하지 않으니 이왕이 괵공(虢公)에게 육사(六師)[61]를 이끌고 가 태원의 융을 치도록 명하니, 괵공은 유천(俞泉)[62]에서 말 천 필을 노획하였다. 여왕(厲王)[63]이 무도(無道)하자 융적이 쳐들어와 노략질하다가 견구(犬丘)[64]로 들어와 진중(秦

---

53) 武王: 주나라 제1대 왕으로, 성명은 姬發이며 주문왕의 유지를 받들어 은나라를 멸하고 주나라를 세웠으며, 封建制度를 시행하고, 宗法制度를 정비하는 등 주나라의 기틀을 쌓았다.

54) 髳族: 黃河와 汾河 유역에서 활동했는데, 지금의 山西省 屯留縣 일대이다(王玉哲, 2000). 또한 현재 納西族의 선조라고도 한다(方國瑜, 2001).

55) 牧野: 지금의 河南省 新鄕市 북부. 혹은 하남성 淇縣 이남에 있는 衛河의 이북지역이라고도 한다. 역사적으로는 牧野之戰으로 유명한데, 기원전 1027년(일설에는 전1057) 周武王이 군사를 이끌고 은나라와 결전을 벌린 전투이다. 이때 모인 종족은 '庸 · 蜀 · 羌 · 髳 · 微 · 盧 · 彭 · 濮人'이라고 하였는데, 孔安國은 "모두 蠻夷戎狄이다."라고 하였다.

56) 穆王: 주나라 제6대 왕으로 이름은 滿이다. 목왕이 犬戎을 정벌하려 하자 祭公 謀父가 불가함을 간하였으나 목왕은 정벌을 단행했다(『史記』 권4, 「周本紀」).

57) 四白鹿과 四白狼: 흰늑대와 흰사슴은 犬戎이 바친 것이라 하였다(『國語』 권1, 周語上 "白狼白鹿犬戎所貢").

58) 太原: 寧夏回族自治區 固原縣 북쪽 일대로 西周 중기 이후 견융이 遷徙함에 따라 太原之戎 등의 명칭이 나타났다(劉桓, 1994).

59) 夷王: 목왕의 손자로 이름은 섭(燮)이며, 주나라 제10대 왕이다. 그는 겁이 많고 무능하였지만 제후들의 추대로 왕위에 올랐다. 그는 제후가 왕을 알현할 때 당상에 앉아서 예를 받던 관례를 고쳐 직접 당하로 내려가 제후들을 접견했으므로 왕의 권위가 크게 떨어지게 되었다. 이왕 때 태원으로 쫓겨났던 戎이 여러 차례 침범해 왔지만 그들을 물리치지 못하였다.

60) 荒服: 황복은 五服(甸服, 侯服, 綏服, 要服, 荒服) 가운데 가장 먼 지역으로, 李賢은 九州 밖에 있으며 반복해서 그 모습이 변화하여 일정한 법규가 없음을 뜻한다고 하였다(荒服, 在九州之外也, 言其荒忽無常.). 목왕이 견융을 정벌한 후 荒服에 거주하는 견융이 주나라로 오지 않았다고 한다(『史記』 권4, 「周本紀」).

61) 六師: 천자가 통령하는 군대로 12,500명을 1軍으로 하고, 왕은 6軍을 거느렸다.

62) 俞泉: 지금의 山西省 일대로 추정된다(『山西通志』 권15(四庫全書本) 참조).

63) 厲王(?~전828): 주나라 제11대 왕으로 이름은 호(胡)이다. 성격이 포악하고 榮夷公을 가까이 두어 나라의 모든 재부를 가져가는 專利를 행하였다. 기원전 841년 백성들의 공격을 받아 궁에서 쫓겨나

仲)[65]의 일가를 살해하였다. 여왕이 융을 치도록 명하였으나 이기지 못하였다. 주선왕(周宣王)[66]이 즉위한 지 4년(전824)에 진중으로 하여금 융을 치도록 하였으나 그는 도리어 융에게 살해당하였다.[67] 선왕이 이에 진중의 아들 장공(莊公)을 불러서 병사 7천을 주니, [장공이] 융을 쳐서 패배시키자[68] 이로부터 융은 점차 물러갔다. 27년 후(전797), 선왕이 군대를 보내 태원의 융을 쳤으나 이기지 못하였다. 5년 후(전792), 선왕이 조융(條戎)[69]과 분융(奔戎)[70]을 쳤으나 왕의 군대는 크게 패하였다. 2년 후(전790), 진인(晉人)[71]이 분수(汾水) 일대 낮고 습한 땅[汾隰][72]에서 북융(北戎)을 패배시키자 융인은 강후(姜侯)의 읍락을 멸하였다. 다음 해(전789), 선왕은 신융(申戎)[73]을 쳐서 패배시켰다. 10년 후(전779), 유왕(幽王)[74]은 백사

彘에서 머물다가 기원전 828년에 죽었다. 여왕이 죽고 아들 靜이 즉위할 때까지 召公(召穆公 虎)와 周公(周定公)이 나라를 다스렸는데, 이를 '共和'라 부른다(『史記』 권4 「周本紀」).

64) 犬丘: 李賢은 犬丘는 현 이름으로 秦에서는 '廢丘'라 하고, 漢에서는 '槐里'라 불렀다고 하였다. 지금의 감숙성 천수현(天水縣) 서남지역이다.

65) 秦仲: 秦仲은 秦嬴의 증손자이다. 秦嬴의 본래 이름은 非子로 周孝王에게 秦지역을 받은 후 秦嬴이라 불리게 되었다(『史記』 권5 「秦本記」).

66) 宣王(전823~전789): 주나라 제12대 왕으로 이름은 靜이다. 즉위 초 정사를 정돈하여 일시적으로 중흥을 일으켰으나 노나라의 국군 계승 문제에 개입하여 무력으로 노나라 孝公을 세움으로써 제후들의 반발을 샀다. 재위 31년에 태원의 융을 치고, 36년 條戎·奔戎 등을 정벌했다. 38년 申戎을 쳐 승리했으나 같은 해 千畝의 전쟁에서 羌族에게 짐으로써 南國의 師를 상실하였다.

67) 주나라 宣王이 진중을 大夫로 삼아 융적을 치도록 했으나 진중은 이기지 못하고 도리어 기원전 822년 융적에게 살해당하였다(『史記』 권5 「秦本紀」).

68) 秦莊公: 성은 嬴이며, 이름은 也이다. 기원전 822년 아버지 秦仲을 이어 莊公이 되었다. 진장공은 융적을 깬 일로 西垂大夫에 봉해지고, 犬丘 일대를 하사받았다(『史記』 권5 「秦本紀」).

69) 條戎: (淸)徐文靖은 『左典』 杜預注에서 "條는 晉나라 땅이다."라고 한 것과 『史記』 晉世家에서 "條를 쳤다."라는 것을 인용하여 條戎은 바로 이것을 가리킨다고 했다. 그리고 『九域志』에 "蓨縣은 冀州 동북 150리에 있다."라고 했다(『竹書通箋』(四庫全書本) 권9). 지금의 山西省 運城縣 中條山 북쪽의 鳴條崗 일대에 거주하였다.

70) 奔戎: 지금의 山西省 夏縣 일대에 거주하였다.

71) 晉人: 晉나라 사람을 의미한다. 周나라 成王은 동생 叔虞를 唐에 봉하고, 숙우의 아들 燮父가 나라 이름을 晉으로 고쳤다. 춘추시기에는 山西省 대부분과 河北省 서남지역을 차지하고 있었다.

72) 汾隰: 李賢은 두 강이름이라고 했으나 분습은 경작하고 거주하는 새로운 땅을 의미하므로, 晉나라의 마지막 수도 新田이라고 추정하기도 한다(馬保春, 2005).

73) 申戎: 주나라 宣王 때 姜氏의 戎이 있었는데, 이들 가운데 申戎이 있었다. 주나라 宣王이 申戎을 친

(伯士)에게 육제(六濟)의 융을 치도록 명하였으나[75] 백사의 군대는 패하고 그는 전사하였다. 같은 해 융이 견구를 포위하여 진양공(秦襄公)의 형인 백보(伯父)를 사로잡았다. 이때 유왕은 어리석고 사나워 사이(四夷)가 번갈아 가며 침략하였다. [유왕은] 신후(申后)를 폐하고 포사(褒姒)[76]를 왕후로 삼았다. 신후(申侯)[77]가 노하여 융과 함께 주왕실을 노략질하여 여산(酈山)[78]에서 유왕을 살해하니, 주나라는 이리하여 동쪽 낙양으로 천도하고, 진양공은 융을 공격하여 주나라를 구하였다. 2년 후, 형후(邢侯)[79]가 북융(北戎)을 크게 격파하였다.

及平王之末, 周遂陵遲, 戎逼諸夏, 自隴山以東, 及乎伊·洛, 往往有戎. 於是渭首有狄·獂·邽·冀之戎, 涇北有義渠之戎, 洛川有大荔之戎, 渭南有驪戎, 伊·洛閒有楊拒·泉皋之戎, 潁首以西有蠻氏之戎. 當春秋時, 閒在中國, 與諸夏盟會. 魯莊公伐秦取邽·冀之戎. 後十餘歲, 晉滅驪戎. 是時, 伊·洛戎強, 東侵曹·魯, 後十九年, 遂入

곳은 지금의 陝西省, 甘肅省, 寧夏, 晉의 交界지역으로 주나라로부터 봉건을 받은 申나라와는 다른 종족이나 方國 등을 申戎이라 칭했던 것으로 추정한다(邵炳軍, 2002).

74) 幽王(전781~771): 주나라 제13대왕으로 이름은 궁생(宮涅)이다. 유왕이 즉위한 지 얼마되지 않아 자연재해가 빈번히 발생하고, 정사는 어지러워졌다. 유왕은 褒姒를 총애하여 申后를 폐하고 포사를 왕후로 삼았는데, 이에 격노한 申侯가 융과 결탁하여 유왕을 쳤다. 유왕은 酈山에서 申侯에게 살해되고, 주나라는 도읍을 洛陽으로 옮겼다. 이때부터 東周가 시작되었다.

75) 伯士: 伯士는 犬戎의 군주 가운데 한 명이다(『史記』 권4 「周本紀」 徐廣注: 犬戎之君).

76) 褒姒: '褒'는 나라 이름이며 '姒'는 성으로, 褒나라가 姒姓의 여인을 바쳤다는 의미에서 褒姒라 하였다. 幽王이 웃지 않는 褒姒를 웃기기 위해서 노력했지만 褒姒가 웃은 순간 周나라 백성들은 웃음을 잃게 되어 주나라는 결국 망국의 길로 접어들게 되었다고 한다(『史記』 권4 「周本紀」).

77) 申侯: 주나라가 은나라를 멸한 후 신의 세력은 날로 강성해지고, 周宣王 때에는 謝(지금의 河南省 南陽)에 봉해져 二南(周公과 召公이 관할한 지역)을 鎭守해서 南蠻의 소란을 방어하도록 하였다. 신은 대대로 주나라와 혼인을 하여 제후 가운데 정치적 지위도 높았다. 유왕 때 동성의 繒國과 견융과 연합하여 鎬京을 공격하여 유왕을 살해하였다(何光嶽, 1983).

78) 酈山: 지금의 陝西省 臨潼縣 동남쪽에 위치하고 있으며, 秦始皇이 자신의 릉을 만들었던 곳이다(『史記』 권5 「秦本紀」: 始皇初繼位, 穿治酈山及並天下).

79) 邢侯: 周公의 아들이 봉건을 받은 邢國의 군주이며, 형국은 지금의 하북성 邢台에 위치하였다. 邢나라는 융인의 침략을 방어할 의무를 담당하고 있었으며, 춘추 초기 邢候가 北戎을 크게 격파한 적이 있었으나 기원전 662년 狄의 공격을 받아 멸망하였다.

王城, 於是秦 · 晉伐戎以救周. 後二年, 又寇京師, 齊桓公徵諸侯戍周. 後九年, 陸渾戎自瓜州遷于伊川, 允姓戎遷于渭汭, 東及轘轅. 在河南山北者號曰陰戎, 陰戎之種遂以滋廣. 晉文公欲脩霸業, 乃賂戎狄通道, 以匡王室. 秦穆公得戎人由余, 遂霸西戎, 開地千里. 及晉悼公, 又使魏絳和諸戎, 復脩霸業. 是時楚 · 晉強盛, 威服諸戎, 陸渾 · 伊 · 洛 · 陰戎事晉, 而蠻氏從楚. 後陸渾叛晉, 晉令荀吳滅之. 後四十四年, 楚執蠻氏而盡囚其人. 是時義渠 · 大荔最強, 築城數十, 皆自稱王.

평왕(平王)[80] 말에 이르러 주나라가 쇠퇴하자 융(戎)이 제하(諸夏)를 침노하니, 농산(隴山)[81] 동쪽에서 이수(伊水)[82] · 낙수(洛水)[83]에 이르는 곳에 이따금 융이 있었다. 이로부터 위수(渭水)의 상류[84] 적현(狄縣)[85] · 환현(獂縣)[86] · 규현(邽縣)[87] · 기현(冀縣)[88] 등지에 융

80) 平王(?~전720): 幽王의 아들로 이름은 '宜臼'이며, 유왕이 견융에게 살해된 후 申 · 許 · 魯 등 제후들의 추대를 받아 왕에 즉위하고, 기원전 770년 鎬京에서 洛陽으로 천도하였다. 이때부터 '東周'라고 하며, 춘추시대가 전개되었지만 周王의 권위는 크게 실추되었다.

81) 隴山: 지금의 寧夏回族自治區 남부에서 西安 · 銀川 · 蘭州市의 삼각지대에 위치하며, 해발 2,928m로 주봉은 寧夏回族自治區 固原縣과 隆德縣에 있다. 渭水와 涇水의 분수령으로 산세가 험준하다.

82) 伊水: 河南省 熊耳山 남쪽 기슭의 欒川縣에서 발원해서 嵩縣 · 伊川 · 伊 · 闕 등을 지나서 洛陽으로 흘러들어가며, 동북쪽 偃師縣에서 洛水에 합류한다. 전체 길이는 368km이다.

83) 洛水: 陝西省 洛南縣 洛源鄕의 木岔溝에서 발원해서 盧氏縣 · 洛寧縣 · 宜陽縣 · 洛陽市 등을 경유하여, 偃師縣 楊村 부근에서 황하로 흘러들어간다. 이후에는 '伊洛河'라 부르며, 전체 길이는 453km이다.

84) 渭水: 감숙성 渭源縣 서북에 위치한 鳥鼠山에서 발원하여 동남쪽으로 흘러 淸水縣을 지나 陝西省으로 들어가며 전체 길이는 787km이다.

85) 狄縣: 李賢은 狄은 곧 '狄道'라 했다. 秦나라 때 설치되었으며, 기원전 279년 秦나라 昭王이 隴西郡을 설치하고 적도를 치소로 삼았는데 지금의 감숙성 臨洮縣이다. 顔師古는 이곳에 狄種이 살았기 때문에 적도라고 불렀다(『漢書』 권28하 「地理志」 師古曰: 其地有狄種, 故雲狄道.).

86) 獂縣: 李賢은 獂은 곧 '獂縣'이라 했다. 獂은 춘추시기 서융의 하나로 지금의 감숙성 隴西縣 동남에 있었다.

87) 邽縣: 李賢은 邽는 곧 '上邽縣'이라 했다. 지금의 감숙성 天水市로, 『水經注』 권7 「渭水」에는 "上邽는 옛 邽戎國으로 秦武公 10년(전688) 邽戎을 벌하고 그곳에 현을 설치했으며, 天水郡이 다스렸다."라고 하였다.

88) 冀縣: 李賢은 冀는 冀縣이라 했다. 杜預는 冀는 나라 이름으로 平陽郡 皮氏縣 동북에 冀亭이 있다고 했는데, 지금의 山西省 河津市 동북 冀亭이다.

이 있었으며, 경수(涇水)[89]의 북쪽에는 의거(義渠)[90]라는 융이, 낙천(洛川)[91]에는 대려(大荔)[92]라는 융이, 위수 남쪽에는 여융(驪戎)[93]이, 이수(伊水)와 낙수(洛水) 사이에는 양거(楊拒)[94]와 천고(泉皐)[95] 등의 융이, 영수(潁水)[96]의 상류 이서(以西)에는 만씨(蠻氏)[97]라는 융이 있었다. 춘추시기에는 간간이 중국에서 제하(諸夏)와 더불어 맹회(盟會)을 가졌다. 노장공(魯莊公)이 진(秦)을 쳐서 규(邽)와 기(冀) 지역의 융을 취하였다.[98] 10년 후, 진(晉)나라가 여융(驪戎)을 멸하였다. 이때 이수와 낙수에 있던 융이 강성하여 동으로 조(曹)나라와 노(魯)나라를 침범하였다.[99] 19년 후, 마침내 이들은 [주나라의] 왕성을 침입하였다. 그래서 진(秦)

---

89) 涇水: 위수의 가장 큰 지류이다. 寧夏 六盤山 동쪽 기슭에서 발원해서 平涼·彬縣을 거쳐 섬서성 高陵縣 남쪽에서 위수로 흘러들어간다. 경수는 많은 모래를 운반하므로 예로부터 수리공정이 활발히 진행되었다. 涇水가 渭水로 합류하는 지점에 맑은 물과 탁한 물이 분명한 경계를 보이면서 합류하므로 '涇渭分明'이라는 말이 생겨났으며, 이것은 우열이 분명하게 가려지는 것을 의미한다.

90) 義渠戎: 융거융이 가장 강성했던 시기는 전국시이며, 秦나라와 친밀한 관계를 유지하였다. 의거융은 지금의 甘肅省·陝西省·寧夏回族自治區 일대에 거주하였으며, 의거왕성과 주요 활동 지역은 漢나라 北地郡에 해당하였다. 의거는 羌族 혹은 狄族이라는 설이 있으나 의거 자체가 匈奴나 鮮卑 등과 같이 본래 國名이나 種族名일 가능성이 있다(辛迪, 2004).

91) 洛川: 곧 洛水이다.

92) 大荔: 李賢은 대려는 융국의 하나로 秦나라가 그들을 사로잡아 臨晉이라 고쳐 불렀는데, 同州城이 이곳이다라고 하였다. 지금의 陝西省 大荔縣 朝邑鎮 동쪽에 있었다.

93) 驪戎: 西周와 春秋時期에 지금의 陝西省 驪山 아래에 거주하던 종족으로 姓은 姬이다. 이들은 驪山 아래에 살았으므로 驪戎이라 불렸으며, 춘추시기 흰 것을 숭상한 白狄과 같은 종족이다(沈長雲, 2000).

94) 楊拒: 杜預는 "楊拒는 융의 읍락이다(『左傳』 杜預注: 楊拒, 戎邑也.)"라고 하였다.

95) 泉皐: 杜預는 "楊拒와 泉皐는 戎邑으로 여러 잡다한 융이 이수와 낙수 사이에 거주하는 것을 말한다(『左傳』 권13: 夏, 揚拒·泉皐伊雒之戎, 同伐京師入王城焚東門, 注)揚拒·泉皐皆戎邑及諸雜戎居伊水雒水之間者.)"라고 하였다.

96) 潁水: 河南省 登封市 嵩山의 서남쪽에서 발원하여 동남쪽으로 흘러 周口市로 흘러들어가 安徽省 壽縣 正陽關에 이르러 淮河에 합류한다. 전체 길이는 557km이다(史爲樂 主編, 2005). 許由가 요의 왕위계승 권유를 듣고서 귀를 씻었던 곳으로 유명하다. 龍山文化 말기 유적과 二里頭 문화가 潁水를 따라서 대량 발굴되었다(安金槐, 1997).

97) 蠻氏: 두예는 "梁의 남쪽에는 霍陽山이 있으며, 모두 蠻子의 읍락이다(『左傳』 曰: 「單浮餘(國) [圍] 蠻氏」 杜預注云: 「梁南有霍陽山, 皆蠻子之邑」)."라고 했다.

98) 魯莊公(전693~662): 노나라 제16대 군주로, 성은 姬이며 이름은 同이다. 재위기간은 32년이었다.

99) 李賢은 魯莊公이 18년(전676)에 濟水 서쪽으로 융을 추격하였다고 한다. 杜預는 "戎이 魯나라를 침범했으나 魯나라 사람들은 그것을 알지 못했다. 그들이 달아나자 이에 그들을 추격하였다. 莊公 24년(전

나라와 진(晉)나라가 융을 쳐서 주나라를 구하였다.[100] 2년 후, 이들이 다시 경사(京師)를 노략질하므로 제환공(齊桓公)[101]이 제후들을 불러모아 주나라를 지켰다. 9년 후, 육혼융(陸渾戎)[102]이 과주(瓜州)[103]에서 이천(伊川)[104]으로 옮겨오고, 윤성융(允姓戎)[105]이 위수와 예수(汭水)[106] 일대로 옮겨와 동쪽으로 환원(轘轅)[107]까지 미쳤다. 황하 이남에서 대산(大山)[108] 이북에 걸쳐 있는 자들을 음융(陰戎)[109]이라 불렀으며, 음융의 종족은 더욱 증가하였다.[110] 진문공(晉文公)[111]이 패업을 회복하고자 하여 융적(戎狄)에게 뇌물을 주고 길을 열어 [주나

---

670) 융이 曹나라를 침범하였다(『左傳』 권8, 「莊公十八年」, 公追戎于濟西. 杜預注, 戎侵魯, 魯人不知, 去乃追之. 二十四年戎侵曹也.).”라고 하였다.

100) 노나라 僖公 11년(전648) 여름, 揚拒 · 泉皐 · 伊雒 등의 융이 京師로 침입하여 왕성으로 들어와 동문을 불태우니 秦나라와 晉나라가 융을 벌하고 주나라를 구하였다(『左傳』 권12, 「僖公十一年條」).

101) 齊桓公(전 685~643): 제나라 제8대 군주로 이름은 小白이며, 春秋五霸 가운데 한 명이다. 그는 管仲을 등용하여 개혁을 단행하고 국력을 크게 신장시켰으며, ‘尊王攘夷’를 내세워 燕나라를 도와 北戎을 물리치고, 邢나라와 衛나라를 구원했으며, 戎狄의 중원 진출을 저지하였다. 그는 중원의 여러 제후들을 규합하여 초나라와 연맹을 했던 蔡나라를 공격하고, 주나라 왕실의 내란을 안정시키기도 하였다.

102) 陸渾戎: 陸渾戎은 晉나라와 楚나라 사이에 있었으며, 초나라와 긴밀히 연락하므로 晉나라에 큰 위협이 되었다. 그래서 진나라는 周景王 20년(전515) 荀吳를 보내 陸渾戎을 멸하였다.

103) 瓜州: 瓜州는 춘추시기 羌戎과 氐戎의 거주지로 지금의 甘肅省 敦煌市 경내이다(史爲樂 主編, 2005).

104) 伊川: 伊河로, 지금의 河南省 栾川縣 · 崇縣 · 伊川縣 경내이다(史爲樂 主編, 2005).

105) 允姓戎: 允姓은 陰戎의 선조이며, 三苗와 함께 三危로 방출되었다(王美盛, 2002).

106) 汭水: 涇水의 지류로 지금의 甘肅省 華亭縣 서남 隴山에서 발원하며, 동쪽으로 흐르다가 涇川縣에서 涇水로 들어간다(史爲樂 主編, 2005).

107) 轘轅: 轘轅山은 唐代 河南府 緱氏縣 동남쪽에 있었는데, 산로가 험하고 좁고, 12개의 굽은 길이 있어 다시 그 자리로 돌아온다, 그래서 환원이라 한다(『元和郡縣圖志』 권5, 1983, 轘轅山, 山路險阻, 十二曲道, 將近復回, 故曰: 轘轅.).

108) 大山: 일명 ‘安陽山’이라고도 불리는데, 지금의 河南省 固始縣 동쪽에 있다(史爲樂 主編, 2005).

109) 陰戎: 楚 平王 6년(전523) 지금의 湖北省 老河口市 서북쪽인 下陰으로 옮겨 왔다(『左傳』 권48, 「昭公十九年」). 馬端賃은 하남의 산북에 있는 자들을 음융이라 불렀다 한다(『文獻通考』 권333, 「四裔考十」: 在河南山北者號曰陰戎). 또한 秦穆公이 戎狄을 토벌하자 晉나라는 남쪽의 땅을 경작할 사람들이 필요했으므로 陸渾戎을 伊川으로 옮겨왔는데, 이들을 陰戎 혹은 羌戎이라 불렀다(楊東晨 · 楊建國, 1997).

110) 『左傳』에는 “만의 아들 적이 진나라 陰地로 달아났다.”고 하였다. 杜預는 “하남산 북쪽으로 상낙 이동에서 육혼에 이른다.”라고 하였다(『左傳』 권57 「哀公四年」: 蠻子赤奔晉陰地. 杜預注曰: 陰地, 河南山北, 自上雒以東至陸渾).

111) 晉文公(전636~628): 이름은 ‘重耳’로 19년간의 외국 망명생활 끝에 秦穆公의 도움으로 晉나라로 돌아

라] 왕실을 바로잡았다. 진목공(秦穆公)[112]은 융인 유여(由余)를 얻어 드디어 서융(西戎)[113]을 강제로 점령하여 천 리나 되는 땅을 개척하였다.[114] 진도공(晉悼公)[115] 때 위강(魏絳)[116]을 시켜 여러 융과 화합하게 하여 다시 패업을 회복하였다. 이때 초(楚)나라와 진(晉)나라가 강성하여 여러 융을 위력으로 복종시키니, 육혼(陸渾)·이(伊)·낙(洛)·음융은 진(晉)나라를 섬기고, 만씨(蠻氏)는 초나라를 따랐다. 뒷날 육혼융이 진(晉)나라를 배반하자 진(晉)나라는 순오(荀吳)[117]를 시켜 그들을 멸하였다. 44년 후, 초나라는 만씨를 사로잡고 그 사람들을 모두 가두어 버렸다. 이때 의거(義渠)와 대려(大荔)[118]가 가장 강하였는데, 수십 개의 성을

와 즉위하였다. 내정을 안정시키고 趙衰·狐偃 등을 임용하여 농업, 수공업 등을 발전시켜 군대를 강화해 국력을 신장시켰다. 주나라가 내란에 빠지자 襄王의 복위를 도와 '尊王'이라는 美名을 얻었다. 城濮의 전쟁에서 초나라를 대패시키고 踐土(지금의 河南省 滎陽 동북쪽)에서 개선하면서 제후를 불러 모으고 周王을 참석시켜 霸主가 되었다.

112) 秦穆公(전659~621): 진목공은 인재를 중시하였으며, 百里奚 등을 등용하여 보좌하게 하였다. 晉文公의 즉위를 도왔을 뿐만 아니라 蜀나라와 函谷關 以西의 나라들을 쳐서 천 리나 개척하였다. 그래서 周襄王은 그를 西方 諸侯의 伯으로 삼았으며, '霸西戎'이라 불리워졌다.

113) 西戎: 서융은 범칭으로 하나라와 상나라시대의 犬戎·驪戎·戎·氐·羌 등을 서융이라 불렀다(楊東晨·楊建國, 1997).

114) 由余: 由余는 원래 晉나라 사람이었으나 戎으로 도망갔다가 戎王의 명으로 秦나라를 탐색하러 秦나라로 갔다. 秦穆公이 그를 객으로 대우하며 융왕에게 여자를 보내자 유여는 융왕에게 이를 받지 말도록 간하였으나 받아들여지지 않자 오히려 진나라로 가 융을 칠 계책을 내놓았다(『史記』 권5, 「秦本紀」由余, 其先晉人也, 亡入戎. 戎王聞穆公賢, 使由余觀秦, 秦穆公以客禮待之. 秦遺戎王以女樂, 由余諫, 不聽, 由余乃降秦, 爲謀伐戎.).

115) 晉悼公(전572~558): 재위 기간 동안 呂相 등을 중용하여 내정을 안정시켰다. 기원전 569년 魏絳의 책략에 따라 戎狄들과 화합에 힘쓰고, 宋나라와 연합하고 吳나라를 받아들여 晉나라가 패업을 이루는 데 큰 역할을 했다.

116) 魏絳: 魏絳은 晉나라 대부로, 晉悼公이 기원전 573년 그를 司馬로 삼아 軍法을 맡겼다. 진도공이 융적을 치려하자 위강은 융적과 화합하면 세 가지의 이익이 있다고 주장하였다. 첫째, 융적은 재물을 귀하게 여기고 땅을 가볍게 여기므로 재물을 주어 그 땅을 얻는다면 이익이 된다. 둘째, 변경지역에서 농사를 지으니 위급한 일이 없다. 셋째, 융적이 진을 섬기는 사방이 진동하지 않는 곳이 없다(『國語』 권13 「晉語七」, 貴貨而易土與之貨而獲其土其利一也邊鄙耕農不儆其利二也戎翟事晉四鄰莫不震動其利三也貴重也易輕也). 위강의 간언으로 진나라 도공은 융적을 치는 대신 화친을 하였다.

117) 荀吳: 순오는 晉나라 대부 中行穆子이다. 순오가 太原에서 융적과 싸울 때 부장 魏舒가 지형이 험난하여 전차를 쉽게 진격하지 못하자 순오는 전차를 버리고 5乘의 군사를 3伍로 편성하여 진격하였다. 이것은 전쟁의 양상이 전차전에서 보병전으로 바뀜을 의미한다(『左傳』 권41 「昭公元年」.).

쌓아 모두 스스로 왕이라 칭하였다.

至周貞王八年, 秦厲公滅大荔, 取其地. 趙亦滅代戎, 即北戎也. 韓·魏復共稍幷伊·洛·陰戎, 滅之. 其遺脫者皆逃走, 西踰汧·隴. 自是中國無戎寇, 唯餘義渠種焉. 至貞王二十五年, 秦伐義渠, 虜其王. 後十四年, 義渠侵秦至渭陰. 後百許年, 義渠敗秦師于洛. 後四年, 義渠國亂, 秦惠王遣庶長操將兵定之, 義渠遂臣於秦. 後八年, 秦伐義渠, 取郁郅. 後二年, 義渠敗秦師于李伯. 明年, 秦伐義渠, 取徒涇二十五城. 及昭王立, 義渠王朝秦, 遂與昭王母宣太后通, 生二子. 至王赧四十三年, 宣太後誘殺義渠王於甘泉宮, 因起兵滅之, 始置隴西·北地·上郡焉.

주정왕(周貞王) 8년(전461)에 이르러, 진여공(秦厲公)[119]이 대려(大荔)를 멸하고 그 땅을 취하였다. 조(趙)나라도 또한 대융(代戎)을 멸하였는데, [이들이] 바로 북융(北戎)이다. 한(韓)나라와 위(魏)나라는 다시 함께 점차 이(伊)·낙(洛)·음융을 물리치고, 그들을 멸하였다. 여기서 벗어난 자들은 모두 도주하여 서쪽으로 견산(汧山)과 농산(隴山)을 넘어갔다.[120] 이때부터 중국에는 융의 노략질이 없었으며, 오직 의거종(義渠種)만이 남아 있었다. 주정왕(周貞王) 25년(전444), 진(秦)나라가 의거를 쳐서 왕을 사로잡았다.[121] 14년 후(전429), 의거는 진(秦)을 침범하여 위음(渭陰)[122]에 이르렀다. 대략 백여 년이 지난 후 의거는 낙수(洛水)에서 진(秦)나라 군사를 물리쳤다. 4년 후(전334), 의거국에서 난리가 일어나자 진혜왕(秦惠王)

118) 大荔: 여기서 大荔는 西戎의 하나로 지금의 陝西省 大荔县 일대에 거주하였다. 東周 초기 大荔縣 지역의 同國을 멸하고, 왕성을 쌓아 大荔戎國을 세웠다. 晉나라에 신하를 칭하였으며 秦厲公에게 멸망당하였다.

119) 秦厲公(전476~443): 秦厲公 16년(전451) 2만의 병력으로 大荔를 쳐서 芮와 同 두 나라에 기초하여 臨晉縣을 설치하였다(『史記』 권5 「秦本紀」).

120) 汧山: 岍山으로 혹은 岳山·吳岳山 등으로도 불려지며, 지금의 섬서성 隴縣 서남쪽에 있다(史爲樂 主編, 2005).

121) 秦厲公 33년(전444) 義渠를 쳐 의거왕을 사로잡았다(『史記』 권5 「秦本紀」).

122) 渭陰: 秦躁公 13년(전430) 義渠를 치기 위해서 渭南에 이르렀다고 한다(『史記』 권5 「秦本紀」). 위음은 또한 渭陽(『史記』 권15 「六國年表」)으로도 표기되어 있다.

이 서장(庶長)[123] 조(操)를 보내 군사를 이끌고 가 그들을 평정하도록 하니, 의거가 드디어 진(秦)나라에 신하를 칭하였다. 8년 후(전330), 진(秦)나라는 의거를 쳐서 욱질(郁郅)을 취하였다.[124] 2년 후, 의거는 이백(李伯)[125]에서 진(秦)나라 군사를 물리쳤다. 다음 해 진(秦)나라는 의거를 쳐서 도경(徒涇)[126]의 25성을 취하였다. 진소왕(秦昭王)[127]이 즉위하자 의거왕은 진나라에 입조하고, 마침내 진소왕의 모(母) 선태후(宣太后)와 통정하여 두 아들을 낳았다.[128] 주난왕(周赧王) 43년(전272), 선태후가 감천궁(甘泉宮)으로 의거왕을 유인하여 살해하니 [진나라는] 군대를 일으켜 의거를 멸하고 비로소 농서군(隴西郡)[129]·북지군(北地郡)[130]·상군(上郡)[131]을 설치하였다.

---

123) 庶長: 庶長은 秦나라의 작으로, 商鞅이 군공을 중심으로 20등작제를 만들었을 때 10급은 左庶長(歲俸 500석), 11급은 右庶長(歲俸 550석), 17급은 駟車庶長(歲俸 850석), 18급은 大庶長(歲俸 900석)이라 하였다.

124) 郁郅: 漢代 北地郡에 속한 현으로, 지금의 甘肅省 慶陽縣이다.

125) 李伯: 義渠가 秦나라 군대를 李伯 아래에서 물리쳤는데, 李伯은 인명 혹은 邑號이다(『史記』 권70, 「張儀列傳」).

126) 徒涇: 漢代 西河郡에 속한 현으로, 王先謙은 涇은 經의 誤字라고 하였다(『後漢書集解·西羌傳』).

127) 秦昭王 (전306~251): 이름은 '則'이며, 魏·趙·晉·齊·楚나라와 싸워 크게 이겨서 南陽·黔中 등지를 획득하였다. 기원전 266년 范雎의 말을 따라서 宣太后와 魏冉 등의 권한을 빼앗고, 遠交近攻의 책략을 취하였다. 長平(지금의 山西省 高平 서북쪽)에서 조나라를 크게 이기고, 차례로 6국의 영토를 잠식하였다. 기원전 256년 東周를 멸망시켰다.

128) 宣太后: 선태후는 楚나라 사람으로(『史記』 권71 「樗裏子·甘茂列傳」王母宣太後, 楚女也.), 昭王이 어려서 즉위하자 선태후가 집정을 하게 되었다. 선태후는 秦나라를 위해서 義渠王을 유혹하여 30여 년 동안 진나라에 머물게 했다. 이 동안 선태후는 의거왕의 두 아들을 낳았으나 이들의 행적은 알 수 없다. 秦나라가 더 이상 융의 위협을 걱정하지 않아도 되자 선태후는 甘泉宮으로 의거왕을 유인하여 살해하니 의거왕의 영토를 진나라의 수중에 넣게 되었다(『史記』 권72, 「穰侯列傳」).

129) 隴西郡: 戰國 秦昭襄王 28년(전279) 설치하였으며, 治所는 狄道縣이었다. 농산의 서쪽에 위치했으므로 隴西郡이라 불렀다. 지금의 甘肅省 隴山 以西, 黃河 以東, 西漢水와 白龍江 상류의 이북, 祖厲河와 六盤山 이남의 땅이다. 後漢 이후 그 규모는 점차 작아졌다(史爲樂 主編, 2005).

130) 北地郡: 戰國 秦나라가 설치하였으며, 치소는 義渠縣으로 지금의 甘肅省 西峰市 동쪽에 위치했다. 寧夏回族自治區의 賀蘭山과 山水河 以東, 甘肅省 環江과 馬蓮河 유역이다(史爲樂 主編, 2005).

131) 上郡: 戰國 魏文侯가 설치하였으며, 秦代 치소는 肤施縣으로 지금의 섬서성 榆林市 동남 75리 부근이다. 陝西省 北部 및 內蒙古 烏審旗 등지에 해당한다(史爲樂 主編, 2005).

戎本無君長, 夏后氏末及商周之際, 或從侯伯征伐有功, 天子爵之, 以爲藩服. 春秋時, 陸渾·蠻氏戎稱子, 戰國世, 大荔·義渠稱王, 及其衰亡, 餘種皆反舊爲酋豪云.

융은 본래 군장(君長)이 없었는데, 하말(夏末)과 상(商)·주(周) 때 간혹 후백(侯伯)[132]의 정벌에 따라가 공적을 세우니 천자는 그들에게 작을 주어 번복(藩服)[133]으로 삼았다. 춘추 때 육혼·만씨융은 자작(子爵)을 칭하였다. 전국 때 대려와 의거는 왕을 칭하였다. 이 나라들이 쇠퇴하여 망하자 나머지 종족은 모두 옛날로 돌아가 추호(酋豪)라고 하였다.

羌無弋爰劒者, 秦厲公時爲秦所拘執, 以爲奴隷. 不知爰劒何戎之別也. 後得亡歸, 而秦人追之急, 藏於巖穴中得免. 羌人云爰劒初藏穴中, 秦人焚之, 有景象如虎, 爲其蔽火, 得以不死. 旣出, 又與劓女遇於野, 遂成夫婦. 女恥其狀, 被髮覆面, 羌人因以爲俗, 遂俱亡入三河閒. 諸羌見爰劒被焚不死, 怪其神, 共畏事之, 推以爲豪. 河湟閒少五穀, 多禽獸, 以射獵爲事, 爰劒敎之田畜, 遂見敬信, 廬落種人依之者日益衆. 羌人謂奴爲無弋, 以爰劒嘗爲奴隷, 故因名之. 其後世世爲豪.

강족(羌族) 사람 무익원검(無弋爰劒)은 진여공(秦厲公) 때 진나라 사람에게 사로잡혀 노예가 되었다. 무익원검이 어느 융인지는 알 수 없다. 뒷날 [무익원검은] 도망을 쳐 [고향으로] 돌아가던 중 진나라 사람들의 추격이 급박하자 바위 동굴 안에 숨어 사로잡히지 않을 수 있었다. 강인(羌人)들은 무익원검이 처음 동굴 안에 숨었을 때 진(秦)나라 사람들이 그곳에 불을 질렀는데, 마치 호랑이 모습을 한 것이 있어서 그것으로 불을 가려 죽지 않을 수 있었다고 말하였다. 동굴을 나온 [무익원검은] 들판에서 코가 베인 여인을 만났는데 마침내 부부가 되었다.[134] 이 여인은 자신의 모습을 부끄럽게 여겨서 머리카락으로 얼굴을 가렸는데 강인들

132) 侯爵과 伯爵을 가리키는 것으로 제후의 범칭이기도 하다.

133) 藩服: 고대 九服 중 하나로 王畿에서 가장 먼 곳에 위치한 곳이다. 『周禮』에는 鎭服 밖 方五百里를 藩服이라고 하였다. 賈公彥은 藩이라 이른 것은 가장 바깥이 울타리가 되므로 藩이라 했다고 한다.

134) 원문의 '劓'字는 코를 베는 것을 말하는데, 이것은 형벌 가운데 하나였다. 무익검익이 만난 여인은 아마도 秦나라에서 죄를 지은 인물로 생각된다(신체형의 다섯 가지 형벌은 墨刑, 劓刑, 剕形, 宮刑,

은 이것을 풍속으로 삼았으며, 드디어 함께 도망을 가 삼하(三河) 사이로 들어갔다.[135] 여러 강족들은 무익원검이 불에도 죽지 않는 것을 보고 그 영묘함을 이상하게 여겨 경외하여 섬기고, [그를] 추대해서 추호(酋豪)로 삼았다. 황하와 황수(湟水) 사이에는 오곡이 적게 생산되고, 짐승이 많아 수렵을 주업으로 삼았는데,[136] 무익원검이 그들에게 농사와 목축을 가르치니 드디어 그들은 존경과 신뢰를 보이고 여락종(廬落種) 사람들 가운데 그에게 의지하는 자들이 날로 늘어났다. 강인들이 노(奴)를 무익이라 부르는 것은 무익원검이 노예가 된 적이 있으므로 그렇게 불렀다. 그의 후손은 대대로 추호가 되었다.

至爰劒曾孫忍時, 秦獻公初立, 欲復穆公之迹, 兵臨渭首, 滅狄豲戎. 忍季父卬畏秦之威, 將其種人附落而南, 出賜支河曲西數千里, 與衆羌絕遠, 不復交通. 其後子孫分別, 各自爲種, 任隨所之. 或爲氂牛種, 越巂羌是也; 或爲白馬種, 廣漢羌是也; 或爲參狼種, 武都羌是也. 忍及弟舞獨留湟中, 並多娶妻婦. 忍生九子爲九種, 舞生十七子爲十七種, 羌之興盛, 從此起矣.

무익원검의 증손 인(忍)에 이르렀을 때, 진헌공(秦獻公)[137]이 막 즉위하여 진목공(秦穆公)의 자취를 되밟고자 했는데, [그는] 군대로 하여 위수(渭水) 상류[138]를 치게 해서, 적환융(狄豲戎)을 멸하였다.[139] 인의 계부 앙(卬)은 진나라의 위세를 두려워하여 그의 종족과 부락을

死刑이다.).

135) 三河: 李賢은 三河는 黃河 · 賜支河 · 湟河라고 하였다.

136) 湟水: 湟水는 金城郡 臨羌縣에서 발원한다. 그런데 胡三省은 西海郡 鹽池縣 西北에서 발원하여 동으로 金城郡 允吾縣에 이르러 황하로 흘러들어 간다고 하였다(『資治通鑑』 권67 「獻帝建安19年條」 胡三省注: 湟水源出西海鹽池之西北, 東至金城允吾縣入河.).

137) 秦獻公(전 384~362): 獻公은 靈公의 아들로 이름은 '連'이다. 惠公이 죽자 그의 어린 아들 出子가 즉위하였으나 庶長 '菌'에게 시해되었다. 連은 이를 틈타 魏나라에서 돌아와 菌의 도움으로 즉위하였다. 헌공 21년 지금의 山西省 運城 서남쪽의 石門에서 魏나라 군대와 싸워 6만 명을 참하였다. 이것은 秦이 동쪽지역의 나라와 전쟁을 벌려 대승을 거둔 첫 번째 전쟁이었다.

138) 渭首: 渭水는 隴西郡 首陽縣 渭首亭의 남쪽 골짜기에서 발원해서 동남쪽에서 황하로 들어간다(『說文解字注』 渭水出隴西首陽渭首亭南穀, 東南入河.) 한다. 여기서 渭首는 渭水의 상류지역에 해당한다.

139) 豲의 음은 丸이다.

이끌고 남하하여 사지하곡(賜支河曲)[140]을 떠나 서쪽으로 수천 리를 가 여러 강족과 멀리 떨어지게 되어 다시는 왕래하지 않았다. 그 후 자손들은 갈라져 제각각의 종족이 되어 제멋대로 돌아다녔다. 혹은 이우종(氂牛種)[141]이 되었는데 월수강(越巂羌)[142]이 바로 이들이다. 혹은 백마종(白馬種)이 되었는데 광한강(廣漢羌)[143]이 바로 이들이다. 혹은 삼랑종(參狼種)이 되었는데 무도강(武都羌)[144]이 바로 이들이다. 인과 동생 무(舞)는 황중(湟中)[145]에 머물며 많은 아내를 취하였다. 인은 아홉 명의 아들을 낳았고 이들은 아홉 종족이 되었다. 무는 열일곱 명의 아들을 낳았고 이들은 열일곱 종족이 되었다. 강족의 흥성은 이로부터 시작되었다.

及忍子研立, 時秦孝公雄強, 威服羌戎. 孝公使太子駟率戎狄九十二國朝周顯王. 研至豪健, 故羌中號其後爲研種. 及秦始皇時, 務幷六國, 以諸侯爲事, 兵不西行, 故種人得以繁息. 秦既兼天下, 使蒙恬將兵略地, 西逐諸戎, 北卻衆狄, 築長城以界之, 衆羌不復南度.

인의 아들 연(研)이 즉위하자, 때마침 진효공(秦孝公)[146]이 강성해져 위력으로 강융(羌戎)을 굴복시켰다. 진효공은 태자 사(駟)에게 융적 92개 나라를 이끌고 가 주현왕(周顯王)[147]을

140) 賜支河曲: '賜支河'라고도 부르는데, 지금의 青海省 海南藏族自治州 경내의 황하를 말한다(史爲樂 主編, 2005).

141) 氂牛種: 青衣江 유역에서 越巂 일대로 옮겨 온 青羌의 일종이며, 旄牛夷가 활동하던 旄牛縣을 지나왔기 때문에 '氂牛種'이라 불렸다(石碩, 2005).

142) 越巂羌: 越巂羌은 사천성 越巂郡에 살고 있던 강족으로 지명을 종족의 이름으로 삼은 경우이다.

143) 白馬種: 백마강은 지금의 사천성 茂縣 · 汶川縣 일대에 분포하였으며, 이 일대는 한나라의 속국 廣漢 서쪽에 해당한다. 그래서 廣漢羌 혹은 '廣漢徼外白馬羌', '白馬種廣漢羌' 등으로도 불렸다.

144) 參狼種: 삼랑강은 지금의 감숙성 남부 武都縣 일대에 분포하였으며, 특히 白龍江 일대에 많이 분포하였다. 백룡강은 예전에는 '羌水'라고 불렀으며, 강의 발원지에 參狼谷이 있어서 삼랑강이라 불렀다. 또한 '武都羌', '參狼種武都羌'이라고도 불렸다.

145) 湟中: 지금의 청해성 湟水 양안 지역을 말한다. 한나라 때는 羌族, 漢族, 月氏 등이 잡거한 곳이다.

146) 秦孝公(전361～338): 진효공은 수도를 지금의 陝西省 鳳翔縣 남쪽인 雍에서 鹹陽으로 천도하고, 衞나라 사람 商鞅을 등용하여 그의 변법을 채택하였다.

147) 周顯王(전368～321): 周烈王(?～전369)의 동생으로 재위기간은 48년이었다. 周顯王 시기는 제후국의 변법이 가장 활성한 시기이기도 하다.

알현하도록 하였다. 연이 대단히 강건했으므로 강족 가운데는 그 후손을 연종(研種)이라 부르기도 했다.[148] 진시황 때가 되자 육국(六國)을 병합하는 데 힘을 쏟고, 제후들 문제로 골몰하니, 군대가 서쪽으로 가지 않게 되어 강족들이 번성하였다. 진시황이 천하를 통일하고 몽염(蒙恬)[149]에게 군대를 이끌고 가 그곳을 빼앗게 하니, 서쪽 여러 융을 쫓아내고, 북쪽 뭇 적(狄)을 물리치고, 장성을 쌓아 경계를 삼으니[150] 여러 강족이 다시는 남으로 넘어오지 못하였다.

至于漢興, 匈奴冒頓兵強, 破東胡, 走月氏, 威震百蠻, 臣服諸羌. 景帝時, 研種留何率種人求守隴西塞, 於是徙留何等於狄道·安故, 至臨洮·氐道·羌道縣. 及武帝征伐四夷, 開地廣境, 北卻匈奴, 西逐諸羌, 乃度河·湟, 築令居塞; 初開河西, 列置四郡, 通道玉門, 隔絕羌胡, 使南北不得交關. 於是障塞亭燧出長城外數千里. 時先零羌與封養牢姐種解仇結盟, 與匈奴通, 合兵十餘萬, 共攻令居·安故, 遂圍枹罕. 漢遣將軍李息·郎中令徐自爲將兵十萬人擊平之. 始置護羌校尉, 持節統領焉. 羌乃去湟中, 依西海·鹽池左右. 漢遂因山爲塞, 河西地空, 稍徙人以實之.

한(漢)나라가 일어났을 때, 흉노(匈奴) 묵특선우(冒頓單于)의 군대도 강성해져 동호(東胡)[151]를 격파하고 월지(月氏)를 쫓아내어 백만(百蠻)에게 위엄을 떨쳐 여러 강족을 신하로

148) 研種: 研種은 조상의 이름을 종족명으로 삼은 경우이다.

149) 蒙恬(?~전210): 몽염의 할아버지 蒙驁은 齊나라 출신으로 秦의 장군이 되어 韓나라·趙나라·魏나라를 공략할 때 공을 세웠다. 아버지 蒙武도 진나라 장군이 되어 楚나라를 멸하는 데 공을 세웠다. 몽염은 齊나라를 멸하는 데 공을 세워 內史(진나라 경서의 최고 행정 장관)가 되었다. 진나라가 육국을 멸하고 통일을 이루자 몽염은 36만의 대군을 이끌고 북쪽의 흉노를 쳐 지금의 內蒙古自治區 河套 남쪽의 伊克昭盟 일대를 회복하고, 榆中(지금의 內蒙古自治區 伊金霍洛旗 이북)에서 陰山에 이르는 일대에 34縣을 설치하였다.

150) 만리장성: 秦나라가 육국을 멸한 후 흉노의 남침을 방어하기 위해서 趙나라·燕나라·晉나라가 쌓았던 장성을 이용해서 隴西의 臨洮(지금의 甘肅省 岷縣)에서 동으로 遼東에 이르는 곳까지 장성을 쌓았다.

151) 東胡: 東胡는 춘추전국시기 강성했던 북방민족으로 흉노의 동쪽에 있었기 때문에 東胡라 불렸다. 춘추전국 이래 남으로는 燕나라와 인접하였으며, 이후 연나라 장수 秦開에게 격파당하여 老哈河·西拉木倫河 유역으로 쫓겨 가고, 연나라는 장성을 쌓아 이들의 내침을 방비하였다. 진나라 말 동호는 다시 강성해졌으나 흉노의 冒頓單于에게 패하였다. 동호 계통의 민족은 매우 다양한데 烏桓·鮮卑 및 鮮卑

복종시켰다. 한경제(漢景帝)[152] 때 연종(研種) 유하(留何)가 종족을 이끌고 와 농서군(隴西郡)의 변경을 지킬 수 있게 해 달라고 하니 유하 등을 적도현(狄道縣)과 안고현(安故縣)[153] 등으로 옮기고, [일부는] 임조현(臨洮縣)[154] · 저도현(氐道縣)[155] · 강도현(羌道縣)[156]에 이르렀다. 한무제(漢武帝)가 사이(四夷)를 침에 따라 땅을 개척하고 영토를 넓혀 나가니 북쪽으로는 흉노를 물리치고 서쪽으로는 여러 강족을 쫓아내었다. 황하(河)와 황수(湟水)를 건널 즈음에는 영거현(令居縣)[157]에 요새[塞]를 쌓으니 처음으로 하서(河西)를 개척하고, 4군(郡)을 설치하여[158] 옥문관(玉門關)[159]과 통하게 해서 강호(羌胡)를 막아서 끊어버리니 남북은 서로 왕래할 수 없게 되었다. 그리고 장(障)[160] · 새(塞)[161] · 정(亭)[162] · 수(燧)[163]가 만리장성 밖 수천 리에 설치되었다. 이때 선령강(先零羌)이 봉양뇌자종(封養牢姐種)과 원한을 풀고

계통의 慕容 · 宇文 · 段部 · 拓跋 · 乞伏 · 禿發 · 吐穀渾各部, 이 외에도 柔然 · 庫莫奚 · 契丹 · 室韋 등이 있다.

152) 漢景帝(전156~141): 漢文帝의 큰아들로 모친은 竇太后이다. 景帝는 文帝를 이어 '文景之治'라는 치세를 열었는데, 북변 유목민족과 화친책을 견지하는 한편, 李廣 · 程不識 · 郅都 등을 보내 흉노와 대결하기도 했다.

153) 安故縣: 漢代 隴西郡에 속한 縣으로 治所는 지금의 감숙성 臨洮縣 남쪽 玉井鄉이다.

154) 臨洮縣: 秦나라 때 설치한 현으로 隴西郡에 속하였다. 治所는 지금의 甘肅省 岷縣이다(史爲樂 主編, 2005).

155) 氐道縣: 前漢 때 설치한 현으로 隴西郡에 속하였다. 治所는 지금의 甘肅省 禮縣 서북쪽에 있었다(史爲樂 主編, 2005).

156) 羌道縣: 漢나라 때 설치했다가 晉나라 때 폐지한 현으로 치소는 지금의 甘肅省 西固縣 서북에 있었다.

157) 令居縣: 漢武帝 때 설치한 현으로 張掖郡에 속하였다가 漢昭帝 始元 6년(전81) 金城郡에 속하게 되었으며 護羌校尉가 다스렸다(史爲樂 主編, 2005).

158) 河西四郡: 酒泉郡(肅州) · 武威郡(涼州) · 張掖郡(甘州) · 敦煌郡(瓜州)이다. 河西4郡은 동으로는 烏鞘嶺에서 서로는 玉門關에 이르는 약 900km에 이르는 河西走廊에 위치한다.

159) 玉門關: 한나라 무제가 설치한 것으로 지금의 甘肅省 敦煌市 서북쪽 150리 小方盤城이다. 옥문관은 서역의 옥을 수입할 때 이곳을 지났기 때문에 생겨난 이름이다.

160) 障: 障은 변경의 요로를 지키기 위한 작은 성이다(『史記』 권122 「酷吏列傳」 正義: 障謂塞上要險之處別築城, 置吏士守之, 以扞寇盜也.).

161) 塞: 塞는 성을 쌓아 길을 지키는 것을 말한다(『尙書』 권20 「秦誓序」孔穎達 注: 築城守道謂之塞).

162) 亭: 亭은 변경지역의 초소이다(『墨子』 권14 「備城門」: 百步一亭, 高垣丈四尺, 厚四尺, 爲閨門兩扇). 亭은 진한시기 향촌 조직의 하나이면서, 여행객들에게 숙식을 제공해 주는 역할도 했다.

163) 燧: 燧는 봉화대를 말한다(『墨子』 권15 「號令」: 北至城者三表, 與城上烽燧相望.).

동맹을 맺어 흉노와 통교하고, 군사 십여 만 명을 모아서[164] 이들이 함께 영거현과 안고현(安故縣)을 공격하여 마침내 부한현(枹罕縣)을 포위하였다.[165] 한(漢)나라는 장군 이식(李息)[166]과 낭중령(郎中令)[167] 서자위(徐自爲)[168]를 보내 10만 군대를 이끌고 그들을 쳐서 평정하였다. 이때 처음으로 호강교위(護羌校尉)[169]를 두고, 지절(持節)[170]을 주어서 도맡아 다스리도록 하였다. 강족은 이에 황중(湟中)을 떠나 서해군(西海郡)[171]과 염지(鹽池)[172]를 좌우로 해서 의지하였다. 한나라가 산을 변경으로 삼으니 하서(河西)의 땅은 비게 되어 [한나라는] 점차 사람들을 이곳으로 옮겨 채워 갔다.

至宣帝時, 遣光祿大夫義渠安國覘行諸羌, 其先零種豪言: 「願得度湟水, 逐人所不田處以爲畜牧.」 安國以事奏聞, 後將軍趙充國以爲不可聽. 後因緣前言, 遂度湟水, 郡縣不能禁. 至元康三年, 先零乃與諸羌大共盟誓, 將欲寇邊. 帝聞, 復使安國將兵觀之. 安國至, 召先零豪四十餘人斬之, 因放兵擊其種, 斬首千餘級. 於是諸羌怨怒, 遂寇金城. 乃遣趙充國與諸將將兵六萬人擊破平之. 至研十三世孫燒當立. 元帝時, 彡

164) 李賢은 姐의 음은 紫라고 하였다.

165) 枹罕縣: 漢代 金城郡에 속한 현으로 枹의 음은 鈇이다.

166) 李息: 생졸연대는 미상이며, 漢武帝 元光 2년(전133) 材官將軍이 되었다(『漢書』 권6 「武帝紀」).

167) 郎中令: 郎中令은 戰國시기 郎中에서 기원하며 秦나라가 조직을 확대하면서 郎中令을 두었다. 漢나라 초기에도 郎中令을 두었고, 漢武帝 때 光祿勳으로 이름을 바꾸었으며, 郎中令은 궁전의 문을 지키거나 諸郎의 궁전 시위를 관장하는 일을 담당했다.

168) 徐自爲: 생졸연대는 미상이며, 漢武帝 太初 3년(전102) 光祿勳을 역임하였다(『漢書』 권6 「武帝紀」).

169) 護羌校尉: 漢武帝 元鼎 6년(전111) 때 설치한 관직으로 秩은 比二千石이었다. 호강교위 아래에는 從事 두 명, 長史 두 명, 司馬 두 명, 약간의 통역 등이 있었지만 고정된 것은 아니었다(榮寧, 1998).

170) 持節: 持節은 황제가 신하에게 권력을 나누어 주는 방식 중 하나로, 節은 황제의 특수명령을 대표한다. 삼국시대에 이르면 秩二千石 이하의 관인을 죽일 수 있는 권한을 지닌 使持節, 관료가 아닌 사람을 죽일 수 있는 권한을 지닌 持節, 持節 아래 假節 등으로 분화되었다.

171) 西海郡: 漢平帝 元始 4년(4) 설치하였으며, 治所는 지금의 青海省 海晏縣에 해당하는 龍夷城이다. 王莽의 新나라 때 폐지되었다가 光武帝 建安(25~55) 연간 다시 설치되었는데, 이때 치소는 지금의 內蒙古 額濟納旗 동남에 위치하였던 居延縣이다(史爲樂 主編, 2005).

172) 鹽池: 李賢은 金城郡 臨羌縣에 鹽池가 있다고 했다. 『漢書』 권28하 「地理志」에는 "金城郡 臨羌縣은 서북으로 塞外에 이르는데, 西王母石室 · 僊海 · 鹽池가 있다."고 한다.

姐等七種羌寇隴西, 遣右將軍馮奉世擊破降之. 從爰劒種五世至研, 研最豪健, 自後以研爲種號. 十三世至燒當, 復豪健, 其子孫更以燒當爲種號. 自彡姐羌降之後數十年, 四夷賓服, 邊塞無事. 至王莽輔政, 欲燿威德, 以懷遠爲名, 乃令譯諷旨諸羌, 使共獻西海之地, 初開以爲郡, 築五縣, 邊海亭燧相望焉.

한선제(漢宣帝)[173] 때 광록대부(光祿大夫)[174] 의거안국(義渠安國)[175]을 파견하여 여러 강족의[사정을] 엿보도록 하였다. 선령종(先零種)[176] 추호가 말하기를 "황수(湟水)[177]를 건너가 사람들을 쫓아내 농사를 짓지 않는 곳에 목축을 할 수 있도록 해 주시기를 원합니다."라고 하였다. 의거안국이 이 일을 보고하니, 후장군(後將軍)[178] 조충국(趙充國)[179]은 이를 들어주어서는 안 된다고 했다. 그 뒤 선령종이 앞서 말한 것처럼 마침내 황수를 건너갔으나 군현(郡縣)에서는 이를 금지시킬 수 없었다. 선제 원강(元康) 3년(전63), 선령종이 여러 강족과 더불어 공동으로 맹세하여 장차 한나라 변경을 쳐들어가고자 하였다. 선제가 이를 듣고서 다시 의거안국에게 군대를 이끌고 가 그들을 자세히 살피도록 하였다. 의거안국이 이곳에 도착하여 선령종 추호 40여 인[180]을 불러들여 그들을 참하고, 이로 말미암아 병사를 풀어

173) 漢宣帝(전73~49): 선제는 무제의 증손으로 폐태자 劉據의 손자로, 재위기간 동안 吏治와 황제권 강화에 힘을 쏟았다. 그의 치세는 昭帝와 더불어 '昭宣中興'이라 불린다. 宣帝 甘露 3년(전51) 흉노의 내란으로 呼韓邪單于가 五原으로 와서 稱臣을 청하자 선제가 이를 허락하니 흉노는 漢의 藩屬이 되었다.

174) 光祿大夫: 漢武帝 太初 원년(전104) 中大夫를 光祿大夫로 개명하였으며, 秩은 二千石이었다. 諫大夫와 太中大夫와 함께 정사에 참여하였으며, 명의상 光祿勳 소속이었으나 정원은 없었다.

175) 義渠: 李賢은 義渠는 姓이라고 하였다.

176) 先零: 강족의 한 종족으로 先零羌이라고도 불리며, 甘肅省과 青海省 湟水 유역에 거주하였다.

177) 湟水: 洛都水·樂都水·西寧河라고도 불리며, 青海省 동부 황하 상류의 지류로 青海省 海晏縣 包呼圖山에서 발원한다. 전체 길이는 349km이다(史爲樂 主編, 2005).

178) 後將軍: 前後左右將軍은 모두 周末의 관직으로 秦나라에도 이를 두었으며, 漢나라는 상치하지는 않았지만 前後 혹은 左右장군을 두었다(『漢書』 권19상 「百官公卿表上」).

179) 趙充國(전137~52): 字는 翁孫이며 隴西郡 上邽縣 사람이다. 무제 때 흉노 정벌전에 참여하였으며, 宣帝의 옹립에 적극 참여하여 營平侯에 봉해졌다. 말년에 선제의 명을 받아 羌族을 쳤다. 73세 때 다시 강족을 치러 갔다(『漢書』 권69 「趙充國·辛慶忌傳」).

180) 『後漢書集解』의 「西羌傳」에는 30여 인이라고 한다.

그 종족을 공격해서 천여 명을 참하였다. 그래서 여러 강족들이 슬퍼하고 노하여 드디어 금성군(金城郡)[181]을 공격하였다. 이에 [한나라는] 조충국과 여러 장군을 보내 병사 6만을 이끌고 가 그들을 격파하여 평정하였다. 연의 13세손 소당(燒當)이 즉위하였다. 원제(元帝) 때 삼자(彡姐)[182] 등 강족 일곱 종족이 농서군을 공격해 오니, [한나라는] 우장군(右將軍)[183] 풍봉세(馮奉世)[184]를 파견하여 그들을 격파해서 항복시켰다. 원검종(爰劒種)의 5세손부터 연에 이르기까지 연이 가장 강하였으므로 이 이후 연을 종족의 이름으로 삼았다. 13세손 소당(燒當)에 이르러 다시 강력해지자 그 자손들은 다시 소당을 종족의 이름으로 삼았다. 삼자강이 항복한 후 수십 년이 지나자 사이(四夷)가 복종해 오니 변경의 요새는 무사평안하였다. 왕망(王莽)[185]이 보정(輔政)을 하면서 위엄과 덕망을 빛내고자 하여 변경지역의 안무를 명분으로 삼아 넌지시 그 뜻을 강족에게 알려 서해(西海)의 땅을 헌납하도록 하였다. 처음으로 군(郡)을 설치하고 5개의 현성(縣城)을 쌓으니, 변해(邊海)[186]에는 정(亭)과 수(燧)가 줄을 잇게 되었다.

滇良者, 燒當之玄孫也. 時王莽末, 四夷內侵, 及莽敗, 衆羌遂還據[西海]爲寇. 更始·赤眉之際, 羌遂放縱, 寇金城·隴西. 隗囂雖擁兵而不能討之, 乃就慰納, 因發其衆與漢相拒. 建武九年, 隗囂死, 司徒掾班彪上言: 「今涼州部皆有降羌, 羌胡被發左衽, 而與漢人雜處, 習俗既異, 言語不通, 數爲小吏黠人所見侵奪, 窮恚無聊, 故致反叛.

---

181) 金城郡: 漢昭帝 元始 6년(전81) 설치했으며, 治所는 지금의 青海省 民和縣 남쪽 古鄯鎭 북쪽의 古城인 允吾縣이다(史爲樂 主編, 2005).

182) 李賢은 '姐'의 음은 '紫'라고 하였다.

183) 右將軍: 後將軍과 그 기원은 같으며, 이들은 일반적으로 '散騎'·'給事中' 등의 관직을 겸임하여 朝儀에도 참여하고, 국가 대사의 결정에도 참여하였다(兪鹿年 編著, 1998).

184) 馮奉世(?~전39): 字는 子明이며, 지금의 산서성 黎城縣에 해당하는 上黨潞 사람이다. 풍봉세는 한나라 서북 변경지역을 공고히 하고, 비단길을 통하게 한 공적이 있었다. 원제 永光 2년(전42)에 彡姐가 쳐들어왔다고 한다(『漢書』 권79 「馮奉世傳」).

185) 王莽(전45~23): 한나라의 대표적인 외척 세력 가운데 한 명으로 기원후 8년 한나라를 멸하고 新나라를 세웠다. 周禮를 모방한 급진적인 사회개혁으로 오히려 민심을 잃고 地皇 4년(23) 綠林軍이 長安을 침범했을때 상인 杜吳에게 살해당하였다.

186) 邊海: 西海郡의 변경지역을 말한다.

夫蠻夷寇亂，皆爲此也．舊制益州部置蠻夷騎都尉，幽州部置領烏桓校尉，涼州部置護羌校尉，皆持節領護，理其怨結，歲時循行，問所疾苦．又數遣使驛通動靜，使塞外羌夷爲吏耳目，州郡因此可得儆備．今宜復如舊，以明威防.」光武從之，即以牛邯爲護羌校尉，持節如舊．及邯卒而職省．十年，先零豪與諸種相結，復寇金城·隴西，遣中郎將來歙等擊之，大破．事已具『歙傳』．十一年夏，先零種復寇臨洮，隴西太守馬援破降之．後悉歸服，徙置天水·隴西·扶風三郡．明年，武都參狼羌反，援又破降之．事已具『援傳』.

전량(滇良)은 소당(燒當)의 현손이다. 왕망 말에 사이(四夷)가 [신나라를] 침입하고, 왕망이 패하자 여러 강족이 돌아와 서해(西海)를 근거로 도적이 되었다. 경시제(更始帝)[187]와 적미(赤眉)[188]의 난 때 강족이 드디어 꺼리는 것이 없이 멋대로 굴면서 금성군·농서군을 노략질하였다. 외효(隗囂)[189]는 비록 군대를 가지고 있었으나 그들을 토벌할 수 없어서 이에 [그들에게] 가서 위로해서 받아들이고 그 무리를 징발해서 한나라와 서로 대치하게 하였다. 광무제 건무(建武) 9년(33), 외효가 죽자 사도연(司徒掾)[190] 반표(班彪)[191]가 글을 올려 말하기를

187) 劉玄(25년 졸): 字는 聖公이며, 南陽 蔡陽(지금의 湖北省 棗陽縣 西南) 사람이다. 유현은 전한의 황족 출신으로 新나라 말 綠林軍의 옹립으로 제위에 올랐으며 연호를 更始라 하였다. 赤眉의 난으로 長安이 함락 당하자 항복했으나 결국 살해당하였다.

188) 赤眉의 난: 신나라 왕망 天鳳 5년(18)부터 후한 광무제 建武 3年(27)까지 瑯琊 사람 樊崇 등이 주도한 농민기의이다.

189) 隗囂(전72~33): 字는 季孟이며 天水 成紀 사람이다. 更始帝가 건국하자 그를 따라 신나라를 멸망시키는 데 참여하고, 광무제가 즉위하자 경시제에게 투항할 것을 주청하기도 했다. 이후 외효는 天水지역으로 도망가 西州大將軍을 칭하였으며, 天水·河西·上郡·三輔 등지를 근거지로 삼아 後漢과 遼東의 公孫述 사이에서 저울질하였다. 光武帝 建武 9년(33) 외효는 병으로 사망하고, 다음 해 隗純 등이 항복함으로써 후한은 이 지역에 대한 지배를 확보할 수 있었다(『後漢書』 권13 「隗囂公孫述列傳」).

190) 司徒掾: 漢나라 司徒의 속관으로, 모두 30인의 掾屬이 있었다. 참고로 太傅의 속관에는 長史 1인, 掾屬24인, 令史, 禦屬 22인 등이 있었다(『漢官六種』 권1 「漢官」: 太傅, 長史一人, 秩千石, 掾屬二十四人, 令史·禦屬二十二人. …… 司徒掾屬三十人.).

191) 班彪(3-54년): 扶風郡 安陵(지금의 陝西省 鹹陽市 東北) 사람으로, 관료이면서 유학가의 집안 출신이었다. 처음에는 외효에게 의탁했다가 다시 河西지역의 竇融에게 의탁하고, 유수에게 귀순하도록 권하였다. 이후 현관을 거쳐 司徒掾이 되었으며, 「復護羌校尉疏」·「上言選置東宮及諸王國官屬」·「奏議答北匈

"지금 양주부(涼州部)[192]에는 모두 항복한 강족입니다. 강호(羌胡)는 머리를 풀고 오른쪽 섶을 왼쪽 섶 위에 여미는 옷을 입고서[193] 한나라 사람들과 섞여 살고 있으니 풍속이 원래 다르고 말도 통하지 않습니다. 자주 소리(小吏)나 약삭빠른 사람들에게 침탈당하여 가난해지고 화가 나지만 의지할 곳이 없으므로 반란을 일으키게 됩니다. 무릇 만이의 노략질과 소란은 모두 이 때문입니다. 옛 제도에는 익주부(益州部)[194]에 만이기도위(蠻夷騎都尉)[195]를 설치하였고, 유주부(幽州部)[196]에 영오환교위(領烏桓校尉)[197]를 설치하였으며, 양주부(涼州部)에 호강교위(護羌校尉)[198]를 설치하였는데, 모두 지절(持節)을 가지고 그들을 관리 보호하며, 맺힌 원한을 다스려 주며, 세시(歲時)마다 여러 곳을 돌아다니면서 질병과 고통을 물어 주었습니다. 또한 자주 사역(使驛)[199]을 보내 그곳의 동정을 살피고, 변경 밖의 강이(羌夷)로 하여금 관리의 눈과 귀 노릇을 하게 하니, 주군(州郡)은 이로 인해 미리 위급한 일을 방비할 수 있었습니다. 지금 마땅히 옛날처럼 회복한다면 위엄과 방비를 분명히 할 수 있을 것입니다."라고 하였다. 광무제는 반표의 말을 따라서 우한(牛邯)[200]을 호강교위로 삼고, 옛날처럼

奴」등 시정과 관련된 여러 내용을 건의하였다(『後漢書』 권40상 「班彪列傳」).

192) 涼州部: 漢武帝가 설치한 13州部 가운데 하나이다. 州部는 監察區의 성격으로 설치되었다가 점차 行政區로 그 성격이 바뀌게 되고 장관은 刺史였다. 涼州部는 金城郡·隴西郡·天水郡·武威郡·酒泉郡·敦煌郡·安定郡·張掖郡을 관할하였다(『中國歷代行政區沿革』, 1996).

193) 被髮左衽: 머리는 묶지 않고, 옷깃은 왼쪽을 향해서 입는 것으로 중원지역 이외 민족의 풍습을 말한다. 때로는 중원지역의 사람들이 다른 민족의 통치를 받는 것을 가르키기도 한다(『論語』 권14 「憲問」: 微管仲, 吾其被发左衽矣.).

194) 益州部: 漢武帝가 설치한 13州部 가운데 하나로, 漢中郡·廣漢郡·犍爲郡·武都郡·越嶲郡·益州郡·牂柯郡·巴郡·蜀郡을 관할하였다(『中國歷代行政區沿革』, 1996).

195) 蠻夷騎都尉: 郡의 속관으로 騎兵을 훈련시키고 養馬를 관리를 하던 관직이다. 참고로 중앙의 光祿勳 소속 騎都尉의 秩은 二千石이다.

196) 幽州部: 漢武帝가 설치한 13州部 가운데 하나로, 渤海郡·上谷郡·漁陽郡·右北平郡·遼西郡·玄兎郡·樂浪郡·涿郡·遼東郡·廣陽國을 관할하였다(『中國歷代行政區沿革』, 1996).

197) 領烏桓校尉: 護烏桓校尉의 다른 명칭이다(『通典』 권34 「職官16」). 漢武帝 때 霍去病이 흉노를 격파하고 그들의 지배를 받고 있었던 烏桓을 上谷郡·漁陽郡·遼東郡 등지로 옮기니 護烏桓校尉를 설치하여 이들을 통치하게 하였다. 秩은 二千石이었다(兪鹿年 編著, 1998).

198) 『後漢書集解·西羌傳』에는 "湟水는 동쪽에서 戎峽口로 들어가 오른쪽에서 羌水와 합류했다가 서남으로 나와서 산 아래로 흘러 護羌城 동쪽으로 곧바로 흘러간다. 그래서 護羌校尉가 다스린다."라고 하였다.

199) 使驛: 역참에서 문서를 전하는 사람 혹은 말을 전하는 사자를 말한다.

지절을 지니도록 하였다. 우한이 죽자 호강교위를 폐지하였다. 광무제 건무 10년(34), 선령종의 추호가 여러 종족과 서로 결탁하여 다시 금성군과 농서군을 침략하였다. [한나라는] 중랑장(中郎將)[201] 내흡(來歙)[202] 등을 보내어 그들을 쳐서 크게 격파하였다. 이 일은 「내흡전」에 이미 기록되어 있다. 광무제 건무 11년(35) 여름, 선령종이 다시 임조현을 노략질하자 농서태수 마원(馬援)[203]이 그들을 격파하여 항복시켰다. 훗날 모두 와서 복종하니 한나라는 이들을 천수군(天水郡)·농서군(隴西郡)·부풍군(扶風郡) 등 3郡으로 나누어 옮겨 배치하였다.[204] 다음 해, 무도군(武都郡)에 살던 삼랑강(參狼羌)이 반란을 일으키니 마원이 또 그들을 격파하여 항복시켰다. 이 일은 「마원전」에 기록되어 있다.

自燒當至滇良, 世居河北大允谷, 種小人貧. 而先零·卑湳並皆強富, 數侵犯之. 滇良父子積見陵易, 憤怒, 而素有恩信於種中, 於是集會附落及諸雜種, 乃從大榆入, 掩擊先零·卑湳, 大破之, 殺三千人, 掠取財畜, 奪居其地大榆中, 由是始強.

소당(燒當)부터 전량(滇良)까지 대대로 황하 북쪽의 대윤곡(大允谷)[205]에서 거주했는데, 종족은 적고 사람들은 가난하였다. 그런데 선령종(先零種)·비남종(卑湳種)[206]은 모두 강성하고 부유해서 자주 그들을 침범하였다. 전량 부자는 계속 모멸을 당하자 분노하였으며, [그들

---

200) 牛邯: 字는 孺都이며 狄道縣 사람으로 太中大夫를 역임하였다(『後漢書集解』「西羌傳」).

201) 中郎將: 황제의 시위를 담당하는 五官·左·右를 각각 통괄하는 관직으로 光祿勳에 예속되어 있었다.

202) 來歙(?~35): 원래 更始帝 휘하에 있었다가 光武帝에게 의탁하여 太中大夫가 되었다. 광무제 建武 5년(29) 당시 광무제 휘하에 편입되지 않았던 隗囂의 친필 서신을 가져오고, 그 후 隗囂가 아들을 인질로 보내는 등 성의를 보이자 광무제는 來歙을 中郎將으로 삼았다. 건무 11년(35) 蜀을 평정하다가 자객에 의해서 살해되었다(『後漢書』 권45 「來歙傳」).

203) 馬援(전14~49): 字는 文淵이며, 扶風郡 茂陵(지금의 陝西省 興平 東北) 사람이다. 여러 공적으로 伏波將軍에 제수되고, 新息侯에 봉해졌다(『後漢書』 권24 「馬援傳」).

204) 杜佑는 三輔로 7,000여 명이 옮겨졌다고 했다(『後漢書集解』「西羌傳」).

205) 大允谷: 지금의 청해성 貴德縣 서북쪽 黃河 北岸 일대.

206) 卑湳: 西羌의 한 종족으로 하천을 종족의 이름으로 삼은 경우이다. 李善은 『說文解字』를 인용하여 "湳水가 西河郡 美稷縣에서 발원하기 때문에 羌人들이 하천 이름으로 姓을 삼았다."고 한다(『後漢書集解』「西羌傳」).

은] 평소 종족 가운데 은덕과 신의를 지니고 있었다. 이때에 부락과 여러 종족을 모아 대유곡(大楡谷)[207]을 따라 들어가 선령종 · 비남종을 엄습하여 크게 무찔러 3,000인을 죽이고, 재물과 가축을 빼앗고, 대유곡에 살고 있던 그들의 땅을 빼앗아 거주하였다. [전량은] 이로부터 비로소 강성해졌다.

滇良子滇吾立. 中元元年, 武都參狼羌反, 殺略吏人, 太守與戰不勝, 隴西太守劉盱遣從事辛都 · 監軍掾李苞, 將五千人赴武都, 與羌戰, 斬其酋豪, 首虜千餘人. 時武都兵亦更破之, 斬首千餘級, 餘悉降. 時滇吾附落轉盛, 常雄諸羌, 每欲侵邊者, 滇吾轉教以方略, 爲其渠帥. 二年秋, 燒當羌滇吾與弟滇岸率步騎五千寇隴西塞, 劉盱遣兵於枹罕擊之, 不能克, 又戰於允街, 爲羌所敗, 殺五百餘人. 於是守塞諸羌皆復相率爲寇. 遣謁者張鴻領諸郡兵擊之, 戰於允吾 · 唐谷, 軍敗, 鴻及隴西長史田颯皆沒. 又天水兵爲牢姐種所敗於白石, 死者千餘人.

전량의 아들 전오(滇吾)가 즉위하였다. 광무제 중원(中元) 원년(56), 무도군(武都郡)[208]에 살던 삼랑강(參狼羌)이 반란을 일으켜 관리와 사람들을 죽이고 노략질하니, 태수가 그들과 싸웠으나 이기지 못하였다. 농서 태수(隴西太守)[209] 유우(劉盱)[210]가 종사(從事)[211] 신도(辛都), 감군연(監軍掾)[212] 이포(李苞)를 보내니, 이들은 오천을 이끌고 무도군으로 가서 강족과

207) 大楡谷: 지금의 청해성 貴德縣 서북 황하 北岸 일대이다(史爲樂 主編, 2005).

208) 武都郡: 漢武帝 元鼎 6년(전111)에 설치되었으며, 치소는 武都縣(지금의 감숙성 西和縣 남쪽에 해당한다)이며, 후한 때에는 치소를 下辨縣(지금의 成縣 서남 30리)으로 옮겼다.

209) 太守: 郡의 장관으로 戰國시기에는 '守'라고 했으며, '太守'는 존칭이다. 前漢 초기에 '郡守'라고 했다가 景帝 2년(전148) 다시 '太守'라고 불렀다.

210) 劉盱: 생졸연대는 미상이며, 護羌校尉를 역임하고 六安侯에 제수되었다(『後漢書』 권53 「竇融傳」).

211) 從事: 漢나라 때 州의 屬吏를 從事라고 불렀다. 원래 從事는 관직을 지칭하는 이름이 아니며, 郡縣의 屬吏 가운데 뛰어난 자를 선택하여 從事를 주었던 것이다. 대략 元帝 초기 州 屬吏의 규모가 비로소 정해지고, 司隷校尉 아래에는 주 관료의 범법행위를 감찰하는 都官從事史, 주의 여러 가지 일을 담당했던 功曹從事史, 校尉가 部로 갈 때 여러 일을 담당했던 別駕從事史, 財穀과 簿書를 담당한 簿書從事史, 군사의 일을 담당한 兵曹從事史, 郡의 문서와 불법감찰을 담당한 部郡國從事史 등이 있었다. 이 외에도 武猛從事, 都督從事, 督軍從事 등도 있었다(嚴耕望, 2007).

싸워 그 추호(酋豪)를 참하고 천여 인을 사로잡거나 참하였다. 이때 무도군의 군대 역시 강족을 격파하여 천여 급을 베니, 나머지 강족들은 모두 항복하였다. 당시 전오의 부락이 점차 강성해지면서 항상 여러 강족의 우두머리가 되었는데, 매번 변경을 노략질하려는 자가 있으면 전오가 방법과 재략(才略)을 가르쳐 주니 그들의 수령이 되었다. 광무제 중원 2년(57) 가을, 소당강(燒當羌) 전오가 동생 전안(滇岸)과 함께 보병과 기병 오천을 이끌고 농서군(隴西郡)의 변경으로 쳐들어오니, 유우가 부한현(枹罕縣)으로 군대를 보내 그들을 치도록 했으나 이기지 못하였으며, 또 연계현(允街縣)[213]에서 싸웠으나 강족에 패하고 오백여 명이 죽었다. 그래서 변경을 지키던 여러 강족이 모두 다시 서로 이끌어 도적이 되었다. 알자(謁者)[214] 장홍(張鴻)을 보내 여러 군의 병사를 이끌고 가서 그들을 치도록 했는데, 연아현(允吾縣)[215] · 당곡성(唐谷城)[216]에서 싸웠으나 패하고, 장홍과 농서장사(隴西長史)[217] 전삽(田颯)은 전사하였다. 또, 천수군(天水郡)의 군대가 백석현(白石縣)[218]에서 뇌자종(牢姐種)에게 패하여 죽은 자가 천여 명이나 되었다.

---

212) 監軍掾: 後漢 때 변경지역의 郡에 설치한 관직으로 병사를 관리하는 직무를 지녔다(兪鹿年 編著, 1998).

213) 允街縣: 漢宣帝 神爵 2년(전60)에 설치하였으며, 金城郡에 속하였다. 치소는 지금의 甘肅省 蘭州市 서북 紅古區 일대였다(史爲樂 主編, 2005). 李賢은 '允'의 음은 '鈆'이며, '街'의 음은 '階'라고 하였다.

214) 謁者: 戰國시기 설치된 관직으로, 한나라에서도 설치하였다. 謁者는 빈객을 영접하고 의례를 진행하였으며, 인원은 70명이었다. 효렴 가운데 연령이 적고 용모가 단정하고 목소리가 낭랑한 자를 선발하였으며, 이들 가운데 長을 謁者僕射라고 불렀다(『漢書』 권19상 「百官公卿表上」).

215) 允吾縣: 前漢 때 설치한 현으로 金城郡에 속하였다. 치소는 지금의 青海省 民和回族自治縣 남쪽 古鄯鎭 북쪽의 古城이었다(史爲樂 主編, 2005). 李賢은 '允'의 음은 '鈆'이며, '吾'의 음은 '牙'라고 하였다.

216) 唐谷: 李賢은 唐谷은 옛 성으로 鄯州 湟水縣의 서쪽에 있었다고 한다.

217) 隴西長史: 隴西郡에 속한 관료로, 秩은 2백 석 이상으로 丞 · 尉와 더불어 太守를 보좌하였으며, 이들은 모두 중앙에서 임명되었다. 丞은 태수를 보좌해서 여러 가지를 다스렸으며, 邊郡에서는 長史라 불렀다(嚴耕望, 2007). 참고로 長史는 여러 부서에서 보이는데, 漢文帝 2년(전178) 승상부에 2명의 長史를 두었으며, 이후 太尉 · 司徒 · 司空 등에도 長史를 두었다. 또한 將軍의 속관에 長史가 있었으며 막부의 일을 총괄하였다.

218) 白石縣: 李賢은 金城郡에 속한 현으로 이곳에 白石山이 있다고 하였다(白石, 縣名, 屬金城郡, 有白石山.). 白石山은 지금의 甘肅省 臨洮縣 동쪽에 위치한다(『漢書』 권28상 「地理志」: 隴西郡狄道縣: 白石山在東).

時燒何豪有婦人比銅鉗者，年百餘歲，多智筭，爲種人所信向，皆從取計策．時爲盧水胡所擊，比銅鉗乃將其衆來依郡縣．種人頗有犯法者，臨羌長收繫比銅鉗，而誅殺其種六七百人．顯宗憐之，乃下詔曰：「昔桓公伐戎而無仁惠，故『春秋』貶曰：‘齊人’．今國家無德，恩不及遠，羸弱何辜，而當幷命！夫長平之暴，非帝者之功，咎由太守長吏妄加殘戮．比銅鉗尚生者，所在致醫藥養視，令招其種人，若欲歸故地者，厚遣送之．其小種若束手自詣，欲效功者，皆除其罪．若有逆謀爲吏所捕，而獄狀未斷，悉以賜有功者．」

이때 소하종(燒何種)의 추호에게 비동겸(比銅鉗)이라 불리는 부인이 있었는데, 나이가 백 살이 넘었고, 지혜와 산술이 뛰어나 종족 사람들에게 신뢰를 받았다. [종족 사람들은] 모두 그녀가 취하는 계책을 따랐다. 노수호(盧水胡)[219]가 쳐들어 왔을 때, 비동겸은 무리를 이끌고 와 군현(郡縣)에 의지하였다. 종족 가운데 법을 어긴 자들이 제법 있었는데, 임강(臨羌)의 우두머리가 [그런 이유로] 비동겸을 체포하여 가두고 그녀의 종족 6~700명을 주살하였다. 현종(顯宗)[220]이 그녀를 가엽게 여겨 조를 내려 말하기를 “옛날 제환공(齊桓公)이 융을 치면서 어질고 은혜롭지 못했다. 그래서『春秋』에서 폄하하여 말하기를 ‘제인(齊人)’이라 하였다.[221] 지금 국가가 덕이 없어 은혜가 멀리까지 미치지 못하니 약한 자가 무슨 죄가 있길래 목숨까지 바쳐야 한단 말인가! 무릇 장평(長平)[222]의 포악함은 제왕된 자의 일이 아니라[223]

219) 盧水胡: 흉노의 한 갈래로 盧水 근처에 거주했으므로 盧水胡라 불려졌다. 後漢 이래 湟中에 거주하고, 그 후 秦州와 隴西 일대에 거주하였다. 盧水胡 가운데 유명한 인물은 北魏 때 기의한 蓋吳가 있다(『魏書』 권4「世祖紀」: 太平真君六年(445) 九月, 盧水胡蓋吳聚衆反於杏城.).

220) 顯宗(58~75): 後漢 제2대 황제인 明帝로, 아들 章帝와 더불어 ‘明章之治’를 이루었다. 永平 16년(73) 竇固 등에게 명하여 北匈奴를 쳤으며, 그 후 班超를 서역으로 파견하여 서역의 여러 나라가 한나라로 인질을 보내기도 했다(『後漢書』 권2「顯宗孝明帝紀」).

221) “齊나라 사람들이 山戎을 쳤다.”라고 한 것에 대해서『公羊傳』에는 “이 사람은 齊侯이다. 그 사람을 칭하는 것이 어찌된 일인가? 폄하한 것이다.”라고 하였다. 何休注에는 “戎 역시 天地가 생겨나게 한 것인데, 그들을 핍박해서 죽이니 仁하지 못함을 싫어한 것이다.”라고 하였다(『左傳』 권10「莊公三十年」: 「齊人伐山戎.」『公羊傳』 曰: 「此齊侯也. 其稱人何? 貶也.」 何休注云: 「戎亦天地之所生, 乃迫殺之, 惡不仁也.」).

222) 長平 전쟁: 長平은 현재 山西省 晋城 高平縣 서북에 해당하는 지역으로, 秦나라 소양왕(昭襄王)은 47년

태수와 장리(長吏)[224]가 함부로 잔혹하게 살육한 것이므로 이를 꾸짖었던 것이다. 만일 비동겸이 아직 살아 있다면 그녀가 있는 곳에 약을 보내서 돌보도록 하고, 그녀의 종족 사람들을 불러오도록 하라. 옛 땅으로 돌아가기를 원하는 자는 후하게 [물품을] 주어서 보내도록 하라. 그 작은 종족(種族)이 만약 무기를 버리고 스스로 와서 전력을 다해 공을 세우고자 한다면 그 죄를 면해 주도록 하라. 만약 역모를 꾀하다 관리에게 체포된 자들이 있다면 죄상이 아직 판결되지 않았어도 유공자들에게 전부 하사하도록 하라."고 하였다.

永平元年, 復遣中郎將竇固·捕虜將軍馬武等擊滇吾於西邯, 大破之. 事已具武等傳. 滇吾遠引去, 餘悉散降, 徙七千口置三輔. 以謁者竇林領護羌校尉, 居狄道. 林爲諸羌所信, 而滇岸遂詣林降. 林爲下吏所欺, 謬奏上滇岸以爲大豪, 承制封爲歸義侯, 加號漢大都尉. 明年, 滇吾復降, 林復奏其第一豪, 與俱詣闕獻見. 帝怪一種兩豪, 疑其非實, 以事詰林. 林辭窘, 乃僞對曰:「滇岸即滇吾, 隴西語不正耳.」帝窮驗知之, 怒而免林官. 會涼州刺史又奏林臧罪, 遂下獄死. 謁者郭襄代領校尉事, 到隴西, 聞涼州羌盛, 還詣闕, 抵罪, 於是復省校尉官. 滇吾子東吾立, 以父降漢, 乃入居塞內, 謹愿自守. 而諸弟迷吾等數爲寇盜.

[명제(明帝)] 영평(永平) 원년(58)에 중랑장(中郎將) 두고(竇固)[225]·포로장군(捕虜將軍)[226] 마무(馬武)[227] 등을 다시 보내 서감(西邯)[228]에서 전오(滇吾)를 쳐서 크게 격파하였

(전260)부터 3년간에 걸쳐 趙나라와 전쟁을 벌려 승리한 후 45만 명에 이르는 趙나라 군사를 살해하였다(『史記』 권5 「秦本紀」).

223) 李賢은 "帝王은 살아 있는 것을 좋아하고, 죽이는 것은 싫어하는 것을 말한 것이므로 功이라고 여기지 않았다."라고 하였다. 또한 『史記』에는 "白起는 昭王 때 상장군이 되어 조나라를 쳤다. 조나라가 불리하자 장군 趙括은 60만 대군과 함께 항복을 청하였다. 백기는 이들을 모두 묻어 버리고 어린 자 240명만 돌려보냈다(『史記』 권6 「秦始皇本紀」 曰: 白起, 昭王時爲上將軍, 擊趙, 趙不利, 將軍趙括與六十萬人請降, 起乃盡阬之, 遣其小者二百四十人.).

224) 長吏: 秩이 六百石 이상이면 모두 長吏라고 하였다(『漢書』 권5 「景帝紀」). 또, 縣의 丞, 尉의 秩은 二百石에서 四百石인데 이들을 長吏라고도 하였다(『漢書』 권19상 「百官公卿表上」).

225) 竇固(?~88): 字는 孟孫이며, 扶風郡 平陵(지금의 陝西省 鹹陽西北) 사람이다. 明帝 때에는 中郎將·騎都尉·監羽林 등을 역임하였다(『後漢書』 권23 「竇固傳」).

다. 이 일은 이미 마무 등의 열전에 기록되어 있다. 전오는 멀리 도망가고 나머지 무리는 전부 흩어지거나 항복하니 7,000여 명을 삼보(三輔)[229]로 옮겼다. 알자(謁者) 두림(竇林)을 호강교위(護羌校尉)에 임명하고 적도현(狄道縣)에 거주하게 했다. 두림이 강족들에게 신임을 얻자 전안이 드디어 그를 방문해서 항복하였다. 두림이 하리(下吏)에게 속아서 전안을 대추호라고 거짓 상주하고, 황제의 뜻을 받들어 전안을 귀의후(歸義侯)에 봉하고, 한대도위(漢大都尉)[230]라는 명호를 수여하였다. 이듬해(59), 전오가 다시 항복해 오자, 두림은 다시 그가 첫째 추호라고 상주하고 그와 함께 궁궐로 가 명제를 알현하였다. 명제가 한 종족에 두 명의 추호(酋豪)가 있음을 이상하게 여겨 사실이 아님을 의심하여 두림에게 물었다. 두림은 말이 군색해지자 거짓으로 대답하기를 "전안이 곧 전오이니 농서의 말이 정확하지 않을 따름입니다."라고 하였다. 명제가 끝까지 추궁하여 그 사실을 알고서는 노하여 두림을 면관(免官)시켰다. 마침 또 양주자사(涼州刺史)[231]가 두림의 장죄(贓罪)를 상주하므로 그를 옥에 가두니 죽고 말았다.[232] 알자(謁者) 곽양(郭襄)이 두림을 대신해서 호강교위(護羌校尉)의 일을 맡았는데, 농서군에 도착하자 양주지역 강족의 강성함을 듣고서 다시 궁궐로 돌아오니 이 죄와 관련해서 형량을 따져 교위의 관직을 거두었다. 전오의 아들 동오(東吾)가 즉위하자 아버지(전오)가 한나라에 투항했으므로 변경의 요새 안으로 들어와 거주하며 스스로를 지키는 데 충실하고 행동을 삼갔다. 그러나 여러 동생들과 미오(迷吾) 등이 자주 노략질을 일삼았다.

---

226) 捕虜將軍: 後漢에서 설치하였으며, 정벌을 관장하였다.

227) 馬武(?~61): 字는 子張이며 南陽 湖陽 사람이며, 前漢 '雲臺二十八將' 중 한 명이다. 明帝 永平 원년(58) 捕虜將軍이 되어 金城郡에서 강족과 싸워 600명을 베었으나 洛都谷에서는 오히려 패하여 천여 명을 잃기도 했다. 마무는 강족의 무리가 변경을 나가자 군대를 이끌고 西邯까지 추격하여 4,600명을 베고 1,600명을 사로잡기도 했다(『後漢書』 권22 「馬武傳」).

228) 西邯: 西邯은 西邯水를 말하는데, 지금의 청해성 化隆 回族自治縣 서쪽에 있다(史爲樂 主編, 2005).

229) 三輔: 전한 때 京兆尹·左馮翊·右扶風의 합칭이다(史爲樂 主編, 2005).

230) 大都尉: 흉노의 군사조직에서 左右大都尉라는 관직명이 보이지만(『漢書』 권94上 「匈奴傳」), 한나라의 관직에는 이런 이름이 보이지 않는다. 後漢 安帝 建光 원년(121) 撣國王 雍由調를 漢大都尉로 삼은 적이 있은 것(『後漢書』 권116 「南蠻西南夷傳」)을 보면 漢나라의 관직명이 아니라 주변의 나라에 하사하는 관직이었던 것으로 생각된다.

231) 刺史: 漢武帝가 13개의 감찰구를 만들었는데, 이 州長官을 자사라 불렀다. 後漢 때에는 刺史는 명의상 감찰관이지만 실제로는 행정장관과 같았다(兪鹿年 編著, 1998).

232) 漢明帝 永平 2년(59) 12월 護羌校尉 竇林을 옥사시켰다(『後漢書』 권2 「顯宗孝明帝紀」 참조).

肅宗建初元年，安夷縣吏略妻卑湳種羌婦，吏爲其夫所殺，安夷長宗延追之出塞，種人恐見誅，遂共殺延，而與勒姐及吾良二種相結爲寇．隴西太守孫純遣從事李睦及金城兵會和羅谷，與卑湳等戰，斬首虜數百人．復拜故度遼將軍吳棠領護羌校尉，居安夷．二年夏，迷吾遂與諸衆聚兵，欲叛出塞．金城太守郝崇追之，戰於茘谷，崇兵大敗，崇輕騎得脫，死者二千餘人．於是諸種及屬國盧水胡悉與相應，吳棠不能制，坐徵免．武威太守傅育代爲校尉，移居臨羌．迷吾又與封養種豪布橋等五萬餘人共寇隴西·漢陽，於是遣行車騎將軍馬防，長外校尉耿恭副，討破之．於是臨洮·索西·迷吾等悉降．防乃築索西城，徙隴西南部都尉戍之，悉復諸亭候．至元和三年，迷吾復與弟號吾諸雜種反叛．秋，號吾先輕入寇隴西界，郡督烽掾李章追之，生得號吾，將詣郡．號吾曰：「獨殺我，無損於羌．誠得生歸，必悉罷兵，不復犯塞.」隴西太守張紆權宜放遣，羌即爲解散，各歸故地，迷吾退居河北歸義城．傅育不欲失信伐之，乃募人鬪諸羌胡，羌胡不肯，遂復叛出塞，更依迷吾．

숙종(肅宗)[233] 건초(建初) 원년(76), 안이현(安夷縣) 현리(縣吏)가 강족 가운데 비남종(卑湳種)의 부녀를 약탈하여 처로 삼았다가 그녀의 남편에게 살해되니, 안이현의 장리(長吏) 종연(宗延)이 그를 쫓아 요새 밖으로 나오자[234] 비남종 사람들이 죽임을 당할까 두려워하여 마침내 종연을 살해하고 늑자(勒姐) 및 오량(吾良) 두 종족과 결탁하여 도적이 되었다. 농서태수(隴西太守) 손순(孫純)이 종사(從事) 이목(李睦)을 보내 금성군(金城郡)의 군대와 화라곡(和羅谷)[235]에서 만나서 비남 등과 싸우도록 하여 수백 명의 머리를 베거나 포로로 잡았다. 전도료장군(前度遼將軍)[236] 오당(吳棠)에게 다시 호강교위(護羌校尉)의 일을 맡도록 하고,

233) 章帝(76~88년): 장제는 재위기간 동안 혹형 엄금, 개간 장려, 인구 증가, 요역과 조세의 경감 등 관대한 정치를 행했으며, 明帝와 더불어 '明章盛世'를 이루었다. 그러나 그는 외척의 방종을 용인하여 和帝 이후 외척의 전횡을 가져오게 했다.

234) 安夷縣: 後漢 章帝 建初 원년(76)에 설치된 현으로 金城郡에 속하였으며 護羌校尉가 거주하였다. 지금의 青海省 平安縣 서편에 있었다(史爲樂 主編, 2005).

235) 和羅谷: 화라곡이 어딘지 명확하지는 않지만 한나라와 강족이 자주 충돌했던 지역으로 생각된다(『後漢書』 권24 「馬援傳」).

236) 度遼將軍: 한나라 때 설치한 것으로 정벌을 관장하였다. 應劭는 遼水를 건너서 친다는 의미에서 관직의

안이현에 거주하도록 하였다. [숙종] 건초 2년(77) 여름, 미오가 드디어 여러 무리와 더불어 병사를 모아 반란을 일으키고자 변경 밖으로 나갔다. 금성 태수 학숭(郝崇)[237]이 그들을 추격하여 여곡(荔谷)[238]에서 싸웠으나 크게 패하고, 학숭은 경기(輕騎)로[239] 겨우 탈출하였으나 2,000여 명이 죽었다. 그래서 여러 종족과 속국 노수호(盧水胡)가 모두 서로 응하니[240] 오당은 이를 통제할 수 없었고 이 일로 불려와 면직되었다. 무위태수(武威太守) 부육(傅育: ?~87)이 오당을 대신해서 교위가 되어 임강(臨羌)[241]으로 옮겨가 거주하였다. 미오가 또 봉양종(封養種) 추호 포교(布橋) 등 5만여 명과 함께 농서군 · 한양군(漢陽郡)[242]을 노략질하니, 행거기장군(行車騎將軍)[243] 마방(馬防)[244] · 장수(長水) 교위 경공(耿恭)[245]을 부장으로 삼아 그들을

이름으로 삼았다고 한다(『漢書』 권7 「昭帝紀」應劭曰: 「當度遼水往擊之, 故以度遼爲官號.).

237) 郝崇: 생졸연대는 알 수 없지만 郝姓은 殷나라 帝乙 때 有子期가 太原郝鄉에 봉해진 후 郝을 氏로 삼았다고 한다(『資治通鑑』 권46).

238) 荔谷: 荔谷은 지금의 甘肅省 蘭州에 있었던 것으로 보인다(淸)顧祖禹, 『讀史方輿紀要』 권60 「陝西」 9, 「志」雲: 路通甘州. 又有荔谷, 在廢允吾縣界. 後漢建初二年, 燒當羌迷吾等反, 敗金城太守郝崇於荔谷, 崇輕騎得脫, 即此).

239) 輕騎: 말뜻은 가볍게 무장한 기병이지만 여기서는 單騎를 말한다.

240) 屬國: 屬國은 한나라 때 귀부한 匈奴 · 羌 · 彝 등의 민족을 안치하기 위해서 설치된 행정구역이다. 일정한 지역범위로 획정된 속국에는 본국의 습속이 보존되었다. 그리고 속국은 한나라로 내속한 소수의 부족 혹은 부락, 예를 들면 屬國戶水胡 · 屬國湟中月氏諸胡 · 屬國諸胡를 들 수 있다. 漢武帝 元狩 2年(前121)부터 한나라 말기까지 北 · 西 · 東 세 변경의 여러 군, 즉 定安 · 天水 · 上郡 · 西河 · 五原 · 金城 · 北地 · 犍爲 · 廣漢 · 蜀郡 · 張掖 · 居延 · 遼東에는 모두 속국을 설치하였으며, 큰 곳은 5~6개 성을, 작은 곳은 1~2개 성의 가지고 있었다. 屬國에는 都尉 · 丞·侯 · 千人 등의 관직이 있었으며, 아래로는 九譯令 · 屬國長史 · 屬國且渠 · 屬國當戶 등의 관직이 있었다.

241) 臨羌: 지금의 湟源 남쪽 古城이다.

242) 漢陽: 後漢 明帝 永平 17년(74) 天水郡을 漢陽郡으로 고쳤다.

243) '行': 관직명 앞에 붙힌 '行'字는 다른 관직을 지닌 사람이 임시로 그 관직을 맡아보는 것을 의미하는데, 漢나라 때에는 하급관직의 사람이 상급관직의 일을 맡아볼 때나 동급의 관원이 맡아볼 때 '行'자를 붙였다. 馬防이 行車騎將軍에 제수되기 이전의 관직은 城門校尉였다. 車騎將軍은 漢文帝 원년(전179)에 설치되었는데, 정벌을 담당하였다. 후한 때에는 주로 외척이 기용되었다.

244) 馬防: 字는 江平이며, 伏破將軍 馬援의 둘째 아들이다. 明帝 永平(58~75) 연간 黃門侍郎을 역임하고, 章帝 때 中郎將 · 城門校尉 등을 역임하였으며, 行車騎將軍에 제수되어 西羌을 정벌한 후 潁陽侯에 봉해졌다(『後漢書』 권54 「馬援列傳」).

245) 耿恭: 字는 伯宗이며 扶風郡 茂陵(지금의 섬서성 興平縣 東北) 사람이다. 후한의 장군이다(『後漢書』

토벌하여 격파하도록 하였다. 그래서 임조(臨洮)·색서(索西)·미오(迷吾) 등이 모두 항복하였다. 마방이 이에 색서성(索西城)을 쌓고,[246] 그들을 농서군으로 옮겨 남부도위(南部都尉)가 [이들을] 지키도록 하고, 여러 정(亭)과 후(候)[247]를 모두 회복시켰다. 숙종 원화(元和) 3년(86), 미오가 다시 아우 호오(號吾) 및 여러 종족과 함께 반란을 일으켰다. 가을, 호오가 먼저 날쌘 병사를 이끌고 농서의 경계를 침략하니, 농서군(隴西郡)의 독봉연(督烽掾)[248] 이장(李章)이 이들을 추격하여 호오를 생포하였다. 이장이 막 군에 다다랐을 때 호오는 "나만 죽이고 강족에게 피해를 주지 말기 바랍니다. 만일 살아서 돌아간다면 반드시 군대를 파하고 다시는 변경을 범하지 않겠습니다."라고 하였다. 농서 태수 장우(張紆)가 임시방책으로 놓아 주니, 강족이 즉시 해산하여 각각 옛 땅으로 돌아갔다. 미오는 물러가 하북(河北)[249]의 귀의성(歸義城)[250]에 거주하였다. 부육은 신의를 저버리면서 그들을(강족) 치기를 원치 않았지만, [어쩔 수 없이] 여러 강호(羌胡)에서 싸울 사람을 모집했다. 강호는 오히려 기꺼워하지 않고 마침내 반란을 일으켜 변경 밖으로 나가서 다시 미오에게 의지하였다.

章和元年, 育上請發隴西·張掖·酒泉各五千人, 諸郡太守將之, 育自領漢陽·金城五千人, 合二萬兵, 與諸郡剋期擊之, 令隴西兵據河南, 張掖·酒泉兵遮其西. 並未及會, 育軍獨進. 迷吾聞之, 徙廬落去. 育選精騎三千窮追之, 夜至建威南三兜谷, 去虜數里, 須旦擊之, 不設備. 迷吾乃伏兵三百人, 夜突育營, 營中驚壞散走, 育下馬手戰, 殺十餘人而死, 死者八百八十人. 及諸郡兵到, 羌遂引去. 育, 北地人也. 顯宗初, 爲臨羌長, 與捕虜將軍馬武等擊羌滇吾, 功冠諸軍; 及在武威, 威聲聞於匈奴. 食祿數十

권19 「耿弇列傳」).

246) 索西城: 李賢은 옛 성은 洮州에 있다고 했다. 馬端臨은 和政郡 경계라고 하였다(『文獻通考』 권333 「四裔考十」在今和政郡界是).

247) 亭候: 변경에서 적정을 살피기 위한 崗亭 혹은 土堡 등을 가리킨다(『後漢書』 권89 「南匈奴傳」: 增緣邊兵郡數千人, 大築亭候, 修烽火).

248) 督烽掾: 邊郡의 屬官 가운데 하나로 烽燧의 일을 담당하였다.

249) 河北: 胡三省은 逢留大河의 북쪽이라고 했다(『資治通鑑』 권47 胡三省注: 河北逢留大河之北也).

250) 歸義城: 본래 漢나라가 세운 성으로 여러 강족의 歸義者를 불러오게 하기 위한 것이었다(『資治通鑑』 권47 胡三省注: 歸義城本漢所築以招來諸羌之歸義者).

年, 秩奉盡贍給知友, 妻子不免操井臼. 肅宗下詔追褒美之. 封其子穀爲明進侯, 七百戶. 以隴西太守張紆代爲校尉, 將萬人屯臨羌.

[장제(章帝)] 장화(章和) 원년(87), 부육은 농서군 · 장액군(張掖郡)[251] · 주천군(酒泉郡)[252]에서 각각 5,000명을 징발해서 여러 태수가 이들을 거느리고, 부육 자신은 한양군(漢陽郡)과 금성군의 5,000명을 이끌어 모두 2만의 병력으로 여러 태수와 기일을 정해 그들을 치고자 하여, 농서군의 병력은 황하의 남쪽에 웅거하고, 장액군과 주천군의 병력은 황하의 서쪽을 가로막도록 청하였다. 모두 모이기도 전에 부육이 단독으로 진격하였다. 미오가 그것을 듣고서 부락[253]을 옮겨 떠나 버렸다. 부육은 날쌔고 용감한 기병 3,000명을 선발하여 그들을 끝까지 추격하여 밤에 건위현(建威縣)[254] 남쪽 삼두곡(三兜谷)[255]에 이르러서는 그들과 거리가 몇 리로 좁혀지자 아침을 기다려 그들을 치고자 하여 방비태세를 갖추지 않았다. 이에 미오가 복병 3백 명으로 밤에 갑자기 부육의 군영을 기습하였다. [부육의] 군영은 놀라고 무너져 [병사들은] 흩어져 달아나고, 부육은 말에서 내려 맨손으로 싸워 십여 명을 죽였으나 죽고 말았으며, 880명이 죽었다. 여러 군의 병력이 도착해서야 강족은 드디어 퇴각하였다. 부육은 북지군(北地郡)[256] 사람으로, 현종(顯宗: 明帝) 초에 임강(臨羌)의 우두머리가 되어 포로장군 마무 등과 함께 강족 전오(滇吾)를 쳤는데, 부육의 전공은 여러 군대에서 으뜸이었다. [그가] 무위군(武威郡)에 있었을 때 그의 명성은 흉노까지 전해졌다. 나라의 녹을 먹은 지 수십 년 동안 받은 녹은 모두 다 친구들에게 나누어 주니 그의 처자는 직접 살림을 해야만 했다.[257]

---

251) 張掖郡: 漢武帝 元鼎 6년(전111) 武威郡을 나누어서 설치한 군으로 치소는 觻得縣(지금의 甘肅省 張掖市 서북쪽 10리)이다(史爲樂 主編, 2005).

252) 酒泉郡: 漢武帝 元狩 2년(전121)에 설치한 郡으로 치소는 祿福縣(지금의 감숙성 酒泉市)이다. 그곳의 물이 술과 같아서 酒泉이라 불렀다고 한다(『漢書』 권28하 「地理志」).

253) 廬落: '촌락' 혹은 '부락'의 의미.

254) 建威縣: 漢代 武都郡에 속한 현으로 지금의 甘肅省 成縣 서북쪽이다(史爲樂 主編, 2005).

255) 三兜谷: 지금의 청해성 尖紮縣 서북에 있다. 三兜는 Sa rdo로 모래와 자갈이 많은 토지라는 뜻이다(佐藤長, 1983).

256) 北地郡: 戰國시기 秦나라가 설치한 군으로 치소는 義渠縣(지금의 감숙성 西峰市 동쪽)이다. 전한시기에는 치소를 馬領縣(지금의 감숙성 慶陽縣 서북쪽)으로 옮겼으며, 후한 때에는 富平縣(지금의 영하회족자치구 吳忠縣 서남쪽)으로 옮겼다(史爲樂 主編, 2005).

숙종(肅宗)은 조를 내려 그 미덕을 널리 기렸으며, 그의 아들 부의(傅毅)를 명진후(明進侯)로 봉하였으니, 식읍은 칠백 호였다. 농서 태수 장우를 그를 대신해서 교위로 삼으니, 만여 명을 이끌고 임강현(臨羌縣)에 주둔하였다.

迷吾既殺傅育, 狃(伏)[忕]邊利. 章和元年, 復與諸種步騎七千人入金城塞. 張紆遣從事司馬防將千餘騎及金城兵會戰於木乘谷, 迷吾兵敗走, 因譯使欲降, 紆納之. 遂將種人詣臨羌縣, 紆設兵大會, 施毒酒中, 羌飲醉, 紆因自擊, 伏兵起, 誅殺酋豪八百餘人. 斬迷吾等五人頭, 以祭育塚. 復放兵擊在山谷閒者, 斬首四百餘人, 得生口二千餘人. 迷吾子迷唐及其種人向塞號哭, 與燒何·當煎·當闐等相結, 以子女及金銀娉納諸種, 解仇交質, 將五千人寇隴西塞, 太守寇盱與戰於白石, 迷唐不利, 引還大·小榆谷, 北招屬國諸胡, 會集附落, 種衆熾盛, 張紆不能討. 永元元年, 紆坐徵, 以張掖太守鄧訓代爲校尉, 稍以賞賂離閒之, 由是諸種少解.

미오는 이미 부육을 살해하고, 변경의 이익을 [탐하는 데] 버릇이 들어 있었다.[258] 장화(章和) 원년(87), 다시 여러 종족과 함께 보병과 기병 7,000명으로 금성군(金城郡)의 변경을 침입하였다. 장우(張紆)가 종사(從事)[259] 사마방(司馬防)을 보내 기병 1,000여 기와 금성군의 군대를 이끌고 목승곡(木乘谷)[260]에서 싸우니 미오의 군대는 패해서 달아나고, [미오는] 역사(譯使)[261]에게 부탁하여 항복하고자 하니 장우가 이를 허락하였다. 드디어 [미오가] 종족 사람들을 이끌고 임강현(臨羌縣)에 도착하니, 장우는 병사를 갖추어 두고 크게 연회를 열었다. [장우는] 술에 독을 타 놓아 강족들이 마시고 취하자, 자신을 가격하는 것을 신호로 숨어 있던 병사들이 일어나 강족 추호 800여 명을 주살하였다. 미오 등 5명의 머리를 베어

257) '操井臼': 원래 우물을 긷고 쌀을 찧는다는 뜻이지만 하녀에게 맡기지 않고 직접 밥을 짓고 빨래를 하는 것을 의미한다.

258) '狃忕'는 관습이다. '狃'의 음은 '女'자와 '九'자의 반절이다. '忕'의 음은 '時'자와 '制'자의 반절이다.

259) 從事: 이때 張紆가 護羌校尉였으므로 여기서 말하는 종사는 호강교위 아래의 종사이다. 護羌校尉는 대체로 두 명의 從事를 두었다(『資治通鑑』 권47 胡三省注)護羌校尉蓋亦置二人也.).

260) 木乘谷: 지금의 青海省 湟源縣 서북쪽에 있다(史爲樂 主編, 2005).

261) 譯使: 통역을 책임진 사자.

부육의 무덤에서 제사를 지냈다. [장우는] 다시 병사를 풀어 산골짜기에 있던 강족을 쳐서 400여 명의 머리를 베고, 2,000여 명을 사로잡았다. 미오의 아들 미당 및 그의 종족들은 요새를 향해서 소리쳐 울었다. 이들은 소하강(燒何羌)·당전강(當煎羌)·당전강(當闐羌) 등과 서로 결탁하여 자녀와 금은을 여러 종족에게 폐백으로 주어 원한을 풀고 인질을 교환하였으며, 5,000여 명을 이끌고 농서군(隴西郡)의 변경을 침략하였다. 농서 태수 구우(寇盱)와 백석현(白石縣)에서 싸우니, 미당은 불리하자 무리를 이끌고 대(大)·소유곡(小榆谷)으로 돌아가 북쪽에 있던 속국(屬國)의 여러 호(胡)를 부르고, 부속한 부락을 한 곳으로 결집시키니 종족의 무리가 대단히 성하여 장우가 이를 토벌할 수 없었다. 화제(和帝) 영원(永元) 원년(89), 장우가 죄에 연루되어 소환되고, 장액(張掖) 태수 등훈(鄧訓)[262]이 그를 대신해서 교위가 되어 차츰 상과 뇌물로 그들 사이를 이간질하니 이로 인해 여러 종족이 점차 작아지거나 해체되었다.

東吾子東號立. 是時號吾將其種人降. 校尉鄧訓遣兵擊迷唐, 迷唐去大·小榆谷, 徙居頗巖谷. 和帝永元四年, 訓病卒, 蜀郡太守聶尙代爲校尉. 尙見前人累征不克, 欲以文德服之, 乃遣驛使招呼迷唐, 使還居大·小榆谷. 迷唐既還, 遣祖母卑缺詣尙, 尙自送至塞下, 爲設祖道, 令譯田汜等五人護送至廬落. 迷唐因而反叛, 遂與諸種共生屠裂汜等, 以血盟詛, 復寇金城塞. 五年, 尙坐徵免, 居延都尉貫友代爲校尉. 友以迷唐難用德懷, 終於叛亂, 乃遣驛使搆離諸種, 誘以財貨, 由是解散. 友乃遣兵出塞, 攻迷唐於大·小榆谷, 獲首虜八百餘人, 收麥數萬斛, 遂夾逢留大河築城塢, 作大航, 造河橋, 欲度兵擊迷唐. 迷唐乃率部落遠依賜支河曲. 至八年, 友病卒, 漢陽太守史充代爲校尉. 充至, 遂發湟中羌胡出塞擊迷唐, 而羌迎敗充兵, 殺數百人. 明年, 充坐徵, 代郡太守吳祉代爲校尉. 其秋, 迷唐率八千人寇隴西, 殺數百人, 乘勝深入, 脅塞內諸種羌共爲寇盜, 衆羌復悉與相應, 合步騎三萬人, 擊破隴西兵, 殺大夏長. 遣行征西將軍劉尙·越騎校尉趙代副, 將北軍五營·黎陽·雍營·三輔積射及邊兵羌胡三萬人討之. 尙

262) 鄧訓: 字는 平叔으로 後漢 개국공신 鄧禹의 여섯 번째 아들이다. 章帝 元和 3년(86) 張掖太守가 되었다(『後漢書』 권16「鄧寇列傳」).

屯狄道, 代屯枹罕. 尚遣司馬寇盱監諸郡兵, 四面並會. 迷唐懼, 棄老弱 奔入臨洮南. 尚等追至高山. 迷唐窮迫, 率其精強大戰. 盱斬虜千餘人, 得牛馬羊萬餘頭. 迷唐引去. 漢兵死傷亦多, 不能復追, 乃還入塞. 明年, 尚·代並坐畏懦徵下獄, 免. 謁者王信領尚營屯枹罕, 謁者耿譚領代營屯白石. 譚乃設購賞, 諸種頗來內附. 迷唐恐, 乃請降. 信·譚遂受降罷兵, 遣迷唐詣闕. 其餘種人不滿二千, 飢窘不立, 入居金城. 和帝令迷唐將其種人還大·小榆谷. 迷唐以爲漢作河橋, 兵來無常, 故地不可復居, 辭以種人飢餓, 不肯遠出. 吳祉等乃多賜迷唐金帛, 令糴穀市畜, 促使出塞, 種人更懷猜驚. 十二年, 遂復背叛, 乃脅將湟中諸胡, 寇鈔而去. 王信·耿譚·吳祉皆坐徵, 以酒泉太守周鮪代爲校尉. 明年, 迷唐復還賜支河曲.

동오(東吾)의 아들 동호(東號)가 즉위하였다. 이때 호오(號吾)가 종족 사람을 이끌고 와 항복하였다. 교위 등훈(鄧訓)이 군대를 보내 미당(迷唐)을 치니, 미당은 대·소유곡을 떠나 파암곡(頗巖谷)으로 옮겨가 거주하였다. 화제(和帝) 영원(永元) 4년(92), 등훈이 병으로 죽으니 촉군(蜀郡) 태수 섭상(聶尙)이 대신해서 교위가 되었다. 섭상은 전임자들이 누차 [미당을] 쳤으나 이기지 못함을 보고서 문교의 힘으로 그들을 복속시키고자 하여 역사(譯使)를 보내 미당을 불러서 다시 대·소유곡으로 돌아가 거주하도록 하였다. 미당이 이미 돌아와 조모 비결(卑缺)을 보내 섭상을 알현하도록 하니, 섭상은 친히 배웅하고자 요새 아래에 이르러서 [그녀를] 위해서 조도(祖道)[263]를 베풀고, 역인(譯人)[264] 전사(田汜) 등 5인을 시켜 [비결]을 호송해서 부락(部落)에 이르도록 했다. 미당은 이를 계기로 배반하고, 여러 종족들과 더불어 전사 등을 산 채로 찢어죽이고, 그들의 피로써 맹세하며, 다시 금성군(金城郡)의 변경을 노략질하였다. 화제 영원 5년(93), 섭상은 죄에 연루되어 면직되고, 거연도위(居延都尉)[265] 관우(貫友)[266]가 대신해서 교위가 되었다. 관우

---

263) 祖道: 여행할 때 行路神에게 제사를 지내는 일(『漢書』 권66 「公孫劉田王楊蔡陳鄭傳」: 貳師將軍李廣利將兵出擊匈奴, 丞相爲祖道. 師古曰: 「祖者, 送行之祭, 因設宴飮焉.」)이다.

264) 譯人: 통역을 맡은 사람이다.

265) 居延縣: 漢武帝 때 설치한 현으로 張掖郡에 속하였으며, 郡都尉가 다스렸다. 지금의 內蒙古自治區 額濟納旗 동남쪽에 위치하였다(史爲樂 主編, 2005).

는 미당에게 덕과 감화를 사용하기 어렵다고 생각했는데, 결국 반란을 일으키니, 역사를 보내 여러 종족 사이를 이간질시키고, 재화로 그들을 유인하니 [여러 종족이] 흩어졌다. 관우가 이에 군대를 보내 변경 밖으로 나가 대유곡과 소유곡에서 미당을 공격하니 머리를 베거나 포로로 잡은 이가 800여 명이 되었으며, 보리 수만 곡(斛)을 거두워들였다. 드디어 봉류대하(逢留大河)[267]를 끼고 성과 오(塢)를 쌓고, 큰 배를 만들고, 다리를 만들어 군대를 건너가게 해서 미당을 치고자 하였다. 미당은 이에 부락을 이끌고 멀리 사지하곡(賜支河曲)에 의지하며 살게 되었다. 화제 영원 8년(96), 관우가 병으로 죽자 한양(漢陽) 태수 사충(史充)[268]이 대신해서 교위가 되었다. 사충이 이르자 황중(湟中)의 강호(羌胡)를 징발하여 변경을 나가 미당을 치니, 강족은 사충의 군대를 맞이하여 싸워 패퇴시키고 수백 명을 죽였다. 이듬 해, 사충은 죄에 연루되어 소환되고 대군(代郡)[269] 태수 오지(吳祉)가 대신해서 교위가 되었다. 그 해 가을, 미당이 8,000명을 이끌고 농서군을 노략질하여 수백 명을 살해하고, 승기를 타 깊숙이 쳐들어가 변경 안의 여러 강족들을 위협하여 함께 도적이 되게 하니, 여러 강족들이 다시 모두 함께 서로 호응하여 보병과 기병이 3만이 되어 농서군의 군대를 격파하고 대하(大夏)의 우두머리를 살해하였다.[270] 행정서장군(行征西將軍)[271] 유상(劉尙)을 주장으로, 월기교위(越騎校尉)[272] 조대(趙代)를 부장으로 삼아 북군(北軍)의 오영(五營)·여양(黎陽)·옹영(雍營)·삼보(三輔)의 적사(積

266) 貫友: 생졸연대는 미상이지만 胡三省은 한나라 초기 趙나라 相 貫高가 있었다는 점을 들어서 貫은 姓이라고 하였다(『資治通鑑』 권48, 胡三省注) 貫, 姓也, 漢初趙相貫高.).

267) 逢留大河: 지금의 청해성 貴德縣 경내의 황하를 말한다(『資治通鑑』 권48, 胡三省注: 此大河卽黃河. 河水至此有逢留之名, 在二榆穀北.).

268) 章帝 元和 3년(86)부터 和帝 永元 8년(96)까지 傅育·張紆·鄧訓·聶尙·貫友·史充 등 6명의 교위가 강족을 쳤다.

269) 代郡: 戰國시기 趙나라가 설치하였으며, 秦나라와 漢나라 때 치소는 지금의 河北省 蔚縣 서남쪽에 위치했던 代縣이다(史爲樂 主編, 2005). 代郡은 옛 代國지역으로 한나라 초기에도 代國을 두었으나 이후 代郡으로 삼았다.

270) 大夏縣: 前漢 때 설치한 현으로 隴西郡에 속하였으며, 치소는 지금의 甘肅省 廣河縣 서쪽에 위치하였다(史爲樂 主編, 2005).

271) 行征西將軍: 여기서 '行'字는 하급의 관료가 상급의 관직을 일시적으로 대행하는 것을 말한다. 征西將軍은 후한 때 설치한 것으로, 光武帝가 馮異를 征西大將軍으로 삼은 적이 있었다.

272) 越騎校尉: 漢武帝가 京師에 설치한 8校尉 가운데 하나로 北軍에 속하였으며 秩은 二千石이었다.

射)[273] 및 변경의 강호(羌胡) 군대 3만을 이끌고 가 그들을 토벌하였다.[274] 유상은 적도현(狄道縣)에 주둔하고, 조대는 부한현(枹罕縣)에 주둔하였다. 유상이 사마(司馬)[275] 구우(寇盱)를 보내 여러 군의 병사를 감독하도록 하고, 사면에서 동시에 회합하였다. 미당이 두려워하여 노약자를 버리고 달아나 임조군(臨洮郡)의 남쪽으로 들어갔다. 유상 등이 이들을 추격하다가 높은 산에 이르니 미당은 궁지에 몰려 날래고 강한 정예병을 내세워 크게 싸웠다. 구우가 머리를 베거나 포로로 잡은 자가 1,000여 명이 되었으며, 소와 말과 양 등 만여 마리를 노획하였다. 미당은 무리를 이끌고 달아나고, 한나라 병사 역시 죽거나 다친 자가 많아서 다시 추격할 수 없었으므로 요새로 돌아왔다. 다음 해, 유상과 조대는 두려워하고 겁먹었다는 이유로 소환되어 하옥 면직되었다. 알자(謁者) 왕신(王信)은 유상의 병영을 이끌고 부한현에 주둔하고, 알자 경담(耿譚)은 조대의 병영을 이끌고 백석현(白石縣)에 주둔하였다. 경담이 상을 내걸어 다스리니 여러 종족이 자못 와서 내응하였다. 미당이 두려워하여 항복을 청하였다. 왕신과 경담은 항복을 받아들여 군대를 파하고, 미당을 궁궐로 보냈다. 그 나머지 종족들은 채 2,000명이 되지 않았으며 굶주리고 군색하여 살아갈 수 없었으므로 금성군(金城郡)으로 가서 거주하도록 했다. 화제는 미당에게 그 종족을 데리고 대유곡과 소유곡으로 돌아가도록 명하였다. 미당은 한나라가 다리를 놓는다면 군대가 수시로 올 것이므로 옛땅에 다시 거주할 수 없을 것이라 생각하고, 종족이 굶주리고 있다는 것을 핑계로 사양하고 멀리 가기를 원하지 않았다. 이에 오지 등은 미당에게 많은 금백을 주어 곡식과 가축을 사서 변경 밖으로 나갈 것을 재촉하니 종족 사람들이 다시 의심하고 경계하였다. 화제 영원 12년(100) [미당이] 다시 배반하고, 황중(湟中)의 여러 종족을 위협하여, [이들을] 이끌고 노략질을 하고서는 달아났다.

---

273) 積射: 흔적을 찾아가면서 활을 쏘는 병사이다.

274) 五營: 五營은 五校이다(『後漢書』 권6, 李賢注)五營五校也.). 後漢의 군대는 수도에 南軍과 北軍이 설치되었는데, 북군 아래 屯騎 · 越騎 · 步兵 · 長水 · 射聲 등 五營이 있었다. 오영에는 각각 한 명의 校尉를 두어 京師를 방어하도록 했다. 지방에는 雍營(지금의 陝西省 鳳翔 남쪽)과 黎陽營(지금의 河南省 浚縣 동쪽)이 있었다. 雍營은 三輔(左馮翊 · 右扶風 · 京兆尹)의 수비를 담당하여 낙양 서쪽의 병풍 역할을 하고, 黎陽營은 幽州 · 冀州 · 幷州의 병사들로 조성되었는데, 황하 이북의 수비를 담당하였다.

275) 司馬: 『周禮』에는 夏官 大司馬의 속관에 軍司馬, 輿司馬, 行司馬 등이 있었으며, 한나라 때에는 宮門 · 大將軍 · 將軍 · 校尉의 속관에 司馬가 있었다. 변경지역의 郡에는 千人司馬가 있어서 兵事를 관장하였다.

왕신·경담·오지는 모두 죄에 연루되어 소환되고, 주천 태수(酒泉太守) 주유(周鮪)가 대신해서 교위가 되었다. 이듬 해, 미당은 다시 사지하곡(賜支河曲)으로 돌아갔다.

初, 累姐種附漢, 迷唐怨之, 遂擊殺其酋豪, 由是與諸種爲讎, 黨援益疏. 其秋, 迷唐復將兵向塞, 周鮪與金城太守侯霸, 及諸郡兵·屬國湟中月氏諸胡·隴西牢姐羌, 合三萬人, 出塞至允川, 與迷唐戰. 周鮪還營自守, 唯侯霸兵陷陳, 斬首四百餘級. 羌衆折傷, 種人瓦解, 降者六千餘口, 分徙漢陽·安定·隴西. 迷唐遂弱, 其種衆不滿千人, 遠踰賜支河首, 依發羌居. 明年, 周鮪坐畏懦徵, 侯霸代爲校尉. 安定降羌燒何種脅諸羌數百人反叛, 郡兵擊滅之, 悉沒入弱口爲奴婢.

[한나라] 초기 누자종(累姐種)이 한나라에 의지하니 미당이 그것을 원망하여 마침내 누자종의 추호를 때려죽였으므로 여러 종족과 원수가 되어 동류의 도움은 더욱 소원해졌다. 그 해 가을, 미당이 군대를 이끌고 [한나라의] 변경으로 향하자 주유(周鮪)가 금성 태수 후패(侯霸)와 함께 여러 군의 병사와 속국(屬國) 황중(湟中) 월지(月氏)의 여러 호(胡)들과 농서군의 뇌자강(牢姐羌) 병사, 도합 3만 명으로 변경을 나가 연천(允川)[276)]에 이르러 미당과 싸웠다. 주유는 병영으로 돌아와 지키고, 후패만이 [미당의] 진중을 함락하여 400여 명을 베었다. 강족 다수는 다치거나 죽어 종족 사람들은 와해되고, 항복한 자가 6,000여 명이었으며, 한양군(漢陽郡)·안정군(安定郡)·농서군(隴西郡)으로 나누어 옮겨졌다. 미당이 드디어 약해지고, 그 종족 무리는 1,000명이 채 되지 않아 멀리 사지하의 상류를 넘어서 발강(發羌)[277)]에 의지하여 거주하였다. 다음 해, 주유는 두려워하고 겁먹었다는 이유로 소환되고 후패가 대신해서 교위가 되었다. 안정군에서는 항복한 강족인 소하종(燒何種)이 여러 강족 수백 인을 위협하여 반란을 일으키자, 안정군의 군대가 그들을 쳐서 멸하고 약한 자들을 모두 관으로 거두워들여 노비로 삼았다.

---

276) 允川: 지금의 청해성 貴德縣 서북의 황하 이북 일대이다(史爲樂 主編, 2005). 李賢은 앞에서 '允'의 발음을 '鈆'이라 했으므로 여기서도 '연'으로 읽는다.

277) 發羌: 發羌은 '蕃發聲近'의 이유로 당대 吐蕃의 선조라고 한다(『新唐書』 권216상, 「吐蕃傳」).

時西海及大·小榆谷左右無復羌寇. 隃麋相曹鳳上言:「西戎爲害, 前世所患, 臣不能紀古, 且以近事言之. 自建武以來, 其犯法者, 常從燒當種起. 所以然者, 以其居大·小榆谷, 土地肥美, 又近塞內, 諸種易以爲非, 難以攻伐. 南得鍾存以廣其衆, 北阻大河因以爲固, 又有西海魚鹽之利, 緣山濱水, 以廣田蓄, 故能彊大, 常雄諸種, 恃其權勇, 招誘羌胡. 今者衰困, 黨援壞沮, 親屬離叛, 餘勝兵者不過數百, 亡逃棲竄, 遠依發羌. 臣愚以爲宜及此時, 建復西海郡縣, 規固二榆, 廣設屯田, 隔塞羌胡交關之路, 遏絶狂狡窺欲之源. 又殖穀富邊, 省委輸之役, 國家可以無西方之憂.」於是拜鳳爲金城西部都尉, 將徙士屯龍耆. 後金城長史上官鴻上開置歸義·建威屯田二十七部, 侯霸復上置東西邯屯田五部, 增留·逢二部, 帝皆從之. 列屯夾河, 合三十四部. 其功垂立. 至永初中, 諸羌叛, 乃罷. 迷唐失衆, 病死. 有一子來降, 戶不滿數十.

이때 서해군(西海郡)과 대·소유곡 좌우에 다시는 강족 도적이 없었다. 유미(隃麋)의 상(相)[278] 조봉(曹鳳)이 상언하여 말하기를 "서융(西戎)이 해로운 것은, 앞 시대에도 근심이 된 바이지만 신은 옛 일을 상고할 수 없으므로 가까운 시일의 일로 그것을 말하고자 합니다. 광무제 건무(建武) 이래 법을 어기는 자는 항상 소당종(燒當種)을 따라서 일어났습니다. 그렇게 된 까닭은 그들이 대·소유곡에 거주하고, 토지는 비옥하고 변경과 가까이 있으며, 여러 종족은 쉽게 불법을 저지르지만 공벌(攻伐)하기는 어렵기 때문입니다. 남으로는 종존종(鍾存種)을 얻어서 그 무리를 넓히고, 북으로는 험준한 대하(大河)로 인해서 견고하며, 또한 서해가 있어 고기와 소금의 이익이 있으며, 푸른 산과 가까이에 물이 있어서 전지(田地)와 목축을 늘려갔으므로 능히 강대해질 수 있었습니다. 항상 여러 종족의 우두머리가 되어 그 용맹을 믿고서 강호(羌胡)를 불러서 꾀었습니다. 지금은 쇠락하고 곤궁하여, 같은 무리의 원조도 끊어지고, 친속도 떠나서 배반하고, 나머지 무리마저 전투에 참가할 수 있는 병력이 수백 명에 지나지 않으며, 도망가 숨어 지내기도 하고, 멀리 발강에게 의지하기도 합니다. 신의

---

278) 隃麋縣: 李賢은 右扶風에 속한 현이라고 하였다. 그런데 胡三省은 隃麋는 侯國으로 右扶風에 속하였으며, 隃麋의 古城은 (元代) 隴州 汧陽縣 동남쪽에 있었다고 하였다(『資治通鑑』 권48, 胡三省注: 隃麋, 侯國, 屬右扶風. 賢曰: 隃麋故城, 在今隴州汧陽縣東南). 당시 趙鳳이 隃麋의 相이었던 것을 보면 隃麋는 侯國으로 보는 것이 타당하다.

우매한 생각으로는 지금 이 시기에 마땅히 다시 서해에 군현을 설치하여 대유곡과 소유곡의 구획을 정해서 봉쇄하고, 널리 둔전(屯田)[279)]을 설치하여 강호(羌胡)가 교류하는 길을 멀리 떨어져 막히도록 하여, 반란자들의 분에 맞지 않는 욕구의 근원을 막아야 합니다. 곡식을 잘 길러 변경을 부유롭게 하여 운송의 요역을 줄이면 국가는 서방의 근심이 없게 될 것입니다."라고 하였다. 그래서 조봉을 금성서부도위(金城西部都尉)[280)]에 제수하고, 사민(徙民)과 병사를 이끌고 용기현(龍耆縣)에 주둔하게 했다.[281)] 그 뒤 금성장사(金城長史) 상관홍(上官鴻)이 귀의현(歸義縣)[282)]·건위현(建威縣)에 둔전 27구역을 개척해서 설치할 것을 청하였으며, 후패가 다시 동서의 감수(邯水)[283)] 위에 둔전 5구역을 설치하고, 유(留)와 봉(逢) 2구역을 늘려 설치할 것을 건의하니 화제가 모두 받아들였다. 황하를 끼고 펼쳐져 있는 둔전이 모두 34 구역이었으니 그 공은 두드러지고 확고했다. 안제(安帝) 영초(永初: 107~113) 연간에 여러 강족이 반란을 일으키자 [둔전을] 파하였다. 미당은 자신의 무리를 잃어버리고 병으로 죽었다. 그의 아들 가운데 한 명이 항복해 왔는데, 호(戶)가 수십이 되지 않았다.

東號子麻奴立. 初隨父降, 居安定. 時諸降羌布在郡縣, 皆爲吏人豪右所徭役, 積以愁怨. 安帝永初元年夏, 遣騎都尉王弘發金城·隴西·漢陽羌數百千騎征西域, 弘迫促發遣, 羣羌懼遠屯不還, 行到酒泉, 多有散叛. 諸郡各發兵徼遮, 或覆其廬落. 於是勒姐·當煎大豪東岸等愈驚, 遂同時奔潰. 麻奴兄弟因此遂與種人俱西出塞.

---

279) 屯田: 漢文帝 11년(전169) 죄인·노비·모집한 농민 등을 변경지역으로 이주시켜 둔전을 경작케 했으며, 무제는 변경을 지키는 병사를 대규모로 서역으로 이주시켜 경작시켰다. 한나라 때의 둔전은 대체로 서북의 변경지역에 설치되었으며 주요 방식은 軍屯으로 그 규모는 크지 않았다.

280) 都尉: 戰國시기부터 설치되었는데, 漢景帝 때 郡尉를 都尉로 고쳐 불렀다. 都尉는 태수를 보좌해서 全郡의 군사를 담당하였으며, 邊郡에는 各部都尉를 설치하였다. 또한 都尉는 前漢의 행정관명으로 중앙 관직에는 水衡都尉·搜粟都尉 등이 지방관직에는 關都尉·農都尉 등이 있었다.

281) 龍耆: 지금의 靑海省 海晏县 三角城이다(史爲樂 主編, 2005). 또한 龍耆는 龍支로, 鄯州縣이라고 한다(『資治通鑑』 권48, 胡三省注: 龍耆, 卽龍支也, 今鄯州縣.).

282) 歸義: 한나라가 성을 쌓아서 여러 강족을 불러들이니 歸義라고 하였다(『資治通鑑』 권47).

283) 邯: 李賢은 「馬武傳」에서 邯水는 두 곳으로 흘러 그것을 東邯과 西邯이라 부르며, 廓州 和隆縣 동쪽에 있다고 하였다. 廓州는 지금의 靑海省 貴德縣 남쪽에 위치하였다.

동호(東號)의 아들 마노(麻奴)가 즉위하였다. 마노는 아버지를 따라 [한나라에] 항복하고 안정군(安定郡)에 거주하였다. 이때 항복한 여러 강족은 군현에 퍼져 있었으며, 모두 이인(吏人)과 호우(豪右)에게 요역을 당하고 있어서 원한이 쌓여 갔다. 안제 영초 원년(107) 여름, 기도위(騎都尉)[284] 왕홍(王弘)을 파견하여 금성군(金城郡)·농서군(隴西郡)·한양군(漢陽郡)의 강족 수백, 수천 기를 징발하여 서역을 치도록 하니, 왕홍이 병사의 파견을 재촉하자 여러 강족이 멀리 주둔하여 돌아오지 못할 것을 두려워하고, 그 행렬이 주천군(酒泉郡)에 도착하자 흩어져 반란을 일으키는 경우도 많이 있었다. 이때 여러 군에서 각각 군대를 징발하여 [그들을] 가로막고, 혹은 그 부락을 파괴하였다. 이리하여 늑자(勒姐)·당전(當煎)의 대추호 동안(東岸) 등은 더욱 놀라서, 동시에 패주하여 달아났다. 마노의 형제는 이로 인해 종족 사람들과 함께 서쪽 변경을 나갔다.

先零別種滇零與鍾羌諸種大爲寇掠, 斷隴道. 時羌歸附旣久, 無復器甲, 或持竹竿木枝以代戈矛, 或負板案以爲楯, 或執銅鏡以象兵, 郡縣畏懦不能制. 冬, 遣車騎將軍鄧騭, 征西校尉任尚副, 將五營及三河·三輔·汝南·南陽·潁川·太原·上黨兵合五萬人, 屯漢陽. 明年春, 諸郡兵未及至, 鍾羌數千人先擊敗騭軍於冀西, 殺千餘人. 校尉侯霸坐衆羌反叛徵免, 以西域都護段禧代爲校尉. 其冬, 騭使任尚及從事中郎司馬鈞率諸郡兵與滇零等數萬人戰於平襄, 尚軍大敗, 死者八千餘人. 於是滇零等自稱「天子」於北地, 招集武都·參狼·上郡·西河諸雜種, 衆遂大盛, 東犯趙·魏, 南入益州, 殺漢中太守董炳, 遂寇鈔三輔, 斷隴道. 湟中諸縣粟石萬錢, 百姓死亡不可勝數. 朝廷不能制, 而轉運難劇, 遂詔騭還師, 留任尚屯漢陽, 爲諸軍節度. 朝廷以鄧太后故, 迎拜騭爲大將軍, 封任尚樂亭侯, 食邑三百戶.

선령강(先零羌)의 한 갈래인 전령(滇零)이 종강(鍾羌)의 여러 종족과 함께 크게 노략질해서 농서군(隴西郡)으로 통하는 길을 끊었다. 당시 강족은 [한나라에] 충심으로 와서 의지한 지가 이미 오래 되어 다시는 무장을 하지 않았다. [강족은] 대나무와 나뭇가지를 가지고 과

284) 騎都尉: 漢武帝가 설치하였으며, 後漢 때는 광록훈에 속했다. 직장은 侍從과 顧問을 담당하였다.

(戈)와 모(矛)를 대신하거나, 판자나 책상을 들고 방패로 삼기도 하고, 청동거울을 쥐고서 무기인 것처럼 했으나 군현에서 두려워하고 겁을 내 통제할 수 없었다. 그 해 겨울, 거기장군(車騎將軍) 등즐(鄧騭)[285]을 보내 정서교위(征西校尉)[286] 임상(任尙)을 부장으로 삼아 오영(五營) 및 삼하(三河)[287]·삼보(三輔)·여남군(汝南郡)[288]·남양군(南陽郡)[289]·영천군(潁川郡)[290]·태원군(太原郡)·상당군(上黨郡)[291]의 병사 도합 5만을 이끌고 한양군(漢陽郡)에 주둔하게 하였다. 다음 해 봄, 여러 군의 병사가 아직 도착하지 않았는데, 종강 수천 명이 기주(冀州)의 서쪽에서 등즐의 군대를 먼저 쳐부수고 1,000여 명을 살해하였다. 교위 후패는 강족이 반란을 일으킨 일로 소환되어 면직되고, 서역도호(西域都護)[292] 단희(段禧)가 대신해서 교위가 되었다. 그 해 겨울, 등즐은 임상 및 종사중랑(從事中郎)[293] 사마균(司馬鈞)으로

---

285) 鄧騭(?~121): 字는 昭伯이며, 南陽郡 新野(지금의 하남성 新野 남쪽) 사람이다. 누이동생이 화제의 황후였으며, 安帝가 즉위하자 大將軍에 보임되었다. 태후가 죽은 후 안제의 유모 王聖과 환관 李閏 등의 무고로 가산이 몰수되고 종족은 모두 면관되어 고향으로 돌아갔으며, 등즐은 음식을 끊고 굶어죽었다.

286) 征西校尉: 漢武帝 때 八校尉 가운데 하나로 秩은 二千石이었다.

287) 三河: 한나라 때 河內·河南·河東 3郡을 三河라 불렀으며, 앞서 강족이 살았던 三河(黃河·賜支河·湟河의 합칭) 지역은 아니다(史爲樂 主編, 2005).

288) 汝南郡: 漢高祖 4년(전203)에 설치하였으며, 치소는 上蔡縣(지금의 河南省 上蔡縣 서남쪽)이다. 지금의 하남성 潁河와 淮河 사이에 위치하였다(史爲樂 主編, 2005).

289) 南陽郡: 戰國시기 秦나라 昭襄王 35년(전272) 설치하였으며, 치소는 宛縣(지금의 河南省 南陽市)이다. 지금의 河南省 桐柏縣 이서, 湖北省 丹江口市 이동, 河南省 魯山縣 이남, 河南省 鄧州市 및 湖北省 廣水市 이북지역이다(史爲樂 主編, 2005).

290) 潁川郡: 秦始皇 17년(전230)에 설치하였으며, 치소는 陽翟縣(지금의 河南省 禹州市)이다. 漢高祖 5년(전202) 한나라로 되었다가 이듬해 다시 潁川郡이 되었다(史爲樂 主編, 2005).

291) 上黨郡: 戰國시기 韓나라가 설치하였으며, 秦나라와 漢나라에서 설치하였다. 치소는 長子縣(지금의 山西省 長子縣 서남쪽)이다(史爲樂 主編, 2005).

292) 西域都護府: 漢宣帝 神爵 2년(전60)에 설치되었는데, 중앙에 직속되었다. 玉門關과 陽關 이서, 天山南北, 북으로 巴爾喀什湖, 서로는 錫爾河, 남으로는 喀喇崑崙山脈 등지를 관할하였다. 西域都護府는 첫째, 왕국 책봉, 둘째, 官號 수여, 셋째, 농상을 권과하고 무역을 촉진하며 안정을 보호하며, 넷째, 군사와 외교대권을 장악하였다. 서역도호부가 관할한 나라는 처음 36국에서 50국으로 증가하였다(『中國歷代政區沿革』, 1996). 아래로는 副校尉가 있고 속관에는 丞과 司馬 등이 있었다. 치소는 烏壘城(지금의 신강성 輪臺縣)이며, 新나라 때 폐지되었다가 後漢 明帝와 和帝 때 다시 설치하였으며, 이때의 치소는 龜茲(지금의 신강성 庫車縣)였다.

하여 여러 군(郡)의 병사를 이끌고 전령 등 수만 명과 평양(平襄)[294]에서 싸우도록 하였으나 임상의 군대는 크게 패하고 죽은 자가 8,000여 명이었다. 그래서 전령 등이 북지(北地)에서 스스로 '천자(天子)'라 칭하고, 무도군(武都郡)·삼랑군(參狼郡)·상군(上郡)·서하군(西河郡)[295]의 여러 종족을 불러 모으니 그 무리가 크게 성하였다. 동으로 조군(趙郡)[296]과 위군(魏郡)[297]을 침범하고, 남으로 익주(益州)로 들어가 한중(漢中) 태수 동병(董炳)을 살해하고, 드디어 삼보를 노략질하여 농서군으로 통하는 길을 끊어 버렸다. 황중(湟中)의 여러 현에서는 조 한 석(石)에 만전(萬錢)이나 하여 백성 가운데 굶주려 죽은 자를 헤아릴 수 없을 정도였다. 한나라는 [이들을] 통제할 수 없었으며, 식량 운반도 어려워 결국 등질에게 조를 내려 군사가 되돌아 오도록 하고, 임상을 남겨 두어 한양군에 주둔하여 여러 군대를 지휘하도록 했다. 조정은 등태후(鄧太后)[298] 때문에 등질을 대장군에 제수하고, 임상을 낙정후(樂亭侯)에 봉하였으며 식읍은 3백 호였다.

三年春, 復遣騎都尉任仁督諸郡屯兵救三輔. 仁戰每不利, 衆羌乘勝, 漢兵數挫. 當煎·勒姐種攻沒破羌縣, 鍾羌又沒臨洮縣, 生得隴西南部都尉. 明年春, 滇零遣人寇 褒中, 燔燒郵亭, 大掠百姓. 於是漢中太守鄭勤移屯褒中. 軍營久出無功, 有廢農桑, 乃詔任

293) 從事中郎: 漢나라 때 설치한 관직으로 陳湯이 大將軍 王鳳의 從事中郎이 된 적이 있었다. 직무는 謀議에 참여하는 것이었다(兪鹿年 編著, 1998).

294) 平襄縣: 前漢때 설치한 縣으로 天水郡의 治所였다. 치소는 지금의 甘肅省 通渭縣에 있었다. 後漢때는 漢陽郡에 속했다. (史爲樂 主編, 2005).

295) 西河郡: 漢武帝 元朔 4년(전125)에 설치한 군으로 치소는 平定縣(지금의 內蒙古 伊金霍洛旗 서남쪽)이다. 富昌縣을 비롯한 36개 현을 관할하였다(『中國歷代政區沿革』, 1996).

296) 趙國: 漢高祖 4년(전203) 邯鄲郡을 고쳐서 趙國을 설치하고 治所는 지금의 河北省 邯鄲市에 두었다.(『中國歷代政區沿革』, 1996)

297) 魏郡: 漢高祖 12년(전195)에 설치하였는데, 치소는 지금의 河北省 臨漳市 서남쪽이다. 관할지역은 지금의 河北省과 河南省에 걸쳐 있었다(『中國歷代政區沿革』, 1996).

298) 鄧太后(?~121): 이름은 綏이며, 和帝의 皇后로 南洋 新野 사람이다. 화제 사후 그녀는 殤帝와 安帝를 차례로 즉위시켰다. 그 후 근 20년간 집정했으며, 그의 혈족들은 중요한 요직을 차지하고 대권을 장악하였다. 그녀는 비록 관대하고 사치를 하지 않았으나 그녀가 죽자 환관 李閏 등의 무고로 등씨는 몰락하였다.

尙將吏兵還屯長安，罷遣南陽·潁川·汝南吏士，置京兆虎牙都尉於長安，扶風都尉於雍，如西京三輔都尉故事．時羌復攻褒中，鄭勤欲擊之．主簿段崇諫，以爲虜乘勝，鋒不可當，宜堅守待之．勤不從，出戰，大敗，死者三千餘人，段崇及門下史王宗·原展以身扞刃，與勤俱死．於是徙金城郡居襄武．任仁戰累敗，而兵士放縱，檻車徵詣廷尉詔獄死．段禧病卒，復以前校尉侯霸代之，遂移居張掖．五年春，任尙坐無功徵免．羌遂入寇河東，至河內，百姓相驚，多奔南度河．使北軍中候朱寵將五營士屯孟津，詔魏郡·趙國·常山·中山繕作塢候六百一十六所．

[안제 영초] 3년(109) 봄, 다시 기도위(騎都尉) 임인(任仁)을 파견하여 여러 군의 둔병(屯兵)을 독려해 삼보를 구하고자 했다. 임인이 매번 싸움에서 유리하지 못하고 강족들은 승리의 기세를 타고 있어서 한나라 군대는 수차례 좌절하였다. 당전종(當煎種)·늑자종(勒姐種)은 파강현(破羌縣)[299]을 공격하여 함락시키고, 종강(鍾羌)은 또 임조현(臨洮縣)을 함락시켜 농서남부도위(隴西南部都尉)를 사로잡았다. 다음 해 봄, 전령(滇零)이 사람을 보내 포중현(褒中縣)[300]을 노략질하여 우정(郵亭)[301]을 불사르고 백성들을 크게 약탈하였다. 그래서 한중 태수(漢中太守) 정근(鄭勤)이 포중현으로 이동해서 주둔하였다. 군영이 오랫동안 나와 있으면서도 공을 세우지 못한데다가 농상(農桑)마저 피폐해지니, [안제는] 임상에게 조칙을 내려 관리와 병사를 이끌고 돌아와 장안(長安)에 주둔하게 하고, 남양군(南陽郡)·영천군(潁川郡)·여남군(汝南郡)에서 [징발되어 온] 관리와 병사들을 돌려보내고, 장안에 경조호아도위(京兆虎牙都尉)[302]를, 옹(雍)[303]에는 부풍도위(扶風都尉)를 설치하였는데, 마치 서경삼보도위(西京三

---

299) 破羌縣: 漢宣帝 神爵 2년(전60)에 설치된 현으로 金城郡에 속했다. 治所는 지금의 靑海省 樂都縣 동남 湟水의 北岸이다(史爲樂 主編, 2005).

300) 褒中縣: 前漢 때 설치한 현으로 漢中郡에 속한다. 치소는 지금의 陝西省 漢中市 서북의 褒城鎭 동쪽에 위치하였다(史爲樂 主編, 2005).

301) 郵亭: 문서를 전달하는 사람들이 투숙하는 驛館이다(『漢書』 권83 「薛宣傳」 過其縣, 橋梁郵亭不修).

302) 京兆虎牙都尉: 후한 때 설치했으며, 관중을 방어하는 직무를 지녔다. 京兆虎牙都尉가 이끄는 병력은 長安에 주둔했기 때문에 長安營이라고도 불렀으며, 경사의 서쪽을 주로 방어하였다(兪鹿年 編著, 1998).

303) 雍縣: 戰國 秦나라 옛 수도 雍邑을 설치한 곳으로 치소는 지금의 陝西省 鳳翔縣 서남 7리 남쪽 古城이다.

輔都尉)[304]의 고사와 같았다. 이때 강족이 다시 포중현을 공격하니 정근이 그들을 치고자 하였다. 주부(主簿) 단숭(段崇)[305]이 간하기를 오랑캐가 승세를 타서 그 날카로움을 감당하기 어려우니 반드시 견고하게 지키면서 그들을 기다려야 한다고 하였다. 정근은 이를 따르지 않고 나가서 싸웠지만 크게 패하니, 죽은 자가 3,000여 명이었으며, 단숭 및 문하사(門下史)[306] 왕종(王宗)·원전(原展)은 맨몸으로 칼을 막아 싸웠지만 정근과 함께 죽었다. 이때에 금성군의 [백성을] 양무현(襄武縣)으로 옮겨 거주하게 하였다.[307] 임인이 전투에서 계속 패하였지만 그의 병사들이 멋대로 행동하니, [그를] 함거에 실어 정위(廷尉)[308]로 오게 하고서는 [그에게] 조를 내려 옥사시켰다. 단희가 병으로 죽자, 교위를 역임했던 후패로 대신하게 하여 장액군(張掖郡)으로 옮겨가 살게 하였다. 안제 영초 5년(111) 봄, 임상은 아무런 공이 없음으로 인하여 불려와 면직되었다. 강족이 하동(河東)으로 들어와 노략질을 하고 하내(河內)에까지 이르니, 백성들은 매우 놀랐으며, 다수는 남쪽으로 가서 황하를 건넜다. 북군중후(北軍中候)[309] 주총(朱寵)으로 하여 오영의 군사를 이끌고 맹진(孟津)[310]에 주둔하게 하고, 위군(魏郡)·조국(趙國)·상산(常山)·중산(中山)에 조를 내려 오(塢)[311]와 후(候)[312] 616곳을 손보

漢代에는 右扶風 속하였다(史爲樂 主編, 2005).

304) 三輔都尉: 三輔에는 各郡처럼 都尉를 두었는데, 京輔都尉의 치소는 華陽에, 左輔都尉의 치소는 高陵에 右輔都尉의 치소는 郿에 있었다. 三輔都尉는 中尉에 예속되었으며, 三輔의 순찰을 분담하였다. 秩은 二千石이었다. 三輔都尉는 三輔長官보다 지위는 낮았지만 일반적으로 三輔長官을 겸임하였고, 속관으로 尉·丞을 두었으며, 병졸을 가지고 있었다(兪鹿年 編著, 1998).

305) 段崇: 郡의 主簿이며, 자는 禮高로 南鄭 사람이다([晉] 常璩 撰, 『華陽國志』 권10하).

306) 門下史: 門下吏 소속이며, 재정을 담당하였다. 門下吏에는 門下賊曹·門下掾·門下書佐·門下循行·門下幹·小史 등이 있었다.

307) 襄武縣: 前漢 때 설치한 현으로 隴西郡에 속하였다. 지금의 甘肅省 隴西縣 동남 5리에 위치하였다(史爲樂 主編, 2005).

308) 廷尉: 廷尉는 司法과 관련된 관직이자 관서명이다. 사건을 심의할 때는 반드시 조정에서 대질하여 군중과 함께 하며, 兵獄도 이와 같이 하므로 廷尉라고 하였다(『資治通鑑』 권7 胡三省注). (班書百官表, 廷尉秦官. 應劭曰: 聽獄必質諸朝廷, 與衆共之, 兵獄同制, 故稱廷尉. 師古曰: 廷,平也. 治獄貴平, 故以爲號.)

309) 北軍中候: 後漢 때 衛尉가 北軍을 통솔하게 않게 되자 中壘校尉를 北軍中候로 고쳐서 북군을 감시하도록 하였다. 참고로 北軍은 경성을 지키는 禁衛軍 가운데 하나였다(兪鹿年 編著, 1998).

310) 盟津: 富平津이라고도 불리며, 지금의 河南省 孟縣의 서남쪽 황하에 위치하였다(史爲樂 主編, 2005).

311) 塢: 작은 규모의 城堡이다.

거나 새로 짓도록 하였다.

羌旣轉盛, 而二千石·令·長多內郡人, 並無守戰意, 皆爭上徙郡縣以避寇難. 朝廷從之, 遂移隴西徙襄武, 安定徙美陽, 北地徙池陽, 上郡徙衙. 百姓戀土, 不樂去舊, 遂乃刈其禾稼, 發徹室屋, 夷營壁, 破積聚. 時連旱蝗飢荒, 而驅蹙劫略, 流離分散, 隨道死亡, 或弃捐老弱, 或爲人僕妾, 喪其太半. 復以任尙爲侍御史, 擊衆羌於上黨羊頭山, 破之, 誘殺降者二百餘人, 乃罷孟津屯. 其秋, 漢陽人杜琦及弟季貢·同郡王信等與羌通謀, 聚衆入上邽城, 琦自稱安漢將軍. 於是詔購募得琦首者, 封列侯, 賜錢百萬, 羌胡斬琦者賜金百斤, 銀二百斤. 漢陽太守趙博遣刺客杜習刺殺琦, 封習討姦侯, 賜錢百萬. 而杜季貢·王信等將其衆據樗泉營. 侍御史唐喜領諸郡兵討破之, 斬王信等六百餘級, 沒入妻子五百餘人, 收金(錢)〔銀〕綵帛一億已上. 杜〔季〕貢亡從滇零. 六年, 任尙復坐徵免. 滇零死, 子零昌代立, 年尙幼少, 同種狼莫爲其計策, 以杜〔季〕貢爲將軍, 別居丁奚城. 七年夏, 騎都尉馬賢與侯霸掩擊零昌別部牢羌於安定, 首虜千人, 得驢騾駱駝馬牛羊二萬餘頭, 以畀得者.

강족이 이미 강성해지자 이천석(二千石)[313]·령(令)·장(長) 등 군내 다수의 사람들이 싸울 의사가 없어 모두 다투어 군현을 옮겨 노략질을 피할 수 있게 해 달라고 주청하였다. 조정에서 이를 허락하고, 농서군(隴西郡)의 관민을 양무현(襄武縣)으로, 안정군(安定郡)의 관민을 미양현(美陽縣)[314]으로, 북지군(北地郡)의 관민을 지양현(池陽縣)[315]으로, 상군(上郡)의 관민을 아현(衙縣)[316]으로 옮겼다. 백성들은 토지에 연연해서 옛 땅을 떠나려 하지

312) 候: 堠의 古字로 변경지역에서 적정을 살필 수 있는 哨所나 土堡 등의 시설물이다.

313) 二千石: 前漢 때 京兆尹·左馮翊·右扶風·司隸校尉·州牧·郡太守 등이 여기에 해당하였다.

314) 美陽縣: 戰國 秦孝公이 설치한 현이름으로 漢代에는 右扶風에 속하였다. 治所는 지금의 섬서성 扶風縣 북쪽 10리에 法門鎭에 위치하였다. 美水의 양지에 있었으므로 美陽이라 불렀다(史爲樂 主編, 2005).

315) 池陽縣: 漢代 左馮翊에 속한 현으로 치소는 지금의 섬서성 涇陽縣 서북 2리에 위치하였으며, 迎冬城으로도 불렀다. 池水의 陽地에 있었으므로 池陽이라 하였다(『漢書』 권28상 「地理志」: 在池水之陽).

316) 衙縣: 漢代에 左馮翊에 속한 현으로 치소는 지금의 陝西省 白水縣 동북 40리에 위치한 南彭衙村이다. 후한 安帝 永初 5년(111) 上郡의 치소를 이곳으로 옮겨 왔다(史爲樂 主編, 2005).

않으니, 결국 그들이 심어 놓은 곡식을 잘라 버리고, 가옥을 철거하고, 병영을 보호하기 위한 시설물도 허물고, 쌓아놓은 물자를 남김없이 없애 버렸다. 이때는 [백성들은] 연이은 가뭄과 메뚜기 피해로 기근이 든데다가 밖으로 내몰리면서 물건도 빼앗겨 정처없이 떠돌다가 갈라져서 이리저리 흩어지기도 하고, 곳곳에서 죽기도 하였다. 간혹 노약자를 버리거나 다른 사람의 노예나 첩이 되기도 하였는데, 이때 백성의 절반을 잃었다. 다시 임상을 시어사(侍御史)[317]로 삼아 상당군(上黨郡) 양두산(羊頭山)[318]에서 여러 강족을 쳐서 격파하였다. [그는] 항복한 200여 명을 꾀어내어 살해하고 이에 맹진(孟津)의 주둔지를 없앴다. 그 해 가을, 한양군 사람 두기(杜琦) 및 동생 두계공(杜季貢), 같은 군 사람 왕신(王信) 등이 강족과 비밀스럽게 서로 공모하여 무리를 모아 상규성(上邽城)[319]으로 들어갔다. 두기는 자칭 안한장군(安漢將軍)[320]이라 하였다. 그래서 조(詔)를 내려 두기의 머리를 가져오는 자에게 열후(列侯)[321]에 봉하고 백만 전을 하사하고, 강호(羌胡) 가운데 두기의 머리를 베어오는 자에게는 금 백 근과 은 이백 근을 하사한다고 현상금을 내걸었다. 한양 태수 조박(趙博)이 자객 두습(杜習)을 보내 두기를 찔러 죽이니, 두습을 토간후(討姦侯)에 봉하고 백만 전을 하사하였다. 두계공·왕신 등이 여러 무리를 이끌고 저천영(樗泉營)[322]에서 웅거하였다. 시어사 당희(唐喜)가 여러 군의 병사를 이끌고 그들을 격파하여 왕신 등 600여 명을 참하고, [그들의] 아내와 자식 오백 명을 관으로 데려오고, 금은과 채백(綵帛)을 일억[323] 이상 거두어들였다. 두계공은 도망 가 전령을

---

317) 侍御史: 秦나라 張倉이 柱下御史가 되어 천하의 도서와 計籍을 주관하였는데, 侍御史라고도 불렀다. 한나라는 진나라의 것을 연용하여 시어사를 설치하였다. 인원은 15인으로 禦史中丞의 지휘 아래 불법을 察擧하고, 공경과 관리들의 奏事를 받고, 황제의 명을 받아 특정한 일을 수행하기도 했다. 전한 말 어사대가 정식으로 성립한 이후 시어사는 어사대의 속관이 되었다.

318) 羊頭山: 漢代 上黨郡 穀遠縣에 있었으며, 지금의 山西省 長子縣 동남에 위치한다. 같은 이름의 양두산은 지금의 山西省 沁源 동북에 있다(『漢書』 권28상 「地理志」: 羊頭山世靡穀, 沁水所出).

319) 上邽城: 漢代 漢陽郡에 속한 현으로 치소는 지금의 감숙성 天水市이다. 후한 때에는 漢城郡에 속하였다(史爲樂 主編, 2005).

320) 安漢將軍: 後漢 獻帝 建安 19년(214) 從事中郎 糜竺이 安漢將軍에 제수된 적이 있었다(『資治通鑑』 권67, 胡三省注: 安漢·昭德·秉忠, 皆備所置將軍號也.).

321) 列侯: 戰國시기 秦나라와 趙나라에서 설치하였으며, 秦나라가 통일한 후에도 계속 설치되었다. 漢나라도 계속 설치했으며 王號 이외 가장 높은 작위였다. 한나라 초기 封國의 행정권을 지니고 있었지만 景帝 이후 食邑의 조세만을 거두고 다른 권한은 없었다(兪鹿年 編著, 1998).

322) 樗泉營: 지금의 甘肅省 天水市 서북쪽에 해당한다(史爲樂 主編, 2005).

따랐다. [안제 영초] 6년(112), 임상은 다시 죄를 지어 소환되어 면직되었다. 전령이 죽자 아들 영창(零昌)이 그를 대신해서 즉위했으나 나이가 어려 같은 종족인 낭막(狼莫)이 그를 위해 계책을 세우니, 두계공을 장군으로 삼아 따로 정해성(丁奚城)[324]에 거주하게 했다. 7년(113), 여름, 기도위(騎都尉) 마현(馬賢)과 후패가 안정군에서 영창강(零昌羌)의 다른 부족인 뇌강(牢羌)을 갑자기 습격하여 베거나 사로잡은 자가 1,000명이고, 당나귀 · 노새 · 낙타 · 소 · 양 2만 마리를 노획하고, 얻은 것을 다른 사람에게 넘겨 주었다.

元初元年春, 遣兵屯河內, 通谷衝要三十三所, 皆作塢壁, 設鳴鼓. 零昌遣兵寇雍城, 又號多與當煎 · 勒姐大豪共脅諸種, 分兵鈔掠武都 · 漢中. 巴郡板楯蠻將兵救之, 漢中五官掾程信率壯士與蠻共擊破之. 號多退走, 還斷隴道, 與零昌通謀. 侯霸 · 馬賢將湟中吏人及降羌胡於枹罕擊之, 斬首二百餘級. 涼州刺史皮楊擊羌於狄道, 大敗, 死者八百餘人, 楊坐徵免. 侯霸病卒, 漢陽太守龐參代爲校尉. 參以恩信招誘之. 二年春, 號多等率衆七千餘人詣參降, 遣詣闕, 賜號多侯印綬遣之. 參始還居令居, 通河西道. 而零昌種衆復分寇益州, 遣中郎將尹就將南陽兵, 因發益部諸郡屯兵擊零昌黨呂叔都等. 至秋, 蜀人陳省 · 羅橫應募, 刺殺叔都, 皆封侯賜錢. 又使屯騎校尉班雄屯三輔, 遣左馮翊司馬鈞行征西將軍, 督右扶風仲光 · 安定太守杜恢 · 北地太守盛包 · 京兆虎牙都尉耿溥 · 右扶風都尉皇甫旗等, 合八千餘人, 又龐參將羌胡兵七千餘人, 與鈞分道並北擊零昌. 參兵至勇士東, 爲杜季貢所敗, 於是引退. 鈞等獨進, 攻拔丁奚城, 大克獲. 杜季貢率衆僞逃. 鈞令光 · 恢 · 包等收羌禾稼, 光等違鈞節度, 散兵深入, 羌乃設伏要擊之. 鈞在城中, 怒而不救, 光〔等〕並沒, 死者三千餘人. 鈞乃遁還, 坐徵自殺. 龐參以失期軍敗抵罪, 以馬賢代領校尉事. 後遣任尚爲中郎將, 將羽林 · 緹騎 · 五營子弟三千五百人, 代班雄屯三輔. 尚臨行, 懷令虞詡說尚曰: 「使君頻奉國命討逐寇賊, 三州屯兵二十餘萬人, 棄農桑, 疲苦傜役, 而未有功效, 勞費日滋. 若此出不克, 誠爲使君危之.」 尚曰: 「憂惶久矣, 不知所如.」 詡曰: 「兵法弱不攻強, 走不逐飛, 自然之勢

323) 億: 수를 세는 단위로, 十萬을 億이라고 하는 경우와 萬의 萬을 億이라고 하는 두 경우가 있다.

324) 丁奚城: 李賢은 北地郡 靈州 丁奚城이라 하였다(『後漢書』 권5 『東觀記』 曰: 至北地靈州丁奚城也). 지금의 寧夏回族自治區 靈武縣 남쪽에 위치하였다(史爲樂 主編, 2005).

也. 今虜皆馬騎, 日行數百, 來如風雨, 去如絶弦, 以步追之, 勢不相及, 所以曠而無功也. 爲使君計者, 莫如罷諸郡兵, 各令出錢數千, 二十人共市一馬, 如此, 可捨甲胄, 馳輕兵, 以萬騎之衆, 逐數千之虜, 追尾掩截, 其道自窮. 便人利事, 大功立矣.」尚大喜, 卽上言用其計. 乃遣輕騎鈔擊杜季貢於丁奚城, 斬首四百餘級, 獲牛馬羊數千頭.

안제 원초(元初) 원년(114) 봄, 군대를 파견하여 하내(河內)[325]에 주둔하게 하고 골짜기로 통하는 요충지 33곳에 모두 오(塢)와 벽(壁)을 만들고 북을 설치하게 했다. 영창이 군대를 보내 옹성(雍城)[326]을 노략질하고, 또 호다(號多)가 당전종(當煎種)·늑자종(勒姐種)의 대추호와 더불어 여러 종족을 위협하여 군대를 나누어 무도군(武都郡)과 한중군(漢中郡)을 노략질하였다. 파군(巴郡)에[327] 살던 판순만(板楯蠻)[328]이 군대를 이끌고 와 그들(무도군과 한중군)을 구원하니, 한중군 오관연(五官掾)[329] 정신(程信)이 장사(壯士)와 만(蠻)을 이끌고 함께 그들을 격파하였다. 호다가 후퇴해서 달아나면서 다시 농서군(隴西郡)으로 통하는 길을 끊고 영창과 비밀스럽게 서로 통하여 공모하였다. 후패(侯霸)와 마현(馬賢)은 황중(湟中)의 관리와 사람들 및 항복한 강호(羌胡)를 이끌고 부한현(枹罕縣)에서 [호다 무리를] 쳐서 200여 명을 베었다. 양주자사(涼州刺史) 피양(皮楊)이 적도현(狄道縣)에서 강족을 쳤으나 크게 패하여 죽은 자가 800여 명이나 되었으며, 이 일로 인해 소환되어 면직되었다. 후패가 병으로 죽자, 한양 태수(漢陽太守) 방삼(龐參)[330]이 대신해서 교위가 되었다. 방삼은 은혜와 믿음으로 그들

---

325) 河內: 춘추전국시기 황하 이북을 河內라 하고, 황하 이남을 河外라고 불렀다(『史記』 권44 「魏世家」: 『正義』: 古帝王之都多在河東·河北, 故呼河北爲河內, 河南爲河外.).

326) 雍城: 춘추시기 秦나라의 도읍으로 지금의 陝西省 鳳翔縣 남쪽 3리 豆腐村이다. 전국시기 秦孝公이 이곳에 雍縣을 설치하였다(史爲樂 主編, 2005).

327) 巴郡: 戰國시기 秦나라가 설치한 곳으로 치소는 지금의 重慶市였으며, 前漢 때 관할지역은 지금의 四川省 旺蒼·西充·永川·綦江 以東과 大巴山 以南, 巫山 以西에 해당하였다. 後漢 獻帝 興平 원년(194) 劉璋이 永寧郡으로 고쳤다가 建安 6년(201) 다시 巴郡으로 고쳤으며, 益州에 예속되었다(史爲樂 主編, 2005).

328) 板楯蠻: 四川省 閬中 일대에 거주하였는데, 목판을 방패로 삼아 적진을 돌격하므로 판순만이라 불렀다. '白虎夷', '白虎復夷', '賨人', '巴人' 등으로 불렀다.

329) 五官掾: 前漢 때 郡國에 설치한 관직으로 郡綱紀吏로 고정된 職掌은 없었으나 지위는 功曹 다음이었다. 제사를 지낼 때는 郡吏 가운데 가장 앞자리를 차지하였다(兪鹿年 編著, 1998).

을 불러서 권유하였다. 안제 원초 2년(115) 봄, 호다 등이 무리 7,000여 명을 이끌고 방삼에게 와 항복하니, 방삼은 [이들을] 대궐로 보내고, [한나라는] 호다에게 열후(列侯)의 인수(印綬)를 하사하고 그들을 돌려보냈다. 방삼이 [호다 무리를] 속이고 다시 영거현(令居縣)을 차지하니, 하서(河西)와 길이 통하게 되었다. 그래서 영창종 무리는 다시 갈라져서 익주(益州)를 노략질하였다. 중랑장(中郞將) 윤취(尹就)를 보내 남양군(南陽郡)의 병사를 이끌도록 하니, [윤취는] 종전대로 익부(益部)의 여러 군에서 둔병을 징발하여 영창의 무리인 여숙도(呂叔都) 등을 쳤다. 가을이 되자, 촉군(蜀郡) 사람 진성(陳省)과 나횡(羅横)이 모집에 응하여 여숙도를 찔러 죽이니, 모두 후(侯)에 봉하고 돈을 하사하였다. 또, 둔기교위(屯騎校尉)[331] 반웅(班雄)을 삼보(三輔)에 주둔하게 하고, 좌풍익(左馮翊) 사마균(司馬鈞)[332]을 보내 임시로 정서장군(征西將軍)으로 삼아 우부풍(右扶風) 중광(仲光), 안정 태수(安定太守) 두회(杜恢), 북지 태수(北地太守) 성포(盛包), 경조호아도위(京兆虎牙都尉) 경부(耿溥), 우부풍도위(右扶風都尉) 황보기(皇甫旗)[333] 등을 이끌게 하니[督][334] 도합 8,000여 명이 되었다. 또, [한양 태수] 방삼이 강호(羌胡)의 병사 7,000여 명을 이끌고 와 사마균과 함께 길을 나누어 북쪽의 영창을 쳤다. 방삼의 병사가 용사(勇士)[335] 동쪽에 이르러 두계공(杜季貢)에게 패하자 병사를 이끌고 물러

330) 龐參(?~136): 字는 仲達이며 河南 緱氏(지금의 偃師) 사람이다(『後漢書』 권51 「李陳龐陳橋列傳」).

331) 屯騎校尉: 漢武帝가 설치한 八校尉 가운데 하나로 秩은 二千石이었다.

332) 左馮翊: 左馮翊은 행정구역이자 官名이었다. 左馮翊은 郡에 상당하지만 畿輔에 속해 있으므로 郡이라 부르지 않고 左馮翊이라 불렀다. 治所는 지금의 陝西省 西安市 서북에 있었다. 官名으로 左馮翊은 漢武帝 太初 원년(전104) 左內史를 고쳐 설치하였는데, 左馮翊의 職掌은 郡의 太守에 상당하며 지위는 태수보다 높았다. 秩은 中二千石으로 九卿과 같았으며 朝議에도 참여할 수 있었다(兪鹿年 編著, 1998).

333) 皇甫旗(104~174): 安定郡 朝那縣(지금의 甘肅省 平涼市 서북) 사람으로 字는 威明이다. 順帝 永和 4년(141) 西羌이 三輔를 침략했을 때 응전했던 征西將軍 馬賢이 병법에 능하지 못함을 보고서 정황을 설명하는 글을 올리기도 했다. 마현이 패하자 郡守가 그를 천거해서 功曹에 임명하고, 800명을 거느리고 강족과 싸우게 하니 수십 명의 머리를 베었다. 桓帝 延熹 4년(161) 中郞將이 되어 零吾羌 등을 쳐서 800여 명을 베었다. 이후 議郞 · 度遼將軍 · 尙書 · 護羌校尉를 역임하였으며, 靈帝 熹平 3년(174) 71세의 나이로 죽었다.

334) 督: 후한 때 조정에서 사람을 파견하여 지방의 군사를 바로잡아 이끌도록 했는데, 이럴 경우 다수는 督이라 칭했다(『後漢書』 권65 「張煥傳」: 拜渙爲護匈奴中郞將, 以九卿秩督幽 · 幷 · 涼三州及度遼 · 烏桓二營.).

335) 勇士: 漢代에 天水郡에 속한 현으로 治所는 지금의 甘肅省 楡中縣 동북지역이다. 後漢 明帝 永平 17년

났다. 사마균 등이 단독으로 나아가 정해성(丁奚城)을 공격해서 함락하여 크게 이겼다. 두계공이 무리를 이끌고 거짓으로 도주하였다. 사마균이 중광·두회·성포 등에게 명하여 강족의 곡식을 거두어들이게 하였는데, 중광 등이 사마균의 통제를 듣지 않고 병사를 흩어서 깊숙이 들어가니 강족이 이에 요로(要路)에 매복하고 있다가 그들을 쳤다. 사마균은 성 안에 있었는데 화가 나서 그들을 구하지 않았으니, 중광 등은 전사하고 죽은 자가 3,000여 명이 되었다. 사마균은 이에 원래 지역으로 돌아왔으나 죄로 소환되어 자살하였다. 방삼은 시기를 놓쳐 군대가 패한 일로 처벌을 받았으며, 마현이 대신해서 교위의 일을 관장하였다. 뒤에 임상을 중랑장으로 삼고 그를 파견하여 우림(羽林)·제기(緹騎)·오영(五營)의 자제 3,500여 명을 이끌고 반웅을 대신해서 삼보에 주둔하게 하였다. 임상이 떠나려 하자 회(懷)가 우후(虞詡)를 시켜 임상에게 말하기를 "사군(使君)[336]께서는 자주 나라의 명을 받들어 구적(寇賊)을 공격해서 물리치고자 하니, 3주(州)의 둔병 20여 만 명은 농상을 그만두고 요역으로 피곤하고 고통스럽습니다. 아직 공적을 세우지 못했으니 노임은 날로 증가합니다. 만일 이번에도 출전해서 이기지 못하면 진실로 사군께서는 그것으로 인해 위험해지게 될 것입니다."라고 하였다. 임상이 말하기를 "근심하고 두려워한 지 오래 되었지만 어찌할 바를 모르겠소."라고 하였다. 우후가 말하기를 "병법에 약하면 강함을 치지 않고, 발 달린 것은 날아가는 것을 쫓지 않는 것이 자연의 형세입니다. 지금 오랑캐는 모두 말을 타고 하루에 수백 리를 갈 수 있으며, 올 때는 바람과 비처럼 왔다가 갈 때는 끊어진 거문고 줄처럼 쌩하니 가 버리는데, 걸어서 그들을 쫓으니 [우리의] 세력은 도달하지 못합니다. 그래서 허송만하고 공적은 없습니다. 사군을 위해서 계책을 내어 보면, 여러 군의 병사를 돌려보내 각자 수천 전을 내게 해서 20인이 공동으로 한 필의 말을 사게 합니다. 이와 같이 할 것 같으면, 갑옷과 투구를 버리고 날랜 병사를 달릴 수 있게 할 수 있으니 10,000기의 무리로 수천의 오랑캐를 쫓아가 그 꼬리를 추격하여 기습해서 끊어 버리면 그 길은 자연히 궁해질 것입니다. 사람들을 편안하게 하고 일을 이롭게 하면 큰 공이 세워질 것입니다."라고 하였다. 임상은 크게 기뻐하며, 곧바로 그 계책을 쓸 수 있도록 보고하였다. 이에 경기(輕騎)를 보내 정해성(丁奚城)에서 두계공을 쳐서 400여 명을 참하고 소·말·양 수천 마리를 노획하였다.

(74) 漢陽郡에 속했다(史爲樂 主編, 2005).

336) 使君: 刺史에 대한 존칭.

明年夏，度遼將軍鄧遵率南單于及左鹿蠡王須沈萬騎，擊零昌於靈州，斬首八百餘級，封須沈爲破虜侯，金印紫綬，賜金帛各有差．任尚遣兵擊破先零羌於丁奚城．秋，築馮翊北界候塢五百所．任尚又遣假司馬募陷陳士，擊零昌於北地，殺其妻子，得牛馬羊二萬頭，燒其廬落，斬首七百餘級，得僭號文書及所沒諸將印綬．

다음 해(115) 여름, 도료장군(度遼將軍) 등준(鄧遵)은 남선우(南單于) 및 좌록리왕(左鹿蠡王)[337] 수심(須沈)의 병사 만 기를 거느리고 영주(靈州)[338]에서 영창(零昌)을 쳐서 800여 명을 베었다. [한나라는] 수심을 파로후(破虜侯)에 봉하고, 금인(金印)과 자수(紫綬), 금과 비단을 각각 차등 있게 하사하였다. 임상이 군대를 보내 정해성(丁奚城)에서 선령강(先零羌)을 격파하였다. 가을, [임상은] 좌풍익(左馮翊)의 북쪽 경계에 후(候)와 오(塢) 500곳을 쌓았다. 임상은 다시 가사마(假司馬)[339]를 보내 적진을 함락시킬 장사를 모집하여, 북지군(北地郡)에서 영창을 쳐서 그들의 아내와 자식들을 살해하고, 소 · 말 · 양 2만 마리를 손에 넣고, 그들의 부락을 불 태우고, 700여 명의 머리를 베었으며, 참칭한 문서를 손에 넣고 여러 장수의 인수를 몰수하였다.

四年春，尚遣當闐種羌榆鬼等五人刺殺杜季貢，封榆鬼爲破羌侯．其夏，尹就以不能定益州，坐徵抵罪，以益州刺史張喬領尹就軍屯．招誘叛羌，稍稍降散．秋，任尚復募效功種號封刺殺零昌，封號封爲羌王．冬，任尚將諸郡兵與馬賢並進北地擊狼莫，賢先至安定青石岸，狼莫逆擊敗之．會尚兵到高平，因合勢俱進，狼莫等引退，乃轉營迫之，

---

337) 左鹿蠡王: 匈奴의 관직명이다. '鹿'은 '谷'으로도 쓰나, '록'으로 읽는다. 흉노의 군사기구는 單于를 중심으로 左右骨都侯, 左右大且渠가 편성되어 있고, 그 아래 右部에는 순차적으로 右賢王 · 右谷蠡王, 右大將, 右大都尉, 右大當戶, 右犂汗王, 右呼知王, 右呼盧訾王, 右薁鞬王, 千長, 百長, 什長으로 있었다. 左部에는 左賢王 · 左谷蠡王, 左大將, 左大都尉, 左大當戶, 左犂汗王, 左呼盧訾王, 左薁鞬王, 千長, 百長, 什長으로 구성되어 있었다(사오다 이사오, 2007).

338) 靈州: 前漢 惠帝 4년(전191) 설치한 현으로 北地郡에 속했으며, 治所는 寧夏回族自治區 吳忠市 북쪽에 위치하였다(史爲樂 主編, 2005).

339) 假司馬: 秦나라와 漢나라 때 설치한 무관으로 將軍에게 소속된 軍司馬의 副職이다(兪鹿年 編著, 1998).

至北地，相持六十餘日，戰於富平〔上〕河(上)，大破之，斬首五千級，還得所略人男女千餘人，牛馬驢羊駱駝十餘萬頭，狼莫逃走，於是西河虔人種羌萬一千口詣鄧遵降．

안제 원초(元初) 4년(117) 봄, 임상이 당전종강(當闐種羌) 유귀(楡鬼) 등 5명을 보내, 두계공을 찔러 죽이니 유귀를 파강후(破羌侯)에 봉하였다. 그 해 여름, 윤취(尹就)가 익주(益州)를 평정하지 못했으므로 소환되어 처벌을 받고, 익주자사 장교(張喬)[340]가 윤취의 군대와 진영을 관리하였다. [장교는] 반란을 일으킨 강족을 불러서 권유하니 점차 항복하거나 흩어졌다. 가을, 임상이 다시 효공종(効功種) 호봉(號封)을 불러서, 영창(零昌)을 찔러 죽이니 호봉을 강왕(羌王)에 봉하였다. 그 해 겨울, 임상이 여러 군의 병사를 이끌고 마현(馬賢)과 함께 북지군(北地郡)으로 진격하여 낭막(狼莫)을 치러 가는데, 마현이 먼저 안정군(安定郡) 청석안(靑石岸)[341]에 도착하자 낭막이 역공하여 그들을 패퇴시켰다. 때마침 임상의 군대가 고평현(高平縣)에 도착했으므로[342] 세력을 모아 함께 진격하니 낭막 등이 무리를 이끌고 달아났다. 이에 [임상이] 군영을 옮겨 가면서 그들에게 가까이 다가가고, 북지군에 이르러서는 60여 일 동안 서로 대치하다가 부평현(富平縣)[343]의 위쪽에 있는 황하(河)[344]에서 싸워 그들을 크게 격파하여 5,000여 명의 머리를 베고, 또 노략질 해서 남녀 1,000여 명, 소·말·당나귀·양·낙타 10여만 마리를 손에 넣었다. 낭막이 도주하니 서하군(西河郡)에 살던 건인종강(虔人種羌) 11,000명이 등준을 방문하여 항복하였다.

---

340) 張喬는 順帝 永和 3년(138) 交州刺史가 되어 象林에 사자를 보내 반란자들을 회유하여 항복을 받은 경험이 있었다(『安南地略』 권7 「漢交州九真日南刺史太守」).

341) 靑石岸: '靑石嶺'이라고도 하는데, 지금의 甘肅省 涇川縣 서북에 있다(史爲樂 主編, 2005).

342) 高平: 前漢 때 설치한 현으로 安定郡에 속하였으며, 治所는 寧夏回族自治區 固原縣이다(史爲樂 主編, 2005).

343) 富平縣: 秦나라가 설치한 현으로 北地郡에 속하였으며, 治所는 寧夏回族自治區 吳忠市 서남쪽 황하 東岸에 있었다. 後漢 順帝 永和 6년(141) 강족의 반란으로 北地郡이 내지로 옮겨 오자 부평현을 새로 설치하였으며, 治所는 지금의 陝西省 富平縣 서북 10리 懷德城이었다(史爲樂 主編, 2005).

344) 원문의 '河上'은 『後漢書集解』「西羌傳」에는 '上河'로 되어 있다.

五年, 鄧遵募上郡全無種羌雕何等刺殺狼莫, 賜雕何爲羌侯, 封遵武陽侯, 三千戶. 遵以太后從弟故, 爵封優大. 任尙與遵爭功, 又詐增首級, 受賕枉法, 臧千萬已上, 檻車徵弃市, 沒入田廬奴婢財物. 自零昌·狼莫死後, 諸羌瓦解, 三輔·益州無復寇儆.

안제 원초 5년(118) 등준(鄧遵)이 상군(上郡)의 전무종강(全無種羌) 조하(雕何) 등을 불러서, 낭막을 찔러 죽이니 조하에게 강후(羌侯)를 하사하고, 등준을 무양후(武陽侯)에 봉하니 식읍은 3천호였다.[345] 등준은 등태후의 사촌 동생이었으므로 작위와 식읍이 매우 컸다. 임상(任尙)은 등준과 공을 다투어 거짓으로 수급의 수를 늘리고 뇌물을 받고 법을 어겨 천만 전(錢) 이상을 숨겼다가 죄인을 호송하는 수레에 실려 불려와 기시(棄市)[346]되고, 시골집·노비·재물은 몰수되었다.[347] 영창·낭막이 죽은 이후 여러 강족은 와해되고 삼보(三輔)와 익주(益州)에는 다시 노략질과 위급한 일이 없었다.

自羌叛十餘年閒, 兵連師老, 不暫寧息. 軍旅之費, 轉運委輸, 用二百四十餘億, 府帑空竭. 延及內郡, 邊民死者不可勝數, 幷涼二州遂至虛耗.

강족이 반란을 일으킨 10여 년 동안 전쟁이 계속되어 병사들은 쇠약해졌지만 잠시라도 쉬지 못하였다. 군비로 실어간 물자 240여 억을 썼으니 국고는 헛되이 없어져 버렸다. 이것은 내군(內郡)에도 [영향을] 미쳤으며, 변경지역 백성 가운데 죽은 자가 셀 수 없을 정도였으며, 아울러 병주(幷州)와 양주(涼州)도 텅텅 비게 되었다.[348]

六年春, 勒姐種與隴西種羌號良等通謀欲反, 馬賢逆擊之於安故, 斬號良及種人數百級, 皆降散.

---

345) 武陽은 『後漢書』 권16 「鄧寇列傳」에는 '舞陽'이라고 되어 있다.

346) 棄市: 사람들이 많이 모이는 시장에서 죽이는 것이다.

347) 임상은 군량을 훔친 죄에 연루되었다(『後漢書』 권16 「鄧寇列傳」).

348) 安帝 永初 원년(107)부터 12년에 걸친 전쟁이었다(『後漢書集解·西羌傳』).

안제 원초 6년(119) 봄, 늑자종(勒姐種)과 농서군(隴西郡)에 살던 종강(種羌)의 호량(號良) 등이 반란을 일으키고자 비밀스럽게 서로 통하여 공모하니, 마현이 안고현(安故縣)에서 그들에게 역습을 가해서 호량 및 그 종족 수백 명을 참하자 모두 항복하고 흩어졌다.

永寧元年春, 上郡沈氐種羌五千餘人復寇張掖. 其夏, 馬賢將萬人擊之. 初戰失利, 死者數百人, 明日復戰, 破之, 斬首千八百級, 獲生口千餘人, 馬牛羊以萬數, 餘虜悉降. 時當煎種大豪飢〔五〕等, 以賢兵在張掖, 乃乘虛寇金城, 賢還軍追之出塞, 斬首數千級而還. 燒當·燒何種聞賢軍還, 率三千餘人復寇張掖, 殺長吏. 初, 飢五同種大豪盧忽·忍良等千餘戶別留允街, 而首施兩端. 建光元年春, 馬賢率兵召盧忽斬之, 因放兵擊其種人, 首虜二千餘人, 掠馬牛羊十萬頭, 忍良等皆亡出塞. 璽書封賢安亭侯, 食邑千戶. 忍良等以麻奴兄弟本燒當世嫡, 而賢撫恤不至, 常有怨心. 秋, 遂相結共脅將諸種步騎三千人寇湟中, 攻金城諸縣. 賢將先零種赴擊之, 戰於牧苑, 兵敗, 死者四百餘人. 麻奴等又敗武威·張掖郡兵於令居, 因脅將先零·沈氐諸種四千餘戶, 緣山西走, 寇武威. 賢追到鸞鳥, 招引之, 諸種降者數千, 麻奴南還湟中. 延光元年春, 賢追到湟中, 麻奴出塞度河, 賢復追擊戰破之, 種衆散遁, 詣涼州刺史宗漢降. 麻奴等孤弱飢困, 其年冬, 將種衆三千餘戶詣漢陽太守耿種降. 安帝假金印紫綬, 賜金銀綵繒各有差. 是歲, 虔人種羌與上郡胡反, 攻穀羅城, 度遼將軍耿夔將諸郡兵及烏桓騎赴擊破之. 三年秋, 隴西郡始還狄道焉. 麻奴弟犀苦立.

안제 영녕(永寧) 원년(120) 봄, 상군(上郡)에 살던 심저종강(沈氐種羌) 5,000여 명이 다시 장액군(張掖郡)을 노략질하였다. 그 해 여름, 마현이 10,000여 명을 이끌고 그들을 쳤다. 첫 싸움에서 패배하여 수백 명이 죽었으며, 다음 날 다시 싸워 그들을 격파하여 1,800여 명을 참하고 살아 있는 사람 1,000여 명을 사로잡았으며 말·소·양 등 만여 마리를 노획하니 나머지 오랑캐(강족)들은 모두 항복하였다. 이때 당전종(當煎種)의 대호(大豪) 기오(飢) [五] 등이 마현의 군대가 장액군(張掖郡)에 있으므로 그 [방비가] 허술함을 타서 금성군(金城郡)을 노략질하자, 마현이 군대를 돌려 그들을 좇아 변경 밖으로 나가 수천 명을 베고 돌아왔다. 소당종(燒當種)·소하종(燒何種)이 마현의 군대가 돌아간 소식을 듣고서 3,000여 명을 이끌고 다시 장액군을 노략질하여 장리(長吏)를 살해하였다. 초기에, 기오와 같은 종족 대호(大豪)인 노총(盧悤)·인량(忍良) 등이 [이끄는] 1,000여 호가 별도로 연계현(允街縣)에 머물면서 양쪽의 눈치를 보고 있었다. 안제 건광(建光) 원년(121) 봄, 마현이 병사를 거느리고서 노총을 불러 그를 참하고, 이에 병사를 풀어서 그의 종족 사람들을 2,000여 명을 베거나 사로잡고, 말·소·양 십만 마리를 탈취하니 인량 등이 모두 달아나 변경 밖으로 나갔다. 새서(璽書)[349]를 내려 마현을 안정후(安亭侯)에 봉하니 식읍은 천 호였다. 인량 등은 마노(麻奴)[350] 형제가 본래 소당(燒當)의 적통을 이었음에도 불구하고 마현이 [마노 형제를] 어루만지니 오지 않아 항상 원망하는 마음이 있었다. 가을, [마노 형제와 인량 등이] 드디어 서로 결탁해서 함께 [여러 종족을] 위협하고는 여러 종족의 보병과 기병 3,000여 명을 이끌고 황중(湟中)을 노략질하고, 금성군(金城郡)의 여러 현을 공격하였다. 마현이 선령종(先零種)에게 가서 그들을 치라고 하니, 목원(牧苑)[351]에서 싸웠으나 [선령종의] 군대는 패하여 400여 명이 죽었다. 마노 등이 또한 무위군(武威郡)·장액군(張掖郡)의 군대를 영거현(令居縣)에서 패배시키고, 이에 선령(先零)·심저(沈氐)의 여러 종족 4,000여 호를 위협하여 [이들을] 인솔해서 산을 따라 서쪽으로 가 무위군을 노략질하였다. 마현이 [그들을] 좇아 난조현(鸞鳥縣)[352]에 도착해서 그들을 불러 끌어들이니 여러 종족 가운데 항복한 자가 수천 명이었으며, 마노는 남쪽에서 황중으로 돌아갔다. 안제 연광(延光) 원년(122) 봄, 마현이 추격하여 황중에 도착하자 마노는 변경을 나가 황하(黃河)를 건너가고, 마현이 다시 추격해서 싸워 그들을 격파하자 종족의

349) 璽書: 秦漢시대에 기원한 璽書는 황제의 璽印을 사용한 문서를 말하는 것으로, 문서의 일종이 아니라 璽印을 사용한 문서의 총칭이다. 唐代 璽書는 册書, 慰勞制書. 論事勅書, 鐵券, 弔慰文書, 祭奠文書 등을 가르키며, 이 문서들을 함에 넣을 때 封印으로 璽書를 사용했기 때문에 이 말이 생겨났다(中村裕一, 1991).

350) 麻奴: 燒當羌 추장 東號의 아들로 아버지를 따라 漢나라에 항복하고 安定郡에 거주하였다. 이때 여러 강족은 군현에 분포하고 있었는데, 관리와 호강들의 요역에 시달리자 점차 원망이 쌓여 갔다. 王弘이 서쪽으로 段禧를 영접하러 가자 마노 형제는 종족 사람들과 함께 서쪽으로 변경을 나갔다. 마노 형제는 先零種의 별종인 滇零과 種羌과 더불어 노략질을 하고 隴道를 단절시켰다(『資治通鑑』 권49).

351) 牧苑: 牧師苑으로 前漢 때 설치되었으며, 지금의 甘肅省 楡中縣 서북에 있었다(史爲樂 主編, 2005). 또한 『漢舊儀』에는 大僕·牧師·諸苑 36개소가 북변과 서변에 분포되어 있으며, 郎이 苑監이 되어 살피도록 하고, 漢陽郡에는 牧馬苑이 있어 羽林郎이 통령하였다(『後漢書集解·西羌傳』).

352) 鸞鳥縣: 前漢 때 설치한 현으로 武威郡에 속하였으며, 治所는 지금의 甘肅省 武威市 남쪽 古城이다(史爲樂 主編, 2005).

무리는 흩어져 달아나 양주자사(梁州刺史) 종한(宗漢)을 방문해서 항복하였다. 마노 등은 쇠약해지고 굶주려 고생하여 그 해 겨울, 종족의 무리 3,000여 호를 이끌고 한양 태수 경종(耿種)을 방문해서 항복하였다. 안제는 임시로 금인자수(金印紫綬)[353]를 주고, 금·은·채회(綵繪)를 각각 차등 있게 하사하였다. 그 해, 건인종강(虔人種羌)이 상군(上郡)의 오랑캐〔胡〕와 더불어 반란을 일으켜 곡라성(穀羅城)[354]을 공격하자 도료장군(度遼將軍) 경기(耿夔)가 여러 군의 병사와 오환(烏桓)의 기병을 이끌고 가서 그들을 격파하였다. 3년(124) 가을, 농서군의 [치소를] 다시 적도현(狄道縣)으로 옮겼다. 마노의 동생 서고(犀苦)가 즉위하였다.

順帝永建元年, 隴西鍾羌反, 校尉馬賢將七千餘人擊之, 戰於臨洮, 斬首千餘級, 皆率種人降. 進封賢都鄕侯. 自是涼州無事.

순제(順帝)[355] 영건(永建) 원년(126) 농서군(隴西郡)의 종강(鍾羌)이 반란을 일으키자 교위(校尉) 마현(馬賢)이 7,000여 명을 이끌고 그들을 치러가 임조(臨洮)에서 싸워 1,000여 명을 베니, [종강이] 종족의 사람들을 거느리고 와서 항복하였다. 마현을 도향후(都鄕侯)에 진봉(進封)하였다. 이로부터 양주(涼州)에는 별 다른 일이 없었다.

至四年, 尙書僕射虞詡上疏曰: 「臣聞子孫以奉祖爲孝, 君上以安民爲明, 此高宗·周宣所以上配湯·武也. 禹貢雍州之域, 厥田惟上. 且沃野千里, 穀稼殷積, 又有龜茲鹽池以爲民利. 水草豐美, 土宜産牧, 牛馬銜尾, 群羊塞道. 北阻山河, 乘阸據險. 因渠

353) 金印紫綬: 『漢書』 권19상 「百官公卿表上」에는 相國과 丞相은 모두 秦官으로 金印紫綬를 받았다라고 하였다. 즉, 黃金印章과 도장을 묶는 자색의 끈이다.

354) 穀羅縣: 前漢에 설치되었다가 後漢 때에 폐지되었는데, 옛 성은 지금의 內蒙古 鄂爾多斯 남쪽과 陝西省 榆林市와 접경지역에 있었다(中國古代地名大辭典 www.gg-art.com).

355) 順帝(126~144): 후한 제7대 황제로 이름은 '保'이다. 安帝가 죽은 후 閻皇后는 어린 劉懿를 황제로 옹립해서 수렴청정을 했으나 劉懿가 7개월만에 죽자 환관 曹騰 등이 安帝의 독생자 劉保를 옹립하여 황제로 삼았다. 순제는 성격이 온순하고 나약하여 이후 환관과 梁氏가 20여 년간 전횡을 하게 하는 계기를 열었다. 144년 30세의 나이로 죽었다.

以溉，水舂河漕．用功省少，而軍糧饒足．故孝武皇帝及光武築朔方，開西河，置上郡，皆爲此也．而遭元元無妄之災，衆羌內潰，郡縣兵荒二十餘年．夫弃沃壤之饒，損自然之財，不可謂利；離河山之阻，守無險之處，難以爲固．今三郡未復，園陵單外，而公卿選懦，容頭過身，張解設難，但計所費，不圖其安．宜開聖德，考行所長．」書奏，帝乃復三郡．使謁者郭璜督促徙者，各歸舊縣，繕城郭，置候驛．旣而激河浚渠爲屯田，省內郡費歲一億計．遂令安定·北地·上郡及隴西·金城常儲穀粟，令周數年．

순제 영건 4년(129)이 되자, 상서복야(尙書僕射)[356] 우후(虞詡)가 상소하여 말하기를 "신이 듣기로는 자손들은 조상을 받들어 모심으로써 효를 행하고, 군상(君上)[357]은 민을 편안하게 함으로써 명덕(明德)을 행하게 되니, 상(商)나라 고종(高宗)[358]과 주(周)나라 선왕(宣王)[359]이 상나라 탕(湯)임금과 주나라 무왕(武王)을 배향한 까닭입니다. 『우공(禹貢)』[360]에는 옹주(雍州)지역의 전(田)은 상등이라고 합니다. 또한 기름진 들이 천 리나 되며, 곡물은 많이 쌓여 있습니다. 또한 구자현(龜茲縣)[361]에는 염지(鹽池)가 있어 백성들이 이롭습니다.[362] 물과 풀은 풍성하고 잘 자라며, 토지는 목축을 하기에 적당하고, 소와 말이 꼬리에 꼬리를 물고, 양떼는 길을 막을 정도입니다. 북쪽은 산과 황하로 가로막혀 있고, 좁은 지역을 따라서 험준한 곳에 웅거하였습니다. 도랑으로 물을 대고, 수력을 이용해서 곡식을 찧고,

---

356) 尙書僕射: 僕射는 秦나라 관직으로, 侍中·尙書·博士·郞에 모두 僕射가 있었다. 漢代에도 그대로 연용하다가 다른 僕射는 점차 사라지고 尙書僕射만 남게 되었다. 前漢 成帝 建始 원년(전32), 다섯 명의 尙書를 두고 그 가운데 한 명을 尙書僕射로 삼았으며, 後漢 때에는 左右僕射를 두었다(兪鹿年 編著, 1998).

357) 君上: 天子를 의미한다.

358) 高宗: 은나라 23대 왕 武丁으로 은나라를 중흥시킨 군주이다.

359) 周宣王: 西周 12대 왕으로 西周를 일시적으로 중흥시킨 군주이다.

360) 雍州: 九州 가운데 하나로 이곳의 땅은 누렇고 부드러워 밭은 上上이라 하였다(『尙書』「夏書」篇, 禹貢章, 厥土惟黃壤, 厥田惟上上.).

361) 龜兹縣: 前漢 때 설치한 현으로 上郡屬國都尉가 다스렸으며, 治所는 지금의 陝西省 榆林市 북쪽이다(史爲樂 主編, 2005).

362) 李賢은 上郡 龜兹縣에는 鹽官이 있으니 雍州의 영역이라고 하였다. 현재 鹽池는 지금의 寧夏回族自治區 銀南地區의 관할현으로 크고 작은 20여 개의 鹽湖가 있다.

물길을 이용해서 운반도 합니다.[363] 수완의 발휘가 줄어들고 부족하더라도 군량은 넉넉하고 족합니다. 따라서, 효무황제(孝武皇帝: 武帝)와 광무제(光武帝)께서 삭방군(朔方郡)[364]을 쌓고, 서하군(西河郡)을 개척하고, 상군(上郡)을 설치한 것은 모두 이것을 위함이었습니다. 그런데 모든 백성들은 뜻하지 않는 재난을 만나,[365] 많은 강족들이 [한나라] 내지를 어지럽히고, 군현에는 전쟁의 재황이 20여 년이나 되었습니다. 무릇 옥토의 넉넉함을 버린다면 자연의 재물을 손상시키는 것이니 이롭다고 말할 수 없습니다. 황하와 산의 험준함을 버리고 험하지 않는 곳을 지키는 것은 견고하다고 하기 어렵습니다. 지금 3군(朔方郡 · 西河郡 · 上郡)은 아직 회복되지 못하고, 원릉(園陵)도 지키는 이가 없는데,[366] 공경들은 유약하고 겁이 많아 되는 대로 살아가면서 변명만 늘어놓고 [다른 사람을] 힐책하여 묻기만 하고, 쓸 곳만 생각하고 [나라의] 안전은 도모하지 않습니다. 마땅히 성덕(聖德)을 열어 가장 좋은 바를 살펴 시행하기 바랍니다."라고 하였다. 상서(上書)가 아뢰어지자 순제는 다시 3군을 설치하였다. 알자 곽황(郭璜)을 시켜 옮겨 간 사람들을 독촉하여 각각 옛 현으로 돌려보내 성곽을 수리하고 후(候)와 역(驛)을 설치하였다. 얼마 후 물을 끌어들이고 도랑을 준설하여 둔전을 경작하니 내군(內郡)에 드는 비용을 일년에 1억을 줄일 수 있었다. 드디어 안정군(安定郡) · 북지군(北地郡) · 상군(上郡) · 농서군(隴西郡) · 금성군(金城郡)에는 늘 곡속(穀粟)이 쌓여 수년을 준비할 수 있었다.

馬賢以犀苦兄弟數背叛，因繫質於令居．其冬，賢坐徵免，右扶風韓皓代爲校尉．明年，犀苦詣皓自言求歸故地，皓復不遣．因轉湟中屯田，置兩河閒，以逼羣羌．皓復坐

---

363) 水舂: 水碓으로, 수력을 이용해서 곡물을 찧는 기구이다.

364) 朔方郡: 漢武帝가 元朔 2년(전127)에 설치한 郡으로 治所는 朔方縣으로 지금의 內蒙古 杭錦旗 북쪽 什拉召 일대이다. 후한 때 치소를 임융현으로 옮겼는데, 지금의 內蒙古 磴口縣 동북쪽 布隆淖鄉 古城이다(史爲樂 主編, 2005).

365) 李賢은 『前書音義』를 인용해서 "無妄이라는 것은 기대한 바가 없는 것을 말한다. 만물은 하늘에게 기대한 바가 없었는데 災異가 크다."고 하였다(『前書音義』 曰: 「無妄者, 無所望也. 萬物無所望於天, 災異之大也.).

366) 園陵: 李賢은 長安의 여러 릉원을 말한다고 하였다. 그리고 單外는 守固가 없는 것을 말한다고 하였다. (園陵謂長安諸陵園也. 單外謂無守固.).

徼, 張掖太守馬續代爲校尉. 兩河閒羌以屯田近之, 恐必見圖, 乃解仇詛盟, 各自儆備. 續欲先示恩信, 乃上移屯田還湟中, 羌意乃安. 至陽嘉元年, 以湟中地廣, 更增置屯田五部, 幷爲十部. 二年夏, 復置隴西南部都尉如舊制.

마현은 서고(犀苦) 형제가 수차례 배반하므로 영거현(令居縣)에 있는 인질을 구금하였다. 그 해 겨울, 마현은 죄로 소환되어 면직되고, 우부풍 한호(韓皓)가 대신해서 교위가 되었다. 다음 해, 서고가 한호를 방문하여 옛 땅으로 돌려보내 줄 것을 청하였으나 한호가 돌려보내지 않았다. 이로 인해서 황중(湟中)의 둔전을 옮겨 양하(兩河) 사이에 설치하고서 여러 강족들을 몰아냈다. 한호가 다시 죄로 소환되니, 장액 태수 마속(馬續)이 대신해서 교위가 되었다. 양하 사이의 강족은 둔전이 그들 가까이에 설치되자 반드시 도모함이 있을까 두려워하여 [그들 사이의] 원망을 풀고 동맹을 맹세하고 각자 위급한 일을 대비하였다. 마속이 먼저 은혜와 신뢰를 보이고 둔전을 다시 황중으로 옮길 것을 상주하니 강족들의 마음은 안정되었다. 순제 양가(陽嘉) 원년(132)이 되자 황중의 땅을 넓혀 다시 둔전 5부(部)를 늘려서 설치하니 모두 10부가 되었다. 양가 2년(133) 여름, 다시 옛 제도처럼 농서남부도위(隴西南部都尉)를 설치하였다.[367)]

三年, 鍾羌良封等復寇隴西·漢陽, 詔拜前校尉馬賢爲謁者, 鎭撫諸種. 馬續遣兵擊良封, 斬首數百級. 四年, 馬賢亦發隴西吏士及羌胡兵擊殺良封, 斬首千八百級, 獲馬牛羊五萬餘頭, 良封親屬並詣(實)〔賢〕降. 賢復進擊鍾羌且昌, 且昌等率諸種十餘萬詣涼州刺史降. 永和元年, 馬續遷度遼將軍, 復以馬賢代爲校尉. 初, 武都塞上白馬羌攻破屯官, 反叛連年. 二年春, 廣漢屬國都尉擊破之, 斬首六百餘級, 馬賢又擊斬其渠帥飢指累祖等三百級, 於是隴右復平. 明年冬, 燒當種那離等三千餘騎寇金城塞, 馬賢將兵赴擊, 斬首四百餘級, 獲馬千四百匹. 那離等復西招羌胡, 殺傷吏民.

---

367) 南部都尉: 李賢은 南部都尉는 隴西郡 臨洮縣에 있었다고 하였다. 또한 後漢 安帝 永初 3년(109) 種羌이 臨洮縣을 함락하여 남부도위를 생포하였으며, 지금 3郡에 다시 이를 두었으므로 復置라고 하였다(『後漢書集解 · 西羌傳』 참조).

순제 양가 3년(134)에 종강(鍾羌)의 양봉(良封) 등이 다시 농서군·한양군을 노략질하니, 이전에 교위(校尉)를 역임한 마현을 알자(謁者)에 제수하여 여러 강족을 진정시켜 안무토록 조를 내렸다. 마현은 군대를 보내 양봉을 쳐 수백 명의 머리를 베었다. 양가 4년(135), 마현이 또 농서군의 관리와 장사 및 강호의 병사를 징발하여 양봉을 격살하고, 1,800여 명을 베고, 말·소·양 5만여 마리를 획득하니, 양봉의 친속들이 마현을 방문해서 항복하였다. 마현이 다시 나아가 종강(鍾羌)[368]의 차창(且昌)을 치니, 차창 등이 여러 종족 10여 만 명을 이끌고 양주자사를 방문해서 항복하였다. 순제 영화(永和) 원년(136), 마속이 도료장군으로 승진하니 마현이 다시 교위가 되었다. 처음에 무도군(武都郡) 변경 위쪽의 백마강(白馬羌)이 둔관(屯官)을 공격해서 격파하니, 반란은 여러 해 지속되었다. 2년 봄, 광한속국도위(廣漢屬國都尉)[369]가 그들을 격파하여 600여 명을 베고, 마현이 다시 우두머리 기지누조(飢指累祖) 등 300여를 베니 농우(隴右)[370]가 다시 평정되었다. 다음 해 겨울, 소당종(燒當種) 나리(那離) 등 3,000여 기(騎)가 금성군의 변경을 노략질하자 마현이 군대를 이끌고 가 쳐서 400여 명을 베고 말 1,400필을 얻었다. 나리 등이 다시 서쪽에서 강호(羌胡)를 불러들여 관리와 백성을 죽이고 다치게 하였다.

四年, 馬賢將湟中義從兵及羌胡萬餘騎掩擊那離等, 斬之, 獲首虜千二百餘級, 得馬騾羊十萬餘頭. 徵賢爲弘農太守, 以來機爲幷州刺史, 劉秉爲涼州刺史, 並當之職. 大將軍梁商謂機等曰:「戎狄荒服, 蠻夷要服, 言其荒忽無常. 而統領之道, 亦無常法, 臨事制宜, 略依其俗. 今三君素性疾惡, 欲分明白黑. 孔子曰:『人而不仁, 疾之已甚, 亂也.』況戎狄乎! 其務安羌胡, 防其大故, 忍其小過.」機等天性虐刻, 遂不能從. 到州之日, 多所擾發.

368) '鍾'字는 '種'이다(『後漢書集解』「西羌傳」).

369) 廣漢屬國都尉: 後漢 安帝 永初 2년(108) 廣漢屬國의 변경 밖에서 參狼羌이 항복해 오자 廣漢北部都尉를 고쳐서 廣漢屬國都尉라 하였다. 廣漢屬國都尉는 3개의 城을 거느리고 陰平道를 다스렸다(嚴耕望, 2007).

370) 隴右: 隴山 以西지역을 가리키는 것으로 옛날에는 以西를 右라고 하였으므로 이런 이름을 갖게 되었다. 지금의 甘肅省 隴山와 六盤山 以西, 황하의 以東 일대이다(史爲樂 主編, 2005).

순제 영화 4년(139) 마현이 황중의 의종병(義從兵)[371]과 강호(羌胡) 만여 기를 이끌고 나리 등을 기습하여 참하고, 1,200여 명을 사로잡거나 베고, 말 · 당나귀 · 양 십여 만 마리를 얻었다. 마현을 불러서 홍농 태수(弘農太守)로 삼고, 내기(來機)를 병주자사(幷州刺史)로 삼고, 유병(劉秉)을 양주자사로 삼았는데, 이들이 그 직책을 수행하기 위해 가려고 할 때 대장군(大將軍) 양상(梁商)[372]이 내기 등에게 일러 말하기를 "융적(戎狄)은 황복(荒服)에 있고, 만이(蠻夷)는 요복(要服)에 있으며,[373] 그들은 막연하여 종잡을 수 없어 일정한 바가 없습니다. 일체를 통괄하여 거느릴 방법 역시 고정적인 법률도 없으니, 어떤 일에 임해서는 일에 맞는 방식을 정해야 하는데, 대략 그들의 습속에 의거해야 합니다. 지금 세 분의 타고난 성격은 악을 싫어하고 흑백을 분명히 구별합니다. 공자께서 말씀하시기를 '사람이 어질지 않으면 그것을 싫어함이 더욱 심해져 그들로 하여 난행을 저지르게 한다.'[374]라고 하셨는데, 하물며 융적은 어떠하겠습니까! 강호(羌胡)를 안정시키는 데 힘쓰고 큰 변고를 방비하려 한다면 작은 허물은 덮어두십시오."라고 말하였다. 내기 등은 천성이 사납고 모질어 능히 양상의 말을 따를 수 없었다. 주(州)에 도착한 날 많은 곳에서 소요가 발생했다.

五年夏, 且凍 · 傅難種羌等遂反叛, 攻金城, 與西塞及湟中雜種羌胡大寇三輔, 殺害長吏. 機 · 秉並坐徵. 於是發京師近郡及諸州兵討之, 拜馬賢爲征西將軍, 以騎都尉耿叔副, 將左右羽林 · 五校士及諸州郡兵十萬人屯漢陽. 又於扶風 · 漢陽 · 隴道作塢壁三百所, 置屯兵, 以保聚百姓. 且凍分遣種人寇武都, 燒隴關, 掠苑馬. 六年春, 馬賢將五六千騎擊之, 到射姑山, 賢軍敗, 賢及二子皆戰歿. 順帝愍之, 賜布三千匹, 穀千斛,

---

371) 義從兵: 義從은 귀의하여 명령을 듣는다는 뜻으로, 의종병은 漢代 羌과 胡 등이 한나라로 귀부하여 의종하는 병사를 말한다.

372) 梁商: 字는 伯夏이며, 한나라의 외척으로 어려서 郎中이 되고 黃門侍郎을 역임하였다. 安帝의 장인으로 順帝 陽嘉 3년(134) 大將軍이 되었다.

373) 要服: 九州 안에 있으며 侯服과 衛服 밖에 있다. 문덕으로 그들을 오게 하는 것을 말한다(要服, 在九州之內, 侯衛之外, 言以文德來之.).

374) 『論語』 권3 「八佾篇」의 문장으로 鄭玄은 "어질지 못한 사람은 마땅히 풍속과 교화로 하려 하고, 그것을 싫어함이 더욱 심해지면 이것은 또한 그들로 하여 난행을 하게 한다(鄭玄注云: 「不仁之人, 當以風化之, 疾之已甚, 是又使之爲亂行.」)"라고 하였다.

封賢孫光爲舞陽亭侯，租入歲百萬。遣侍御史督錄征西營兵，存恤死傷。

순제 영화 5년(140) 여름, 차동(且凍)·부난종강(傅難種羌) 등이 마침내 반란을 일으켜 금성군(金城郡)을 공격하고, 서새(西塞)[375] 및 황중(湟中)에 살던 여러 강호(羌胡)와 더불어 삼보(三輔)를 크게 노략질하여 장리(長吏)를 살해하였다. 내기(來機)와 유병(劉秉)은 이 일로 연루되어 소환되었다. 이 때문에 경사 인근의 군 및 여러 주의 병사를 징발하여 그들을 토벌하고자 마현을 정서장군(征西將軍)에 제수하고, 기도위 경숙(耿叔)을 부장으로 삼았다. 좌우우림(左右羽林)[376]·오교(五校)[377]의 병사와 여러 주군(州郡)의 병사 10여 만을 인솔하여 한양군(漢陽郡)에 주둔하였다. 또한 [한나라는] 부풍(扶風)·한양(漢陽)·농도(隴道) 등에 오(塢)와 벽(壁) 300곳을 만들고, 둔병을 설치하여 백성을 지켜 보호하기 위해서 모았다. 차동이 종족 사람들을 나누어 보내 무도군(武都郡)을 노략질하게 하여 농관(隴關)[378]을 불태우고 원유(苑囿)와 마구(馬廄)를 약탈하였다.[379] 영화 6년(141) 봄, 마현이 오육천 기를 이끌고 그들을 치러가 야고산(射姑山)에 도착하였으나[380] 마현의 군대는 패하여 마현과 그의 두 아들이 모두 전사하였다. 순제(順帝)가 그들을 불쌍히 여겨 포(布) 3,000필, 곡물 1,000곡(斛)을 하사하고, 마현의 손자 마광(馬光)을 무양정후(舞陽亭侯)에 봉하고, 매년 조세 백만 (전)을 거두어 들이도록 하였다. 시어사(侍御史)를 보내 정서(征西) 병영의 군대를 살펴서 기록하고, 사상자의 가족들을 위로하였다.

---

375) 西塞: 지금의 湖北省 黃石市 동남 西塞山 아래를 가리킨다(史爲樂 主編, 2005).

376) 羽林: 漢代 羽林郎의 간칭으로 漢武帝 建元 3년(전138)에 설치한 것으로 隴西·天水·安定·北地·上郡·西河 등 6郡의 좋은 집안 자식으로 建章營騎를 조성하여 建章宮을 숙위하였다. 이후 羽林騎로 이름을 바꾸고, 羽林郎將이 장관이며 光祿勳에 속했다(兪鹿年 編著, 1998).

377) 五校: 漢代 步兵·屯騎·長水·越騎·射聲校尉의 합칭이다. 後漢 때 경사의 치안을 전담하였으며, 이 五校가 北軍(漢代 경성의 屯衛를 담당한 禁衛軍의 하나) 조직의 단위가 되었다(兪鹿年 編著, 1998).

378) 隴關: 大震關을 지칭하는 것으로 지금의 甘肅省 淸水縣 동북 小隴山이다. 漢나라는 이곳에 關을 설치하였다(史爲樂 主編, 2005).

379) 牧師苑의 말을 가리킨다(『後漢書集解·西羌傳』).

380) '射'의 음은 '夜'이다. 『續漢書』에 따르면 射姑山은 北地郡에 있었다.

於是東西羌遂大合. 鞏唐種三千餘騎寇隴西, 又燒園陵, 掠關中, 殺傷長吏, 郃陽令任頵追擊, 戰死. 遣中郎將龐浚募勇士千五百人頓美陽, 爲涼州援. 武威太守趙沖追擊鞏唐羌, 斬首四百餘級, 得馬牛羊驢萬八千餘頭, 羌二千餘人降. 詔沖督河西四郡兵爲節度. 罕種羌千餘寇北地, 北地太守賈福與趙沖擊之, 不利. 秋, 諸種八九千騎寇武威, 涼部震恐. 於是復徙安定居扶風, 北地居馮翊, 遣行車騎將軍執金吾張喬將左右羽林·五校士及河內·南陽·汝南兵萬五千屯三輔. 漢安元年, 以趙沖爲護羌校尉. 沖招懷叛羌, 罕種乃率邑落五千餘戶詣沖降. 於是罷張喬軍屯. 唯燒何種三千餘落據參䜌北界. 三年夏, 趙沖與漢陽太守張貢掩擊之, 斬首千五百級, 得牛羊驢十八萬頭. 冬, 沖擊諸種, 斬首四千餘級. 詔沖一子爲郎. 沖復追擊於阿陽, 斬首八百級. 於是諸種前後三萬餘戶詣涼州刺史降.

이에 동서의 강족이 마침내 크게 모였다.[381] 공당종(鞏唐種) 3,000여 기가 농서군을 노략질하고, 또 원릉(園陵)을 불태우고, 관중(關中)을 약탈하고, 장리(長吏)들을 살상하니 합양현령(郃陽縣令)[382] 임군(任頵)이 추격하여 싸웠으나 전사하였다. 중랑장 방준(龐浚)을 보내 용사 1,500여 명을 모집하여 미양현(美陽縣)에 주둔해서 양주를 돕도록 하였다. 무위 태수 조충(趙沖)이 공당강을 추격하여 400여 명을 베고, 소·양·당나귀 18,000여 마리를 얻었다. 강인(羌人) 2,000여 명이 항복하였다. 조충에게 조칙을 내려 하서(河西) 4군의 군대를 지휘하도록 했다. 공당강 1,000여 명이 북지군을 노략질하자 북지 태수 가복(賈福)과 조충이 그들을 쳤으나 불리하였다. 가을, 여러 종족 팔구천 기가 무위군을 노략질하니 양부(涼部)가 두려움에 떨었다. 이 때문에 다시 안정군(安定郡)의 민을 옮겨 부풍(扶風)에 거주하게 하고, 북지군(北地郡)의 민을 풍익(馮翊)에 거주하게 하였다. 행거기장군(行車騎將軍) 집금오(執金吾) 장교(張喬)를 보내 좌우우림(左右羽林)·오교(五校)의 병사 및 하내(河內)·남양군(南陽郡)·여

381) 東羌: 東羌은 後漢때 朔方郡·北地郡·上郡·五原郡·西河郡 등지의 羌族을 말하며, 先秦시기에 이곳으로 이주해 왔다. 西羌은 隴西郡·漢陽郡 서쪽 및 金城郡 등지의 羌族을 말한다. 東羌지역으로 들어온 西羌은 東羌에 융합되었으며, 이때의 서강은 관중지역으로 옮겨 간 강족을 말한다(陳琳國, 2008).

382) 郃陽縣: 李賢은 唐代 同州縣이라 하였는데, 魏文侯 17년(전429) 洽水 북쪽 연안에 성을 쌓아 郃陽城이라 불렀다. 지금의 陝西省 渭南市 合陽縣이다.

남군(汝南郡)의 병사 15,000명을 이끌고 삼보에 주둔하게 하였다. [순제] 한안(漢安) 원년(142)에 조충을 호강교위(護羌校尉)로 삼았다. 조충이 반란을 일으킨 강족을 불러 회유하니, 한종(罕種)이 읍락 5,000여 호를 거느리고 조충을 방문해서 항복하였다. 이에 장교의 군사 주둔지를 파하였다. 오직 소하종 3,000여 부락만이 삼련(參䜌)의 북쪽 경계에 거주하였다.[383] 순제 한안(漢安) 3년(144) 여름, 조충이 한양 태수 장공(張貢)[384]과 함께 그들을 기습해서 1,500여 명을 베고, 소·양·당나귀 18만 마리를 얻었다. 겨울, 조충이 여러 종족을 쳐서 4,000여 명을 베었다. 조칙을 내려 조충의 한 아들을 랑(郎)[385]으로 삼았다. 조충이 다시 아양현(阿陽縣)[386]에서 추격하여 800여 명을 베었다. 이에 여러 종족이 전후로 3만여 호가 양주자사(涼州刺史)를 방문하여 항복하였다.

建康元年春, 護羌從事馬玄遂爲諸羌所誘, 將羌衆亡出塞, 領護羌校尉衛瑤追擊玄等, 斬首八百餘級, 得牛馬羊二十餘萬頭. 趙沖復追叛羌到建威鸇陰河. 軍度〔未〕竟, 所將降胡六百餘人叛走, 沖將數百人追之, 遇羌伏兵, 與戰歿. 沖雖身死, 而前後多所斬獲, 羌由是衰耗. 永嘉元年, 封沖子愷義陽亭侯. 以漢陽太守張貢代爲校尉. 左馮翊梁並稍以恩信招誘之, 於是離湳·狐奴等五萬餘戶詣並降, 隴右復平. 並, 大將軍冀之宗人. 封爲鄠侯, 邑二千戶.

[충제(沖帝)[387]] 건강(建康) 원년(144) 봄, 호강종사(護羌從事) 마현(馬玄)이 여러 강족에

383) 參䜌縣: 前漢 때 설치하였으며, 安定郡에 속하였다. 騎都尉가 다스렸으며 治所는 지금의 甘肅省 慶陽縣 서북에 있었다(史爲樂 主編, 2005).

384) 張貢: 언제 태어났는지는 불명확하며, 桓帝 永壽 원년(155)에 죽었다.

385) 郎: 戰國시기에서 漢나라에 이르는 동안 군주를 시종하는 관의 통칭이다. 한나라 때 議郎·中郎·侍郎·郎中·外郎 등이 있었으며, 모두 光祿勳에 속하였다. 한나라의 將相 다수는 郎 출신이었다. 郎이 되는 경로는 蔭敍·良家子·孝廉試經·明經射策·納貲·方伎·上書·詔令特任 등 다양했다(兪鹿年 編著, 1998).

386) 阿陽縣: 前漢 때 설치한 현으로 天水郡에 속하였으며, 치소는 지금의 감숙성 靜寧縣 서남 城川鄕이었다. 후한 때에는 漢陽郡에 속하였다(史爲樂 主編, 2005).

387) 沖帝(144~145): 후한 제8대 황제로 이름은 '炳'이다. 2살이던 建康 원년(144) 8월에 즉위하여 이듬해 정월에 죽었다.

게 유혹되어 강족의 무리를 이끌고 도망가 변경 밖으로 나가 버렸다. 영호강교위(領護羌校尉)[388] 위요(衞瑤)가 마현 등을 추격하여 800여 명을 베고, 소·말·양 20여 만 마리를 얻었다. 조충이 다시 반란을 일으킨 강족을 추격하여 건위현(建威縣)[389] 전음하(鸇陰河)[390]에 도착하였다. [조충의] 군대가 아직 건너지 않았는데, 이끌고 온 항복한 호(胡) 600여 명이 반란을 일으켜 달아나니 조충이 수백 명을 이끌고 그들을 추격하였다가 강족의 복병을 만나 싸웠으나 전사하였다. 조충은 비록 죽었지만 전후로 많은 강족을 베거나 사로잡아 이로부터 강족은 쇠하여 줄어들었다. [질제(質帝)[391]] 영가(永嘉) 원년(145)에 조충의 아들 조개(趙愷)를 의양정후(義陽亭侯)에 봉했다. 한양 태수 장공(張貢)이 대신해서 교위가 되었다. 좌풍익 양병(梁並)이 차츰 은혜와 신뢰로 그들을 불러 들이니 이남종(離湳種)·호노종(狐奴種) 등 5만여 호가 양병을 방문하여 항복하니, 농우(隴右)가 다시 평안해졌다. 양병은 대장군 양기(梁冀)[392]의 먼 친척으로 호후(鄠侯)에 봉해지고, 식읍은 2,000호였다.

自永和羌叛, 至乎是歲, 十餘年閒, 費用八十餘億. 諸將多斷盜牢稟, 私自潤入, 皆以珍寶貨賂左右, 上下放縱, 不恤軍事, 士卒不得其死者, 白骨相望於野.

[순제(順帝)] 영화(永和) 연간(136~141)부터 강족이 반란을 일으킨 후 이 해에 이르기까지 10여 년간 비용은 80여 억이 들었다. 여러 장수들은 오로지 녹미를 훔치는 데 마음을 쓰고,

---

388) 領護羌校尉: 漢代 領護羌校尉를 역임한 사례는 여기서 기록된 衞瑤 한 명뿐이며, 『晉書』(권5)에 太尉·領護羌校尉·涼州刺史·西平公 張軌가 薨했다는 기사를 통해서 領護羌校尉의 존재를 확인할 수 있으나 그 수는 매우 적다. 漢代에는 아마도 護羌校尉라고 불렀던 것 같다.

389) 建威: 李賢은 『續漢書』를 인용하여 '建威'는 '武威'라고 되어 있다고 지적하였다.

390) 鸇陰縣: 李賢은 漢代 安定郡에 속한 현이라고 하였다. 그런데 後漢 때 '鶉陰縣'으로 이름을 고쳐 설치하여 武威郡에 속하게 하였다. 治所는 지금의 甘肅省 靖遠縣 서북에 있었다고 한다(史爲樂 主編, 2005).

391) 質帝(145~146): 후한 제9대 황제로 8살이던 永嘉 원년(145)에 즉위하였으나, 이듬해 大將軍 梁冀에게 독살당하였다.

392) 梁冀: 후한 외척세력의 한 명으로 順帝의 장인 梁商의 아들이다. 梁商은 順帝 陽嘉 3년(134) 大將軍이 되었다. 順帝 永和 6년(141) 梁商이 죽자 梁冀는 상도 치르기 전에 대장군에 올랐다. 이후 沖帝·質帝·桓帝 延熹 2년(159)까지 전횡을 하고, 貴人 鄧猛의 모친 宣을 살해하려다가 도리어 환제에게 죽임을 당하였다.

은밀히 재물을 들여와 모두 진기한 보화로 [황제의] 주변 인물에게 뇌물을 주고, 위아래가 제멋대로 놀고, 군과 관련된 일을 돌보지 않아서 사졸(士卒)은 죽은 자도 거두지 못해 백골이 들녘에 가득찼다.

桓帝建和二年, 白馬羌寇廣漢屬國, 殺長吏. 是時西羌及湟中胡復畔爲寇, 益州刺史率板楯蠻討破之, 斬首招降二十萬人.

환제(桓帝) 건화(建和) 2년(148) 백마강(白馬羌)이 광한속국(廣漢屬國)[393]을 노략질하여 장리(長吏)를 살해하였다. 이때 서강(西羌) 및 황중호(湟中胡)가 다시 반란을 일으켜 노략질을 하니, 익주자사가 판순만(板楯蠻)을 인솔하여 그들을 공격해서 격파하니 머리가 잘린 자와 항복한 자가 20만 명이나 되었다.

永壽元年, 校尉張貢卒, 以前南陽太守第五訪代爲校尉, 甚有威惠, 西垂無事. 延熹二年, 訪卒, 以中郎將段熲代爲校尉. 時燒當八種寇隴右, 熲擊大破之. 四年, 零吾復與先零及上郡沈氐·牢姐諸種并力寇并·涼及三輔. 會段熲坐事徵, 以濟南相胡閎代爲校尉. 閎無威略, 羌遂陸梁, 覆沒營塢, 寇患轉盛, 中郎將皇甫規擊破之. 五年, 沈氐諸種復寇張掖·酒泉, 皇甫規招之, 皆降. 事已具『規傳』. 烏吾種復寇漢陽, 隴西·金城諸郡兵共擊破之, 各還降附. 至冬, 滇那等五六千人復攻武威·張掖·酒泉, 燒民廬舍. 六年, 隴西太守孫羌擊破之, 斬首溺死三千餘人. 胡閎疾, 復以段熲爲校尉.

[환제(桓帝)] 영수(永壽) 원년(155)에 교위 장공(張貢)이 죽자 이전 남양 태수(南陽太守) 제오방(第五訪)[394]이 대신해서 교위가 되었다. 제오방은 매우 권위가 있고 은혜로워 서쪽의 변방에 아무런 일이 없었다. 환제 연희(延熹) 2년(159) 제오방이 죽으니 중랑장 단경(段

393) 廣漢屬國: 廣漢屬國은 後漢 邊郡의 하나로 益州刺史部에 속하였으며, 郡과 등급이 같았다. 치소는 지금의 甘肅省 文縣 동북쪽에 있었다(『中國歷代政區沿革』, 1996).

394) 第五訪: 字는 仲謀이며, 後漢 중기 京兆 長陵(지금의 陝西省 鹹陽市 東北) 사람이다. 新都(지금의 四川省 新都縣)縣令을 거쳐, 張掖太守 등을 역임하고 구휼에 많은 공적을 쌓았다.

熲)[395]이 대신해 교위가 되었다. 이때 소당(燒當)의 여덟 종족이 농우(隴右)를 노략질하자 단경이 그들을 쳐 크게 격파하였다. [연희] 4년(161) 영오(零吾)가 다시 선령종(先零種) 및 상군의 심저종(沈氐種)·뇌자종(牢姐種) 등 여러 종족과 함께 병주·양주 및 삼보를 노략질했다. 마침 단경은 죄로 인해서 소환되고, 제남상(濟南相)[396] 호굉(胡閎)이 대신해서 교위가 되었다. 호굉은 권위와 책략이 없어 강족들이 마침내 함부로 날뛰어 병영과 오(塢)를 파괴하니 도적에 대한 근심이 더욱 성하게 되어, 중랑장 황보규(皇甫規)가 그들을 격파하였다. [연희] 5년(162) 심저종의 여러 종족이 다시 장액군·주천군을 노략질하자 황보규가 그들을 불러 유인하니 모두 항복하였다. 이 일은 「황보규전(皇甫規傳)」에 있다. 조오종(鳥吾種)이 다시 한양군을 노략질하자 농서군·금성군 등 여러 군의 군대가 함께 그들을 격파하고, 각각 항복한 자들을 데리고 돌아왔다. 겨울이 되자, 전나(滇那) 등 오육천여 명이 다시 무위군·장액군·주천군을 공격하여 백성들의 임시거처와 집을 불태웠다. 6년(163), 농서 태수 손강(孫羌)[397]이 그들을 격파하고, 머리를 베인 자나 익사한 자가 3,000명이었다. 호굉이 병이 나자 다시 단경을 교위로 삼았다.

永康元年, 東羌岸尾等脅同種連寇三輔, 中郎將張奐追破斬之, 事已具『奐傳』. 當煎羌寇武威, 破羌將軍段熲復破滅之, 餘悉降散. 事已具『熲傳』. 靈帝建寧三年, 燒當羌奉使貢獻. 中平元年, 北地降羌先零種因黃巾大亂, 乃與(漢)〔湟〕中羌·義從胡北宮伯玉等反, 寇隴右. 事已具『董卓傳』. 興平元年, 馮翊降羌反, 寇諸縣, 郭汜·樊稠擊破之, 斬首數千級.

[영제(靈帝)] 영강(永康) 원년(167), 동강(東羌)의 안미(岸尾) 등이 같은 종족을 협박하여

395) 段熲(?~179): 字는 紀明이며, 어려서 활쏘는 법을 익히고 유협을 숭상하였다. 10여 년 동안 변경을 지키고 누차 강족을 격파하였으며, 太尉를 역임하였다(『後漢書』 권6 「段熲傳」 참조.).

396) 濟南相: 漢나라 초기 諸侯國에는 諸侯王 아래 뭇 관리들을 통솔하는 丞相이 있었으며, 그 아래 內史가 민을 다스리고 中尉가 군사를 담당하였다. 漢景帝는 기원전 152년 제후왕들이 자신의 나라를 다스리지 못하도록 하고, 丞相을 相으로 고쳐 불렀다. 成帝 綏和 원년(전8) 內史를 없애니 相이 마치 郡의 太守와 같이 민을 다스리게 되었다(嚴耕望, 2007). 靈帝 때 조조가 濟南相을 역임한 적이 있었다.

397) 孫羌: 後漢 말 맹장 孫堅의 형이다.

연달아 삼보(三輔)를 노략질하자 중랑장 장환(張奐)[398]이 그를 추격하여 격파하고 참하였으니, 이 일은「장환전(張奐傳)」에 기록되어 있다. 당전강(當煎羌)이 무위군(武威郡)을 노략질하자 파강장군(破羌將軍) 단경(段熲)이 다시 그들을 쳐서 멸하니 나머지는 전부 항복하거나 흩어졌다. 이 일은「단경전」에 기록되어 있다. 영제(靈帝) 건녕(建寧) 3년(170), 소당강(燒當羌)이 사자를 받들어 공물을 바쳤다. [영제] 중평(中平) 원년(184), 북지군(北地郡) 지역의 항복한 강족 선령종(先零種)이 황건적(黃巾賊)의 대란을 틈타 황중강(湟中羌)·의종호(義從胡) 및 북궁백옥(北宮白玉) 등과 함께 반란을 일으켜 농우(隴右)를 노략질했다. 이 일은「동탁전(董卓傳)」에 기록되어 있다. [헌제(獻帝)] 흥평(興平) 원년(194), 풍익(馮翊)지역의 항복한 강족이 반란을 일으켜 여러 현을 노략질하자 곽사(郭汜)[399]·번조(樊稠)[400]가 그들을 격파하여 수천 명의 머리를 베었다.

自爰劒後, 子孫支分凡百五十種. 其九種在賜支河首以西, 及在蜀·漢徼北, 前史不載口數. 唯參狼在武都, 勝兵數千人. 其五十二種衰少, 不能自立, 分散爲附落, 或絶滅無後, 或引而遠去. 其八十九種, 唯鍾最强, 勝兵十餘萬. 其餘大者萬餘人, 小者數千人, 更相鈔盜, 盛衰無常, 無慮順帝時勝兵合可二十萬人. 發羌·唐旄等絶遠, 未嘗往來. 犛牛·白馬羌在蜀·漢, 其種別名號, 皆不可紀知也. 建武十三年, 廣漢塞外白馬羌豪樓登等率種人五千餘戶內屬, 光武封樓登爲歸義君長. 至和帝永元六年, 蜀郡徼外大牂夷種羌豪造頭等率種人五十餘萬口內屬, 拜造頭爲邑君長, 賜印綬. 至安帝永

---

398) 張奐(104~181): 敦煌郡 淵泉人(지금의 甘肅省 安西縣)으로 字는 然明이다. 桓帝 때 皇家圖書館인 東觀에서 근무했으며, 賢良으로 천거되어 議郞이 되었다. 安定屬國都尉가 되어 南匈奴와 전쟁에 참여하였으며, 桓帝 延熹 2년(159) 대장군 梁冀의 집단을 제거하기도 했다. 延熹 10년(167) 司馬 尹端·董卓을 보내 강족을 물리쳐 만여 명을 사로잡으니 三輔지역이 안정되었다. 이때 공이 있었으나 환관과 사이가 좋지 않아 列侯에 봉해지지 못했다. 靈帝 光和 4년(181) 78세의 나이로 죽었다.

399) 郭汜: 董卓의 부하로 동탁이 피살된 후 賈詡의 책략을 채용하여 李傕, 張濟, 樊稠 등과 동탁의 부곡을 이끌고 장안을 공략하여 呂布를 격퇴하고 王允 등을 살해하였다. 이후 자신의 부장 伍習에게 살해당하였다.

400) 樊稠: 동탁의 부하로 동탁이 피살된 후 곽사와 더불어 장안을 함락하는 데 공을 세웠으나 회의 도중 李傕에게 살해당하였다.

初元年，蜀郡徼外羌龍橋等六種萬七千二百八十口內屬．明年，蜀郡徼外羌薄申等八種三萬六千九百口復舉土內屬．冬，廣漢塞外参狼種羌二千四百口復來內屬．桓帝建和二年，白馬羌千餘人寇廣漢屬國，殺長吏，益州刺史率板楯蠻討破之．

무익원검(無弋爰劒) 이후, 자손들의 갈래는 150여 종으로 나누어졌다. 그 가운데 아홉 종족은 사지하(賜支河) 상류 서쪽과 촉군(蜀郡)과 광한군(廣漢郡)[401]의 변경 북쪽에 있었다. 이전의 사서에는 인구수가 기록되어 있지 않다. 무도군(武都郡)에 있었던 삼랑종(參郎種)만이 정병 수천 명이었다. 그들 중 52종은 쇠락하여 자립하지 못하고 흩어져 다른 부락에 의지하였으며, 혹은 절멸되어 후손이 없었으며, 혹은 [종족을] 이끌고 멀리 가 버렸다. 그들 중 89종 가운데 종강(鍾羌)만이 가장 강성하여 정병 십여 만 명이 넘었다. 그 나머지 종족 가운데 큰 종족은 만여 명, 작은 종족은 수천 명이었는데, [이들은] 서로 노략질하고 강성과 쇠락이 일정하지 않았으며, 순제(順帝) 때에는 대략 도합 20만 명 정도 되었다. 발강(發羌)·당모(唐旄) 등은 멀리 동떨어져 있어 왕래한 적이 없었다. 이우(氂牛)·백마강(白馬羌)은 촉군과 광한군 지역에 있었으며, 그 종족별 이름과 호칭은 다 기록하지 못할 정도였다. 광무제 건무(建武) 13년(38), 광한군(廣漢郡) 변경 밖의 백마강 추호 누등(樓登) 등이 종족 사람 5,000여 호를 이끌고 와서 복종하니, 광무제는 누등을 귀의군장(歸義君長)에 봉하였다. 화제 영원(永元) 6년(94)에 이르러, 촉군(蜀郡) 변경 밖의 대장이종강(大牂夷種羌) 추호 조두(造頭) 등이 종족 사람 50여 만 명을 데리고 와서 복종하니, 그를 읍군장(邑君長)에 제수하고 인수를 하사하였다. 안제 영초(永初) 원년(107)에 이르러, 촉군(蜀郡) 변경 밖의 강족 용교(龍橋) 등 여섯 종족 17,280명이 와서 복종하였다. 다음 해, 촉군 변경 밖의 강족 박신(薄申) 등 여덟 종족 36,900명이 또 모든 토지를 가지고 와 복종하였다. 겨울, 광한군 변경 밖 삼랑종강(參郎種羌) 2,400명이 또 와서 복종하였다. 환제(桓帝) 건화(建和) 2년(148), 백마강 1,000여 명이 광한속국(廣漢屬國)을 노략질하고 장리를 살해했다. 익주자사가 판순만(板楯蠻)을 인솔하여 그들을 토벌하여 격파하였다.

401) 廣漢郡: 益州刺史部에 소속된 郡으로 治所는 雒縣(지금의 四川省 廣漢)이다(『中國歷代政區沿革』, 1996).

湟中月氏胡, 其先大月氏之別也, 舊在張掖·酒泉地. 月氏王爲匈奴冒頓所殺, 餘種分散, 西踰葱領. 其羸弱者南入山阻, 依諸羌居止, 遂與共婚姻. 及驃騎將軍霍去病破匈奴, 取西河地, 開湟中, 於是月氏來降, 與漢人錯居. 雖依附縣官, 而首施兩端. 其從漢兵戰鬭, 隨埶强弱. 被服飮食言語略與羌同, 亦以父名母姓爲種. 其大種有七, 勝兵合九千餘人, 分在湟中及令居. 又數百戶在張掖, 號曰義從胡. 中平元年, 與北宮伯玉等反, 殺護羌校尉泠徵·金城太守陳懿, 遂寇亂隴右焉.

황중의 월지호(月氏胡)는 그들의 선조가 대월지(大月氏)의 한 갈래로, 옛날에는 장액군(張掖郡)과 주천군(酒泉郡)에 살았다. 월지왕이 흉노의 묵특선우(冒頓單于)에게 살해당하자, 나머지 종족들은 갈라져 이리저리 흩어져 서쪽으로 파미르 고원을 넘어갔다. 그들 중 쇠약한 자들은 남쪽에 산이 험준한 곳으로 들어가서 여러 강족의 거주지에 의지해서 머물다가 마침내 강족과 혼인을 했다. 표기장군(驃騎將軍) 곽거병(霍去病)[402]이 흉노를 격파함에 이르러 서하군(西河郡)의 땅을 취하여, 황중(湟中)을 개척하니, 이에 월지가 와서 항복하고 한(漢)나라 사람들과 함께 섞여 살았다. 비록 현관(縣官)에게 의지하여 붙었으나 이리저리 눈치를 살폈다. 한나라 군대를 따라 전투를 벌였지만 세력의 강약에 따라 [이리저리] 움직였다. 의복과 음식과 언어는 대략 강족과 같았으며, 또한 아버지의 이름과 어머니의 성으로 종족의 이름으로 삼았다. 규모가 큰 종족은 일곱으로 정병은 도합 9,000여 명이었으며, 황중과 영거(令居)에 흩어져 살았다. 또한 수백 호는 장액군(張掖郡)에 살았는데, 의종호(義從胡)[403]라

402) 霍去病(전140~117): 漢武帝 元朔 6년(전123) 驃姚校尉에 제수되어 衛青을 따라가 지금의 몽고고원 대사막의 이남에서 800명으로 2,000여 명의 흉노를 섬멸하였다. 이 공로로 冠軍侯에 봉해졌다. 元狩 2년(전121) 驃騎將軍에 제수되어 봄과 여름 두 차례 河西지역의 흉노를 쳐 40,000여 명을 섬멸하였다. 같은 해 흉노의 渾邪王이 한나라로 항복할 때 흉노 내의 소란을 진압하여 河西지구를 장악하였으며, 이때부터 西域으로 통하는 길을 열었다. 이후 여러 전공으로 大司馬에 올랐으며 元狩 6년(전117) 죽었다.

403) 小月氏: 祁連山 이남으로 옮겨가고 장기간 青海省의 羌族과 잡거하였으므로 湟中月氏胡라 불렸다. 한나라 때 西河가 개발되고 湟中지역의 小月氏는 동북으로 옮겨가 湟中·令居 일대에 거주하였으며, 17개 부락과 병사는 9,000여 명이 있었다. 그리고 張掖郡 일대에 몇 백호가 있었는데, 이를 義從胡라 불렀다.

불렀다. 영제(靈帝) 중평(中平) 원년(184), 북궁백옥(北宮白玉) 등과 더불어 반란을 일으켜 호강교위 영징(泠徵) · 금성 태수 진의(陳懿)를 죽이고, 마침내 농우(隴右)를 노략질하며 어지럽혔다.

論曰: 羌戎之患, 自三代尙矣. 漢世方之匈奴, 頗爲衰寡, 而中興以後, 邊難漸大. 朝規失綏禦之和, 戎師騫然諾之信. 其內屬者, 或倥偬之豪右之手, 或屈折於奴僕之勤. 塞候時淸, 則憤怒而思禍; 桴革暫動, 則屬鞬以鳥驚. 故永初之閒, 羣種蜂起. 遂解仇嫌, 結盟詛, 招引山豪, 轉相嘯聚, 揭木爲兵, 負柴爲械. (穀)〔轂〕馬揚埃, 陸梁於三輔; 建號稱制, 恣睢於北地. 東犯趙 · 魏之郊, 南入漢 · 蜀之鄙, 塞湟中, 斷隴道, 燒陵園, 剽城市, 傷敗踵係, 羽書日聞. 幷 · 涼之士, 特衝殘斃, 壯悍則委身於兵場, 女婦則徽纆而爲虜, 發塚露胔, 死生塗炭. 自西戎作逆, 未有陵斥上國若斯其熾也. 和熹以女君親政, 威不外接. 朝議憚兵力之損, 情存苟安. 或以邊州難援, 宜見捐弃; 或懼疽食浸淫, 莫知所限. 謀夫回遑, 猛士疑慮, 遂徙西河四郡之人, 雜寓關右之縣. 發屋伐樹, 塞其戀土之心; 燔破貲積, 以防顧還之思. 於是諸將鄧騭 · 任尙 · 馬賢 · 皇甫規 · 張奐之徒, 爭設雄規, 更奉征討之命, 征兵會衆, 以圖其隙. 馳騁東西, 奔救首尾, 搖動數州之境, 日耗千金之資. 至於假人增賦, 借奉侯王, 引金錢縑綵之珍, 徵糧粟鹽鐵之積. 所以賂遺購賞, 轉輸勞來之費, 前後數十巨萬. 或梟剋酋健, 摧破附落, 降俘載路, 牛羊滿山. 軍書未奏其利害, 而離叛之狀已言矣. 故得不酬失, 功不半勞. 暴露師徒, 連年而無所勝. 官人屈竭, 烈士憤喪. 段熲受事, 專掌軍任, 資山西之猛性, 練戎俗之態情, 窮武思盡飇銳以事之. 被羽前登, 身當百死之陳, 蒙沒冰雪, 經履千折之道, 始殄西種, 卒定東寇. 若乃陷擊之所殲傷, 追走之所崩籍, 頭顱斷落於萬丈之山, 支革判解於重崖之上, 不可校計. 其能穿竄草石, 自脫於鋒鏃者, 百不一二. 而張奐盛稱「戎狄一氣所生, 不宜誅盡, 流血汙野, 傷和致妖.」是何言之迂乎! 羌雖外患, 實深內疾, 若攻之不根, 是養疾疴於心腹也. 惜哉寇敵略定矣, 而漢祚亦衰焉. 嗚呼! 昔先王疆理九土, 判別畿荒, 知夷貊殊性, 難以道御, 故斥遠諸華, 薄其貢職, 唯與辭要而已. 若二漢御戎之方, 失其本矣. 何則? 先零侵境, 趙充國遷之內地; 煎〔當〕作寇, 馬文淵徙之三輔. 貪其暫安之埶, 信其馴服之情, 計日用之權宜, 忘經世之遠略, 豈夫識微者之爲乎? 故微子垂泣於象箸, 辛有浩歎於伊川也.

논하여 말하기를 "강융(羌戎)의 근심은 삼대(夏·殷·周)부터 오래 되었다. 한나라 때 흉노는 자못 쇠약해져 [규모는] 적었지만 후한(後漢)이 흥한 후에도 변경은 점차 커지기가 어려웠다. 조정의 정책은 편안하게 다스리는 조화를 잃어버리고, 장수들은 승락의 믿음을 그르쳤다. [한나라로] 와서 복종한 자 가운데 [일부는] 호우(豪右)[404]의 수중에서 매우 고생하거나 노복의 고통에서 신음하였다. 변경의 조짐이 그때에는 평온했지만 오히려 분노하여 화(반란)를 생각하고, 전쟁이 일단 일어나면 동개[405]를 부착하는 것이 새가 놀란 것과 같았다. 따라서, [안제(安帝)] 영초(永初) 연간(107~125) 여러 종족이 봉기하였다. 드디어 [서로의] 원한과 미움을 풀고 [한나라를] 저주할 것을 맹약하고, 세력이 비교적 큰 산속의 부족을 불러 끌어들이고, 전하여 서로 불러 모이니, 나무를 높이 들어 병사가 되고, 땔나무를 짊어지고와 병장기를 만들었다. 수레와 전마로 먼지를 일으키며 삼보(三甫)에서 제멋대로 날뛰었다. 연호를 만들어 천자를 칭하면서 북지군에서 꺼리김없이 방자하게 행동하였다. 동쪽으로는 위군(魏郡)과 조(趙)나라의 교계를 침범하고, 남으로는 광한군과 촉군의 비(鄙)[406]를 침입하고, 황중(湟中)을 막아서고, 농도(隴道)를 끊어 버리고, 능묘를 불태우고, 성시(城市)를 겁탈하니 다치고 패하는 것이 이어져 격서(檄書)는 날마다 보내져 왔다. 병주(幷州)와 양주(涼州)의 장사들은 한 사람씩 싸워 잔인하게 죽어 갔으며, 건장하고 강하면 싸움터에 몸을 맡기고, 여자아이와 유부녀는 동아줄에 묶여 포로가 되고, 무덤은 파헤쳐져 부패한 시신이 널리고, 생사는 도탄에 빠졌다. 서융(西戎)이 반란을 일으킨 이래 상국(上國)을 업신여겨 배척함이 이토록 심각한 적은 없었다. 화희(和熹)[407]황후가 여군(女君)으로 친정을 하니 그 권위는 외세에 미치지 못하였다. 조정의 의논은 병력의 손실을 꺼려하여 정세가 안정되기만을 바라거나 변방의 주(州)이어서 지원하기가 어려워 손실을 보면서도 방기하였다. 혹은 나쁜 종기

---

404) 豪右: 李賢은 大家라고 하였다.

405) 동개: 활과 화살을 넣어 등에 지는 여러 가지 기구.

406) 鄙: 여기서 鄙는 '郊外'를 의미한다. 참고로 鄙는 周代 행정 단위의 하나로 五家를 一隣, 五隣을 一里, 四里를 一酇, 五酇을 鄙로 삼았다. 一鄙는 五百家가 된다.

407) 和熹(81~121): 和帝의 鄧皇后로 殤帝를 옹립하여 수렴청정을 하였으며, 殤帝가 일찍 죽자 다시 安帝를 옹립하여 모두 16년간 수렴청정하였다.

가 점차 살을 파고 들어 차츰 차츰 배어 들어감을 두려워했을 뿐 어디까지 갈지는 알지 못하였다. 책략을 내는 사람은 의심하여 분별이 어려워 망설이고, 용맹한 병사는 의심하여 염려하였다. 서하(西河)[408] 4군의 사람들을 옮겨 동관(潼關)[409] 서쪽의 현에서 잡거하게 했다. 집을 헤집고 나무를 잘라 버려 고향을 생각하는 마음을 틀어막고, 쌓은 재산을 불태워 없애 고향으로 돌아가려는 마음을 막았다. 이에 여러 장군, 즉 등즐(鄧騭)·임상(任尙)·마현(馬賢)·황보규(皇甫規)·장환(張奐) 등의 무리는 다투어 웅장한 계획을 세워, 다시 정토(征討)의 명령을 받들어 병사를 징발하고 대중을 모아서 그 싸움을 도모하였다. 동서로 말을 달려 바삐 그 처음과 끝을 구하고자 하여 여러 주의 변경을 요동치게 하고 하루에 천금의 재물을 소모하였다. 사람들에게 부세를 증가시킴에 이르러서는 제후와 왕의 이름을 빌리고, 금·돈·겸(縑)·채(綵) 등의 진귀한 물건을 잡아당겨 빼내고, 양식·조·소금·철 등 쌓아 놓은 것을 거두어 들였다. 뇌물을 주거나 상으로 내 건 돈 때문에 운송하는 데 따라온 사람에게 주는 비용이 전후로 수십만이었다. 한편, 강족의 추호와 건아를 참살하여 제압하거나 강족의 부락을 파괴하여 항복한 포로가 길을 뒤덮고, 포획한 소와 양이 산을 가득 메우기도 했다. 군대의 보고서〔軍書〕는 그 이익과 손해를 보고하지 않고, 인심이 떠나서 배반하는 상황만을 보고했다. 결국 이득은 손실을 보상하지 못하고, 공적은 노력의 반도 되지 않았다. 군대의 비밀이 새어나가 여러 해가 가도 이긴 적이 없었다. 관리들은 다 없어지고, 열사는 분개하면서 죽어 갔다. 단경(段熲)이 일을 맡자 군사의 책무를 홀로 장악하여, 산서(山西)[410]의 사나운 성질을 밑천 삼아, 오랑캐 풍속의 상태와 정세에 익숙하니, 작전을 궁리하여 용맹한 정예병을 전부 써서 전쟁을 치르고자 하였다. 우기(羽旗)[411]를 둘러메고 선봉에 서니 몸은 백사(百死)의 진(陳)을 향해 맞서고, 얼음과 눈을 맞아 가면서 굴곡진 길을 지나 비로소 서쪽의 종족을 다 없애니 마침내 동쪽의 도적을 평정하였다. 함정에 빠져 죽거나 상처를 입은 자,

408) 西河: 北地郡이 황하의 동쪽에 있으므로 여기서 西河는 황하의 서쪽에 해당한다.

409) 潼關: 지금의 陝西省 潼關縣 동북에 있다. 後漢 獻帝 建安 연간에 설치한 것으로 옛 유적은 지금의 潼關縣 동북 港口鎭 동남 4리 楊家莊 부근에 있다(史爲樂 主編, 2005).

410) 山西: 전국 이래 崤山 혹은 華山 이서지역을 山西라고 했는데, 당시 관중과 같은 의미였다. "秦漢 이래 山東에서는 재상이 나오고, 山西에서는 將軍이 나온다."라고 하였는데, 이후 太行山 以西지역을 山西라고 하였다(史爲樂 主編, 2005).

411) 羽旗: 물총새의 깃털로 장식한 旌旗이다.

추격한 곳에서 패하여 사방으로 흩어진 자, 한없이 긴 산곡에 떨어진 머리들, 사지가 찢겨지고 피부가 벗겨진 채 첩첩 벼랑에 내 걸린 자들이 셀 수 없이 많았다. 설사 풀과 돌로 피해 숨을 수 있었더라도 날카로운 화살을 피할 수 있었던 자는 백에 하나 둘뿐이었다. 그래서 장환은 극력 주장하기를 "융적(戎狄)은 혼돈의 기를 받아 태어난 자들로 그들을 전부 죽이는 것은 옳지 않다. 유혈이 낭자하게 들을 적신다면 [천지의] 조화를 해쳐 재앙을 불러올 것이다."라고 하였다. 이 얼마나 물정에 어두운 말인가! 강족은 비록 외환이지만 실은 속병이 깊으니, 만일 그 근본을 치료하지 않으면 가슴과 배에 질병을 키우게 된다. 아쉽도다, 구적(寇敵)은 대략 평정되었지만 한나라 또한 쇠락하였다. 오호! 옛 선왕은 구주를 다스리면서 기복(畿服)[412]과 황복(荒服)을 판별하고, 이맥(夷貊)의 성질이 달라 도덕으로 제어하기 어려움을 알았으니, 제하(諸夏)에서 멀리 배척하고 공물을 적게 하여 결맹을 줄 뿐이었다. 전한(前漢)과 후한(後漢)이 융을 제어하는 방법은 그 근본을 잃었다. 왜 그런가? 선령(先零)이 변경을 침략하자 조충국(趙充國)은 그들을 내지로 옮기고,[413] 전당(煎當)이 노략질을 하자 마문연(馬文淵)은 그들을 삼보(三輔)로 옮겼다. [그들은] 일시적인 안정의 정세를 더듬어 찾고, 길들여 잘 복종하는 뜻을 믿고서 하루만 사용하는 임시의 편의만을 꾀하여 경세의 원대한 책략을 잊었으니 어찌 식미(識微)[414]자들이 할 일인가? 따라서 미자(微子)가 상아로 만든 젓가락을 보고 눈물을 흘렸으며, 신유(辛有)가 이천(伊川)[415]에서 한탄하였던 것이다." 라고 하였다.

贊曰: 金行氣剛, 播生西羌. 氐豪分種, 遂用殷強. 虔劉隴北, 假僭涇陽. 朝勞內謀,

---

412) 畿服: 畿內를 의미하는 것으로, 왕이 사는 곳에서 사방 5백 리에 해당하는 곳을 가리킨다.

413) 李賢은 宣帝 때 後將軍 趙充國이 先零羌을 쳐서 돌아와 金城郡에 속국을 설치하고 항복한 강족을 거주하게 하였다고 지적하였다.

414) 識微: 사물의 처음을 보고서 그 본질과 발전의 방향을 아는 것을 말한다(『周易正義』 권8 「繫辭下」: 君子知微知彰, 知柔知剛, 萬物之望.).

415) 李賢은 『左傳』을 인용하여 "周平王이 東遷하니, 大夫 辛有는 伊川으로 갔다. 머리를 풀어헤치고 들에서 제사를 지내는 자들을 보고서 '백 년이 되지 못해서 이 융이 여기에 살겠구나!'라고 하였다(『左傳』 권14, 「僖公二十二年」). 그리고 뒷날 秦나라가 陸渾戎을 伊川으로 옮겼다. 중국의 땅은 戎狄을 옮겨와 그곳에 거주케 하기에는 적당하지 않으며, 훗날 장차 우환이 될 것이라고 말하였다.

兵德外攘.

찬하여 말하기를 "금행(金行)의 기운은 굳세어 서강(西羌)을 널리 퍼트려 번식하였다. 저(氐)의 추호는 종족을 나누어 마침내 강성해졌다. 농서(隴西)의 북쪽을 살육하고 경양(涇陽)[416]에서 칭제하였다. 조정은 책략을 내고자 노력하나 군대는 피로하여 밖으로 적을 물리치기 어렵다."라고 하였다.

416) 涇陽: 秦나라 때 설치한 현으로 北地郡에 속하였으며, 治所는 지금의 甘肅省 平涼市 서북쪽이었다. 前漢 때에는 安定郡에 속하였다(史爲樂 主編, 2005).

| 참고문헌 |

국사편찬위원회, 『中國正史朝鮮傳譯注』 1, 서울: 신서원, 2004(影印)

二十五史, 北京: 中華書局, 1959~1977

十三經注疏, 北京: 中華書局, 1980

覺羅石麟 등, 『山西通志』, 臺北: 商務印書館(文淵閣四庫全書), 1983

顧祖禹, 『讀史方輿紀要』, 北京: 中華書局, 2005

杜佑, 『通典』, 北京: 中華書局, 1988

馬端臨, 『文獻通考』, 北京: 中華書局, 1986

司馬光, 『資治通鑑』, 北京: 中華書局, 1956

常璩, 『華陽國志校注』, 成都: 巴蜀書社, 1984

徐文靖, 『竹書統箋』, 臺北: 商務印書館(文淵閣四庫全書), 1983

孫星衍 輯, 『漢官六種』, 北京: 中華書局, 1990

沈約 注, 『竹書紀年』, 臺北: 商務印書館(文淵閣四庫全書), 1983

酈道元, 『水經注校證』, 北京: 中華書局, 2007

黎崱, 武尙淸 點校, 『安南志略』, 中華書局, 1995

鄔國義, 胡果文, 李曉路, 『國語譯注』, 上海, 上海古籍出版社, 1994

吳毓江, 孫啓治 點校, 『墨子校注』, 北京: 中華書局, 1993

王溥, 『唐會要』, 北京: 中華書局, 1998

王先謙, 『後漢書集解』, 中華書局, 1984

李吉甫, 『元和郡縣圖志』, 北京: 中華書局, 1983

張九齡 等, 『唐六典』, 中華書局, 1992

鄭樵, 『通志』, 北京: 中華書局, 1987

畢沅, 『續資治通鑑』, 北京: 中華書局, 1957

何建章 주석, 『戰國策注釋』, 北京: 中華書局, 1990

許愼, 段玉裁 注, 『說文解字注』, 上海: 上海古籍出版社, 1981

사와다 이사오 지음, 김숙경 옮김, 『흉노』, 아이필드, 2007

羌族簡史編寫組編,『羌族簡史』, 成都: 四川民族出版社, 1986
馬長壽,『氐與羌』, 上海: 上海人民出版社, 1984
方國瑜,『方國瑜文集』第四輯, 昆明: 雲南教育出版社, 2001
嚴耕望,『中國地方行政制度史 - 秦漢地方行政制度』, 上海: 上海古籍出版社, 2007
王國維,『觀堂集林』, 北京: 中華書局, 1959
王玉哲,『中華遠古史』, 上海: 上海人民出版社, 2000
劉義棠,『中國邊疆民族史』, 臺北: 臺灣中華書局, 1992
岑仲免,『漢書西域傳地理校釋』, 北京: 中華書局, 2004(重印)
周錫銀,『羌族史』, 成都: 四川民族出版社, 1984
何光嶽,『氐羌源流史』, 南昌: 江西教育出版社, 2000
『中國歷代行政區沿革』, 石家莊: 河北教育出版社, 1996
中村裕一,『唐代制勅研究』, 汲古書院, 1991

甘露,「『詩經』和金文中的"獫狁"」,『新疆大學學報』(社會科學版) 2002-4, 2002
馬國榮,「秦漢時期西域羌族 · 車師和月氏的社會生活」,『喀什師範學院學報』 1996-2, 1996
馬保春,「晉汾隰考 - 兼說晉都新田之名義」,『考古與文物』, 2005-3, 2005
馬少僑,「'竄三苗於三危'新釋」,『中央民族大學學報』 1981-2, 1981
孟鷗,「蔔辭所見商代的羌族」,『青島大學師範學院學報』 2007-2, 2007
徐曉光,「再論羌族神話與日本神話」,『中國比較文學』 1995-1, 1995
石碩,「犛牛種越巂羌考辨」,『雲南民族大學學報』(哲學社會科學版) 2005-4, 2005
邵炳軍,「兩周之際諸申地望及其稱謂辨析」,『社會科學戰線』 2002-3, 2002
辛迪,「義渠考」,『內蒙古師範大學學報』(哲學社會科學版) 2004-6, 2004
沈長雲,「驪戎考」,『中國史研究』 2000-3, 2000
安金槐,「豫西潁河上流在探索夏文化遺存中的重要地位」,『考古與文物』 1997-3, 1997
楊東晨 · 楊建國,「羌族史簡論」,『固原師專學報』 1997-1, 1997
楊海帆,「炎帝 · 宕昌羌」,『阿壩師範高等專科學校學報』 2003-3, 2003
榮寧,「誠論護羌校尉制度性質的變化」,『青海民族研究』 1988-2, 1988
王克林,「一目國鬼方新探」,『文博』 1998-1, 1998
王美盛,「石鼓文年代考」,『讀史札記』, 2002-8, 2002
劉桓,「甲骨 · 金文中所見的犬戎與玁狁」,『殷都學刊』 1994-2, 1994
佐膝長 著,梁今知 譯,「後漢羌族的活動(一)」,『青海地方史志研究』 1983-2, 1983

陳琳國,「東羌與西羌辨析」,『史學月刊』 2008-4, 2008
秦新林,「元代收繼婚俗及其演變與影響」,『殷都學刊』 2004-2, 2004
彭裕商,「周代玁狁及相關問題」,『歷史研究』, 2004-3, 2004
何光嶽,「中國史考 - 中國的遷徙與楚的關系」,『信陽師範學院學報』 1983-2, 1983
侯哲安,「三苗考」『貴州民族研究』, 1979-1, 1979

史爲樂 主編,『中國歷史地名大辭典』, 北京: 中國社會科學出版社, 2005
兪鹿年 編著,『中國官制大辭典』, 哈爾濱: 黑龍江人民出版社, 1998
周錫銀 主編,『羌族詞典』, 成都: 巴蜀書社, 2004

후한서(後漢書) 권88

서역전(西域傳)

• 역주: 김호동
• 교열: 김유철

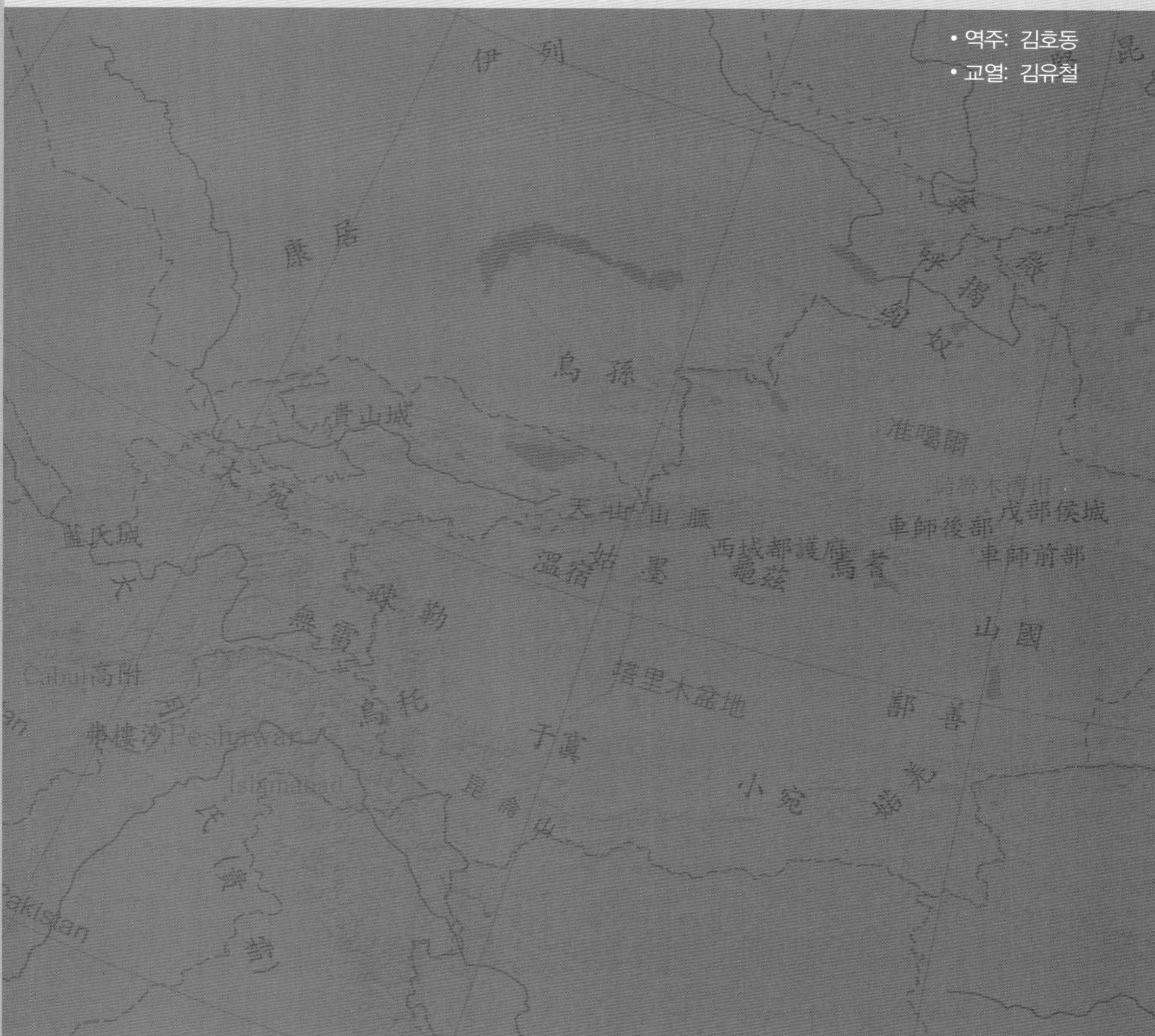

「서역전(西域傳)」 해제

범엽이 지은 『후한서』의 「서역전(西域傳)」은 후한대 중국과 서역간 정치적 교섭의 시말, 그리고 서역 각국의 동향을 기록한 글이다. 「서역전」의 서문에 해당되는 부분에서 저자는 반고(班固)의 글에서 다룬 이후의 시기, 즉 후한 광무제(光武帝)의 "건무(建武, 25~56) 이후에 그 사정이 과거와 다른 것들에 대해서 찬술하여 「서역전」으로 엮었으니, 이는 모두 안제(安帝) 말년 반용(班勇)이 기록한 것들이다."라고 밝히고 있다. 반용은 반초(班超)의 아들로 西域에서 태어나 성장한 인물이었다. 그는 120년 북흉노와 거사후부(車師後部)가 색반(索班)을 공격하여 살해한 사건이 터지고 조정에서는 서역을 포기하자는 의견이 비등했을 때 이를 극력 반대했고, 123년에는 서역장사(西域長史)에 임명되어 군대를 이끌고 가서 주둔하기 시작하였다. 124년 그는 구자(龜茲), 고묵(姑墨) 등을 항복시키고, 이어 거사전부(車師前部)에 이르러 북흉노를 격파하고 유중(柳中, 현재 鄯善縣 西南의 魯克沁 부근)에 둔전(屯田)을 실시하였으며, 125년에는 거사후부를 대파하고 그 왕 군취(軍就)를 참살하였다. 126년에는 여러 국의 병사를 동원하여 북흉노의 호연왕(呼衍王)을 공격하여 거사전후부를 안정시켰으나, 127년 언기(焉耆) 원정시에 기일을 어겼다는 누명을 입고 면직된 후 서역에서의 활동을 중단하였고, 곧 고향으로 돌아간 뒤에 사망하고 말았다.

따라서, 만약 범엽의 말이 사실이라면 127년 반용의 은퇴 이후 서역에 관한 사정은 『후한서』 「서역전」에 기재될 수 없을 것이다. 그러나 본전에는 131년 이오(伊吾, 현재의 하미)에 둔전을 실시하기 위해 이오사마(伊吾司馬) 1인이 설치된 일이나, 152년 서역장사인 왕경(王敬)이 우전(于闐)의 공격을 받아 사망한 사건, 175년에 우전왕(于闐王) 안국(安國)이 구미(拘彌)를 공격하여 그 왕을 죽이자 무기교위(戊己校尉), 서역장사(西域長史) 등이 각각 군대를 동원하여 구미국의 시자(侍子)인 정흥(定興)을 왕으로 세운 일 등이 기록되어 있다. 이러한 일들은 반용이 은퇴한 후 오랜 시간이 흐른 뒤에 생긴 것들이니, 「서역전」의 내용에 대해서 "이는 모두 반용이 기록한 것들"이라고 한 범엽의 언급은 그것이 '유일한' 자료였다는 것이 아니라 가장 토대가 되는 자료였다는 의미로 받아들여야 할 것이다.

이와 관련하여 범엽이 『후한서』「서역전」을 위해 이용한 자료가 지금은 전하지 않는 『위략(魏略)』과 긴밀한 관계가 있을 것이라고 한 최근의 주장은 주목할 만하다. 『위략』은 삼국시대 위나라 어환(魚豢)의 사찬인데, 당대까지도 서책이 존재했다가 그 후에 사라진 것으로 알려져 있다. 다만, 429년 완성된 『삼국지 · 위지』에 배송지(裵松之, 372~451)가 단 주석에 『위략』「서융전」이 광범위하게 인용되어 있어 그 내용의 일부를 알 수 있을 뿐이다. 그런데 「서역전」의 기사와 배송지 주석의 『위략』「서융전」의 기사를 비교해 보면 유사하거나 동일한 내용이 상당히 많이 나오는데, 특히 이런 현상은 대진(大秦)에 관한 기록에서 두드러지게 나타나고 있다. 예를 들어, 『후한서』「서역전」에는 "혹자는 말하기를〔或云〕 그 나라의 서쪽에 약수(弱水)와 유사(流沙)가 있고, 서왕모(西王母)가 거주하는 곳이 가까우며, 태양이 들어가는 곳과 가깝다고 한다. 『한서』에 기록된 바 '조지(條支)에서 서쪽으로 200여 일을 가면 태양이 들어가는 곳과 가깝다.'고 하였는데, 그렇다면 오늘날의 책〔今書〕과는 다른 것이다. 또한 이르기를〔又云〕 '안식(安息)에서 육로로 바다를 돌아서 북쪽으로 가면 ……' "이라는 기록이 보이는데, 여기서 『한서』의 내용을 비판할 때 그 근거로 삼고 있는 '혹운(或云)', '우운(又云)', '금서(今書)' 등은 바로 『위략』을 지칭한다는 것이다. 다만, 「서역전」의 찬자인 범엽이 『위략』의 내용을 그대로 옮겨 적은 것인지, 아니면 그가 어환이 사용했던 것과 동일한 자료를 활용한 것인지에 대해서는 단언하기 힘들다.

이처럼 『후한서』「서역전」은 127년 반용의 소환 이후 서역에서 일어난 사건들에 대해서 범엽의 시대에 알려진 것들을 약간 보충하였고, 아울러 먼 서방의 사정에 대해서는 어환의 『위략』「서융전」의 내용의 일부를 그대로 옮겼거나 아니면 어환이 이용했던 것과 동일한 자료를 채록한 것으로 보인다. 그러나 127년 이후 언급된 사건은 두어 건에 불과하며 『위략』과 일치성을 보이는 부분도 대진(大秦) 등 극서지방에 관한 기사에만 국한되어 있을 뿐이다. 따라서, 범엽은 「서역전」을 집필할 때 서역 각국에 대한 구체적인 사정은 서역장사 반용의 보고를 토대로 삼되, 반용이 서역에서 활동을 개시하기 이전이나 그가 은퇴한 뒤에 벌어진 사건들 및 대진 등지에 관한 사정에 대해서는 찬자가 활용할 수 있었던 별도의 다양한 문건과 보고들을 활용했던 것으로 보인다.

이 점은 『후한서』「서역전」과 『한서』「서역전」의 내용을 비교해 보아도 확인할 수 있다. '서역'을 기본적으로 타림분지 일대로 설정하는 지리적 개념에 관해서는 양자가 서로 일치하고 있지만, 각국에 대한 서술에서는 몇 가지 중요한 차이점들이 눈에 띈다. 우선 서술의 순서와 기본 구조는 『한서』에서 확립된 전형을 그대로 답습하고 있는데, 예를 들어 각국의 국명과 도읍명, 인구의 숫자, 거리와 방위, 특기할 만한 사항 등이 그러하다. 다만, 거리를 나타낼 때 『한서』와는 달리 장안(長安)이 아니라 낙양(洛陽), 도호(都護)가 있던 오루성(烏壘城)이 아니라 장사(長史)가 있던 유중(柳中)을 기준으로 하고 있다는 점이 다르다. 후한의 도읍이 장안에서 낙양으로 옮겨진 것은 주지하는 사실이다. 도호는 쿠차 부근의 타건성(它乾城)에 주둔하면서 한동안 지속되다가 2세기 초 서역 각국이 한나라에 반기를 들면서 107년 임상(任相)과 단희(段禧)를 마지막으로 서역도호는 폐지되었고, 123년 반용이 서역장사에 임명되었을 때 유중을 근거로 다시 서역 경영에 착수하게 된 것이다. 서역 각국의 도리수(道里數)가 유중을 중심으로 기록되었다는 사실은 이 같은 정보가 바로 반용에 의해서 수집된 것이며, 범엽이 어찌해서 「서역전」의 내용에 대해서 "모두 안제 말년 반용이 기록한 것들"이라고 했는지 이해할 수 있게 해 준다.

한편, 『한서』에는 모두 50여 국의 정보가 수록되어 있는 것에 반해 『후한서』에는 불과 20여 국에 관한 정보만 수록되어 있다. 이는 물론 동일한 내용을 반복하지 않으려는 범엽의 의식적인 노력 때문이기도 하겠지만, '삼절삼통(三絶三通)'이라는 표현이 시사하듯이 후한의 서역 지배는 전한에 비해 지속적이지 못했을 뿐만 아니라 그 강도도 훨씬 미약하여 정보수집 능력도 현저히 떨어졌기 때문이 아닌가 추측된다. 그런 면에서 전후 양한서의 「서역전」에 보이는 자료의 소밀도의 차이 그 자체가 양한과 서역과의 관계의 일면을 그대로 반영해 주고 있다고 할 수 있을 것이다.

「서역전(西域傳)」 역주

武帝時, 西域內屬, 有三十六國. 漢爲置使者·校尉領護之. 宣帝改曰都護. 元帝又置戊己二校尉, 屯田於車師前王庭. 哀平閒, 自相分割爲五十五國. 王莽簒位, 貶易侯王, 由是西域怨叛, 與中國遂絕, 並復役屬匈奴. 匈奴斂稅重刻, 諸國不堪命, 建武中, 皆遣使求內屬, 願請都護. 光武以天下初定, 未遑外事, 竟不許之. 會匈奴衰弱, 莎車王賢誅滅諸國, 賢死之後, 遂更相攻伐. 小宛·精絕·戎盧·且末爲鄯善所并. 渠勒·皮山爲于寘所統, 悉有其地. 郁立·單桓·孤胡·烏貪訾離爲車師所滅. 後其國並復立. 永平中, 北虜乃脅諸國共寇河西郡縣, 城門晝閉. 十六年, 明帝乃命將帥, 北征匈奴, 取伊吾盧地, 置宜禾都尉以屯田, 遂通西域, 于寘諸國皆遣子入侍. 西域自絕六十五載, 乃復通焉. 明年, 始置都護·戊己校尉. 及明帝崩, 焉耆·龜茲攻沒都護陳睦, 悉覆其衆, 匈奴·車師圍戊己校尉. 建初元年春, 酒泉太守段彭大破車師於交河城. 章帝不欲疲敝中國以事夷狄, 乃迎還戊己校尉, 不復遣都護. 二年, 復罷屯田伊吾, 匈奴因遣兵守伊吾地. 時軍司馬班超留于寘, 綏集諸國. 和帝永元元年, 大將軍竇憲大破匈奴. 二年, 憲因遣副校尉閻槃將二千餘騎掩擊伊吾, 破之. 三年, 班超遂定西域, 因以超爲都護, 居龜茲. 復置戊己校尉, 領兵五百人, 居車師前部高昌壁, 又置戊部候, 居車師後部候城, 相去五百里. 六年, 班超復擊破焉耆, 於是五十餘國悉納質內屬. 其條支·安息諸國至于海瀕四萬里外, 皆重譯貢獻. 九年, 班超遣掾甘英窮臨西海而還. 皆前世所不至, 山經所未詳, 莫不備其風土, 傳其珍怪焉. 於是遠國蒙奇·兜勒皆來歸服, 遣使貢獻.

무제 때에 서역이 내속(內屬)[1]했는데 36국이 있었다. 한나라는 사자교위(使者校尉)[2]를 두어 그곳을 통령하고 감호하였는데, 선제는 [이를] 도호(都護)라고 고쳐 불렀다.[3] 원제(元帝: 전48~33) 또한 무·기(戊·己) 두 교위를 두어 거사전왕정(車師前王庭)에서 둔전하게 하였다.[4] 애제(哀帝: 전6~후1)와 평제(平帝: 후1~5) 연간에 서로 나뉘어져서 55국이 되었다. [후9년] 왕망이 제위를 찬탈하고 후(侯)와 왕(王)을 폄하하거나 바꾸어 버려서, 이로 인하여 서역이 원망하여 반란을 일으키고,[5] 중원의 나라〔中國〕와 마침내 단절되고 모두 흉노에 다시 복속하게 되었다. 흉노의 요구와 세금이 과중하여 여러 나라가 그 명령을 견디지 못하게 되자, 건무 연간(후25~55)에 모두 사신을 보내어 내속하기를 구하며 도호를 [파견해 줄 것을] 청원하였다. 광무제(光武帝: 25~57)가 천하를 처음 평정한 뒤 아직 바깥 지역의 사무를 돌볼 겨를이 없었기 때문에 마침내 그 [요청]을 허락하지 않았다.[6] 흉노가 쇠약해지자[7] 사차왕 현(賢)[8]이 여러 나라를 겁략하였는데, 현이 사망한 뒤에는 마침내 서로 다시 싸웠다.

---

1) '內屬'의 정치적 개념, 즉 '內臣'으로서의 조건과 의무 등에 대해서는『漢書』「西域傳」의 주석 참조.

2) '使者校尉:『漢書』「西域傳」의 주석 참조.

3)『漢書』「西域傳」에서도 누차 언급되었듯이 宣帝 때 鄭吉이 侍郎으로서 渠犂에 둔전하면서 車師를 공략하여 '衛司馬'라는 직함을 받았고, 鄯善以西의 南道를 보호하는 임무도 수행하였다. 그 후 匈奴 日逐王이 투항하여 西域을 확실하게 제압할 수 있게 되자, 한나라는 宣帝 神爵 2년(전60) 鄭吉로 하여금 南道는 물론 車師 以西의 北道까지도 監護하라는 의미에서 그의 직책을 '都護'로 고쳐 부르게 된 것이다. 그러나 앞에서도 설명했듯이 이 직책의 정식 명칭은 '使西域都護'이고 처음에는 加官에 불과하였다.

4) 戊己校尉: 前漢 元帝에서 哀帝에 이르기까지, 또한 後漢 明帝 때에 서역에 설치된 관직으로 戊校尉와 己校尉라는 별개의 관직으로 이루어져 있었으며(『漢書』「西域傳」의 주석 참조), 양자 모두 그 屬官으로 校尉丞, 部司馬, 曲候, 校尉史, 司馬丞, 候令史 등을 두었다. 戊己校尉은 지휘체계상 中央으로부터 명령을 받은 것은 물론이지만 敦煌太守의 節制도 받았으며, 후한 중기 이후로는 涼州刺史의 관할 아래 두어졌다(余太山 1995: 李炳泉 2002.).

5)『漢書』「王莽傳」에는 "서쪽으로 나간 사람들이 西域에 이르러, 모두 그 王을 侯로 바꾸었다. 西域은 [이로 인하여] 갑자기 모두 반란을 일으켰다."는 기사가 보인다. '匈奴單于璽'를 '新匈奴單于章'으로 바꾸는 등 여러 가지 王莽의 조치에 대해서는『漢書』「西域傳」참조.

6)『後漢書』「光武帝紀」建武 21년(45)條에는 "겨울에 鄯善王·車師王 등 16국이 모두 아들을 보내 入侍하고 奉獻하며 都護를 청하였다. 황제는 中國이 初定되었으므로 아직 바깥일을 돌볼 겨를이 없다고 하면서, 그 侍子들을 돌려보내고 후한 賞賜를 내려주었다."라는 기사가 보인다.

7) 이는 建武 24년(48) 흉노가 계승분쟁으로 인하여 다시 남북으로 분열(소위 '二次分裂')되어 南匈奴가 漢에 入朝稱臣하게 된 것을 가리킨다.

8)『後漢書』에서는 西域諸國의 王侯들이 漢式 이름을 취하는 경우를 다수 확인할 수 있다.『後漢書』에 현지인

소완 · 정절 · 융로 · 차말은 선선에 병탄되었고, 소륵 · 피산은 우전에 통합되어, [이들이] 그 땅을 모두 갖게 되었다. 욱립(郁立)[9] · 단환(單桓) · 고호(孤胡) · 오탐자리(烏貪訾離) 등은 거사에 의해 멸망했지만, 후에 그 나라들이 모두 다시 세워졌다. 영평(永平) 연간(58~75)에 북방의 오랑캐가 여러 나라를 위협하여 함께 하서의 군현들을 침노하여 낮에도 성문을 닫았다.[10] [영평] 16년(73)에 명제(明帝)가 마침내 장수들에게 명하여 북방으로 흉노를 정벌하도록 했다. 이오로(伊吾盧) 땅을 취하고[11] 의화도위(宜禾都尉)[12]를 설치하여 둔전하니, 마침내 서역과 통하게 되었고 우전을 비롯한 여러 나라가 모두 아들을 보내어 입시(入侍)하였다.[13] 서역이 [한나라와] 스스로 절연한 지 65년만에[14] 비로소 다시 소통하게 된 것이다. 그 다음 해(74) 처음으로[15] 도호와 무기교위를 설치하였다. 명제가 붕어하자 언기와 구자가 도호

의 이름이 기록된 경우는 모두 66명인데, 이 가운데 漢式으로 표기된 경우가 과반수를 넘는다. 이러한 변화의 원인에 대해서 최근의 연구는 王莽이 復古主義에 기초한 '改制'를 단행할 때 '去二名'(二字 이름을 제거한다는 뜻)을 지시하여 그 결과 單字名을 쓰지 않으면 안 되게 되었고, 그것이 서역에 漢式 이름이 사용되게 된 직접적인 이유가 되었다는 사실을 밝혔다. 즉, 單字名으로는 현지식 발음을 충실하게 옮길 수 없으므로, 부득이 여러 발음 중 하나를 선택하는 방법을 취하기도 했지만, 가장 많이 채용한 방식은 吉祥의 의미를 지닌 漢字를 사용하는 것이었다. 즉, 莎車王 延, 莎車王 康, 莎車王 賢, 鄯善王 安, 鄯善王 廣, 龜茲王 弘 등이 그 같은 예이다. 이에 관해서는 賈叢江 2006을 참조.

9) 『漢書』에는 郁立斯로 표기. 小宛 · 精絕 · 戎盧 · 且末 · 渠勒 · 皮山 · 郁立 · 單桓 · 孤胡 · 烏貪訾離 등의 小國에 대해서는 『漢書』 「西域傳」에서 설명한 바이다.

10) 『後漢書』 「明帝紀」에는 永平 8년(65)에 "北匈奴가 西河의 諸郡을 약탈했다."는 기사가 보인다.

11) 伊吾盧(i-nguo-luo): 『後漢書』 「班超傳」에는 "[永平] 16年(73) 奉車都尉 竇固가 匈奴로 出擊하였다. 班超를 假司馬로 삼아 군대를 이끌고 별도로 伊吾를 공격하라고 했다. 蒲類海에서 전투를 벌여 다수를 斬首하거나 포로로 잡아 돌아왔다. 竇固는 [班超가] 유능하다고 인정하여 郭恂과 함께 같이 西域에서 일하라고 파견하였다."라는 기사가 보인다. 伊吾盧는 伊吾 즉 현재 하미(哈密, Hami)에 해당된다.

12) 宜禾都尉: 敦煌 廣志縣 昆侖障에 治所가 있었으며, 前漢代 武帝 太初年間(전104~101)에 輪臺와 渠犂 사이에 두어졌던 使者校尉, 昭帝 元封年間(전80~75) 鄯善에 두어졌던 伊循都尉, 宣帝 地節年間(전69~66) 渠犂나 車師에 두어졌던 屯田校尉의 전통을 잇는 직책이다.

13) 『後漢書』 「明帝紀」와 「班超傳」에 의하면 永平 16年(73) 봄 奉車都尉 竇固가 天山에서 匈奴의 呼衍王을 격파하고 伊吾盧城에 兵屯을 주둔시킨 전과를 올렸으며, 이와 동시에 班超가 서역으로 파견되어 흉노와 소통하며 漢에 대항하던 鄯善과 于闐을 압도하여 西域經營을 재개하였다.

14) 왕망이 찬탈한 기원후 9년부터 73년까지를 지칭.

15) 물론 都護와 戊己校尉가 後漢代에 들어와 "처음으로" 두어졌다는 뜻이며, 사실은 前漢代에 두어졌다가 폐지된 것이 復置된 것에 불과하다.

진목(陳睦)을 공격하여 죽이고 그 무리를 모두 없애 버렸으며,[16] 흉노와 거사가 무기교위를 포위하였다.[17] 건초(建初) 원년(76) 봄, 주천의 태수 단팽(段彭)이 교하성에서 거사를 대파했다.[18] 장제(章帝)는 이적들의 사무로 인하여 중원의 나라가 곤핍해지는 것을 바라지 않아서, 이에 무기교위를 귀환토록 하고 다시는 도호를 파견하지 않았다.[19] 2년(77) 다시 이오의 둔전을 취소하였는데,[20] 이로 인해서 흉노는 군대를 보내 이오의 땅을 [장악하고] 수비하였다. 당시 군사마(軍司馬) 반초(班超)[21]는 우전에 남아서 여러 나라를 안무하고 규합하였다.

---

16) 『後漢書』「明帝紀」에 의하면 永平 18年(75) 六月, 焉耆 · 龜玆가 西域都護 陳睦을 공격하여 그 무리를 모두 죽였으며, 北匈奴와 車師後王이 戊己校尉 耿恭을 포위했고, 황제는 그 해 秋八月이 되어서야 사망했다. 따라서 明帝가 사망한 뒤에 이 같은 사태가 벌어졌다고 한 本傳이나, "中國이 大喪"을 당한 뒤에 흉노의 공격이 있었다는 『後漢書』「班超傳」의 기록은 정확하다고 하기 어렵다.

17) 『後漢書』「耿恭傳」에는 당시 상황이 비교적 소상하게 기록되어 있다. 즉, 焉耆와 龜玆가 都護 陳睦을 공격하여 살해했을 때, 흉노도 역시 關寵을 柳中에서 포위하였다. 顯宗이 崩御해서 구원병이 도착하지 않자 車師가 다시 반란을 일으켜 匈奴와 함께 耿恭을 공격하였지만, 耿恭은 士衆들을 격려하여 반격하여 물리쳤다. 그러나 車師後王의 夫人의 先世가 漢人이었기 때문에 은밀하게 흉노의 사정을 耿恭에게 알려주고 양식을 제공해 주었다. 수개월이 지나 식량도 바닥이 나자 갑옷과 쇠뇌를 끓여서 그 힘줄과 가죽을 먹을 지경이 되었고, 耿恭은 장병들과 생사를 같이하기로 결심했지만, 조금씩 죽어 가서 결국 수십 명만 남게 되었다. 單于는 耿恭이 위기에 처한 것을 알고 그를 반드시 항복시키려고 사신을 보내 耿恭에게 만약 투항하면 白屋王으로 봉해 줄 것이고 부인도 맞이해 주겠다고 유인하였다. 耿恭은 그 사신을 城 위로 유인해 올라가서 손으로 그를 때려 죽이고 그 고기를 城上에서 굽자 흉노의 官屬들이 이를 바라보고 곡을 하고 울면서 돌아갔다. 單于는 크게 분노해서 군대를 더하여 耿恭을 포위했지만 함락시키지는 못했다.

18) 『後漢書』「章帝紀」에 의하면 永平 18年(75) 十一月에 征西將軍 耿秉에게 酒泉에 주둔하라는 조칙이 내려졌고, 酒泉太守 段彭을 보내 戊己校尉 耿恭을 구원하라고 하였다는 기록이 보인다. 또한 그 다음해인 建初 元年(76) 正月에는 酒泉太守 段彭이 車師를 공격하여 大破했으며 戊己校尉를 罷했다는 기록이 보인다.

19) 章帝 때 서역 경영의 포기와 관련하여『後漢書』「楊終傳」은 다음과 같은 내용을 전하고 있다. 즉, 建初 元年(76) 楊終이 匈奴에 대한 원정과 西域과의 관계로 인하여 백성들의 服役이 가중되고 경비지출도 많아짐은 물론이지만 伊吾 · 樓蘭 · 車師 · 戊己 등의 屯田으로 인하여 원성도 높아져 가고 있다는 점을 지적하였는데, 이에 대해 太尉 牟融, 司徒 鮑昱, 校書郞 班固 등은 반대의견을 제시했다. 그러나 章帝는 결국 楊의 건의를 받아들여 徙民된 사람들을 거두어 들이고 邊屯을 罷하라는 명령을 내렸던 것이다.

20) 『後漢書』「章帝紀」에도 建初 2年(77) 春三月에 伊吾盧의 屯兵을 罷했다는 기록이 보인다.

21) 班超(32~102): 『後漢書』 권47에 立傳되어 있다. 字는 仲升, 史家 班彪의 아들이며 『漢書』의 撰者인 班固의 동생이기도 하다. 永平 5年(62), 班固가 校書郎에 임명되자 반초도 母親과 함께 洛陽에 遷居하였

화제(和帝) 영원(永元) 원년(89) 대장군(大將軍) 두헌(竇憲)[22]이 흉노를 크게 격파하였다. 2년(90) 두헌은 부교위(副校尉) 염반(閻槃)에게 2천여 기병을 이끌고 가서 이오를 습격하도록 했고 그곳을 공파하였다. 3년(91) 반초가 마침내 서역을 평정하니, 이로 인하여 [조정은] 반초를 도호로 삼고 구자에 머무르도록 했다.[23] 다시 무기교위[24]를 두고 병사 500명을 지휘

다. 永平 16年(73) 竇固가 匈奴를 공격하러 출병했을 때 班超는 假司馬, 말하자면 代理司馬의 자격으로 종군했다. 그는 伊吾(현재 하미)에 진출하고 蒲類海(현재 바르쿨)의 전투에서 혁혁한 공을 세웠다. 그의 군사적 재능을 인정한 竇固는 永平 17年(74) 그를 郭恂과 함께 36명의 부하를 거느리고 西域으로 파견했다. 鄯善王 廣이 匈奴에 傾倒되어 漢을 경시하는 것을 보고 그는 "不入虎穴, 不得虎子"라는 유명한 말을 하고 흉노 사신단을 급습하여 살해하자, 경악한 鄯善王은 한나라에 복속하고 質子를 보내기로 하였다. 回京하여 자신의 능력을 인정받은 班超는 이번에는 정식 司馬의 자격으로 다시 소수의 인원만을 데리고 于闐으로 가서, 역시 奇計를 통해서 巫堂을 제거함으로써 한나라를 깔보던 于闐王을 굴복시키는 데 성공하였다. 이어 그는 龜茲·疏勒 등도 차례로 평정하였다. 75년 焉耆가 都護 陳睦을 급습하여 살해하고 班超 역시 포위되어 곤궁에 빠지게 되는데, 새로 즉위한 章帝가 76년에 서역 경영을 포기하고 班超에게 歸京을 지시하였다. 班超는 建初 5年(80) 章帝에게 서역에 대한 적극적 경영의 필요성을 강조한 上書를 올렸고, 이를 받아들인 章帝는 建初 8年(83) 그를 將軍長史에 임명하여 파견하였다. 그는 서역의 중요한 도시국가들인 疏勒·莎車·于闐 등을 차례로 공략하고 이들이 烏孫·康居 등과 연합하여 저항하는 것을 꺾는 데 성공하였다. 91년 朝廷은 반초를 西域都護로 임명하고 龜茲에 주둔시키게 되었다. 그 이후의 행적은 간략하나마 本傳에 기록되었다. 班超는 永元 12年(100) 본국으로의 귀환을 청했고, 14年(102) 洛陽에 도착하여 射聲校尉로 拜受되었다. 따라서, 그가 西域에서 활동한 기간은 73년부터 102년까지 모두 30년이었다.

22) 竇憲(?~92): 字는 伯度, 竇融의 曾孫. 扶風 平陵(현재 陝西 咸陽 西北)人이며, 外戚·權臣·將軍. 建初 2년(77) 章帝가 竇憲의 妹를 皇后로 삼자 竇憲·竇篤 兄弟는 빠른 속도로 관직에 올라갔다. 永元 元年(89) 竇憲은 刺客을 보내어 太后의 倖臣인 劉暢을 암살했는데, 이 일이 발각되어 宮內에 갇히게 되자, 北匈奴에 출병하여 贖死하겠다고 제안하였다. 이에 竇憲은 車騎將軍에 봉해졌고, 執金吾 耿秉과 함께 각각 4천 騎를 이끌고, 南匈奴·烏桓·羌胡 등의 병력 3만 餘와 함께 出征하였다. 竇憲은 精騎 萬餘를 보내 北匈奴를 稽落山에서 大破했다. 朝廷은 竇憲을 大將軍에 봉하고 그 지위를 三公보다 높게 두었다. 2년 뒤인 永元 3年(91) 竇憲은 다시 한번 북흉노를 치러 출격했고, 변경을 나서 5천 리 떨어진 金微山에서 北匈奴의 单于가 이끄는 主力軍을 격파하고 名王 以下 5천여 명을 참수하고, 单于의 皇太后를 포로로 잡았다. 竇憲의 권세가 날로 드높아지고 簒位의 음모까지 꾸미게 되자, 永元 4년(92) 和帝는 中常侍 鄭衆과 함께 그를 제거할 계획을 세우고, 먼저 그의 黨羽를 체포하고 大將軍의 印綬를 몰수한 뒤 冠軍侯로 改封하였다. 후에 그를 압박하여 自殺토록 하였고, 史家 班固 역시 이에 연루되어 獄死하고 말았다. 이 사건 이후 宦官들의 세력이 크게 발호하게 된다.

23) 『後漢書』「班超傳」에 의하면 후한 조정은 建初 3年(78) 반초의 上奏를 받아들여 白霸를 龜茲王으로 임명하고 司馬 姚光으로 하여금 그를 호송케 하였다. 반초는 龜茲王 龍利多를 협박하여 폐위시키고

하여 거사전부(車師前部)의 고창벽(高昌壁)[25]에 머물도록 하였다. 또한 무부후(戊部候)[26]를 두어 거사후부(車師後部)의 후성(候城)에 머물도록 했는데, 상호간의 거리가 500리였다. 6년(94) 반초가 다시 언기를 격파하니 이에 50여개국이 모두 질자를 보내고 내속하였다. 조지와 안식 등 바닷가 4만 리 바깥에 이르기까지의 여러 나라들은 모두 거듭된 통역을 거쳐서 공물을 헌납하였다. 9년(97) 반초는 연(掾)[27] 감영(甘英)을 파견하였는데, 그는 서해(西海)[28]까지 도달한 뒤에 돌아왔다. 모두 과거에는 이르지 못했던 곳이며 『산경(山經)』[29]에도 소상하게 나오지 않은 곳인데, 그는 그곳의 풍토에 대해서 갖추지 않은 것이 없으니 그 진기하고 기괴한 것을 전해 주었다. 이에 먼 나라인 몽기(蒙奇)와 두륵(兜勒)[30]이 모두 귀복하고 사신을 보내어 공물을 바치게 되었다.

及孝和晏駕, 西域背畔. 安帝永初元年, 頻攻圍都護任尚·段禧等, 朝廷以其險遠, 難相應赴, 詔罷都護. 自此遂棄西域. 北匈奴即復收屬諸國, 共爲邊寇十餘歲. 敦煌太守曹宗患其暴害, 元初六年, 乃上遣行長史索班, 將千餘人屯伊吾以招撫之, 於是車師前王及鄯善王來降. 數月, 北匈奴復率車師後部王共攻沒班等, 遂擊走其前王. 鄯善逼急, 求救於曹宗, 宗因此請出兵擊匈奴, 報索班之恥, 復欲進取西域. 鄧太后不許, 但令置護西域副校尉, 居敦煌, 復部營兵三百人, 羈縻而已. 其後北虜連與車師入寇河

京師로 보낸 뒤 龜茲의 它乾城에 자리잡았고, 徐幹은 疏勒에 주둔하였다고 한다. 陳睦이 피살된 뒤, 班超, 任相, 段禧가 차례로 都護의 직을 역임하면서 모두 它乾城에 주둔하였다. 前漢에서도 龜茲 부근의 烏壘城이 都護의 근거지였던 것처럼, 龜茲는 천산 북방의 흉노와 연결되는 매우 전략적인 지점에 위치해 있기 때문에 도호의 치소가 바로 그 부근에 두어진 것이다. 반초는 建初 3년에 심지어 "만약 龜茲를 확보하면 西域에서 복속하지 않는 자는 1/100도 안 될 것"이라고까지 단언하였다.

24) 余太山(2006: 244)은 당시 戊校尉 一人만 두어졌으므로 '戊己校尉'는 '戊校尉'의 잘못으로 보았다.

25) 高昌壁: 앞에서도 설명했듯이 이는 현재 투르판의 高昌故城에 해당.

26) 戊部候: 戊校尉 휘하의 부대를 지휘하는 軍官.

27) 掾: 官府의 屬員.

28) 西海: 즉, 地中海. 甘英의 使行 및 그에 얽힌 이야기에 관해서는 「大宛列傳」의 '黎軒'條 주석을 참조.

29) 山經: 즉, 『山海經』.

30) 蒙奇와 兜勒: 확인되지 않은 지명이다. 그러나 余太山(2006: 245)은 음성상의 유사성을 근거로 각각 Margiana와 Thuhāra에 대응하는 것으로 추정하였지만 단언하기는 어렵다.

西, 朝廷不能禁, 議者因欲閉玉門·陽關, 以絕其患.

효화제(孝和帝; 재위 89~105)가 서거하매 서역이 배반하였다. 안제(安帝) 영초(永初) 원년(107), 도호 임상(任尙)[31]과 단희(段禧)[32] 등을 자주 포위 공격하였으나,[33] 조정은 그곳이 험난하고 멀기 때문에 [사태에] 대응하여 [군대를] 보내기가 어렵다고 하여, 조칙을 내려 도호를 철수시켰다. 이후로 마침내 서역을 포기하게 되었다.[34] 북흉노는 곧바로 여러 나라들을 거두어 복속시키고, [그들과] 함께 10여 년 동안 변방을 노략하였다. 돈황 태수 조종(曹宗)이 그 흉폭한 피해를 근심하여 [상서를 올리자], 원초(元初) 6년(119) 마침내 황상은 장사(長史) 색반(索班)을 파견하여 천여 명을 데리고 이오에서 둔전하면서 그들을 초무(招撫)하도록 하였다. 이에 거사전왕과 선선왕이 투항해 왔다. 몇 개월 뒤 북흉노가 다시 거사후부의 왕을 이끌고 함께 색반 등을 공격하여 죽이고, 나아가 그 전왕을 공격하여 도망치게 하였다. 선선은 위급한 상황에 몰리자 조종에게 구원을 요청했고, 조종은 이를 계기로 출병하여 흉노를 공격하여 색반의 원수를 갚게 해 달라고 청했는데,[35] 이는 다시 서역으로 진군하여 [그곳을] 취하

---

31) 任尙: 班超가 귀환한 뒤 戊己校尉였던 任尙이 永元 14年(102) 都護로 임명되었다.

32) 段禧: 任尙의 뒤를 이어 延平 元年(106) 혹은 永初 元年(107)에 都護로 임명되었다.

33) 『後漢書』「安帝紀」에 의하면 延平 元年(106) 九月 西域諸國이 반란을 일으켜 都護 任尙을 공격하였기 때문에 副校尉 梁慬을 보내서 그를 구원하였다고 한다. 「梁慬傳」에는 都護 任尙이 疏勒에서 포위되어 있을 때 梁慬이 河西四郡의 羌胡 5천 기를 이끌고 갔는데, 그가 도착하기 전에 이미 임상은 포위에서 풀려났다고 한다. 그 뒤 임상은 소환되고 段禧가 도호가 되었고, 西域長史 趙博이 騎都尉가 되어 이 두 사람은 它乾城을 수비했다. 그러나 它乾城은 너무 협소하여 방어하기 힘들었기 때문에 龜玆王 白霸를 설득하여 王城으로 군대를 이끌고 들어가서 수비하기 시작했다. 그러나 이에 반발한 龜玆人들은 溫宿·姑墨 등과 연합하여 성을 포위하고 공격하기 시작했다. 이에 梁慬 등이 반격을 가했으며, 이렇게 수개월간 전투를 벌이다가 數萬級을 참수하고 가축도 무수하게 포획한 뒤 비로소 龜玆가 평정되었다고 한다. 처음에 西域諸國이 반란을 일으키게 된 가장 큰 원인은 任尙이 '牧養失宜'했기 때문인 것으로 기록되어 있다.

34) 『後漢書』「安帝紀」에 의하면 永初 元年(107) 六月에 "罷西域都護"했다는 기사가 보인다. 또한 『後漢書』「西羌傳」에는 그 해 여름에 騎都尉 王弘으로 하여금 金城·隴西·漢陽 등지의 羌族 수백천 기를 이끌고 西域원정을 보냈는데, 도중에 강족들이 반란을 일으키는 바람에 실패하고 말았다는 기사가 보인다. 「班勇傳」에도 西域을 포기하게 된 원인으로 羌族의 반란, 任尙의 管理失敗(즉 '牧養失宜') 등을 꼽고 있다.

고자 함이었다. 등태후(鄧太后)[36]는 이를 허락하지 않았으나, 다만 호서역부교위(護西域副校尉)[37]를 설치하여 돈황에 머물게 하고, 또한 부대의 병영에 속한 300명을 주어 오로지 기미(羈縻)만 하도록 했다. 그 후에 북방의 오랑캐는 거사와 연합하여 함께 하서를 노략하였으나 조정은 이를 금할 수 없었으니, 논의하는 사람들은 이 때문에 옥문과 양관을 닫아서 그 우환을 끊자고 주장하였다.[38]

延光二年, 敦煌太守張瑞上書陳三策, 以爲「北虜呼衍王常展轉蒲類·秦海之閒, 專制西域, 共爲寇鈔. 今以酒泉屬國吏士二千餘人集昆侖塞, 先擊呼衍王, 絕其根本, 因發鄯善兵五千人脅車師後部, 此上計也. 若不能出兵, 可置軍司馬, 將士五百人, 四郡供其犂牛·穀食, 出據柳中, 此中計也. 如又不能, 則宜棄交河城, 收鄯善等悉使入塞, 此下計也」. 朝廷下其議. 尚書陳忠上疏曰:「臣聞八蠻之寇, 莫甚北虜. 漢興, 高祖窘平城之圍, 太宗屈供奉之恥. 故孝武憤怒, 深惟久長之計, 命遣虎臣, 浮河絕漠, 窮破

---

35) 『後漢書』「班勇傳」에는 "元初 6年(119) 敦煌太守 曹宗이 長史 索班에게 천여 명을 지휘하여 伊吾에 가서 둔전하라고 했는데, 車師前王과 鄯善王이 모두 와서 索班에게 투항하였다. 수개월 후 北單于가 車師後部와 함께 색반을 공격·살해하고, 진격하여 前王을 도망치게 하니 北道를 거의 다 장악하였다. 鄯善王이 다급해져 曹宗에게 구원을 청하니, 이에 曹宗이 5천 명으로 출병하여 흉노를 공격하고 색반의 원수를 갚고 나아가 西域을 다시 장악할 수 있게 해 달라고 청하게 된 것이다."라는 기록이 보인다.

36) 鄧太后(?~121): 後漢 和帝의 皇后인 鄧綏. 南洋 新野(현재 河南 新野)人. 和帝가 죽자 그녀는 殤帝와 安帝 등을 차례로 옹립하며 거의 二十年을 집정하면서, 오빠인 楊震 등 일족을 요직에 앉히고 대권을 장악하였다. 建光 元年(121)에 그녀가 사망하자 安帝와 宦官 李閏이 서로 모의하여 鄧氏 일족을 주살하였다.

37) 護西域副校尉: 殤帝 延平 元年(106) 副校尉가 처음 두어졌다가 그 다음 해에 폐지되었는데, 본문의 기사처럼 安帝 元初 6年(119)에 다시 두어졌다.

38) 『後漢書』「班勇傳」에는 많은 公卿들이 玉門關을 폐쇄하고 서역을 포기하자는 주장을 하자 鄧太后가 班勇을 불러 서역에 관한 대책을 문의한 기록이 보인다. 이에 대해 반용은 과거에 敦煌郡에 營兵 300명이 있었는데, 이제 그것을 다시 복구하고 護西域副校尉를 다시 설치하여 敦煌에 주둔시켜서 永元年間처럼 해야 한다고 주장했다. 나아가 그는 西域長史를 파견하여 500명을 이끌고 樓蘭에 주둔시켜야 한다고 제의했는데, 그것은 그렇게 함으로써 서쪽으로는 焉耆·龜兹으로 가는 길을 장악하고, 남쪽으로는 鄯善·于窴을 지원하며, 북으로는 匈奴를 제어하고, 동으로는 敦煌과 근거리에서 접촉할 수 있기 때문이라고 주장했다.

虜庭. 當斯之役, 黔首隕於狼望之北, 財幣縻於盧山之壑, 府庫單竭, 杼柚空虛, 筭至舟車, 貲及六畜. 夫豈不懷, 慮久故也. 遂開河西四郡, 以隔絕南羌, 收三十六國, 斷匈奴右臂. 是以單于孤特, 鼠竄遠藏. 至於宣·元之世, 遂備蕃臣, 關徼不閉, 羽檄不行. 由此察之, 戎狄可以威服, 難以化狎. 西域內附日久, 區區東望扣關者數矣, 此其不樂匈奴慕漢之效也. 今北虜已破車師, 勢必南攻鄯善, 棄而不救, 則諸國從矣. 若然, 則虜財賄益增, 膽勢益殖, 威臨南羌, 與之交連. 如此, 河西四郡危矣. 河西旣危, 不得不救, 則百倍之役興, 不訾之費發矣. 議者但念西域絕遠, 卹之煩費, 不見先世苦心勤勞之意也. 方今邊境守禦之具不精, 內郡武衛之備不脩, 敦煌孤危, 遠來告急, 復不輔助, 內無以慰勞吏民, 外無以威示百蠻. 蹙國減土, 經有明誡. 臣以爲敦煌宜置校尉, 案舊增四郡屯兵, 以西撫諸國. 庶足折衝萬里, 震怖匈奴.」 帝納之, 乃以班勇爲西域長史, 將弛刑士五百人, 西屯柳中. 勇遂破平車師. 自建武至于延光, 西域三絕三通. 順帝永建二年, 勇復擊降焉耆. 於是龜茲·疏勒·于窴·莎車等十七國皆來服從, 而烏孫·葱領已西遂絕. 六年, 帝以伊吾舊膏腴之地, 傍近西域, 匈奴資之, 以爲鈔暴, 復令開設屯田如永元時事, 置伊吾司馬一人. 自陽嘉以後, 朝威稍損, 諸國驕放, 轉相陵伐. 元嘉二年, 長史王敬爲于窴所沒. 永興元年, 車師後王復反攻屯營. 雖有降首, 曾莫懲革, 自此浸以疏慢矣. 班固記諸國風土人俗, 皆已詳備前書. 今撰建武以後其事異於先者, 以爲西域傳, 皆安帝末班勇所記云.

연광(延光) 2년(123) 돈황 태수 장당(張璫)이 글을 올려 세 가지 방책을 개진하였는데, 다음과 같다. "북방의 오랑캐 호연왕(呼衍王)은 항상 포류(蒲類)[39]와 진해(秦海)[40] 사이를 전전하면서 서역을 독점적으로 통제하고 [그들과 함께] 노략질을 합니다. 지금 주천에 종속된 나라의 군관과 사졸 2천여 명을 곤륜새(昆侖塞)에 집결시켜[41] 먼저 호연왕을 공격하여 그

39) 蒲類: 바르쿨湖.

40) 秦海: 唐代 李賢의 注(이하 李賢注로 略稱)에 의하면 "大秦國은 西海의 서쪽에 있으므로 그것을 일컬어 '秦海'라고 부른 것이다." 이는 地中海를 지칭하는 듯하지만, Chavannes(1907: 162)는 발하시湖로 보는 것이 어떨까 하는 假說을 제시하였다.

41) 昆侖塞: 李賢注: "前書에는 敦煌郡 廣至縣에 昆侖障이 있으며 宜禾都尉의 거처라고 하였다. 廣至 故城은

근본을 끊어버리고, 이를 계기로 선선의 병사 5천 명을 징발하여 거사후부를 위협한다면, 이것이 상책일 것입니다. 만약, 출병시킬 수 없다면 군사마(軍司馬)를 설치하여 사졸 500명을 지휘케 하고 사군(四郡)이 거기에 필요한 쟁기, 소, 곡식을 공급하여 유중(柳中)으로 나가서 주둔케 한다면, 이것이 중책일 것입니다.[42] 만약, 이것도 불가능하다면 교하성을 포기하고 선선 등[의 주민들]을 거두어서 모두 새내(塞內)로 들어오게 한다면, 이것이 하책이 될 것입니다." 조정이 그의 제안을 논의에 붙였다. 상서(尙書) 진충(陳忠)이 상소하여 말하기를 "신이 듣건대, 팔만(八蠻)의 노략질도 북방의 오랑캐만은 못하다고 들었습니다. 한나라가 흥기했을 때 고조는 평성(平城)에 포위되는 곤욕을 치루었고, 태종은 몸을 굽혀 [물자를] 갖다 바치는 수치를 당했습니다.[43] 그렇기 때문에 효무 황제가 분노해서 장구한 계책을 깊이 생각하여, 용맹한 신하들을 파견하여 황하를 건너고 사막을 넘어서 오랑캐의 근거지를 압박해 들어가 격파했습니다. 이 같은 원정을 수행하면서 많은 백성들이 낭망산(狼望山)의 북쪽에서 목숨을 잃었고, 재화와 폐백은 노산(盧山)의 계곡을 메울 정도여서,[44] 창고가 고갈되고 북과 베틀〔杼柚〕은 텅 비어버렸으며,[45] [징세를 위한] 계산〔筭〕은 배와 수레에 미치고 세금〔貲〕은 육축(六畜)에 미치게 되었습니다. 그는 어찌 [그 같은 문제를] 생각지 않았겠습니까? 이는 장구한 것을 고려했기 때문입니다. 마침내 하서사군을 설치하여 남쪽의 강족과 [흉노를] 격절시켰고, 36국을 거두어 흉노의 오른팔을 끊었습니다. 이런 연유로 선우는 고립되어 마치 쥐처럼 먼 곳으로 숨어 버린 것입니다. 선제와 원제 때에 이르러 마침내 [흉노가] 번신(蕃臣)이 되어[46]

현재 瓜州 常樂縣 東쪽에 있다."

42) 四郡: 한무제 때 두어진 酒泉 · 武威 · 張掖 · 敦煌을 말하며, 柳中은 西州, 즉 현재 鄯善縣 西南쪽의 魯克沁(룩친)에 해당된다.

43) 漢高祖가 흉노를 공격하러 平城에 갔다가 冒頓 單于에게 白登山에서 포위되었다가 일주일만에 풀려난 사건을 말한다. '太宗'은 文帝를 지칭한다. 李賢注: "[일찍이] 賈誼가 上疏를 올려, '匈奴가 오만하여 침략을 자행하고, 한나라는 매년 金絮繒綵을 갖다가 바칩니다. 夷狄이 徵令을 내리니 그것은 곧 人主를 조종함이요, 天子가 供貢하니 그것은 곧 臣下가 갖추는 예의입니다.'라고 하였다. 이런 까닭에 [본문에서] 수치를 당했다고 말하는 것이다."

44) 狼望: 李賢은 "匈奴의 地名"이라고 했는데, 현재 狼望과 盧山의 정확한 위치를 확인할 길은 없다. 『漢書』「匈奴傳下」에 楊雄이 "狼望之北"이라는 표현을 사용한 예가 보인다. 狼望에 대해 顔師古는 "匈奴中地名"이라고 설명을 했지만, 『資治通鑑』 胡三省의 注는 "狼煙候望之地"이라고 하였다.

45) 杼柚空虛: 『書經』에 "杼柚其空"이라는 표현이 나온다.

46) 宣帝 · 元帝 때에 呼韓邪單于가 여러 차례 入朝하여 稱臣奉貢하였다.

관색〔關徼〕이 문을 닫아 걸지 않고, 긴급한 격문〔羽檄〕도 [더 이상] 발송되지 않게 되었습니다. 이로 미루어 살펴보건대, 융적은 위엄으로 복종케 하는 것이 마땅하며 감화로써 친근하게 하기는 어렵습니다. 서역이 내부(內附)한 것이 오래 되자 진심으로 동쪽을 향해서 관문을 두드리는 자들이 여럿 생겼으니, 이는 그들이 흉노를 달가와하지 않고 한나라를 흠모한다는 증거입니다. 이제 북방의 오랑캐가 이미 거사를 격파했으니 형세로 보아 필시 남쪽으로 선선을 공격할 터인데 [우리가] 포기하고 구해 주지 않는다면 여러 나라들은 곧 [흉노를] 따를 것입니다. 만약, 그렇게 된다면 오랑캐가 얻는 재화는 더욱 늘어날 것이고 담력과 세력은 더욱 커져서, 남쪽으로는 강족에게 위엄으로 군림하고 그들과 교통하고 연합할 것입니다. 이렇게 되면 하서사군도 위험에 빠질 것이며, 하서가 위험하게 되면 그것을 구원할 수밖에 없게 될텐데, 그런 즉 [지금보다] 백 배에 달하는 역사(役事)를 치루어야 하니 헤아릴 수 없는 비용을 지출해야 할 것입니다. 논의하는 사람들은 단지 서역이 극히 멀다는 것과 그것을 구휼하는 데에 드는 번거로운 비용이 든다는 것만 생각하지, 전 세대에서 고심하고 애를 썼던 뜻을 보지는 못하고 있습니다. 바야흐로 지금 변경에는 방어장비가 정예롭지 못하고 내군(內郡)에서도 방위태세가 갖추어지지 않은 상태입니다. [지금] 돈황이 고립되고 위태로워져서 멀리서 와서 위급함을 고하는데도 다시 덧대어 도와 주지 않는다면, 안으로는 군관과 백성을 위로하지 못하고, 밖으로는 무수한 오랑캐들에게 위엄을 보이지 못할 것입니다. 나라를 위축시키고 영토를 감소시키는 것에 대해서는 경전(經典)에 명백한 경계(警戒)가 있습니다.[47] 신은 돈황에는 마땅히 교위를 설치하고 과거[의 사례]를 감안하여 사군의 주둔병을 증가해서 서방의 여러 나라들을 안무해야 한다고 생각합니다. 그러면 만 리 [먼 곳]을 제압하고 흉노를 두려움에 떨게 할 수 있을 것입니다." 황제께서 이를 받아들여 반용(班勇)[48]을

47) 李賢은 『毛詩』에 나오는 "昔先王受命, 有如邵公, 日辟國百里, 今也日蹙國百里."라는 구절을 지적하였다.

48) 班勇: 後漢의 將領. 字는 宜僚, 扶風 安陵(현재의 陝西 咸陽 東北)人으로 班超의 아들. 西域에서 生長했으며, 和帝 永元 13年(101) 班超는 班勇으로 하여금 安息의 使者를 수행하여 入朝케 했다. 安帝 永初 元年(107), 西域이 반란을 일으키자 班勇은 軍司馬가 되어 敦煌을 나서 都護와 병사들을 맞이하여 돌아왔다. 元初 6年(119), 北匈奴와 車師後部가 索班을 공격하여 살해한 사건이 터지고 조정에서는 서역을 포기하자는 의견이 비등했을 때, 班勇은 이를 반대하며 護西域副校尉를 敦煌에 두고 敦煌에 營兵 三百人을 배치하며, 이와는 별도로 西域長史에게 五百人을 붙여주어 樓蘭에 주둔토록 하자는 주장을 했다. 鄧太后는 그의 제안을 받아들였으나 단지 長史를 주둔시키지는 않았는데, 延光 2年(123) 처음으로 班勇을 西域長史로 삼아 군대를 이끌고 가서 주둔하도록 하였다. 3年(124) 班勇은 龜茲·姑墨 등을 항복시키고,

서역장사(西域長史)[49]로 삼고, 사졸 500명의 형을 느슨하게 풀어 주어 서쪽의 유중에 주둔하도록 하였다. 반용은 마침내 거사를 격파하고 평정하였다. 건무 이래로 연광(延光: 122~125)에 이르기까지 서역은 세 차례 소통되고 세 차례 단절되었다〔三絕三通〕.[50] 순제(順帝) 영건(永建) 2년(127) 반용은 다시 언기를 공격하여 항복시키니, 이에 구자 · 소륵 · 우전 · 사차 등 17국이 모두 와서 복종하였으나, 오손과 총령 이서는 마침내 단절되었다. 6년(131) 황제는

그 뒤 車師前部에 이르러 北匈奴를 격파하고 柳中에 屯田을 실시하였다. 4年(125) 班勇은 車師後部를 대파하고 그 王 軍就를 참살하여 索班의 원수를 갚았다. 順帝 永建 元年(126) 그는 諸國兵을 동원하여 北匈奴의 呼衍王을 공격했고 呼衍王이 멀리 도망감으로써 車師前後部가 안정을 찾게 되었다. 2年(127) 그는 敦煌太守 張朗과 함께 焉耆를 토벌하기로 하고 같은 시점에 도착하기로 약속을 했는데, 張朗이 혼자서 공을 세우려고 焉耆에 먼저 도착하여 焉耆를 항복시켰다. 班勇은 오히려 시간을 지키지 않았다는 죄명을 쓰고 투옥되고 면직되었다.

49) 西域長史: 後漢 後期에 西域諸國을 統領하던 長官의 職名. 秩祿은 未詳이다. 章帝 建初 8年(83) 軍司馬였던 班超가 西域에서 군대를 지휘하는 長史가 되었으니, 이것이 西域長史의 시작이다. 和帝 永元 3年(91)에 班超를 都護로 삼고 徐干을 長史로 삼았는데, 長史의 직책은 일종의 副都護와 같은 것이었다. 安帝 永初 元年(107)에 都護와 長史를 모두 없앴다가, 延光 2年(123) 班勇을 다시 西域長史로 임명하였고 都護를 다시 두지는 않았다. 이후로 長史가 都護의 직책을 수행하기 시작했고, 靈帝 때에 이를 때까지 단절되지 않았다. 즉, 章帝 때에는 班超, 和帝 때에는 徐干과 趙博, 安帝 때에는 索班과 班勇, 桓帝 때에는 趙評과 王敬, 靈帝 때에는 張晏이 임명되었다. 長史의 주둔지는 일정치 않았는데, 班超와 徐干은 疏勒에 주둔했고, 索班은 伊吾에, 班勇은 柳中, 趙評과 王敬은 于闐에 주둔했으며, 다른 사람들의 경우는 불분명하다. 그 후 魏晉時代에도 後漢의 제도를 본따서 西域長史를 두었다.

50) 三絕三通: 後漢代에 서역 경영의 어려움을 나타내는 표현으로 자주 사용된다. 余太山(2005: 253~255)이 정리한 내용을 중심으로 다시 간략하게 정리해 보면 다음과 같다. (1) 29~89년: 후한은 莎車의 힘을 빌어서 西域을 통제하려고 했지만, 莎車王 賢은 오히려 西域諸國을 압박하였고, 위협을 느낀 諸國이 後漢에 지원을 요청했지만 光武帝는 國初의 어려움을 이유로 西域을 그대로 방치하였다. 그러다가 72년 明帝가 竇固와 耿秉을 보내 흉노를 치려고 시도했지만 실패로 돌아가 결국 76년 西域을 포기하고 89년까지 그런 상태가 계속되었다. (2) 90~106년: 이 시기에 後漢은 班超의 적극적인 활약에 힘입어 西域에 대한 통제권을 회복하게 되지만, 그의 후임인 任尙의 失策과 羌族의 반란 등으로 인하여 107년 都護를 罷하고 서역 경영을 포기하게 되었다. (3) 107~122년: 후한이 서역에 대한 통제권을 거의 상실한 기간. (4) 123~132년: 후한 조정은 반용의 활약에 힘입어 다시 서역으로 진출하여 蔥嶺 이동의 諸國 대다수가 조정에 복속하게 되어, 후한의 서역지배에 있어서 두 번째 전성기를 이루었다. (5) 133~151년: 비록 서역에 대한 통제권을 어느 정도 유지하기는 했으나 점차로 약화되는 단계이다. (6) 152~170년: 152년 西域長史 王敬이 피살되면서 후한의 서역지배는 전면적으로 붕괴되기 시작되고, 비록 간헐적으로 군사적인 개입 시도가 있기는 했지만 170년 이후에는 거의 통제가 불가능한 상태로 바뀌게 되었다.

이오가 예부터 비옥한 땅이고 서역과 가까우며 흉노가 그곳을 이용하여 노략과 포악을 저질렀다고 여기고, 영원(永元) 연간에 했던 것처럼 둔전을 하고 이오사마(伊吾司馬) 1명을 설치하라고 다시 명령을 내렸다. 양가(陽嘉: 132~136) 이후 조정은 권위를 조금씩 잃어가 여러 나라가 교만 방자해지고 번갈아가며 서로 침벌하였다. 원가(元嘉) 2년(152) 장사 왕경(王敬)이 우전[의 공격]으로 죽음을 당했다. 영흥(永興) 원년(153) 거사후왕이 다시 반란을 일으켜 둔영(屯營)을 공격했다.[51] 비록 항복한 자들도 있었으나 [그들의 과오를] 징계하고 고치지 못했으니 그 뒤로 점차 [한나라를] 멀리하고 가볍게 여기게 되었다. 반고(班固)는 여러 나라의 풍토와 주민과 풍속[52]을 기록하였으니 이는 모두 이미 앞 책〔前書〕[53]에 상세하게 기록된 바이다. 이제 건무 이후에 그 사정이 과거와 다른 것들에 대해서 찬술하여 「서역전」(西域傳)으로 엮었으니, 이는 모두 안제(安帝) 말년 반용이 기록한 것들이다.[54]

西域內屬諸國, 東西六千餘里, 南北千餘里, 東極玉門·陽關, 西至葱領. 其東北與匈奴·烏孫相接. 南北有大山, 中央有河. 其南山東出金城, 與漢南山屬焉. 其河有兩源, 一出葱領東流, 一出于窴南山下北流, 與葱領河合, 東注蒲昌海. 蒲昌海一名鹽澤, 去玉門三百餘里.

[한나라에] 내속한 서역의 여러 나라들은 동서로 6천여 리, 남북으로 1천여 리에 걸쳐 있으며, 동쪽 끝은 옥문과 양관이며, 서쪽으로는 총령에 이른다. 그 동북쪽으로는 흉노 및 오손과 서로 연접한다. 남과 북으로는 큰 산이 있고 중앙에는 강이 있다. 그 남산은 동쪽으로는 금성(金城)에서 나와 한나라의 남산과 이어져 있다. 그 강은 두 개의 근원이 있는데, 하나는 총령에서 나와 동쪽으로 흐르는 것이고, 또 하나는 우전의 남산 아래에서 나와 북쪽으로 흐르는

51) 王敬의 被殺과 車師後王 阿羅多의 반란에 대해서는 뒤에서 자세한 내용이 소개되어 있다.

52) 風土人俗: 人이 아니라 民이 되어야 하나, 唐代人들이 '民'字를 忌諱하여 '人'으로 바꾼 것이다.

53) 前書: 즉, 班固의 『漢書』를 지칭한다.

54) 그러나 앞에서도 언급했듯이 班勇은 永建 2年(127) 焉耆攻擊時 期日을 지키지 못했다는 이유로 죄를 받고 罷職歸家 조치를 받은 이후 西域과는 절연된 상태가 되었다. 따라서, 本傳에 기록된 127년 이후 사건들에 대한 기록이 모두 '安帝 末年(122)' 班勇에 의해 기록된 것이라고 보기는 어렵다.

것인데, 총령하(葱領河)와 합하여 동쪽으로 포창해(蒲昌海)에 주입된다. 포창해는 일명 염택(鹽澤)이라 불리우며 옥문에서 300여 리 떨어져 있다.[55]

自敦煌西出玉門 · 陽關, 涉鄯善, 北通伊吾千餘里, 自伊吾北通車師前部高昌壁千二百里, 自高昌壁北通後部金滿城五百里. 此其西域之門戶也, 故戊己校尉更互屯焉. 伊吾地宜五穀 · 桑麻 · 蒲萄. 其北又有柳中, 皆膏腴之地. 故漢常與匈奴爭車師 · 伊吾, 以制西域焉.

돈황에서 서쪽으로 옥문과 양관을 나서서 선선을 지나 북쪽으로 1천여 리 가면 이오와 통하며,[56] 이오에서 북쪽으로 1,200리 가면 거사전부의 고창벽과 통한다. 고창벽에서 북쪽으로 500리 가면 [거사]후부의 금만성(金滿城)[57]과 통한다. 이곳은 그곳 서역의 문호이니, 과거에 무교위와 기교위가 서로 교대로 주둔하던 곳이다. 이오의 땅은 오곡과 뽕나무와 마와 포도를 심기에 적당하다. 그 북쪽에는 또 유중[58]이 있는데, 모두 비옥한 땅이다. 이런 까닭에 한나라는 항상 거사 · 이오를 두고 흉노와 다투었으니 서역을 제어하기 위함이었다.[59]

---

55) 이 구절은 『漢書』「西域傳」의 冒頭에 나오는 내용과 거의 동일하다. 이와 관련된 사항은 『漢書』「西域傳」의 주석을 참조.

56) 玉門 · 陽關에서 서쪽으로 나서서 鄯善으로 향하게 되면 伊吾(=하미)로 갈 수 없기 때문에, 여기에는 누락된 구절이나 錯簡의 가능성이 있다.

57) 金滿城: 이것은 『後漢書』「耿恭傳」의 '金蒲', 『漢書』「西域傳」의 '金附' 등과 동일한 音을 나타낸 것으로 보이며, 현재 짐사(Jimsa, 吉木薩爾) 남동쪽의 大龍溝 遺址로 추정된다. Chavannes(1907: 169)도 이곳을 짐사 부근으로 보았다. 本傳은 앞에서 "다시 무기교위를 두고 병사 500명을 지휘하여 거사전부(車師前部)의 고창벽(高昌壁)에 머물도록 하였다. 또한 무부후(戊部候)를 두어 거사후부(車師後部)의 후성(候城)에 머물도록 했는데, 상호간의 거리가 500리였다."라고 기록하였기 때문에, 金滿城은 車師後部의 候城과 동일한 것으로 보아야 할 것이다.

58) 현재 鄯善縣 西南쪽의 魯克沁(룩친).

59) 투르판(車師)과 하미(伊吾)를 둘러싼 後漢–匈奴 사이의 각축을 간략하게 정리해 보면 다음과 같다(余太山 2006: 259~260).

① 45년: 車師前王이 아들을 보내서 入侍케 하며 都護의 파견을 요청했으나, 光武帝가 國初의 상황을 이유로 수락치 않자 車師는 匈奴에 복속.

② 74년: 漢이 車師前後國을 격파.

自鄯善踰葱領出西諸國, 有兩道. 傍南山北, 陂河西行至莎車, 爲南道. 南道西踰葱領, 則出大月氏·安息之國也. 自車師前王庭隨北山, 陂河西行至疏勒, 爲北道. 北道西踰葱領, 出大宛·康居·奄蔡焉(者). 出玉門, 經鄯善·且末·精絶三千餘里至拘彌.

선선에서 총령을 넘어 서방의 여러 나라로 가는 데에 두 갈래 길이 있다. 남산의 북쪽을 끼고 강을 따라[60] 서행(西行)하면 사차에 이르게 되는데, 이것이 남도(南道)이다. 남도는 서쪽으로 총령을 넘으면 곧 대월지와 안식과 같은 나라로 나가게 된다. 거사전왕정에서 북산을 좇아 강을 따라 서행하면 소륵에 이르게 되는데, 이것이 북도(北道)이다. 북도는 서쪽으로 총령을 넘으면 대완과 강거와 엄채로 나가게 된다.[61] 옥문을 나서서 선선·차말·정절을 거쳐

③ 75년: 北匈奴가 車師後王을 살해하자 車師는 다시 匈奴에 복속.

④ 76년: 漢軍이 交河城을 공격하여 車師를 항복시킴. 그러나 戊己校尉를 폐지했기 때문에 車師는 다시 匈奴에 투항.

⑤ 90년: 竇憲이 北匈奴를 격파하자, 車師前後王이 아들을 보내 入侍 奉公. 그 다음 해에 戊己校尉를 다시 설치하고, 車師前部의 高昌壁에 주둔시킴. 또한 戊部候를 車師後部의 候城에 주둔시킴.

⑥ 96년: 車師後王이 前王을 공격. 漢이 後王을 공격하자 後王은 北匈奴로 도망. 그러나 漢軍이 추격하여 참수함.

⑦ 107년: 都護를 폐지하자 車師가 다시 匈奴에 투항.

⑧ 119년: 索班이 伊吾에 둔전하며 여러 나라를 招撫하자, 車師前後王이 투항해 옴. 다음 해 後王이 반란을 일으키며 後部司馬와 敦煌行事를 살해. 그 뒤 흉노는 여러 차례 車師와 함께 鈔河의 서쪽을 약탈.

⑨ 123년: 漢은 龜玆 등의 나라와 연합하여 車師前王庭에 도착, 匈奴의 伊蠡王을 격파하고, 前部와 다시 통교. 125년에 변경의 군대와 車師前部의 군대로써 後王을 격파. 그 다음 해에 북선우가 後部를 공격하자, 漢軍이 그를 구원해 줌.

⑩ 134년: 後部司馬가 後王을 이끌고 閶吾陸谷에서 北匈奴를 습격. 135년 봄 북흉노의 呼衍王이 後王을 공격하여 漢軍이 구원하러 나섰지만 실패. 그 해 가을 呼衍王이 다시 後部를 공격. 137년, 敦煌太守가 呼衍王을 죽이자 車師가 다시 漢에 투항.

⑪ 153년: 阿羅多 사건이 일어나 그 뒤로 車師가 한나라에 복속하게 됨.

60) 陂河: 『漢書』에는 '波河'

61) 이 구절 역시 『漢書』 「西域傳」의 冒頭 구절과 흡사하며, 심지어 '焉' 다음에 衍字 '耆'까지 반복되고 있다.

3,000여 리를 가면 구미에 도달한다.[62)]

拘彌國居寧彌城, 去長史所居柳中四千九百里, 去洛陽萬二千八百里. 領戶二千一百七十三, 口七千二百五十一, 勝兵千七百六十人. 順帝永建四年, 于寘王放前殺拘彌王興, 自立其子爲拘彌王, 而遣使者貢獻於漢. 敦煌太守徐由上求討之, 帝赦于寘罪, 令歸拘彌國, 放前不肯. 陽嘉元年, 徐由遣疏勒王臣槃發二萬人擊于寘, 破之, 斬首數百級, 放兵大掠, 更立興宗人成國爲拘彌王而還. 至靈帝熹平四年, 于寘王安國攻拘彌, 大破之, 殺其王, 死者甚衆, 戊己校尉·西域長史各發兵輔立拘彌侍子定興爲王. 時人衆裁有千口. 其國西接于寘三百九十里.

구미국(拘彌國).[63)] 거처[居]는 영미성(寧彌城)이고[64)] 장사의 거처인 유중에서 4,900리 떨어져 있다. 낙양에서 12,800리 떨어져 있고, 관할하는 호수는 2,173, 인구는 7,251, 병사는 1,760명이다. 순제(順帝) 영건(永建) 4년(129) 우전왕 방전(放前)이 구미왕 흥(興)을 살해하고, 자기 마음대로 그 아들을 구미왕으로 세운 뒤, 사신을 한나라에 보내 공납을 바쳤다.[65)] 돈황 태수 서유(徐由)는 그를 토벌하자고 주청했으나, 황제는 우전의 죄를 용서하고 구미국을 돌려주라고 명령했지만 방전은 듣지 않았다. 양가(陽嘉) 원년(132) 서유는 소륵왕이자 [한나라의] 신하(臣)인 반(槃)[66)]을 보내 2만 명을 징발해서 우전을 공격케 했는데, 그가 [우전을] 격파하고 수백 명을 참수했으며 병사들을 풀어서 크게 약탈케 하고, 흥의 종족인 성국(成國)을 구미왕으로 대신 세운 뒤 귀환하였다. 영제(靈帝) 희평(熹平) 4년(175) 우전왕 안국(安國)이 구미를 공격하여 크게 격파하고 그 왕을 죽였으니 죽은 사람들이 아주 많았다. 무기교위와

62) 三千餘里: 『漢書』「西域傳」에 의하면 鄯善에서 且末까지 720리, 且末에서 精絕까지 2,000리, 精絕에서 拘彌(扜彌)까지 460리, 도합 3,180리가 된다.

63) 拘彌國: 『漢書』「西域傳」 扜彌國條의 주석 참조.

64) 『續漢書』에는 "寧彌國王의 本名은 拘彌"라고 되어 있다. 『漢書』「西域傳」 扜彌國條에는 "현재의 명칭은 寧彌"라는 기록이 보인다. 자세한 내용은 『漢書』「西域傳」의 주석 참조.

65) 실제로 『後漢書』「順帝紀」에는 永建 4년에 "拘彌國이 遣使 貢獻했다."는 기사가 보인다.

66) 그의 이름은 『後漢書』「天文志中」에도 언급되어 있다. "敦煌太守 徐白이 疏勒王 盤 등의 병사 2만 명으로 하여금 우전의 경계에 들어가 노략케 하고 300여 급을 참수하였다."

서역장사가 각각 군대를 파견하여 구미의 시자(侍子)인 정흥(定興)을 왕으로 세웠다. 당시 [구미의] 사람들의 수는 천 명이었다. 그 나라는 서쪽으로 390리에 우전과 접한다.

于窴國居西城, 去長史所居五千三百里, 去洛陽萬一千七百里. 領戶三萬二千, 口八萬三千, 勝兵三萬餘人. 建武末, 莎車王賢強盛, 攻并于窴, 徙其王兪林爲驪歸王. 明帝永平中, 于窴將休莫霸反莎車, 自立爲于窴王. 休莫霸死, 兄子廣德立, 後遂滅莎車, 其國轉盛. 從精絕西北至疏勒十三國皆服從. 而鄯善王亦始強盛. 自是南道自葱領以東, 唯此二國爲大. 順帝永建六年, 于窴王放前遣侍子詣闕貢獻. 元嘉元年, 長史趙評在于窴病癰死, 評子迎喪, 道經拘彌. 拘彌王成國與于窴王建素有隙, 乃語評子云: 「于窴王令胡醫持毒藥著創中, 故致死耳.」 評子信之, 還入塞, 以告敦煌太守馬達. 明年, 以王敬代爲長史, 達令敬隱覈其事. 敬先過拘彌, 成國復說云: 「于窴國人欲以我爲王, 今可因此罪誅建, 于窴必服矣.」 敬貪立功名, 且受成國之說, 前到于窴, 設供具請建, 而陰圖之. 或以敬謀告建, 建不信, 曰: 「我無罪, 王長史何爲欲殺我?」 旦日, 建從官屬數十人詣敬. 坐定, 建起行酒, 敬叱左右執之, 吏士並無殺建意, 官屬悉得突走. 時成國主簿秦牧隨敬在會, 持刀出曰: 「大事已定, 何爲復疑?」 卽前斬建. 于窴侯將輸僰等遂會兵攻敬, 敬持建頭上樓宣告曰: 「天子使我誅建耳.」 于窴侯將遂焚營舍, 燒殺吏士, 上樓斬敬, 懸首於市. 輸僰欲自立爲王, 國人殺之, 而立建子安國焉. 馬達聞之, 欲將諸郡兵出塞擊于窴, 桓帝不聽, 徵達還, 而以宋亮代爲敦煌太守. 亮到, 開募于窴, 令自斬輸僰. 時輸僰死已經月, 乃斷死人頭送敦煌, 而不言其狀. 亮後知其詐, 而竟不能出兵. 于窴恃此遂驕. 自于窴經皮山, 至西夜 · 子合 · 德若焉.

우전국(于窴國).[67] 거처는 서성(西城)[68]이고, 장사의 거처에서 5,300리 떨어져 있으며, 낙

67) 于窴: 『史記』「大宛列傳」의 주석 참조.

68) 西城: 현재 和田(Khotan)市 서남쪽에 있는 Yotkan遺址로 추정. 『新唐書』卷221上 「西域上」에는 "于闐, 혹은 瞿薩旦那, 渙那, 屈丹이라고도 불리우며, 北狄은 于遁이라고 부르고, 諸胡는 豁旦이라고 부른다. 京師에서 9,700리 떨어져 있고, 瓜州에서는 四千 里가 넘으며, 과거 漢의 戎盧 · 杅彌 · 渠勒 · 皮山 등 五國의 故地이다. 그 居處는 西山城이라 불리우며 병사는 4,000명이다."라는 기사가 보이는데, Chavannes(1907: 171)는 本傳의 '西城'이 곧 '西山城'이라고 보았다.

양에서는 11,700리 떨어져 있다. 관할하는 호수는 32,000, 인구는 83,000, 병사는 30,000명이다. 건무(25~55) 말년에 사차왕 현이 강성해져서 우전을 공격하여 합병하고 그 왕 유림(兪林)을 이주시켜 여귀왕(驪歸王)으로 삼았다. 명제(明帝) 영평(永平) 연간(58~75)에 우전의 장군 휴막패(休莫霸)는 사차에 반란을 일으키고 스스로 우전왕이 되었다. 휴막패가 사망하자 그 형의 아들인 광덕(廣德)이 즉위했고, 후에 마침내 사차를 멸망시키니 그 나라가 도리어 강성해졌다. 후에 정절의 서북쪽에서 소륵에 이르기까지 13국이 모두 복종하였다. 그러나 선선왕 역시 강성해지기 시작했는데, 그 이후로 총령에서 시작하여 그 동쪽의 남도에서는 오로지 이 두 나라가 강대했다. 순제(順帝) 영건(永建) 6년(131) 우전왕 방전이 시자를 궁궐로 보내고 공물을 헌납하였다.[69] 원가(元嘉) 원년(151) 장사 조평(趙評)이 우전에서 악창〔病癰〕으로 사망하자, 조평의 아들이 영구를 맞이하러 갔는데, 도중에 구미를 통과하였다. 구미왕 성국(成國)은 우전왕 건(建)과 평소 사이가 안 좋았는데, 이에 그가 조평의 아들에게 말하기를 "우전왕이 오랑캐 의사〔胡醫〕에게 독약을 갖고 종기가 난 곳에 바르라고 명령해서 그래서 사망하게 된 것이다."라고 하였다. 조평의 아들이 이를 믿고 관새 안으로 들어와 돈황태수 마달(馬達)[70]에게 고하였다. 그 다음 해, 왕경(王敬)이 새로 장사가 되자 마달은 왕경에게 그 사건에 대해서 은밀히 조사하라고 지시했다. 왕경이 먼저 구미를 지나가게 되자 성국은 다시 말하기를 "우전국 사람들은 나를 왕으로 삼으려 합니다. 이제 이 죄를 계기로 건을 주살하는 것이 마땅하니, [그렇게 되면] 우전이 필시 복종하게 될 것입니다."라고 하였다. 왕경은 공명을 세우려는 욕심을 갖고 있었고 또한 성국의 주장을 [사실이라고] 받아들였다. 그는 앞으로 가서 우전에 도착하여 연회에 필요한 기구들〔供具〕을 준비한 뒤 건을 초청하고, 은밀히 그를 [제거하려는] 계획을 세웠다. 혹자가 왕경의 음모를 건에게 고했으나 건은 이를 믿지 않고 말하기를 "내게 죄가 없는데 왕장사가 어찌하여 나를 죽이려 하겠는가?"라고 하였다. 그 다음날 건은 관속 수십 명을 데리고 왕경을 방문하였다. 좌정하자 건이 일어나 술잔을 돌리기 시작했는데, 왕경이 좌우에게 그를 붙잡으라고 소리쳤다. [그러나] 군관과 사졸들은 결코 건을 살해할 의도가 없었기 때문에, 관속들은 모두 달려나가 도망쳤다. 이때 성국의

69) 『後漢書』「順帝紀」에 永建 6年(131) 秋九月 丁酉에 于闐王이 侍子를 보내 貢獻했으며, 十二月 壬申에도 于闐王이 侍子를 보내 詣闕貢獻했다는 기사가 보인다.

70) 馬達: 뒤에는 '敦煌太守 司馬達'이라는 인물이 보이는데, 필시 동일인일 것이다. 그의 이름이 '馬達'인지 아니면 '司馬達'인지는 불확실하다.

주부(主簿)[71]인 진목(秦牧)이 왕경을 따라 그 연회에 있었는데, 칼을 빼내어 들고 말하기를 "대사는 이미 정해졌는데 어찌해서 다시 의심을 품느냐?"라고 하면서, 즉시 앞으로 가서 건을 참수하였다. 우전의 제후와 장수 및 수북(輸僰)[72] 등은 병사를 모아서 왕경을 공격했는데, 왕경이 건의 머리를 들고 누대 위에 올라가 선포하여 말하기를 "천자가 내게 건을 주살하라고 했노라."라고 하였다. 우전의 제후와 장수들은 마침내 병영을 불태우고 군관과 사졸들을 태워죽인 뒤, 누대로 올라가 왕경을 참수하고 그 수급을 시장에 걸어놓았다.[73] 수북은 스스로 왕이 되려고 하였으나 나라 사람〔國人〕들이 그를 죽이고, 건의 아들 안국(安國)을 세웠다. 마달이 이 소식을 듣고 여러 군의 병사들을 지휘하여 관새를 나가서 우전을 공격하려 했지만, 환제(桓帝)가 이를 허락하지 않고 마달을 불러들이고 대신 송량(宋亮)을 돈황태수로 삼았다. 송량이 부임하여 우전 [사람들]에게 스스로 수북을 참수하라고 공개적으로 요청〔開募〕하였다. 당시 수북이 사망한 지 이미 몇 달이 지났기 때문에, 이에 죽은 사람의 머리를 잘라서 돈황으로 보냈으나 [이미 그 전에 살해된 것이라는] 그 내막에 대해서는 말하지 않았다. 송량이 후에 그 거짓을 알았지만 끝내 출병할 수는 없었고, 우전은 이를 믿고 더욱 교만해졌다. 우전에서 피산을 경유하면 서야(西夜)·자합(子合)·덕약(德若)에 도달하게 된다.

西夜國一名漂沙, 去洛陽萬四千四百里. 戶二千五百, 口萬餘, 勝兵三千人. 地生白草, 有毒, 國人煎以爲藥, 傅箭鏃, 所中卽死. 漢書中誤云西夜·子合是一國, 今各自有王.

---

71) 主簿: 고위 관리의 屬官으로 문서를 담당하는 직무를 수행했다. 『文献通考』 卷63은 "대저 옛날에 官府에는 모두 主簿라는 관직을 두었는데, 위로는 三公과 御史府에서부터 아래로는 九寺五監 및 郡縣에 이르기까지 모두 설치되어 있었다."라고 설명하였다. 여기서 成國의 '主簿'인 秦牧이라는 인물은 이름으로 볼 때 漢人으로 추정되며, 이를 통해 우리는 당시 西域의 도시국가들이 한나라와의 文書交信을 위하여 秦牧과 같은 漢人을 기용했었음을 추정할 수 있다.

72) 輸僰: Chavannes(1907: 173)는 '于窴侯將輸僰'을 '于闐의 侯將인 輸僰'으로 옮겼으며, 문맥상으로도 그렇게 보는 것이 자연스러우나, 于闐에 실제로 侯將이라는 관직이 있었는지는 의심스럽다. 여기서는 '侯將'을 '侯·將'의 의미로 해석하였다.

73) 『後漢書』 「桓帝紀」에 의하면 王敬의 피살은 元嘉 2年(152) 春正月의 일이다.

서야국(西夜國).[74] 일명 표사(漂沙)라고도 하며, 낙양에서 14,400리 떨어져 있다. 호수는 2,500, 인구는 10,000여, 병사는 3,000명이다. 토지에서는 백초(白草)가 나지만 독이 있어서, 나라 사람들은 그것을 삶아서 약으로 쓴다. 화살촉에 바르기도 하는데 맞으면 즉사한다.『한서』에 서야와 자합이 한 나라라고 한 것은 잘못이다. 지금은 각자 왕을 갖고 있다.[75]

子合國居呼犍谷. 去疏勒千里. 領戶三百五十, 口四千, 勝兵千人.

자합국(子合國). 거처는 호건곡(呼犍谷)[76]이다. 소륵에서 1,000리 떨어져 있고, 관할하는 호수는 350, 인구는 4,000, 병사는 1,000명이다.

德若國領戶百餘, 口六百七十, 勝兵三百五十人. 東去長史居三千五百三十里, 去洛陽萬二千一百五十里, 與子合相接. 其俗皆同.

덕약국(德若國).[77] 관할하는 호수는 100여, 인구는 670, 병사는 350명이다. 동쪽으로 3,530리 가면 장사의 거처에 이르고,[78] 낙양까지는 12,150리이다. 자합과 서로 인접하고 있으며, 그 풍속은 모두 동일하다.

自皮山西南經烏秅, 涉懸度, 歷罽賓, 六十餘日行至烏弋山離國, 地方數千里, 時改名排持. 復西南馬行百餘日至條支.

---

74) 西夜國: 『漢書』「西域傳」의 西夜國條 참조.

75) 이는 『漢書』「西域傳」에 "西夜國의 王號는 子合王이며 治所는 呼犍谷"이라는 기록에 대한 비판이다. 그러나 이에 대해 余太山(2006:268)은 『漢書』의 기록이 반드시 西夜와 子合을 하나의 나라로 본 것으로 해석할 필요는 없으며, 西夜나 子合 양측 가운데 한 쪽이 다른 쪽을 지배했기 때문에 그런 방식으로 서술했을 가능성도 지적했다.

76) '子合國'과 '呼犍谷'에 대해서는 『漢書』「西域傳」의 西夜國條 참조.

77) 德若國: 『新唐書』에는 '得若', 『魏略』에는 '億若'으로 표기되어 있다.

78) 3,530리는 당시 西域長史가 주재하던 곳인 柳中까지의 거리이다.

피산에서 서남쪽으로 가면 오타(烏秅)[79]를 거치고 현도를 건너게 된다. 계빈을 지나서 60여 일을 가면 오익산리국에 도착하는데, 사방이 수천 리이고 당시 배지(排持)라고 이름을 고쳤다.[80] 다시 서남쪽으로 말로 100여일을 가면 조지에 이르게 된다.

條支國城在山上, 周回四十餘里. 臨西海, 海水曲環其南及東北, 三面路絶, 唯西北隅通陸道. 土地暑溼, 出師子 · 犀牛 · 封牛 · 孔雀 · 大雀. 大雀其卵如甕. 轉北而東, 復馬行六十餘日至安息. 後役屬條支, 爲置大將, 監領諸小城焉.

조지국(條支國).[81] 성은 산 위에 있고 그 땅의 둘레는 40여 리이다. 서해(西海)에 임해 있고 바닷물이 그 남쪽과 동쪽과 북쪽을 둘러싸 삼면의 길은 끊어져 있고 오로지 서북쪽 구석만이 육로가 통한다. 기후는 덥고 습하며, 사자(師子) · 물소〔犀牛〕 · 혹소〔封牛〕 · 공작(孔雀) · 대작(大雀)이 나오는데, 대작의 알은 항아리와 같다. 돌아서 북쪽으로 그리고 동쪽으로 다시 말로 60여 일을 가게 되면 안식에 이르게 된다. [안식은] 후일 조지를 복속케 하고 대장(大將)을 두어 여러 작은 성〔小城〕들을 감독하고 통령(監領)하였다.

安息國居和櫝城, 去洛陽二萬五千里. 北與康居接, 南與烏弋山離接. 地方數千里, 小城數百, 戶口勝兵最爲殷盛. 其東界木鹿城, 號爲小安息, 去洛陽二萬里. 章帝章和元年, 遣使獻師子 · 符拔. 符拔形似麟而無角. 和帝永元九年, 都護班超遣甘英使大秦, 抵條支. 臨大海欲度, 而安息西界船人謂英曰:「海水廣大, 往來者逢善風三月乃得度, 若遇遲風, 亦有二歲者, 故入海人皆齎三歲糧. 海中善使人思土戀慕, 數有死亡者.」英聞之乃止. 十三年, 安息王滿屈復獻師子及條支大鳥, 時謂之安息雀.

---

79) 烏秅: 『漢書』「西域傳」烏秅國條 참조. 余太山(2006: 269)은 烏秅과 德若이 본래는 동일한 나라를 가리키는 것이며, 이들이 여기서 별개의 국가로 기술된 것은 資料의 來源이 다르기 때문일 것으로 추정했다.

80) 排持: 『漢書』「西域傳」烏弋山離國條 參照.

81) 條支國: 『史記』「大宛列傳」條支條 參照.

안식국(安息國).[82] 거처는 화독성(和櫝城)[83]이며 낙양에서 25,000리 떨어져 있다. 북으로 강거와 접하고 남으로는 오익산리와 접한다. 그 땅의 둘레는 수천 리이며 작은 성들이 수백이고, 호구와 병사는 가장 많다. 그 동쪽 경계는 목록성(木鹿城)[84]인데 소안식(小安息)이라고 부르며 낙양에서 20,000리 떨어져 있다. 장제(章帝) 장화(章和) 원년(87) 사신을 보내 사자와 부발(符拔)[85]을 헌납했다. 부발은 그 모양이 기린과 비슷하지만 뿔이 없다. 화제 영원 9년(97) 도호 반초가 감영을 대진에 사신으로 보냈는데 조지에 이르게 되었다. 그가 대해(大海)에 임하여 건너려고 했지만, 안식 서쪽 경계에 있던 뱃사람이 감영에게 말하기를 "바닷물이 넓고 커서 왕래하는 사람들이 좋은 바람을 만나면 3개월만에 건널 수 있지만, 만약 느린 바람〔遲風〕을 만나면 2년이 걸리는 경우도 있다. 그러므로 바다로 가는 사람들은 모두 3년치 식량을 갖고 간다. 바다 한가운데에서 사람들은 뭍을 생각하며 그리워하기 때문에 [그것 때문에] 죽는 사람도 상당하다."라고 하였다. 감영이 이를 듣고 [바다를 건너기를] 그만두었다.[86] 13년(101) 안식왕 만굴(滿屈)[87]이 다시 사자와 조지의 대조(大鳥)를 헌납해 왔는데, 당시에는 그것을 안식작(安息雀)이라 불렀다.[88]

自安息西行三千四百里至阿蠻國. 從阿蠻西行三千六百里至斯賓國. 從斯賓南行度河, 又西南至于羅國九百六十里, 安息西界極矣. 自此南乘海, 乃通大秦. 其土多海西珍奇異物焉.

안식에서 서쪽으로 3,400리 가면 아만국(阿蠻國)[89]에 이르게 된다. 아만에서 서쪽으로

---

82) 安息國: 『史記』「大宛列傳」安息條 參照.

83) 和櫝: 파르티아의 수도 헤카톰필로스(Hecatompylos)를 音寫한 것.

84) 木鹿城: Muru, 즉 현재의 Merv를 옮긴 것으로 추정

85) 符拔: 桃拔이라고도 표기되었으며, 이에 대해서는 『漢書』「西域傳」安息國條 參照.

86) 甘英의 使行은 『漢書』「西域傳」에서도 이미 언급되었다.

87) 滿屈(muân-k'iuət): Justi와 Hirth 등에 의해 Pakor 2세(78~115)라는 사실이 입증되었다. Chavannes 1907: 178.

88) 『後漢書』「和帝紀」에는 永元 13年(101) 冬十一月에 安息國이 사신을 보내 師子와 條支大雀을 헌납했다는 기사가 보인다.

3,600리 가면 사빈국(斯賓國)[90]에 이르고, 사빈에서 남쪽으로 가서 강을 건느고 다시 서남쪽으로 960리 가면 우라국(于羅國)[91]에 이르며, [그곳이] 안식의 서쪽 경계의 끝이다. 여기서 남쪽으로 바다를 건느면 곧 대진과 통하게 된다. 그 땅에는 해서(海西)[92]의 진기하고 기이한 물건들이 많다.

大秦國一名犂鞬, 以在海西, 亦云海西國. 地方數千里, 有四百餘城. 小國役屬者數十. 以石爲城郭. 列置郵亭, 皆堊墍之. 有松柏諸木百草. 人俗力田作, 多種樹蠶桑. 皆髡頭而衣文繡, 乘輜軿白蓋小車, 出入擊鼓, 建旌旗幡幟. 所居城邑, 周圜百餘里. 城中有五宮, 相去各十里. 宮室皆以水精爲柱, 食器亦然. 其王日游一宮, 聽事五日而後遍. 常使一人持囊隨王車, 人有言事者, 即以書投囊中, 王至宮發省, 理其枉直. 各有官曹文書. 置三十六將, 皆會議國事. 其王無有常人, 皆簡立賢者. 國中災異及風雨不時, 輒廢而更立, 受放者甘黜不怨. 其人民皆長大平正, 有類中國, 故謂之大秦. 土多金銀奇寶, 有夜光璧·明月珠·駭鷄犀·珊瑚·虎魄·琉璃·琅玕·朱丹·青碧. 刺金縷繡, 織成金縷罽·雜色綾. 作黃金塗·火浣布. 又有細布, 或言水羊毳, 野蠶繭所作也. 合會諸香, 煎其汁以爲蘇合. 凡外國諸珍異皆出焉. 以金銀爲錢, 銀錢十當金錢一. 與安息·天竺交市於海中, 利有十倍. 其人質直, 市無二價. 穀食常賤, 國用富饒. 鄰國使到其界首者, 乘驛詣王都, 至則給以金錢. 其王常欲通使於漢, 而安息欲以漢繒綵與之交市, 故遮閡不得自達. 至桓帝延熹九年, 大秦王安敦遣使自日南徼外獻象牙·犀角·瑇瑁, 始乃一通焉. 其所表貢, 並無珍異, 疑傳者過焉. 或云其國西有弱水·流沙, 近西王母所居處, 幾於日所入也. 漢書云「從條支西行二百餘日, 近日所入」, 則與今書異矣. 前世漢使皆自烏弋以還, 莫有至條支者也. 又云「從安息陸道繞海北行

---

89) 阿蠻(â-mwan)國: Hirth(1885: 154)에 의하면 현재의 Hamadan (Akbatana, Ekbatana)에 해당된다.

90) 斯賓(sie-pien)國: Hirth(1885: 155)에 의하면 Ctesiphon에 해당.

91) 于羅(jiu-lâ)國: Hirth(1885: 147, 155)는 이것을 Hira의 音寫로 보고 條支의 首都로 보았으나, Chavannes (1907: 179)는 이에 대해서 회의적인 입장을 표명했다. 余太山(2006: 274)은 Hatra의 音譯으로 보았다.

92) 海西: 즉, 大秦을 가리킨다.

出海西至大秦, 人庶連屬, 十里一亭, 三十里一置, 終無盜賊寇警. 而道多猛虎·師子, 遮害行旅, 不百餘人, 齎兵器, 輒爲所食」. 又言「有飛橋數百里可度海北」. 諸國所生奇異玉石諸物, 譎怪多不經, 故不記云.

대진국(大秦國).[93] 일명 이건(犁鞬)[94]이라고도 한다. 바다 서쪽에 있기 때문에 해서국(海西國)이라고도 부른다. 그 땅의 둘레는 수천 리이며 400여 개의 성들이 있고 복속하고 있는 소국(小國)들도 수십이다. 돌로 성곽을 짓고 우정(郵亭)을 줄지어 설치했으며, 모두 석회〔堊〕로 그것을 칠한다.[95] 소나무와 동백나무와 여러 나무들 및 갖가지 풀들이 있다. 사람들의 풍속은 힘써 농사를 짓는 것이며, 많은 사람들이 뽕나무를 심는다.[96] 모두 머리를 깎고〔髡頭〕 무늬가 수놓여진 의복을 입으며, 가벼운 수레〔輜軿〕나 흰 덮개가 달린 조그만 수레를 타고, 출입할 때에는 북을 치며 각종 깃발을 내건다. 거처하는 성읍은 둘레가 100여 리이고, 성 가운데에는 5개의 궁이 있는데, 서로 떨어진 거리가 각각 10리이다. 궁실에는 모두 수정으로 기둥을 세웠고 식기도 역시 그러하다. 그 왕은 하루에 하나의 궁에서 지내기 때문에, 사무를 보는 것이 닷새가 지나면 [다섯 궁 전체를] 돌아다니게 된다. 항상 사신 1명에게 주머니를 지참하고 왕의 수레를 따라다니게 하는데, 사람들이 말하고 싶은 사항이 있으면 곧 글을 써서 그 주머니 안에 던져 넣고, 왕이 궁에 도착하게 되면 [주머니를] 열어서〔發省〕 그 옳고 그름을 심리한다. 각각의 문서를 관리하는 관아가 있다. 36장(將)을 설치하고 모두 모여서 국사를 논의한다. 그 왕은 고정된 사람이 있는 것이 아니라 모두 [모여서] 현명한 사람을 뽑아서 세운다. 나라 안에 재난이나 풍우가 갑자기 생겨나면 그를 곧 폐위하고 [다른 사람을] 바꾸어 세우며, 축출되는 사람은 즐겨 물러나지 원망하지 않는다. 그 사람들〔人民〕은 모두 [신체가] 장대하고

93) 大秦國: 이에 대해서는『史記』「大宛列傳」黎軒條 參照.

94) 犁鞬: 이에 대해서는『史記』「大宛列傳」黎軒條 參照.

95) 塈는 '飾'의 뜻. 郭璞에 의하면 "堊은 白土".

96) 당시 로마 제국 영내에는 아직 蠶桑의 기술이 도입되기 전이므로, 이 기록은 정확하다고 하기 어렵다. 다만, 로마에서는 중국에서 직접 수입되거나 혹은 중간에서 가공되어 들여온 비단이 크게 유행했었기 때문에, 이를 근거로 로마 제국 영내에도 蠶桑이 실행되고 있는 것으로 오해되었을 가능성은 충분하다.

[마음은] 평정하여 중원의 나라와 닮은 바가 있으므로 그런 연유로 '대진'이라고 부르는 것이다.[97] 그 땅에서는 금과 은과 진기한 보석들이 많이 산출되며, 야광벽(夜光璧)[98]·명월주(明月珠)[99]·해계서(駭鷄犀)[100]·산호(珊瑚)·호백(虎魄)[101]·유리(琉璃)[102]·낭간(琅玕)[103]·주단(朱丹)[104]·청벽(青碧)[105] 등이 있다. 금실로 수를 놓아 직조해서 금루계(金縷罽)[106]·잡색릉(雜色綾)을 만든다. 황금도(黃金塗)[107]와 화완포(火浣布)[108]도 제작한다. 또한 세포(細布)가 있는데, 수양취(水羊毳)[109]라고도 부르며 야생 누에고치(野蠶

---

97) 大秦: 일찍이 Hirth는 로마 제국에 '秦'이라는 명칭이 붙여진 것은 지중해 연안의 도시 Tyre가 고대 히브리어로는 Tsur 혹은 Sur라고 불리웠기 때문이라고 주장했으나(Chavannes 1907: 181), 그대로 받아들이기는 힘든 내용이다. 余太山(2006: 276)은 고대 중앙아시아의 주민들이 로마가 중국과 비슷하다고 해서 '秦'이라고 불렀는데, 여기에 '大'字가 첨가된 것은 고대 중국인들이 서방의 로마를 높이 평가했기 때문이라고 했는데, 이 역시 보다 깊은 논의를 요하는 주장이다. 나아가 余는 本傳에서 大秦의 '五宮'이나 '王位'에 관한 언급 등은 중국인들이 로마를 理想化했기 때문에 생겨난 것일 뿐 사실과는 거리가 있는 내용이라고 지적하였다.

98) 夜光璧: 이에 관해서는 Schafer 1963: 237~239 참조.

99) 明月珠: 마치 밝은 달빛처럼 빛이 난다고 해서 이름지어진 것으로 일종의 夜光珠이다.

100) 駭鷄犀: 一名 通天犀. 이에 관해서는 余太山 2006: 277; Chavannes 1907: 182 참조.

101) 虎魄(xuo-p'ɒk): 즉 琥珀을 가리킨다. 『漢書』「西域傳」에도 언급되어 있으며, 『後漢書』「王符傳」에 첨가된 李賢注는 "『廣雅』에서 虎魄은 '珠'라고 되어 있다. 땅 속에서 나오며 그 위와 옆에는 풀이 자라지 않으며, 깊은 것은 8~9척에 이른다. 처음에는 마치 桃膠와 같지만, 그것이 딱딱하게 응고하여 만들어진다. 그 지방 사람들은 그것을 베개로 삼으며, 罽賓과 大秦國에서 산출된다."라고 하였다. Schafer 1963: 247~248.

102) 琉璃(liəu-ljie): 天然과 人工 두 종류가 있는데, 天然琉璃는 '璧琉璃'라고도 불리우며 vaidurya를 音寫한 것이다. Schafer 1963: 235~237.

103) 琅玕(lâng-kân): balas ruby로 보는 설도 있고, 일종의 珊瑚로 보는 설도 있다. Chavannes(1907: 182); 余太山(2006: 277) 참조.

104) 朱丹: 즉 朱砂.

105) 青碧: 孔雀石의 일종.

106) 金縷罽: 金絲를 사용하여 직조한 織物.

107) 黃金塗: 黃金으로 塗色한 織物을 가리키는 것으로 보인다.

108) 火浣布: 일종의 石綿. 불에 넣어도 타지 않는 신비의 물질로 알려졌었다. 이에 관한 흥미로운 언급은 마르코 폴로의 『동방견문록』에도 보인다.

109) 水羊毳: 『魏略』「西戎傳」에는 "細布를 직조하는 데 水羊毳를 사용한다고 하며, 이는 일명 '海西布'라고도 한다. 이 나라의 六畜은 모두 물[水]에서 나왔으며, 혹은 羊毛만을 사용하지 않고 木皮나 野茧丝를

罽)로 자아낸 것이다. 여러 향료를 조합하여 그 즙을 끓여서 소합(蘇合)[110]을 만든다. 대저, 바깥 나라의 여러 진기한 물품들이 모두 나온다. 금은으로 화폐를 만들고 은전 10닢이 금전 1닢에 해당된다. 안식 · 천축(天竺)[111]과 바다 가운데에서 교역하며 이익은 10배가 남는다. 그 사람들은 소박하고 정직하며 시장에는 두 가지 가격이 존재하지 않는다. 곡식은 항상 값이 싸며 나라의 경비는 풍부하다. 이웃 나라가 사신을 보내 그 경계에 도착하여 신고하면 역마에 태워서 왕도(王都)로 보내며, 도착하면 즉시 금전을 지급한다. 그 왕은 항상 한나라와 사신으로 소통하기를 원하지만 안식이 한나라의 채색 비단(繒綵)을 그들에게 건네주며 장사를 하기 때문에, [중간에서] 차단하고 막아서 그들 스스로가 [한나라에] 도달하지 못한다. 환제 연희 9년(166) 대진왕 안돈(安敦)[112]이 일남(日南)[113]의 변경 밖에서 사신을 보내 상아(象牙) · 서각(犀角) · 대모(瑇瑁)를 헌상했는데, 이것이 처음으로 한 번 교통한 것이다. 그들이 상표를 올려 공물을 바친 것은 모두 진기한 것이 없었으니, [대진에 관한 내용을] 전하는 사람들이 과장한 것이 아닌가 의심스럽다. 혹자는 이르기를, 그 나라의 서쪽에 약수(弱水)와 유사(流沙)가 있고, 서왕모(西王母)가 거주하는 곳이 가까우며, 태양이 들어가는 곳과 가깝다고 한다. 『한서(漢書)』에 기록된 바 "조지에서 서쪽으로 200여 일을 가면 태양이 들어가는 곳과 가깝다."고 하였는데, 그렇다면 오늘날의 책〔今書〕[114]과는 다른 것이다. 과거에 한나라 사신들이 모두 오익산리까

이용하여 직조하기도 한다. 그렇게 해서 만들어진 氍毹와 罽帳은 모두 제품이 좋아서, 그 색과 선명함이 海東諸國에서 만든 것보다 더 낫다."라는 기록이 보이며, 『新唐書』「西域傳」에도 拂菻國, 즉 로마에 대해서 "水羊(毛)를 짜서 布를 만드는데 海西布라고 일컫는다."라는 구절이 보인다.

110) 蘇合(suo-γ âp): 『梁書』「海南諸國傳」에는 中天竺에서 蘇合香이 나오며 이것은 여러 香汁을 모아 끓여서 만든 것이지 自然香이 아니라는 설명이 보인다. 또한 大秦人들은 蘇合香을 짜서 즙을 낸 뒤 그것을 응고시켜서 외국 상인들에게 판매했다고 한다.

111) 天竺: 印度를 가리키며, 『史記』에는 '身毒', 『漢書』에는 '天篤'으로 표기되었다.

112) 安敦: 즉 동로마의 황제 Marcus Aurelius Antonius(161~180)를 지칭. 『後漢書』「桓帝紀」에도 延憙 9年(166) 九月 "大秦國王이 遣使奉獻했다."는 기록이 보인다. 그러나 과연 이때에 도래한 '使臣'이 실제로 황제가 파견한 것인지에 대해서는 회의적인 견해가 많다.

113) 日南: 漢 武帝 元鼎 6年(전111)에 설치된 郡 가운데 하나로, 현재 베트남 북부지방에 해당.

114) 今書: 이는 魚豢의 『魏略』을 가리키는 것으로 보아야 할 것이다. 余太山(2003: 17~25)은 本傳의 일부분이, 현재는 失傳되었으나 일부 『三國志』 裵松之의 注에 인용된 『魏略』의 내용을 그대로 채록한 것이라는 사실을 지적한 바 있다.

지 [갔다가] 돌아왔기 때문에 조지에 도달한 자가 없었다. 또한 이르기를, "안식에서 육로로 바다를 돌아서 북쪽으로 가면 바다의 서쪽으로 나와 대진에 이르게 된다. 사람들은 서로 연이어 [살고] 있고, 10리마다 1정(亭)이 있고 30리마다 1치(置)[115]가 있으며, 도적의 약탈을 알리는 경보는 [도로에] 시종일관 없다. 길에는 사나운 호랑이와 사자가 많아 여행자들을 막고 해를 끼치는데, 100여 명이 안 되면 무기를 갖고 가야 하며, [그럼에도 불구하고] 자주 잡아먹히는 바가 된다."라고도 한다. 또한 이르기를, "비교(飛橋)가 수백 리나 뻗쳐 있어 가히 바다 북쪽으로 건너갈 수 있다."고 한다. 여러 나라에서 나오는 기이한 옥석과 여러 물건들[에 관한 이야기]는 거짓과 괴이함으로 가득차 대부분 황당한 내용이므로 [여기에] 기록하지 않겠다.[116]

大月氏國. 居藍氏城, 西接安息, 四十九日行, 東去長史所居六千五百三十七里, 去洛陽萬六千三百七十里. 戶十萬, 口四十萬, 勝兵十餘萬人. 初, 月氏爲匈奴所滅, 遂遷於大夏, 分其國爲休密 · 雙靡 · 貴霜 · 肹頓 · 都密, 凡五部翖侯. 後百餘歲, 貴霜翖侯丘就卻攻滅四翖侯, 自立爲王, 國號貴霜(王). 侵安息, 取高附地. 又滅濮達 · 罽賓, 悉有其國. 丘就卻年八十餘死, 子閻膏珍代爲王. 復滅天竺, 置將一人監領之. 月氏自此之後, 最爲富盛, 諸國稱之皆曰貴霜王. 漢本其故號, 言大月氏云.

대월지국(大月氏國). 거처는 남씨성(藍氏城)[117]이다. 서쪽으로 안식과 접해 있는데 49일 거리이다. 동쪽으로 장사의 거처와는 6,537리 떨어져 있고, 낙양과는 16,370리 떨어져 있다. 호구는 10만, 인구는 40만, 병사는 10여 만 명이다. 처음에 월지가 흉노에 멸망당하자 마침내 대하로 이주하고, 나라를 휴밀(休密) · 쌍미(雙靡) · 귀상(貴霜) · 힐돈(肹頓) · 도밀(都密)로 나누어 모두 다섯 부분〔五部〕의 흡후(翖侯)가 되었다.[118] 그 후 100여 년이 지나서 귀상흡후

115) 置: '驛'과 동의어.

116) 『魏略』에는 "大秦國의 풍속에는 기이한 幻術이 많다. 입에서 불을 뿜거나, 스스로 결박했다가 풀기도 하고, 12개의 공을 던지니, 그 기술이 非常하다."라는 기록이 보인다.

117) 藍氏城: 『漢書』「西域傳」에는 監氏城.

118) 이 다섯 개의 翕侯들의 명칭과 소재에 관해서는 『漢書』「西域傳」 大月氏國條를 참조. 『漢書』에는 都密 대신 '高附'라는 이름이 보인다.

인 구취각(丘就卻)[119]이 [다른] 4흡후를 멸하고 스스로 왕이 되어 국호를 귀상이라고 하였다. 안식을 침공하고 고부의 땅을 취하였다. 또한 복달(濮達)[120]과 계빈을 멸하고 그 나라를 모두 차지하였다. 구취각은 80여 세에 사망했고, 그 아들 염고진(閻膏珍)[121]이 뒤를 이어 왕이 되었다. 다시 천축을 멸하고 장군 1인을 두어 그곳을 감령케 하였다. 월지는 그 뒤로 극도로 부강해졌다. 여러 나라들은 모두 그것을 칭하여 '귀상왕(貴霜王)'이라 하지만, 한나라는 그 옛날의 칭호를 써서 '대월지'라고 부른다.

高附國在大月氏西南, 亦大國也. 其俗似天竺, 而弱, 易服. 善賈販, 內富於財. 所屬無常, 天竺·罽賓·安息三國強則得之, 弱則失之, 而未嘗屬月氏. 漢書以爲五翖侯數, 非其實也. 後屬安息. 及月氏破安息, 始得高附.

고부국(高附國).[122] 대월지의 서남쪽에 있으며 역시 대국이다. 그 풍속은 천축과 비슷하지만, 미약하고 복속시키기 쉽다. 장사하는 데에 능하며 내적으로는 재화가 풍부하다. 복속하는 것이 무상하여 천축과 계빈과 안식 세 나라가 [누구든지] 강하면 그것을 취하고 약해지면 잃었다. 그러나 아직 월지에 복속한 적은 없다. 『한서』는 5흡후의 하나로 [고부를] 헤아렸지만 그것은 사실과 다르다. 후일 안식에 복속하였는데, 월지가 안식을 격파하자 처음으로 고부를 획득하였다.

天竺國一名身毒, 在月氏之東南數千里. 俗與月氏同, 而卑溼暑熱. 其國臨大水. 乘象而戰. 其人弱於月氏, 脩浮圖道, 不殺伐, 遂以成俗. 從月氏·高附國以西, 南至西海, 東至磐起國, 皆身毒之地. 身毒有別城數百, 城置長. 別國數十, 國置王. 雖各小異, 而俱以身毒爲名, 其時皆屬月氏. 月氏殺其王而置將, 令統其人. 土出象·犀·瑇瑁·

119) 丘就卻(k'iəu-dz'iəu-k'iak): 쿠샨 왕조의 건국자인 Kujula Kadphises.

120) 濮達: 『漢書』「西域傳」烏弋山離國條에는 '撲挑'로 표기.

121) 閻膏珍(iäm-kâu-tien): Kujula Kadphises의 아들이자 후계자인 Vima Kadphises.

122) 高附: Kabul을 音寫한 것으로 추정된다.

金·銀·銅·鐵·鉛·錫, 西與大秦通, 有大秦珍物. 又有細布·好毾㲪·諸香·石蜜·胡椒·薑·黑鹽. 和帝時, 數遣使貢獻, 後西域反畔, 乃絕. 至桓帝延熹二年·四年, 頻從日南徼外來獻. 世傳明帝夢見金人, 長大, 頂有光明, 以問羣臣. 或曰: 「西方有神, 名曰佛, 其形長丈六尺而黃金色.」 帝於是遣使天竺問佛道法, 遂於中國圖畫形像焉. 楚王英始信其術, 中國因此頗有奉其道者. 後桓帝好神, 數祀浮圖·老子, 百姓稍有奉者, 後遂轉盛.

천축국(天竺國). 일명 신독(身毒)이라고도 하며 월지의 동남쪽 수천 리 되는 곳에 있다. 풍속은 월지와 동일하지만 [땅이] 낮고 습하며 덥다. 그 나라는 큰 강에 임해 있으며, 코끼리를 타고 전투를 한다. 그 사람들은 월지에 비해서 유약한데, 불교〔浮圖道〕를 신봉하여 사람을 죽이거나 정벌하지 않는 것이 마침내 습속이 되어 버렸다. 월지와 고부국에서 서쪽으로 가다 보면, 남쪽으로는 서해(西海)에 도달하고 동쪽으로는 반기국(磐起國)[123]에 도달하는데, 모두 신독의 땅이다. 신독은 별도로 [독립된] 수백 개의 성이 있으며, 성에는 수령(長)을 두었다. 또한 별도의 나라가 수십이며 나라에는 왕을 두었다. 비록 각자 조금씩 다르기는 하지만 모두 신독이라는 이름을 갖고 있으며, 당시 모두 월지에게 복속해 있었다. 월지는 그 왕을 죽이고 장군을 두어 그 사람들을 통솔하도록 했다. 그 땅에서는 코끼리, 물소, 대모, 금, 은, 동, 철, 아연, 주석 등이 나오며, 서쪽으로는 대진과 통하여 대진의 진기한 물건들이 있다. 또한 세포와 좋은 탑등(毾㲪),[124] 여러 향료와 석밀(石蜜)[125]·후추(胡椒)·생강〔薑〕·흑염(黑鹽) 등이 있다. 화제 때에 여러 차례 사신을 보내 공물을 헌납했고, 그 후에 서역이 반란을 일으키자 [관계가] 끊어졌다. 환제 연희 2년(159)과 4년(161)에 일남의 변경 밖에서 자주 헌물을 갖고 왔다. 세간에 전하는 바에 의하면 명제(明帝)가 꿈에 금인(金人)을 보았는데,

123) 磐起(b'uân-k'ji): 『魏略』에 나오는 盤越과 같은 것으로 보이며, 베트남이나 미얀마에 위치했던 것으로 추정된다.

124) 毾㲪(t'âp-təng): 李賢注는 3세기에 씌여진 『埤蒼』을 인용하여 '毛席'이라 하였고, 또한 『釋名』을 인용하여 "大牀 앞에 비치하는 小榻 위에 까는 것"이라는 설명을 붙였다. 毾㲪은 페르시아어 tapetan을 옮긴 것으로 여겨지고 있으며, 오늘날의 카페트와 같은 것이다. Schafer 1963: 198~199 참조.

125) 石蜜: 즉 冰糖(사탕). Schafer 1963: 152~154 참조.

장대하고 정수리에는 빛이 있었다. 여러 신하들에게 물어 보니 혹자가 말하기를, "서방에 신(神)이 있는데 이름하여 부처〔佛〕라고 합니다. 그 모습은 키가 1장 6척이고 황금빛이라고 합니다."라고 하였다. 이에 황제가 사신을 천축으로 보내어 불교의 도법을 물어 보았고, 마침내 중원의 나라에서 [부처의] 형상을 그리게 된 것이다. 초왕(楚王) 영(英)이 그 술법을 처음으로 믿었고, 중원의 나라에서는 이로 인하여 그 도를 받드는 사람들이 상당히 많아졌다. 후일 환제가 신(神)을 좋아하여 여러 차례 부도(浮圖)와 노자(老子)에게 제사를 드렸는데, [처음에는] 백성들 가운데 소수가 제사를 드렸으나 후일 마침내 점점 더 많아지게 되었다.

東離國居沙奇城, 在天竺東南三千餘里, 大國也. 其土氣·物類與天竺同. 列城數十, 皆稱王. 大月氏伐之, 遂臣服焉. 男女皆長八尺, 而怯弱. 乘象·駱駝, 往來鄰國. 有寇, 乘象以戰.

동리국(東離國).[126] 거처는 사기성(沙奇城)[127]이고 천축에서 동남으로 3,000여 리 떨어져 있으며 대국이다. 그 토지와 기후 및 산물은 천축과 동일하다. 수십 개의 성들이 있으며 모두 왕을 칭하고 있다. 대월지는 그곳을 정벌하여 마침내 신하로 복종시켰다. 남녀가 모두 키가 8척이지만 겁이 많고 유약하다. 코끼리와 낙타를 타고 다니며 이웃나라와 왕래한다. 침략을 당하면 코끼리를 타고 전투한다.

栗弋國屬康居. 出名馬牛羊·蒲萄衆果, 其土水美, 故蒲萄酒特有名焉.

율익국(栗弋國)[128]은 강거에 복속해 있다. 명마, 소, 양, 포도, 각종 과일이 산출되며, 그 땅과 물이 좋기 때문에 포도주가 특히 유명하다.

---

126) 東離(tung-ljie): 『魏略』에는 '車離'로 표기되었고 '禮惟特'·'沛隸王' 등으로도 불리운다는 기록이 보인다(Chavannes 1905: 551). 南印度의 Chola王國을 지칭.

127) 沙奇(sa-g'jie): 즉 Kanchi를 지칭.

128) 栗弋(liet-kua): 『舊唐書』卷40 「地理志」에도 언급되는 명칭이다. 余太山(2006: 291)은 이것이 粟弋의 誤記로 보았다. 粟弋는 Soghd를 가리키는 이름이었다.

嚴國在奄蔡北, 屬康居, 出鼠皮以輸之.

엄국(嚴國)은 엄채의 북쪽에 있으며 강거에 복속해 있다. 서피(鼠皮)가 나오며 그것을 수출한다.

奄蔡國改名阿蘭聊國, 居地城, 屬康居. 土氣溫和, 多楨松 · 白草. 民俗衣服與康居同.

엄채국(奄蔡國).[129] 이름을 고쳐서 아란료국(阿蘭聊國)[130]이라 부르고, 거처는 지성(地城)[131]이며 강거에 복속해 있다. 토지와 기후는 온화하고 정송(楨松)[132]과 백초(白草)가 많다. 사람들의 풍속과 의복은 강거와 동일하다.

莎車國西經蒲犂 · 無雷至大月氏, 東去洛陽萬九百五十里. 匈奴單于因王莽之亂, 略有西域, 唯莎車王延最強, 不肯附屬. 元帝時, 嘗爲侍子, 長於京師, 慕樂中國, 亦復參其典法. 常勑諸子, 當世奉漢家, 不可負也. 天鳳五年, 延死, 謚忠武王, 子康代立. 光武初, 康率傍國拒匈奴, 擁衛故都護吏士妻子千餘口, 檄書河西, 問中國動靜, 自陳思慕漢家. 建武五年, 河西大將軍竇融乃承制立康爲漢莎車建功懷德王 · 西域大都尉, 五十五國皆屬焉. 九年, 康死, 謚宣成王. 弟賢代立, 攻破拘彌 · 西夜國, 皆殺其王, 而立其兄康兩子爲拘彌 · 西夜王. 十四年, 賢與鄯善王安並遣使詣闕貢獻, 於是西域始通. 葱領以東諸國皆屬賢. 十七年, 賢復遣使奉獻, 請都護. 天子以問大司空竇融,

129) 奄蔡: 이에 관해서는 『史記』 「大宛列傳」의 주석 참조.

130) 阿蘭聊: 『魏略』에는 '阿蘭'國과 '柳'國이라는 것이 별도의 나라로 언급되어 있는데, Chavannes(1905: 559)는 『後漢書』의 작자가 이를 혼동하여 阿蘭聊(聊는 柳의 誤記)로 표기했다고 보았다.

131) 地城: 구체적인 위치는 불분명.

132) 楨松: 松楨이라고도 표기되며, 唐代 段成式은 『酉陽雜俎 · 木篇』에서 "松楨은 즉 鍾藤이다. 잎이 큰 것은 [福州] 晋安人들은 쟁반으로 사용한다."고 하였다.

以爲賢父子兄弟相約事漢, 款誠又至, 宜加號位以鎭安之. 帝乃因其使, 賜賢西域都護印綬, 及車旗黃金錦繡. 敦煌太守裴遵上言:「夷狄不可假以大權, 又令諸國失望.」詔書收還都護印綬, 更賜賢以漢大將軍印綬. 其使不肯易, 遵迫奪之, 賢由是始恨. 而猶詐稱大都護, 移書諸國, 諸國悉服屬焉, 號賢爲單于. 賢浸以驕橫, 重求賦稅, 數攻龜茲諸國, 諸國愁懼.

사차국(莎車國).[133] 서쪽으로 포리와 무뢰를 지나면 대월지에 이르며, 동쪽으로 낙양과 10,950리 떨어져 있다. 흉노의 선우가 왕망의 난을 틈타서 서역을 경략했는데, 오로지 사차왕 연(延)은 가장 강력하여 종속하지 않았다. [연은] 원제 때에 일찍이 시자가 되어 수도에 오랫동안 있으며 중원의 나라를 흠모하였고, 또한 그 제도와 법률을 다시 참고하게 되었다. 항상 여러 아들들에게 명령하기를 마땅히 세세토록 한나라 황실을 받들고 등을 져서는 안 된다고 하였다. 천봉(天鳳) 5년(18) 연이 사망하자 시호(謚號)를 충무왕(忠武王)이라 하고 그 아들 강(康)이 뒤를 이었다. 광무제 초에 강이 이웃 나라들을 이끌고 흉노에 대항하고, 전에 도호에 속했던 군관과 사졸 및 그 처자식들 천여 명을 보호하면서, 하서(河西)에 글을 보내 중국의 동정을 문의하고 스스로 한나라 황실을 흠모한다는 사실을 개진하였다. 건무 5년(29) 하서대장군(河西大將軍) 두융(竇融)[134]이 칙명을 받들어 강을 한사차건공회덕왕(漢莎車建功懷德王)·서역대도위(西域大都尉)로 세우니 55국이 모두 복속하였다. 9년(33) 강이 사망하자 시호를 선성왕(宣成王)이라 하고 그 아들 현(賢)이 뒤를 이었다. 구미와 서야국을 공파하고 그 왕들을 모두 죽인 뒤, 그 형인 강의 두 아들을 구미와 서야의 왕으로 삼았다. 14년(38)

133) 莎車: 명칭과 위치에 대해서는『漢書』「西域傳」莎車國條 참조.

134) 竇融(전16~후62): 字는 周公이며 扶風 平陵(현재 咸陽市 西)人이다. 王莽 때에 强弩將軍 王俊의 部下로서 司馬의 직책을 맡았다. 王莽정권이 무너질 때 그는 자신의 집안이 대대로 河西지방과 인연이 있음을 고려하여 河西에 鎭守할 것을 청하여 그곳으로 이주하였고, 거기서 河西 五郡의 太守들에 의해 竇融은 河西五郡大將軍으로 추대되었다. 후한정권이 서서히 자리잡아 감에 따라 그는 29년 여름 광무제에게 사신을 보내 복속의 의사를 밝혔고, 광무제도 그를 받아들여 涼州牧으로 임명하였다. 이후 그의 일족 가운데 다수가 고위 관직에 오르고 많은 재산을 모았다. 그러나 永平 2年(59) 그의 從兄子인 竇林이 죄를 받아 사형에 처해지고 竇融 자신도 明帝의 질책을 받았으며, 그 다음 해에 洛陽에서 病死하였다.

현과 선선왕 안(安)이 함께 사신을 보내 궁궐로 와서 공물을 헌납하니, 이에 서역이 처음으로 통하게 되었고, 총령 이동의 여러 나라들이 모두 현에게 복속하게 되었다. 17년(41) 현이 다시 사신을 보내 헌물을 바치며 도호[의 직함을] 청하였다. 천자께서 대사공(大司空)[135] 두융에게 물었다. 그는 현의 부자, 형제가 서로 약속하여 한나라를 섬기고 있고 그 충성됨도 또한 지극하니 그에게 호칭과 지위를 더해 주어 그곳을 진무하고 안정케 함이 마땅하다고 [대답]하였다. 이에 황제는 그 사신을 통해서 현에게 서역도호의 인수를 하사하고, 아울러 수레와 깃발 및 황금과 비단을 주었다. 돈황 태수 배준(裴遵)이 상언하기를 "이적에게 큰 권한을 빌려 주어서는 안 되는데, [그렇게 했으니] 또한 여러 나라들이 실망할 것입니다."라고 하였다. [그래서] 조서를 내려 도호의 인수를 거두라고 하고, 현에게 한대장군(漢大將軍)의 인수로 바꾸어 하사해 주었다. 그 사신이 바꾸지 않으려고 하자 배준은 강제로 그것을 빼앗았고, 현은 이를 계기로 원한을 품기 시작했다. 그럼에도 불구하고 그는 '대도호'를 사칭하면서 여러 나라에 문서를 전달했고 여러 나라는 모두 그에게 복속하며 현을 '선우'라고 호칭하였다. 현은 점점 더 교만해져서 부세를 무겁게 징수했고 여러 차례 구자의 여러 나라들을 공격하자 여러 나라들이 우려하고 두려워했다.

二十一年冬, 車師前王 · 鄯善 · 焉耆等十八國俱遣子入侍, 獻其珍寶. 及得見, 皆流涕稽首, 願得都護. 天子以中國初定, 北邊未服, 皆還其侍子, 厚賞賜之. 是時賢自負兵強, 欲并兼西域, 攻擊益甚. 諸國聞都護不出, 而侍子皆還, 大憂恐, 乃與敦煌太守檄, 願留侍子以示莎車, 言侍子見留, 都護尋出, 冀且息其兵. 裴遵以狀聞, 天子許之. 二十二年, 賢知都護不至, 遂遺鄯善王安書, 令絕通漢道. 安不納而殺其使. 賢大怒, 發兵攻鄯善. 安迎戰, 兵敗, 亡入山中. 賢殺略千餘人而去. 其冬, 賢復攻殺龜茲王, 遂兼其國. 鄯善 · 焉耆諸國侍子久留敦煌, 愁思, 皆亡歸. 鄯善王上書, 願復遣子入侍, 更請都護. 都護不出, 誠迫於匈奴. 天子報曰:「今使者大兵未能得出, 如諸國力不從心, 東西南北自在也.」於是鄯善 · 車師復附匈奴, 而賢益橫.

135) 大司空: 官職名. 漢 綏和 元年(전8) 御史大夫를 개명하여 설치한 것으로 三公의 하나였다. 建平 2年(전5)에 다시 옛 명칭으로 복귀했다가, 元壽 2年(전1)에 다시 大司空으로 개명되었다. 後漢 建武 27年(51)에 司空이라 칭했다. 金印紫綬를 받았으며 祿은 丞相과 유사했다.

21년(45) 겨울 거사전왕[부]·선선·언기 등 18개 국이 모두 아들을 보내 입시(入侍)시키면서 그곳의 진기한 보물을 헌상하였다. [황제가] 그들을 알현하자 모두 눈물을 흘리고 머리를 조아리면서 도호[를 파견해 주기]를 희망했다. 천자는 중원의 나라가 이제 갓 안정되고 북변도 아직 복속되지 않았기 때문에 그 시자들을 모두 돌려보내고 후한 하사품을 내려주었다. 이때 현은 군사가 강력함을 자부하며 서역을 겸병하고자 했고 공격도 날로 더 심해졌다. 여러 나라는 도호가 파견되지 않고 그들의 시자도 모두 돌아온다는 소식을 듣고 크게 걱정하고 두려워하였다. 이에 그들은 돈황 태수에게 글을 보내 시자들을 남겨두기를 원했는데, 그것은 사차에게 [그런 사실을] 보이고 시자가 남아 있으니 도호가 곧 파견될 것이라고 말함으로써 잠시라도 그의 군대를 중지시켜 보기를 바랐기 때문이었다. 배준이 상황을 보고하자 천자는 그것을 허락하였다. 22년(46) 현은 도호가 오지 않는다는 사실을 알고 마침내 선선왕 안에게 편지를 보내 한나라와 통하는 도로를 차단하라고 명령했다. 안은 이를 받아들이지 않고 그 사신을 죽였다. 현은 크게 분노하여 군대를 동원하여 선선을 공격했다. 안이 이에 맞서 싸웠으나 패배하고 산중으로 도망쳐 들어갔다. 현은 천여 명을 살략한 뒤에 떠나갔다. 그 해 겨울 현은 다시 구자왕을 공격하여 살해하고 마침내 그 나라를 겸병하였다.[136] 선선과 언기 등 여러 나라의 시자들은 오랫동안 돈황에 남아 있었는데, 근심하다가 모두 도망쳐 돌아갔다. 선선왕이 글을 올려서 다시 자식을 보내 입시하기를 원했고 도호[의 파견]을 또 요청했다. 도호가 파견되지 않으면 정말로 흉노에게 압박을 받게 될 것이라고 하였다. 천자가 대답하기를 "지금은 사신과 대군을 파견할 수 없으니, 만일 여러 나라들의 힘이 [외세를 막기에] 만족스럽지 못하다면, 동서남북 어디로건 [각자의 희망에 따라] 처신토록 하라."고 하였다. 이에 선선과 차사는 다시 흉노에 귀부하고 현은 날로 더 횡포를 부렸다.

嬀塞王自以國遠, 遂殺賢使者, 賢擊滅之, 立其國貴人駟鞬爲嬀塞王. 賢又自立其子則羅爲龜兹王. 賢以則羅年少, 乃分龜兹爲烏壘國, 徙駟鞬爲烏壘王, 又更以貴人爲嬀塞王. 數歲, 龜兹國人共殺則羅·駟鞬, 而遣使匈奴, 更請立王. 匈奴立龜兹貴人身毒爲龜兹王, 龜兹由是屬匈奴. 賢以大宛貢稅減少, 自將諸國兵數萬人攻大宛, 大宛王延留

136) 『梁書』「西北諸戎傳」에는 이때 살해당한 龜玆王의 이름이 '弘'으로 기록되어 있다.

迎降，賢因將還國，徙拘彌王橋塞提爲大宛王．而康居數攻之，橋塞提在國歲餘，亡歸，賢復以爲拘彌王，而遣延留還大宛，使貢獻如常．賢又徙于寘王兪林爲驪歸王，立其弟位侍爲于寘王．歲餘，賢疑諸國欲畔，召位侍及拘彌·姑墨·子合王，盡殺之，不復置王，但遣將鎭守其國．位侍子戎亡降漢，封爲守節侯．

규색왕(嬀塞王)[137]은 나라가 멀리 떨어져 있다고 여기고 마침내 현이 보낸 사신을 죽이자, 현은 그를 공격하여 멸하고 그 나라의 귀족인 사건(駟鞬)을 규색왕으로 세웠다. 현은 또한 자기 아들 칙라(則羅)를 구자왕으로 세웠다. 현은 칙라의 나이가 어리므로 이에 구자를 나누어 오루국(烏壘國)[138]을 만들고, 사건을 이주시켜 오루왕으로 삼았으며, 다시 [또 다른] 귀족을 규색왕으로 삼았다. 몇 년이 지나서 구자의 나라 사람들이 함께 하여 칙라와 사건을 살해하고, 흉노에 사신을 보내서 왕을 다시 세워 줄 것을 청하였다. 흉노는 구자의 귀족 신독(身毒)을 구자왕으로 삼으니, 이에 구자가 흉노에 복속하게 되었다. 현은 대완의 공세(貢稅)가 줄어든다고 하여 스스로 여러 나라의 군대 수만 명을 이끌고 대완을 공격하니, 대완왕 연류(延留)가 그를 맞이하며 투항하였다. 현은 군대를 이끌고 자기 나라로 돌아가면서, 구미왕 교색제(橋塞提)를 이주시켜 대완왕으로 삼았다. 그러나 강거가 여러 차례 그를 공격하자 교색제는 그 나라에 1년여 있다가 도망쳐 돌아갔다. 현은 다시 그를 구미왕으로 삼았다. 그리고 연류를 대완으로 돌려보내고 전과 마찬가지로 공물을 바치도록 하였다. 현은 또한 우전왕 유림을 이주시켜 여귀왕으로 삼고, 그 동생 위시(位侍)를 우전왕으로 삼았다. 1년여 지나서 현은 여러 나라가 반란을 일으키고자 한다고 의심하여 위시, 구미왕, 고묵왕, 자합왕 등을 소환하여 모두 살해하고, 다시는 왕을 두지 않고 다만 장수를 보내 그 나라들에 주둔하고 지켰다. 위시의 아들 융(戎)은 한나라로 도망쳐 투항하고 수절후(守節侯)로 봉해졌다.

莎車將君得在于寘暴虐，百姓患之．明帝永平三年，其大人都末出城，見野豕，欲射之．豕乃言曰：「無射我，我乃爲汝殺君得.」 都末因此卽與兄弟共殺君得．而大人休

137) 嬀塞王: 嬀는 Oxus, 즉 아무다리야를 지칭하므로, 그 지역에 있는 Saka왕을 뜻한다.

138) 烏壘: 『漢書』「西域傳」의 주석 참조.

莫霸復與漢人韓融等殺都末兄弟, 自立爲于寘王, 復與拘彌國人攻殺莎車將在皮山者, 引兵歸. 於是賢遣其太子·國相, 將諸國兵二萬人擊休莫霸, 霸迎與戰, 莎車兵敗走, 殺萬餘人. 賢復發諸國數萬人, 自將擊休莫霸, 霸復破之, 斬殺過半, 賢脫身走歸國. 休莫霸進圍莎車, 中流矢死, 兵乃退. 于寘國相蘇楡勒等共立休莫霸兄子廣德爲王. 匈奴與龜茲諸國共攻莎車, 不能下. 廣德承莎車之敝, 使弟輔國侯仁將兵攻賢. 賢連被兵革, 乃遣使與廣德和. 先是廣德父拘在莎車數歲, 於是賢歸其父, 而以女妻之, 結爲昆弟, 廣德引兵去. 明年, 莎車相且運等患賢驕暴, 密謀反城降于寘. 于寘王廣德乃將諸國兵三萬人攻莎車. 賢城守, 使使謂廣德曰: 「我還汝父, 與汝婦, 汝來擊我何爲?」 廣德曰: 「王, 我婦父也, 久不相見, 願各從兩人會城外結盟.」 賢以問且運, 且運曰: 「廣德女婿至親, 宜出見之.」 賢乃輕出, 廣德遂執賢. 而且運等因內于寘兵, 虜賢妻子而并其國. 鎖賢將歸, 歲餘殺之. 匈奴聞廣德滅莎車, 遣五將發焉耆·尉黎·龜茲十五國兵三萬餘人圍于寘, 廣德乞降, 以其太子爲質, 約歲給罽絮. 冬, 匈奴復遣兵將賢質子不居徵立爲莎車王, 廣德又攻殺之, 更立其弟齊黎爲莎車王, 章帝元和三年〔也〕. 時長史班超發諸國兵擊莎車, 大破之, 由是遂降漢. 事已具班超傳. 莎車東北至疏勒.

사차의 장군인 군득(君得)이 우전에서 포학을 행하므로 백성들이 근심하였다. 명제 영평 3년(60) 그 [나라] 대인인 도말(都末)이 성을 나갔다가 멧돼지〔野豕〕를 보고 그것을 쏘려 하자, 그 멧돼지가 말하기를 "나를 쏘지 마시오. 내가 당신을 위해서 군득을 죽이겠소."라고 하였다. 도말은 이를 기회로 곧 형제와 함께 군득을 살해하였다. 그러나 대인 휴막패가 다시 한인(漢人) 한융(韓融) 등과 함께 도말 형제를 살해하고 스스로 우전왕이 되었다. 그리고 다시 구미국 사람들과 함께, 피산에 있던 사차의 장수를 죽인 뒤 군대를 이끌고 돌아갔다. 이에 현은 그 태자와 국상(國相)을 파견하여 여러 나라 병사 2만 명을 이끌고 휴막패를 공격토록 하였다. 휴막패는 그들을 맞아 전투를 벌였는데 사차의 군대가 패주하고 만여 명을 살해하였다. 현은 다시 여러 나라에서 수만 명을 징발하여 스스로 지휘하여 휴막패를 공격했는데, 휴막패가 그를 격파하고 반수 이상을 참살하였다. 현은 겨우 몸만 빠져나와 [자기] 나라로 돌아갔다. 휴막패는 진군하여 사차를 포위했는데, 화살에 맞아 사망하자 이에 군대는 퇴각하였다. 우전국의 상(相) 소유륵(蘇榆勒) 등이 함께 휴막패의 형의 아들 광덕(廣德)을 왕으로 추대하였다. 흉노는 구자의 여러 나라와 함께 사차를 공격했으나 함락시키지 못했다. 광덕이 사차의 쇠퇴를 틈타서 동생 보국후(輔國侯) 인(仁)에게 군대를 지휘케 하여 현을 공격토록 하였다. 현은 전쟁의 피해를 연속해서 당했기 때문에 이에 광덕과 화평을 맺기 위해 사신을 보냈다. 이에 앞서 광덕의 부친은 사차에 수년간 구금되어 있었는데, 이에 현은 그 부친을 돌려 보내고 [자기] 딸을 그에게 처로 주어 형제의 맹약을 맺자, 광덕은 군대를 철수해서 돌아갔다. 그 다음 해 사차의 상(相) 차운(且運) 등이 현의 교만하고 포악함을 근심하여, 은밀히 반란을 모의하여 성을 들어 우전에 투항하기로 하였다. 우전왕 광덕은 이에 여러 나라의 병사 3만 명을 지휘하여 사차를 공격하였다. 현은 성을 수비하면서 사신을 광덕에게 보내어 말하기를, "나는 네 아버지를 돌려 보냈고 네게 부인을 주었는데, 너는 와서 나를 공격하니 어찌된 일인가?"라고 하였다. 광덕이 말하기를 "왕이여, 내 처의 아버지여! 오랫동안 서로 보지 못했으니, 서로 두 사람씩만 데리고 성 밖에서 만나서 맹약을 맺읍시다."라고 하였다. 현이 차운에게 물으니 차운이 말하기를 "광덕은 사위이고 가장 가까운 친척이니 마땅히 나가서 그를 보셔야 합니다."라고 하였다. 이에 현은 경솔하게 나갔는데 광덕이 마침내 현을 붙잡았다. 그리고 차운 등은 그 기회를 이용하여 우전의 병사들을 들어오게 하여, 현의 처자식을 포로로 잡고 그 나라를 병합하였다. 현을 쇠사슬에 묶어서 돌아갔는데, 1년여 지나서 그를 죽였다. 흉노가 광덕이 사차를 멸망시켰다는 소식을 듣고, 다섯 명의 장군을 보내 언기·위리·구자 등 15나라의 병사 3만여 명을 징발하여 우전을 포위하였다. 광덕이 항복을 빌면서 그 태자를 인질로 보내고 매년 융단과 솜〔罽絮〕을 보내기로 약속했다. 겨울에 흉노가 다시 군대를 보내 현의 질자(質子)인 불거징(不居徵)을 사차왕으로 세웠으나, 광덕은 다시 그를 공격하여 살해하고 그 동생 제려(齊黎)를 사차왕으로 대신 세웠으니 장제(章帝) 원화(元和) 3년(86)의 일이었다.[139] 이때 장사 반초가 여러 나라의 병사를 동원하여 사차를 공격하고 그를 대파하니, 이로 말미암아 마침내 한나라에 투항하게 되었다. 그 시말은 반초전에 이미 자세히 기록되었다. 사차에서 동북으로 가면 소륵에 도달한다.

---

139)『資治通鑑』卷45은 흉노가 焉耆·尉犁·龜玆 등의 군대를 동원하여 于寘을 공격한 것을 明帝 永平 4年(61)의 일로 기록하였다. 本傳에서 章帝 元和 3年(86)이라고 한 것은 誤謬일 가능성이 있다.

疏勒國去長史所居五千里, 去洛陽萬三百里. 領戶二萬一千, 勝兵三萬餘人. 明帝永平十六年, 龜茲王建攻殺疏勒王成, 自以龜茲左侯兜題爲疏勒王. 冬, 漢遣軍司馬班超劫縛兜題, 而立成之兄子忠爲疏勒王. 忠後反畔, 超擊斬之. 事已具超傳. 安帝元初中, 疏勒王安國以舅臣磐有罪, 徙於月氏, 月氏王親愛之. 後安國死, 無子, 母持國政, 與國人共立臣磐同產弟子遺腹爲疏勒王. 臣磐聞之, 請月氏王曰:「安國無子, 種人微弱, 若立母氏, 我乃遺腹叔父也, 我當爲王.」月氏乃遣兵送還疏勒. 國人素敬愛臣磐, 又畏憚月氏, 即共奪遺腹印綬, 迎臣磐立爲王, 更以遺腹爲磐槀城侯. 後莎車[連]畔于窴, 屬疏勒, 疏勒以強, 故得與龜茲·于窴爲敵國焉. 順帝永建二年, 臣磐遣使奉獻, 帝拜臣磐爲漢大都尉, 兄子臣勳爲守國司馬. 五年, 臣磐遣侍子與大宛·莎車使俱詣闕貢獻. 陽嘉二年, 臣磐復獻師子·封牛. 至靈帝建寧元年, 疏勒王漢大都尉於獵中爲其季父和得所射殺, 和得自立爲王. (五)[三]年, 涼州刺史孟佗遣從事任涉將敦煌兵五百人, 與戊(己)司馬曹寬·西域長史張晏, 將焉耆·龜茲·車師前後部, 合三萬餘人, 討疏勒, 攻楨中城, 四十餘日不能下, 引去. 其後疏勒王連相殺害, 朝廷亦不能禁. 東北經尉頭·溫宿·姑墨·龜茲至焉耆.

소륵국(疏勒國).[140] 장사의 거처에서 5,000리 떨어져 있으며, 낙양에서는 10,300리 떨어져 있다. 관할하는 호구는 21,000, 병사는 30,000여 명이다. 명제 영평(永平) 16년(73) 구자왕 건이 소륵왕 성(成)을 공격하여 죽이고, 자기 마음대로 구자의 좌후(左侯)인 두제(兜題)를 소륵왕으로 삼았다. 겨울에 한나라가 군사마인 반초를 보내 두제를 쳐서 결박하고, 성의 형의 아들인 충(忠)을 소륵왕으로 세웠다. 충은 그 뒤에 반란을 일으켜 반초가 그를 공격하여 참수하였다. 이 일은 이미 반초전에 자세히 나와 있다. 안제(安帝) 원초(元初) 연간(114~120)에 소륵왕 안국(安國)이 장인 신반(臣磐)이 죄를 지었다고 하여 월지로 쫓아 보냈는데, 월지왕이 그를 아꼈다. 후일 안국이 죽고 자식이 없자 그의 모친이 국정을 장악하게 되었는데, 그녀는 나라 사람들과 함께 신반의 동복 동생의 아들인 유복(遺腹)[141]을 소륵왕으로 추대하였다.

140) 疏勒: 『漢書』「西域傳」疏勒國條 참조.

141) 遺腹: 이 이름은 그가 遺腹子였기 때문에 붙여졌음이 분명하다.

신반이 이를 듣고 월지왕에게 청하여 말하기를 "안국에게 아들이 없고 [그와 같은] 종족사람들〔種人〕은 미약하니, 만약 모친의 씨족을 세운다면 내가 유복의 숙부이니 내가 왕이 되어야 마땅할 것입니다."라고 하였다. 이에 월지는 군대를 파견하여 그를 소륵으로 송환하였다. 나라 사람들은 평소 신반을 경애했고 또한 월지를 두려워했기 때문에, 즉시 함께 유복의 인수를 빼앗고 신반을 맞아들여 왕으로 삼았다. 그리도 다시 유복을 반고성후(磐稾城侯)[142]로 삼았다. 후일 사차가 계속 우전에 반란을 일으키고 소륵에 복속하니, 소륵이 강성해져서 그런 연유로 구자·우전과 [대항할 정도의] 적국이 될 수 있었던 것이다. 순제(順帝) 영건(永建) 2년(127) 신반이 사신을 보내 헌물을 바치니 황제께서 신반을 한대도위(漢大都尉)로 삼고 그 형의 아들 신훈(臣勳)을 수국사마(守國司馬)로 삼았다.[143] 5년(130) 신반이 시자를 보내와, 대완·사차와 함께 궁궐을 방문하고 공물을 바쳤다.[144] 양가(陽嘉) 2년(133) 신반이 다시 사자와 봉우(封牛)를 바쳤다.[145] 영제(靈帝) 건녕(建寧) 원년(168) 소륵왕 한대도위가 사냥을 하던 도중에 그 계부(季父)인 화득(和得)의 화살에 맞아 피살되고, 화득이 왕으로 자립하였다.[146] 3년(170) 양주자사(涼州刺史) 맹타(孟佗)[147]는 종사(從事) 임섭(任涉)으로 하여금 돈황의 병사 500명을 이끌고, 무사마(戊司馬)[148] 조관(曹寬), 서역장사 장안(張晏) 등과 함께, 언기·구자·거사전후부 등을 지휘하여 모두 3만여 명으로써 소륵을 토벌하라고 보냈다. 정중성(楨中城)[149]을 공격했는데, 40여 일이 지나도 함락시키지 못하자 철수하였다.

142) 磐稾城侯: 이 명칭과 위치에 대해서는 Chavannes(1906: 222) 참조.

143) 『後漢書』「順帝紀」에 의하면 永建 2년(127) 三月.

144) 『後漢書』「順帝紀」에 의하면 永建 5년(130) 正月.

145) 『後漢書』「順帝紀」에 의하면 陽嘉 2년(133) 六月.

146) 그러나 이 내용은 『金石錄補』에 들어 있는 「漢曹全碑」와 서로 상치되는 바가 있다. 즉, 本文에 보이는 '戊司馬 曹寬'은 碑文에 '戊部司馬曹全'으로 기재되어 있고, 本文에는 臣磐이 季父인 和得에게 피살된 것으로 되어 있으나, 碑文에는 和德이 "부친을 시해하고 簒位"한 것으로 되어 있다. 이에 관해서는 Chavannes 1907: 206~207 및 馬雍 1990: 41~45 참조.

147) 孟佗: 字는 伯郎이고 扶風(현재 陝西 扶風)人. 『後漢書』「張讓傳」에는 재산이 넉넉한 인물로 기록되어 있다. 그가 西涼의 葡萄酒 1斛(즉 10斗)를 張讓에게 헌상하자, 張讓이 그를 즉시 涼州刺史로 배수했다고 한다. 그래서 당시 사람들이 이를 빗대어 "一斛涼州"라고 말했다. 이에 대해서 蘇軾도 "將軍百戰竟不侯, 伯郎一斛得涼州"라는 시를 남겼다.

148) 戊司馬: 戊校尉 휘하의 官吏.

149) 楨中城: 『魏略』의 '楨中國'과 동일한 것으로, 『册府元龜』에는 禎中으로 표기. 한편 『後漢書』「班超傳」에

그 후에 소륵왕은 계속해서 살해를 자행했는데, 조정도 역시 이를 금할 수 없었다. 동북쪽으로 위두 · 온숙 · 고묵 · 구자를 거치면 언기에 이른다.

焉耆國王居南河城, 北去長史所居八百里, 東去洛陽八千二百里. 戶萬五千, 口五萬二千, 勝兵二萬餘人. 其國四面有大山, 與龜兹相連, 道險戹易守. 有海水曲入四山之內, 周匝其城三十餘里. 永平末, 焉耆與龜兹共攻沒都護陳睦 · 副校尉郭恂, 殺吏士二千餘人. 至永元六年, 都護班超發諸國兵討焉耆 · 危須 · 尉黎 · 山國, 遂斬焉耆 · 尉黎二王首, 傳送京師, 縣蠻夷邸. 超乃立焉耆左(侯)[候]元孟爲王, 尉黎 · 危須 · 山國皆更立其王. 至安帝時, 西域背畔. 延光中, 超子勇爲西域長史, 復討定諸國. 元孟與尉黎 · 危須不降. 永建二年, 勇與敦煌太守張朗擊破之, 元孟乃遣子詣闕貢獻.

언기국(焉耆國).[150] 왕의 거처는 남하성(南河城)[151]이고, 북쪽으로 장사의 거처까지는 800리, 동쪽으로 낙양까지는 8,200리 떨어져 있다. 호구는 15,000, 인구는 52,000, 병사는 20,000여 명이다. 그 나라는 사면에 큰 산들이 있고 구자와 서로 연접하고 있으나, 도로는 험난하여 수비하기가 수월하다. 해수(海水)[152]가 사방의 산 안쪽으로 굽이쳐 흘러드는데, 그 성의 주위를 둘러친 것이 30여 리에 이른다. 영평 말년에 언기와 구자가 연합하여 도호 진목(陳睦)과 부교위(副校尉) 곽순(郭恂)을 공격하여 죽이고 군관과 사졸 2,000여 명을 살해하였다.[153] 영원(永元) 6년(94) 도호 반초가 여러 나라의 병사를 동원하여 언기 · 위수 · 위리 · 산국(山國) 등을 토벌하였다. 마침내 언기와 위리의 두 왕을 참수하고, [그 수급을] 경사로 전송하여

는 '損中', 또한 이에 대한 唐代의 注에는 '頓中'으로도 표기되어 있다. Chavannes(1905: 554) 참조.

150) 焉耆: 위치와 명칭에 대해서는 『漢書』「西域傳」 焉耆國條 참조.

151) 南河城: 余太山(2006: 304)은 이것이 『漢書』「西域傳」에 焉耆國의 王治로 기록된 員渠의 誤謬로 보았지만, 字面上의 차이가 커 보인다.

152) 海水: 이것은 焉耆(카라샤르) 부근에 있는 보스탕(Bostang, 博斯騰) 호수를 가리키는 것으로 보아야 옳을 것이다.

153) 陳睦: 後漢 光武帝가 建武 21年(45)에 西域 十八國이 都護를 설치해 달라고 요청했을 때 이를 불허했다가, 明帝 永平 17年(74)에 처음으로 陳睦을 都護로 임명하여 파견했는데, 그 다음 해인 75년 焉耆 · 龜兹 등이 반란을 일으켜 都護 陳睦과 副校尉 郭恂 등을 살해했기 때문에 都護가 폐지된 바 있다.

만이들의 저택(蠻夷邸) 앞에 내걸었다.[154] 이에 반초는 언기의 좌후(左候) 원맹(元孟)을 왕으로 삼았고, 위리 · 위수 · 산국 등도 모두 그 왕을 바꾸어 세웠다.[155] 안제 때에 이르러 서역이 반란을 일으켰다. 연광 연간에 반초의 아들 반용이 서역장사가 되어 다시 여러 나라들을 토벌하고 평정하였는데, 원맹과 위리 · 위수는 항복하지 않았다. 영건(永建) 2년(127) 반용은 돈황 태수 장랑(張朗)과 함께 그를 격파하자, 이에 원맹이 아들을 보내 궁궐을 방문하고 공물을 헌납하였다.[156]

蒲類國居天山西疏榆谷, 東南去長史所居千二百九十里, 去洛陽萬四百九十里. 戶八

---

154) 李賢注: "蠻夷가 모두 邸宅을 두고 거기에 살았으니, 오늘날 鴻臚寺와 비슷한 것이다."

155) 『後漢書』「班超傳」에는 다음과 같은 기록이 보인다. 즉, 永元 6年(94) 가을 班超가 龜兹 · 鄯善 등 8개국 군대 7만 명과 吏士 · 賈客 1,400명을 동원하여 焉耆를 정벌하러 나섰다. 군대가 尉犁 경계에 도달하여 招撫하는 내용을 전달하자, 焉耆王 廣이 左將 北鞬支를 보내 음식과 술을 바치며 班超를 영접하였다. 班超가 北鞬支에게 힐문하여 말하기를 "너는 匈奴의 侍子임에도 불구하고 지금 나라의 권력을 장악하고 있다. 都護가 이제 도착했는데도 王이 때맞추어 영접을 하지 않았으니, 모두 너의 죄로다."라고 하였다. 이에 廣이 大人들과 함께 尉犁에서 영접하고 珍物을 봉헌하였다. 焉耆는 葦橋의 험준함을 믿고 그 다리를 끊은 뒤 漢軍을 받아들이지 않으려고 하였다. 이에 반초는 다른 길을 거쳐서 七月 그믐[晦]에 焉耆에 도착하여, 城에서 20리 떨어진 곳에 屯營을 쳤다. 廣이 놀라서 사람들과 함께 산으로 들어가 방어하기 시작했다. 焉耆의 左候인 元孟이 일찍이 京師에 人質로 가 있었는데, 은밀하게 사신을 보내 이 사실을 반초에게 알렸다. 그러나 반초는 그를 즉시 처형하여 믿지 않는다는 사실을 보인 뒤, 諸國의 왕들과 大會를 기약하고 후하게 賞賜를 내릴 것임을 천명하였다. 이에 焉耆王 廣, 尉犁王 汎 및 北鞬支 등 30명이 반초를 찾아왔다. 그러나 國相인 腹久 등은 誅殺될 것을 두려워하여 호수 안으로 숨어 들어갔으며. 危須王도 역시 오지 않았다. 반초가 廣에게 "위수왕은 왜 오지 않은 것인가?"라고 힐문하면서, 廣과 汎 등을 陳睦의 故城에서 斬首케 하고, 그 머리를 京師로 보냈다. 이어 군대를 풀어 약탈을 하고, 5천 급을 참수하고 포로 15,000명을 잡았으며, 馬畜牛羊 30여만 두를 포획하고, 元孟을 焉耆王으로 세웠다. 班超는 焉耆에 반 년 동안 머물면서 그곳을 안정시키니, 이에 서역 50여 국이 모두 納質內屬하게 되었다.

156) 後漢書』「班勇傳」에 의하면 永建 2年(127) 班勇이 元孟을 공격할 것을 청했고, 이에 敦煌太守 張郎에게 河西四郡의 병력 3천 명을 지휘케 하여 班勇에게 配屬시켜 주었다. 그리고 諸國의 병력 4만여 명을 동원하여, 兩道로 나누어 공격을 개시하였다. 班勇은 南道, 張郎은 北道로 진격하여 焉耆에서 동시에 만나기로 하였다. 그러나 약속된 일자보다 먼저 도착한 張郎은 군공을 세워 속죄받기 위해 焉耆를 먼저 공격하고 2천여 명의 적을 노획하였다. 元孟은 두려워하여 사신을 보내 항복을 청하였다. 그러나 元孟은 끝까지 자신이 직접 나와서 투항하지는 않았고, 아들을 궁궐로 보내 貢獻하였을 뿐이었다.

百餘, 口二千餘, 勝兵七百餘人. 廬帳而居, 逐水草, 頗知田作. 有牛·馬·駱駝·羊畜. 能作弓矢. 國出好馬. 蒲類本大國也, 前西域屬匈奴, 而其王得罪單于, 單于怒, 徙蒲類人六千餘口, 內之匈奴右部阿惡地, 因號曰阿惡國. 南去車師後部馬行九十餘日. 人口貧羸, 逃亡山谷閒, 故留爲國云.

포류국(蒲類國).[157] 거처는 천산 서쪽의 소유곡(疏榆谷)이다. 동남쪽으로 장사의 거처와 1,290리 떨어져 있고, 낙양과는 10,490리 떨어져 있다. 호수는 800여, 인구는 2,000여, 병사는 700여 명이다. 천막을 치고 거주하며 수초를 좇아다니지만, 농사짓는 것도 상당히 알고 있다. 소, 말, 낙타, 양 등의 가축이 있고, 활과 화살을 능히 제작한다. 나라에서는 좋은 말이 나온다. 포류는 본시 큰 나라였는데, 과거에 서역이 흉노에 복속했을 때 그 왕이 선우에게 죄를 지어 선우가 분노하여 포류의 주민 6,000여 명을 이주시켜, 그들을 흉노의 우부(右部) 아악지(阿惡地)[158]에 들여 놓았다. 그런 까닭으로 [그곳을] 아악국(阿惡國)이라 부른다. 남으로 거사후부와는 마행으로 90여 일 떨어져 있다. 사람들은 빈핍하고 취약하지만 산계곡 사이로 도망쳐 살기 때문에 그런 연유로 나라로 남아 있는 것이다.

移支國居蒲類地. 戶千餘, 口三千餘, 勝兵千餘人. 其人勇猛敢戰, 以寇鈔爲事. 皆被髮, 隨畜逐水草, 不知田作. 所出皆與蒲類同.

이지국(移支國).[159] 거처는 포류지방이다. 호수는 1,000여, 인구는 3,000여, 병사는 1,000여 명이다. 그 주민들은 용맹하여 전투를 잘 하며, 노략질을 일삼는다. 모두 피발(被髮)[160]하고

---

157) 蒲類國: 蒲類國과 王治인 疏榆谷에 대해서는『漢書』「西域傳」蒲類國條 참조.

158) 阿惡地: 위치 불명.

159) 移支(ie-tsie): 바르쿨 부근에 위치했을 것으로 추정.

160) 被髮: 被髮은 상투를 틀거나 단정하게 정리하지 않은 채 길게 헝클어져 散髮한 상태를 의미하지만, 고대 북방민들의 '야만적'인 외모를 나타낼 때 자주 사용되었다. 또한 그들이 중국과는 달리 왼쪽으로 옷을 여미어 입는다고 해서 '左衽'이라는 표현을 사용했는데, 이 두 단어가 결합되어 '被髮左衽'이라는 말도 자주 사용되었다.

있고, 가축을 몰고 수초를 좇아다니며, 농사를 알지 못한다. 산물은 모두 포류와 동일하다.

東且彌國東去長史所居八百里, 去洛陽九千二百五十里. 戶三千餘, 口五千餘, 勝兵二千餘人. 廬帳居, 逐水草, 頗田作. 其所出有亦與蒲類同. 所居無常.

동차미국(東且彌國).[161] 동쪽으로 장사의 거처와 800리 떨어져 있고, 낙양과는 9,250리 떨어져 있다. 호수는 3,000여, 인구는 5,000여, 병사는 2,000여 명이다. 천막에서 거주하며 수초를 좇아다니지만 농사도 상당히 한다. 그 산물 역시 포류와 동일하다. 머무는 곳이 일정치 않다.

車師前王居交河城. 河水分流繞城, 故號交河. 去長史所居柳中八十里, 東去洛陽九千一百二十里. 領戶千五百餘, 口四千餘, 勝兵二千人.

거사전왕(車師前王).[162] 거처는 교하성(交河城)이다. 강물이 나뉘어져 흐르면서 성을 두르기 때문에 교하(交河)라 이름한 것이다. 장사의 거처인 유중과는 80리 떨어져 있고, 동쪽으로 낙양과 9,120리 떨어져 있다. 관할하는 호수는 1,500여, 인구는 4,000여, 병사는 2,000여 명이다.

後王居務塗谷, 去長史所居五百里, 去洛陽九千六百二十里. 領戶四千餘, 口萬五千餘, 勝兵三千餘人. 前後部及東且彌·卑陸·蒲類·移支, 是爲車師六國, 北與匈奴接. 前部西通焉耆北道, 後部西通烏孫. 建武二十一年, 與鄯善·焉耆遣子入侍, 光武遣還之, 乃附屬匈奴. 明帝永平十六年, 漢取伊吾盧, 通西域, 車師始復內屬. 匈奴遣兵擊之, 復降北虜. 和帝永元二年, 大將軍竇憲破北匈奴, 車師震慴, 前後王各遣子奉貢入

161) 東且彌: 『漢書』「西域傳」東且彌國條 참조.

162) 車師前王과 交河城, 車師後王과 務塗谷의 위치에 관해서는 『漢書』「西域傳」車師國條 참조.

侍, 並賜印綬金帛. 八年, 戊己校尉索頵欲廢後部王涿鞮, 立破虜侯細致. 涿鞮忿前王尉卑大賣己, 因反擊尉卑大, 獲其妻子. 明年, 漢遣將兵長史王林, 發涼州六郡兵及羌(虜)胡二萬餘人, 以討涿鞮, 獲首虜千餘人. 涿鞮入北匈奴, 漢軍追擊, 斬之, 立涿鞮弟農奇爲王. 至永寧元年, 後王軍就及母沙麻反畔, 殺後部司馬及敦煌行事. 至安帝延光四年, 長史班勇擊軍就, 大破, 斬之.

[거사]후왕(後王). 거처는 무도곡(務塗谷)이다. 장사의 거처와는 500리, 낙양과는 9,620리 떨어져 있다. 관할하는 호수는 4,000여, 인구는 15,000여, 병사는 3,000여 명이다. 전부(前部), 후부(後部), 동차미(東且彌), 비륙(卑陸), 포류(蒲類), 이지(移支). 이들은 '거사육국'(車師六國)을 이루며 북으로 흉노와 접한다. 전부는 서쪽으로 언기 및 북도와 통하며, 후부는 서쪽으로 오손과 통한다. 건무 21년(45) 선선·언기 등과 함께 아들을 보내 입시케 하였으나 광무제가 이를 돌려보냈고, 이에 흉노에 복속하였다. 명제 영평 16년(73) 한나라가 이오로를 취하여 서역과 통하게 되자 거사가 비로소 다시 내속하게 되었다.[163] 흉노가 군대를 보내 그곳을 공격하자 다시 북방 오랑캐에게 항복하였다.[164] 화제 영원 2년(90)[165] 대장군 두헌

---

163) 『後漢書』「竇固傳」에는 永平 16年(73) 竇固로 하여금 다시 玉門을 나서 西域으로 출격토록 하고, 耿秉과 騎都尉 劉張도 그에게 배속토록 하였으며, 竇固가 白山을 격파하고 車師를 항복시켰다는 기사가 보인다. 또한 『後漢書』「耿秉傳」에도 永平 17年(74) 여름 耿秉과 竇固에게 詔勅을 내려 군사 14,000騎를 데리고 白山을 나서서 車師를 공격토록 했다고 한다. 車師에는 後王과 前王(後王의 아들)이 있었는데, 그 治所의 相距가 500여 리였다. 竇固와 耿秉은 前王과 後王 가운데 누구를 먼저 칠 것이냐를 두고 망설였지만, 耿秉이 군대를 이끌고 後王을 먼저 공격하였다. 後王 安得이 두려워하여 耿秉에게 투항하려고 했는데, 竇固의 司馬인 蘇安이 竇固에게 오로지 功을 돌리게 하기 위해, 安得에게 耿秉이 아니라 竇固에게 직접 투항하라고 권유하였고, 이 말을 들은 安得이 되돌아갔다. 安得이 되돌아간 것에 분노한 耿秉이 성으로 질주하여 즉시 투항할 것을 강요하자, 비로소 安得이 그에게 나와서 투항했다고 한다.

164) 『後漢書』「耿恭傳」에는 다음과 같은 기록이 보인다. 즉, 永平 18年(75) 三月에 北單于가 左鹿蠡王에게 2만 기를 주어 車師를 공격토록 하자, 耿恭은 司馬에게 군사 300명을 붙여 그를 구원하도록 파견하였으나 도중에 흉노군을 만나 전멸하고 말았다. 흉노는 마침내 後王 安得을 攻殺하고 金蒲城을 공격하였다. 이에 耿恭은 疏勒城 옆에 흐르는 澗水에 의지해서 방어할 수 있다고 판단하고, 五月에는 군대를 빼서 그곳에 배치시켰다. 七月에 흉노가 다시 와서 耿恭을 공격하였으나 성공하지 못했다. 흉노는 澗水를 끊어서 식수를 고갈시켰으나, 耿恭은 城中에서 말의 분뇨를 걸러서 마시면서 항전하여, 결국 흉노는

이 북흉노를 격파하자 거사는 두려워하게 되었고, 전 · 후왕이 각각 아들을 보내 공물을 바치고 입시하여, [그들에게] 모두 인수와 금 · 비단을 하사하였다. 8년(96)[166] 무기교위 색군(索頵)이 후부왕 탁제(涿鞮)를 폐위시키고 파로후(破虜侯) 세치(細致)를 추대하였다. 탁제는 전왕 위비대(尉卑大)가 자기를 판 것이라고 하며 분노했고, 이 때문에 위비대를 공격하여 그 처자식을 포획하였다. 그 다음 해[167] 한나라는 장사 왕림(王林)을 파견해서, 양주 6군의 병사 및 강호(羌胡) 등 2만여 명을 동원하여, 탁제를 토벌하고 1천여 명의 적을 포획하거나 살해하였다. 탁제는 북흉노로 들어갔는데 한나라 군대가 추격하여 그를 참수하고, 탁제의 동생 농기(農奇)를 왕으로 세웠다. 영녕(永寧) 원년(120)[168]에 이르러 후왕 군취(軍就)와 그 모친 사마(沙麻)가 반란을 일으켜, 후부사마(後部司馬)와 돈황행사(敦煌行事)를 살해하였다.[169] 안제 연광 4년(125)에 이르러 장사 반용이 군취를 공격하여 대파하고 그를 참수하였다.

順帝永建元年, 勇率後王農奇子加特奴及八滑等, 發精兵擊北虜呼衍王, 破之. 勇於是上立加特奴爲後王, 八滑爲後部親漢侯. 陽嘉三年夏, 車師後部司馬率加特奴等千五百人, 掩擊北匈奴於閶吾陸谷, 壞其廬落, 斬數百級, 獲單于母 · 季母及婦女數百人, 牛羊十餘萬頭, 車千餘兩, 兵器什物甚衆. 四年春, 北匈奴呼衍王率兵侵後部, 帝以車師六國接近北虜, 爲西域蔽扞, 乃令敦煌太守發諸國兵, 及玉門關候 · 伊吾司馬, 合六千三百騎救之, 掩擊北虜於勒山, 漢軍不利. 秋, 呼衍王復將二千人攻後部, 破之. 桓帝元嘉元年, 呼衍王將三千餘騎寇伊吾, 伊吾司馬毛愷遣吏兵五百人於蒲類海東與呼衍王戰, 悉爲所沒, 呼衍王遂攻伊吾屯城. 夏, 遣敦煌太守司馬達將敦煌 · 酒泉 · 張掖

성공하지 못하고 퇴각했다고 한다.

165) 『後漢書』「和帝紀」에는 永元 2年(90) 五月.

166) 『後漢書』「和帝紀」에는 永元 8年(96) 七月.

167) 『後漢書』「和帝紀」에는 永元 9年(97) 三月.

168) 『後漢書』「安帝紀」에는 永寧 元年(120) 三月.

169) 司馬는 戊校尉에 소속된 관리이며, 和帝 때 戊己校尉를 두어 車師後部를 장악하도록 하였다. 行事는 索班을 지칭한다.

屬國吏士四千餘人救之, 出塞至蒲類海, 呼衍王聞而引去, 漢軍無功而還. 呼衍王復將二千人攻後部, 破之. 桓帝元嘉元年, 呼衍王將三千餘騎寇伊吾, 伊吾司馬毛愷遣吏兵五百人於蒲類海東與呼衍王戰, 悉爲所沒, 呼衍王遂攻伊吾屯城. 夏, 遣敦煌太守司馬達將敦煌 · 酒泉 · 張掖屬國吏士四千餘人救之, 出塞至蒲類海, 呼衍王聞而引去, 漢軍無功而還. 永興元年, 車師後部王阿羅多與戊部候嚴皓不相得, 遂忿戾反畔, 攻圍漢屯田且固城, 殺傷吏士. 後部候炭遮領餘人畔阿羅多詣漢吏降. 阿羅多迫急, 將其母妻子從百餘騎亡走北匈奴中, 敦煌太守宋亮上立後部故王軍就質子卑君爲後部王. 後阿羅多復從匈奴中還, 與卑君爭國, 頗收其國人. 戊校尉閻詳慮其招引北虜, 將亂西域, 乃開信告示, 許復爲王, 阿羅多乃詣詳降. 於是收奪所賜卑君印綬, 更立阿羅多爲王, 仍將卑君還敦煌, 以後部人三百帳別屬役之, 食其稅. 帳者, 猶中國之戶數也.

순제(順帝) 영건(永建) 원년(126) 반용은 후왕 농기의 아들 가특노(加特奴)와 팔활(八滑) 등을 이끌고 정예병을 동원, 북방의 오랑캐인 호연왕(呼衍王)을 공격하여 격파하였다. 반용은 이에 상서를 올려 가특노를 후왕으로 세우고, 팔활을 후부의 친한후(親漢侯)로 삼았다.[170] 양가(陽嘉) 3년(134) 여름 거사후부의 사마가 가특노 등 1,500명을 이끌고 북흉노를 창오륙곡(閶吾陸谷)[171]에서 습격, 그들의 천막을 파괴하고 수백 명을 참수하였으며, 선우의 모친과 숙모(季母) 및 부녀자 수백 명을 포획했고, 소와 양 10여 만 두, 수레 1천여 량, 병기와 물건도 심히 많았다. 4년(135) 봄 북흉노의 호연왕이 군대를 인솔하여 후부를 침공했는데, 황제는

170) 『後漢書』「班勇傳」에는 다음과 같은 기록이 보인다. 永建 元年(126)에 後部의 王子인 加特奴를 왕으로 삼았다. 班勇은 또한 別校로 하여금 東且彌王을 주살하고 그 種人을 대신 세우도록 하였으니, 이에 비로소 六國이 모두 평정되었다. 그 해 겨울 班勇은 諸國의 병사를 동원하여 흉노의 呼衍王을 공격하자, 호연왕이 도주하고 그 무리 2만여 명이 모두 투항하였다. 이어 單于의 從兄을 포로로 잡았다. 班勇은 가특노로 하여금 그를 직접 참수케 하여, 이로써 車師와 匈奴의 관계를 소원케 하려 하였다. 북선우가 직접 만여 기를 이끌고 後部로 들어와 金且谷에 이르렀을 때, 班勇은 假司馬 曹俊으로 하여금 구원하도록 파견하였다. 선우가 퇴각하자 조준은 추격하여 骨都侯를 죽였고, 이에 호연왕은 枯梧河라는 곳으로 옮겨서 거주하게 되었다. 이후로 車師에는 더 이상 匈奴의 자취가 보이지 않게 되었다. 오로지 焉耆王 元孟만이 항복하지 않았었다.

171) 閶吾陸(tsiang-nguo-liuk)谷: 위치 불명.

거사육국이 북방 오랑캐와 근접하기 때문에 서역의 방어막〔蔽扞〕이 된다고 여겨서, 이에 돈황 태수에게 명령하여 여러 나라의 군대를 동원해서, 옥문관후(玉門關候) · 이오사마(伊吾司馬) 등과 함께 도합 6,300명의 기병으로써 그곳을 구원하라고 하였다. 이들은 북방의 오랑캐를 늑산(勒山)[172]에서 습격했는데, 한나라 군대가 불리하였다. 가을에 호연왕이 다시 2천 명을 이끌고 후부를 공격하여 격파하였다. 환제(桓帝) 원가(元嘉) 원년(151) 호연왕은 3,000기를 이끌고 이오를 노략했고, 이오사마(伊吾司馬) 모개(毛愷)가 군관과 병사 500명을 파견하여 포류해(蒲類海) 동쪽에서 호연왕과 전투하였다. 그러나 모두 전몰하였고 호연왕은 마침내 이오의 [병사들이] 주둔하던 성을 공격하였다.[173] 여름에 돈황 태수 사마달(司馬達)[174]을 파견하여 돈황 · 주천 · 장액의 속국(屬國)의 군관과 사졸 4,000여 명을 지휘해서 그곳을 구원하도록 했다. 관색을 나가서 포류해에 이르렀는데, 호연왕이 소식을 듣고 철수하여, 한나라 군대는 공을 세우지 못하고 돌아왔다. 영흥 원년(153) 거사후부의 왕 아라다(阿羅多)와 무부후(戊部候) 엄호(嚴皓)가 서로 어울리지 못하여 마침내 원한을 품고 반란을 일으켰다. 한나라의 둔전이 있는 차고성(且固城)[175]을 포위 공격하고 군관과 사졸들을 살상하였다. 후부후(後部候) 탄차(炭遮)는 나머지 사람들을 이끌고 아라다에게 반란을 일으켜서 한나라 군관에게 가서 투항했다. 아라다는 급박해지자 그 모친과 처자식 및 백여 기를 데리고 북흉노에게로 도망쳤다. 돈황 태수 송량(宋亮)은 상서를 올려 후부의 예전 왕인 군취(軍就)의 질자 비군(卑君)을 후부의 왕으로 삼았다. 후에 아라다가 다시 흉노에서 돌아와 비군과 나라를 두고 다투어 그 나라 사람들 다수를 모았다. 무교위 염상(閻詳)은 그가 북방의 오랑캐를 불러들여 장차 서역을 혼란에 빠뜨리지 않을까 우려하여, 이에 글을 써 보내 통고하여 그에게 다시 왕위를 허락하였다. 아라다는 이에 염상을 찾아와 투항하였고, 이렇게 해서 비군에게 하사한 인수를 빼앗고 다시 아라다를 왕으로 세웠다. 그리고 비군에게는 다시 돈황으로 돌아가도록 하고,

---

172) 勒山: 위치 불명.

173) 바르쿨 동쪽 松樹塘嶺에 세워진 『裵岑碑』에는 "漢 永和 2年(137) 八月, 敦煌太守 雲中 裵岑이 郡兵 3천명을 이끌고 呼衍王 등을 주살하고, 그 부중을 참수하였으며, 적의 군대 전부를 눌러서 西域의 재앙을 제거했다 ……"는 내용의 기록이 새겨져 있다.

174) 앞에서는 그의 이름이 '馬達'이라고 표기되었다.

175) 且固城: 余太山(2006: 315)는 이것을 『漢書』「西域傳」에서 漢人들의 屯田地로 기록된 (北)胥鞬의 또 다른 表記로 보았다.

후부의 사람들 300장(帳)을 별도로 그에게 소속시켜 봉사하며 [그들이 바치는] 세금으로 살아가도록 하였다. '장'이란 중원의 나라의 호수(戶數)와 같은 것이다.

論曰: 西域風土之載, 前古未聞也. 漢世張騫懷致遠之略, 班超奮封侯之志, 終能立功西遐, 羈服外域. 自兵威之所肅服, 財賂之所懷誘, 莫不獻方奇, 納愛質, 露頂肘行, 東向而朝天子. 故設戊己之官, 分任其事; 建都護之帥, 總領其權. 先馴則賞籯金而賜龜綬, 後服則繫頭顙而釁北闕. 立屯田於膏腴之野, 列郵置於要害之路. 馳命走驛, 不絕於時月; 商胡販客, 日款於塞下. 其後甘英乃抵條支而歷安息, 臨西海以望大秦, 拒玉門·陽關者四萬餘里, 靡不周盡焉. 若其境俗性智之優薄, 產載物類之區品, 川河領障之基源, 氣節涼暑之通隔, 梯山棧谷繩行沙度之道, 身熱首痛風災鬼難之域, 莫不備寫情形, 審求根實. 至於佛道神化, 興自身毒, 而二漢方志莫有稱焉. 張騫但著地多暑溼, 乘象而戰, 班勇雖列其奉浮圖, 不殺伐, 而精文善法導達之功靡所傳述. 余聞之後說也, 其國則殷乎中土, 玉燭和氣, 靈聖之所〔降〕集, 賢懿之所挺生, 神迹詭怪, 則理絕人區, 感驗明顯, 則事出天外. 而騫·超無聞者, 豈其道閉往運, 數開叔葉乎? 不然, 何誣異之甚也! 漢自楚英始盛齋戒之祀, 桓帝又修華蓋之飾. 將微義未譯, 而但神明之邪? 詳其清心釋累之訓, 空有兼遣之宗, 道書之流也. 且好仁惡殺, 蠲敝崇善, 所以賢達君子多愛其法焉. 然好大不經, 奇譎無已, 雖鄒衍談天之辯, 莊周蝸角之論, 尚未足以概其萬一. 又精靈起滅, 因報相尋, 若曉而昧者, 故通人多惑焉. 蓋導俗無方, 適物異會, 取諸同歸, 措夫疑說, 則大道通矣.

논(論): 서역의 풍토에 관한 기록은 옛날에는 일찌기 없었던 것이다. 한나라 때 장건이 먼 곳을 초치하려는 생각을 품고, 반초는 봉후(封侯)를 힘써 차지할 뜻을 세워,[176] 마침내 서쪽 먼 곳에서 공을 세울 수 있었고 바깥 지역을 복속시킬 수 있었다. 군대의 위력으로 복속되기도 하고 재물의 제공으로 회유되기도 하여, [서역 여러 나라들은] 각 지방의 진기한

176) 『後漢書』「班超傳」에는 班超가 어렸을 때 집이 빈한하여 筆을 던지며 말하기를, "丈夫가 마땅히 傅介子·張騫과 같이 西域에서 공을 세워서 封侯를 얻지 못하고, 어찌 筆墨에만 매달려 있겠는가!" 라고 했다는 일화가 기록되어 있다.

물품을 바치지 아니함이 없었고, 사랑하는 아들을 질자로 상납했으며, 온갖 고생을 마다하지 않고 동쪽으로 와서 천자를 배알하였다. 그런 까닭에 무기(戊己)와 같은 관직을 설치하여 그 사무를 나누어 담당케 하고, 도호(都護)와 같은 총수의 직책을 세워서 그곳을 [다스리는] 권력을 총괄케 하였다. 먼저 귀순하면 보화〔籯金〕와 구수(龜綬)[177]를 하사하고, 나중에 복속하면 머리털을 묶고 북궐(北闕)[178]에서 사죄하였다. 비옥한 지역에 둔전을 실시하고 중요한 도로에는 역전〔郵〕을 설치하였으니, 명령을 받들어 역전을 거쳐 달리는 것이 사시사철 끊이지 않았고, 장사하는 오랑캐〔商胡〕와 외지의 상인〔販客〕들은 매일같이 관새를 방문하였다. 그 후에 감영이 조지에 이르러 안식을 편력하고, 서해에 임하여 대진을 바라보았으니, 옥문과 양관에서 4만여 리 떨어진 곳들은 두루 미치지 않은 곳이 없었다. 그 지방의 풍속이나 성품 · 지능의 우열, 생산되는 물품들의 종류, 하천과 산맥들의 근원, 계절의 춥고 더움의 소통과 막힘, 사다리가 달린 산과 잔도로 가는 계곡 혹은 밧줄을 잡고 가거나 사막을 통과하는 길, 신열과 두통과 폭풍과 귀신이 출몰하는 지역 등, 그 정황들에 대해서 갖추어 적지 않은 것이 없고 모두 살피고 탐구하여 사실에 근거한 것들이다. 불교의 신령스런 변화에 관해서 말하자면 그것은 신독(身毒)에서 비롯된 것인데, 두 한서〔二漢〕[179]의 기록이 [그것에 관해서] 언급한 바가 없다. 장건은 다만 [주민들이] 정착생활을 하고 매우 덥고 습하며 코끼리를 타고 전투를 한다고 기록했을 뿐이고, 반용은 비록 그들이 부처〔浮圖〕를 신봉하여 살인과 정벌을 하지 않는다고 지적하긴 했지만, [불교가] 정치한 글〔精文〕과 선량한 법도〔善法〕로 [사람들을] 계도한 공적에 대해서는 서술한 바가 없다. 내가 들은 것은 후대 [사람들이] 말한 것인데, 그 나라는 중원의 땅에 비해 부유하고 사철의 기후가 온화하며, 신령하고 성스러운 것들이 강림하여 모이고, 현명하고 아름다운 것들이 생겨나는 곳이며, 신령한 현상〔神迹〕의 기이함은 인간 세상의 현상과는 초절한 것이고, 그 징험을 느끼고 드러내는 것은 전혀 우리가 도달할 수 없는 바이다. 그러니 장건과 반초가 듣지 못했다고 해서, 어찌 그 법도가 폐쇄되고 운수가 떠나갔으며 쇠퇴의 시대〔叔葉〕가 시작됨을 알리는 것이라고 말할 수 있겠는가?

---

177) 龜綬: 李賢注: "龜는 '印文'을 뜻한다. 『漢舊儀』는 '銀印이 모두 龜紐로 되어 있으며, 거기에는 某官之章이라는 구절이 씌여 있었다.'라고 하였다."

178) 北闕: 이는 漢代 宮殿 북쪽에 위치한 門樓를 칭하며, 大臣들이 황제를 알현하거나 上奏를 올리기 위해 기다리는 곳이었다.

179) 즉 『史記』와 『漢書』를 칭한다.

그렇지 않다면 괴이함〔詭異〕[180]이 어떻게 이렇게 심할 수 있겠는가? 한나라는 초영(楚英)[181]에서부터 비로소 [부처에게] 제사를 지내는 것이 유행하기 시작했고, 환제도 또한 화개(華蓋)의 장식을 치장하려고 애썼다.[182] 세미한 뜻〔微義〕이 아직 번역되지 않았으나 신명(神明)스런 사술(邪術)이라고 해야 할까? 마음을 맑게 하고 번잡함을 풀어주는 그 가르침을 살펴보건대, 공(空)과 유(有) 둘을 모두 놓아버리는 종지(宗旨)이니 도가의 글[과 비슷한] 유파이다. 또한 어진 것을 아끼고 살해하는 것을 미워하며, 망가진 것을 제거하고 선한 것을 높이는 것이어서, 현명함에 통달한 군자들 가운데 그 법을 좋아하는 사람들이 많도다. 그러나 과장된 것을 좋아하고 합리적인 것과 맞지 않으며, 기괴하고 기만스러운 것이 끝이 없다. 하늘을 논한 추연(鄒衍)의 변설,[183] 달팽이의 뿔〔蝸角〕을 말한 장주(莊周)의 논설[184]조차도 [불교에서의 기괴함과 과장에 비하면] 그 만의 하나도 덮기에 충분치 못할 정도이다. 또한 생령의 생성과 소멸, 인과응보의 연속은 명백한 듯하면서도 애매하고, 그런 까닭에 통달한 사람들도 다수가 미혹되었도다. 대저, 세속을 인도함에는 특별한 방도가 없고, 사물에 맞추어 가면 다른 것들이 만나고, 여러 방식을 취해도 같은 곳으로 귀일하니, 대저 의심스러운 주장은 취하지 않는 것이 곧 대도(大道)로 통하는 길이다.

贊曰: 逷矣西胡, 天之外區. 土物琛麗, 人性淫虛. 不率華禮, 莫有典書. 若微神道, 何恤何拘.

180) 즉 인도에 불교가 極盛했음에도 불구하고 『史記』와 『漢書』에 그에 관한 언급이 극도로 결여된 사실을 지칭.

181) 楚英: 즉 楚王 劉英.

182) 華蓋: 즉 帝王이나 귀족의 수레 위에 거는 傘蓋. 『後漢書』「桓帝紀」에 "設華蓋以祠浮圖 · 老子"했다는 구절이 보인다.

183) 鄒衍: 기원전 3세기에 활동했던 齊나라 출신의 陰陽家인데, 五德終始說 및 大九州說 등을 주장했다.

184) 『莊子』「則陽篇」에 보이는 내용이다. 즉, 달팽이의 左角에 나라를 세운 觸氏와 右角에 나라를 세운 蠻氏가 서로 영토를 다투는 싸움을 벌였는데, 쌓인 시체가 數萬이며 15일간 적을 추격하다가 다시 돌아오곤 했다는 이야기가 소개되어 있다. 즉, '蝸角之爭'은 하찮은 것을 두고 벌이는, 大局에는 별다른 영향을 못 미치는 싸움을 두고 일컫는 말이다. 여기서는 莊周의 그런 논설이 지니는 황당함을 가리키고 있다.

찬(贊): 멀고 먼 서쪽의 오랑캐, 하늘 밖의 지역이로다. 그곳의 물산은 귀하고 아름다우나, 사람들의 성품은 음란하고 허탄하다. 중화의 예절을 따르지 않고 고전의 서적들이 없다. 만약 [불교와 같이] 신령스러운 가르침이 없었다면, 그들이 어찌 동정심을 갖고 어찌 거리끼는 마음을 가졌겠는가.

| 참고문헌 |

국사편찬위원회, 『中國正史朝鮮傳譯注』 1, 서울: 신서원, 2004(影印)

二十五史, 北京: 中華書局, 1959~1977

十三經, 北京: 北京大學出版社, 2000

余太山, 『兩漢魏晉南北朝正史西域傳要注』, 北京: 中華書局, 2005

內田吟風 編, 『中國正史西域傳の譯註』, 京都: 龍谷大學文學部, 1980

長澤和俊 譯注, 『法顯傳 · 宋雲行紀』, 東京: 平凡社, 1971

玄奘, 水谷眞成 譯注, 『大唐西域記』1~3, 東京: 平凡社, 1999

Legge, James tr., *A Record of Buddhist Kingdoms*(원간 1886), New York: Paragon, 1965

Rachewiltz, Igor de, tr., *The Secret History of the Mongols: A Mongolian Epic Chronicle of the Thirteenth Century*, 2 vols., Leiden: Brill, 2004

디 코스모, 이재정 역, 『오랑캐의 탄생: 중국이 만들어 낸 변방의 역사』, 서울: 황금가지, 2005, 2002(원간)

사와다 이사오, 『흉노』, 김숙경 옮김, 서울: 아이필드, 2007, 1996(원간)

長澤和俊, 閔丙勳 譯, 『東西文化의 交流』, 서울: 民族出版社, 1991

孟凡人, 『北庭史地研究』, 烏魯木齊: 人民出版社, 1985

蘇北海, 『西域歷史地理』, 烏魯木齊: 新疆大學出版社, 1988

余太山, 『塞種史研究』, 北京: 社會科學出版社, 1992

余太山, 『兩漢魏晉南北朝與西域關係史研究』, 北京: 社會科學出版社, 1995

余太山, 『兩漢魏晉南北朝正史西域傳研究』, 北京: 中華書局, 2003

王明哲 · 王炳華, 『烏孫研究』, 烏魯木齊: 新疆人民出版社, 1983

林梅村, 『漢唐西域與中國文明』, 北京: 文物出版社, 1998

岑仲勉, 『漢書西域傳地理校釋』上 · 下, 北京: 中華書局, 1981(重印)

張廣達, 『西域史地叢稿初編』, 上海: 上海古籍出版社, 1995

張星烺 編注, 朱杰勤 校訂, 『中西交通史料匯編』 1~4, 北京: 中華書局, 2003

曾問吾, 『中國經營西域史』, 新疆, 1986, 1935(원간)

馮承鈞,『西域南海史地: 考證論著彙輯』, 香港: 中華書局, 1976
解耀華 主编,『交河故城保護與研究』, 烏魯木齊: 新疆人民出版社, 1999
黃文弼,『西北史地論叢』, 上海: 上海人民出版社, 1981
江上波夫,『ユウラシア古代北方文化: 匈奴文化論考』, 東京: 山川出版社, 1948
內田吟風,『北アジア史硏究(匈奴篇)』. 京都: 同朋舍, 1975
嶋崎昌,『隋唐時代の東トウルキスタン硏究』, 東京: 東京大學出版會, 1977
武田雅哉,『星への筏: 黃河幻視行』, 東京: 角川春樹事務所, 1997
桑山正進 編,『慧超往五天竺國傳研究』, 京都: 京都大學人文科學研究所, 1992
小谷仲男,『大月氏』, 東京: 東方書店, 1999
松田壽男,『古代天山の歷史地理學的硏究(增補版)』, 東京: 早稻田大學出版部, 1970
伊瀨仙太朗,『中國西域經營史硏究』, 東京: 巖南堂, 1955
護雅夫 編,『漢とローマ』(東西文明の交流 1), 東京: 平凡社, 1970
Barthold, W., *Turkestan down to the Mongol Invasion*, Philadephia: Porcupine, 1977(4th ed.)
Hedin, Sven, *The Wandering Lake*, New York: Dutton, 1940
Herrmann, Albert, *An Historical Atlas of China*(based on 1933 ed.), Chicago: Adline Publishing Co., 1966
Hirth, F., *China and the Roman Orient*, Leipsic Munich: G. Hirth, 1885
Hulsewé, A. F. P., *China in Central Asia: The Early State: 125 B. C.~A. D. 23*, Leiden: E. J. Brill, 1979
Karlgren, Bernhard, *Grammatica Serica Recensa*, Stockholm: Museum of Far Eastern Antiquities, 1972
Laufer, Berthold, *Sino-Iranica*, Chicago: Field Museum of Natural History, 1919
Mallory, J. P. & Mair, Victor H., *The Tarim Mummies: Ancient China and the Mystery of the Earliest Peoples from the West*, London: Thames & Hudson, 2000
Petech, Luciano, *Northern India according to Shui-ching chu*, Roma: Instituto del medio ed estremo oriente, 1950
Průšek, Jaroslav, *Chinese statelets and the northern barbarians 1400~300 B.C.*, Prague: Academia, 1971
Schafer, Edward H., *The Golden Peaches of Samarkand: A Study of T'ang Exotics*, Berkeley: University of California Press, 1963
Stein, Aurel M., *Ancient Khotan: Detailed report of archaeological explorations in Chinese Turkestan.*

2 vols, Oxford: Clarendon Press, 1907

Stein, Aurel M., *Serindia: Detailed report of explorations in Central Asia and westernmost China.* 5 vols, London & Oxford: Clarendon Press, 1921

Stein, Aurel M., *Innermost Asia: Detailed Report of Explorations in Central Asia, Kan-su and Eastern Iran.* 5 vols, Oxford: Clarendon Press, 1928

Tarn, W. W., *The Greeks in Bactria and India*, Cambridge: Cambridge University Press, 1938

Whitfield, Susan, *The Silk Road: Trade, Travel, War and Faith*, London: British Library, 2004

金浩東, 「唐의 羈縻支配와 北方 遊牧民族의 對應」, 『歷史學報』 137, 1993

모리야스 다카오, 「당대 불교적 세계지리와 '호'의 실태」, 『실크로드의 삶과 종교』, 서울: 사계절, 2006

李成珪, 「漢武帝의 西域遠征 · 封禪 · 黃河治水와 禹 · 西王母神話」, 『東洋史學硏究』 72, 2000

賈叢江, 「西漢屬部朝貢制度」, 『西域硏究』 2003-4, 2003

賈叢江, 「兩漢戊己校尉的名和實」, 『中國邊疆史地硏究』 2006-4, 2006

賈叢江, 「兩漢時期西域人漢式姓名探微」 『西域硏究』 2006-4, 2006

高榮, 「月氏 · 烏孫和匈奴在河西的活動」, 『西北民族硏究』 2004-4, 2004

馬雍, 「東漢〈曹全碑〉中有關西域的重要史料」, 『西域史地文物叢考』, 北京: 文物出版社, 1990

馬千希, 「漢代'五船道'考略」, 『西域硏究』, 1999-2, 1999

武沐 · 王希隆, 「對烏孫收繼婚制度的再認識」, 『西域硏究』 2003-4, 2003

孫毓棠, 「安息與烏弋山離 - 讀『漢書 · 西域傳』札記之一」, 『文史』 5, 1978

孫占宇, 「敦煌漢簡王莽征伐西域戰爭史料硏究綜述」, 『西域硏究』 2006-3, 2006

俄琼卓馬, 「漢代西域譯長」, 『西域硏究』 2006-4, 2006

王炳華, 「烏孫王難兜靡死于大月氏考」, 『絲綢之路考古硏究』, 烏魯木齊: 新疆人民出版社, 1993

袁延勝, 「也談『過長羅侯費用簿』的史實」, 『敦煌硏究』 2003-1, 2003

袁延勝, 「懸泉漢簡所見漢代烏孫的幾個年代問題」, 『西域硏究』 2005-4, 2005

袁延勝, 「『漢書 · 西域傳』戶口資料系年蠡測」, 『鄭州大學學報』(哲社版) 2007-5, 2007

劉國防, 「漢西域都護的始置及其年代」, 『西域硏究』 2002-3, 2002

劉洪波, 「關于西域都護的始置時間」, 『中國史硏究』 1986-3, 1986

李大龍, 「西漢派往西域的使者述論」, 『民族硏究』 1990-6, 1990

李大龍, 「西漢西域都護略論」, 『中國邊疆史地硏究』 1991-2, 1991

李文瑛 · 王宗磊, 「近年來交河故城考古的新成果」, 『西域硏究』 1997-3, 1997

李炳泉, 「兩漢戊己校尉建制考」, 『史学月刊』 2002-6, 2002

李炳泉, 「西漢西域伊循屯田考論」, 『西域硏究』, 2003-2, 2003

李炳泉, 「關于漢代西域都護的兩個問題」, 『民族硏究』 2003-6, 2003

張德芳, 「『長羅侯費用簿』及長羅侯與烏孫關係考略」, 『文物』 2000-9, 2000

張德芳, 「從懸泉漢簡看兩漢西域屯田及其意義」, 『敦煌硏究』 2001-3, 2001

張運德, 「兩漢時期西域屯墾的基本特徵」, 『西域硏究』 2007-3, 2007

錢伯泉, 「西漢時期西域的人口和社會經濟情況」, 『新疆社會科學』 1982, 1982

錢伯泉, 「烏孫和月氏在河西的故地及其西遷的經過」, 『敦煌硏究』 1994-4, 1994

錢伯泉, 「烏孫的宗族及其遷徙」, 『西域硏究』 1997-4, 1997

陳世良, 「『漢書 · 西域傳』記載道里之特殊方法」, 『新疆社會科學』 1990-1, 1990

陳世良, 「『漢書 · 西域傳』山北諸國之道里」, 『新疆社會科學』 1990-6, 1990

榎一雄, 「漢書西域傳の硏究: フールスウェ · 岑仲勉氏の近業を中心として」, 『東方學』 64, 1982

榎一雄, 「史記大宛傳と漢書張騫 · 李廣利傳との關係について」, 『東洋學報』 64-1～2, 1983

堀直, 「淸代回疆の水利灌漑」, 『大手前女子大學論集』 14, 1980

白鳥庫吉, 「罽賓國考」, 『東洋學報』 7-1, 1917

船木勝馬, 「匈奴 · 烏桓 · 鮮卑の大人について」, 『內田吟風博士頌壽記念東洋史論集』, 京都: 同朋社, 1978

松田壽男, 「絹馬交易と'禹氏の玉'」, 『東洋史硏究』 26-1, 1967

松田壽男, 「烏弋山離へのみち」, 『史學』 44-1, 1971

長澤和俊, 「古代西域南道考」, 『內陸アジア · 西アジアの社會と文化』, 護雅夫 編, 東京: 山川出版社, 1983

Barfield, T. J. "Hsiung-nu Imperial Confederacy: Organization and Foreign Policy", *Journal of Asian Studies*, vol. 41, no. 1 (191), 1981

Brough, John, "Comments on Third-century Shan-shan and the History of Buddhism", *Bulletin of the School of Oriental and African Studies*, vol. 28, no. 3, 1965

Chavannes, Edouard, "Les pays d'Occident d'après le Wei Lio", *T'oung Pao* série 2, vol. 6, 1905

Chavannes, Edouard, "Trois généraux chinois de la dynastie des Han orientaux", *T'oung Pao* série 2, vol. 7, 1906

Chavannes, Edouard, "Les pays d'Occident d'après le Heou Han chou", *T'oung Pao* série 2, vol. 8, 1907

Daffinà, Paolo, "The Han Shu Hsi Yü Chuan Re-translated", *T'oung Pao* vol. 68, no. 4～5, 1982

Enoki, Kazuo, "The Yüeh-chih-Scythians Identity: A Hypothesis", *Studia Asiatica* (Tokyo: Kyuko-Shoin, 1998), 1959(원간)

Enoki, Kazuo, "Yü-ni-ch'êng and the site of Lou-lan", *Studia Asiatica* (Tokyo: Kyuko-Shoin, 1998), 1960(원간)

Enoki, Kazuo, "The Location of the Capital of Lou-lan and the Date of the Kharoṣṭī Inscription", *Studia Asiatica* (Tokyo: Kyuko-Shoin, 1998), 1963(원간)

Frye, R. N., "Some Early Iranian Titles", *Oriens*, vol. 15, 1962

Henning, W. B., "The date of the Sogdian Ancient Letters", *Bulletin of the School of Oriental and African Studies*, vol. 12, no.3～4, 1948

Ma, Yong. "A Study on 'Skull-made Drinking Vessel' ", *Religious and Lay Symbolism in the Altaic World and Other Papers: Proceedings of the 27th Meeting of PIAC*, Walberberg, 1984, Wiesbaden, 1989

Mair, Victor H., "Mummies of the Tarim Basin", *Archaeology*, vol. 48, no. 2, 1995

Pulleyblank, E. G., "Chinese and Indo-Europeans", *Journal of Royal Asiatic Society*, 1966

Sinor, Denis, "The Custom of Scalping in Inner Asia", C. Ch'en ed., *Proceedings of the 35th Permanent International Altaistic Conference*, Taipei, 1993

紀大椿 主編,『新疆歷史事典』, 烏魯木齊: 人民出版社, 1993

長澤和俊 編,『シルクロードを知る事典』 東京: 東京堂, 2002

『アジア歷史事典』, 東京: 平凡社, 1962

동북아역사 자료총서 23

譯註 中國 正史 外國傳 3
後漢書 外國傳 譯註 上

초판 1쇄 인쇄 2009년 4월 15일
초판 3쇄 발행 2015년 3월 13일

편 동북아역사재단
펴낸이 김학준
펴낸곳 동북아역사재단

등록 제312-2004-050호(2004년 10월 18일)
주소 서울시 서대문구 통일로 81 임광빌딩
전화 02-2012-6065
팩스 02-2012-6189
e-mail book@nahf.or.kr

ISBN 978-89-6187-103-7-94910
978-89-6187-106-8-세트